U0128251

批判話語分析總論：
理論架構、研究設計與實例解析

林東泰　著

Critical
Discourse
Analysis:
Theories,
Methods
and
Applications

巨流圖書公司印行

國家圖書館出版品預行編目（CIP）資料

批判話語分析總論：理論架構、研究設計與實
例解析 / 林東泰著. -- 初版. -- 高雄市：
巨流, 2019.09
　　面；　　公分
ISBN 978-957-732-582-2（平裝）

1.傳播批判理論 2.語言學

541.83　　　　　　　　　　108010303

批判話語分析總論：
理論架構、研究設計與實例解析

著　　　者	林東泰
責 任 編 輯	林瑜璇
封 面 設 計	毛湘萍

| 發 行 人 | 楊曉華 |
| 總 編 輯 | 蔡國彬 |

出　　　版　巨流圖書股份有限公司
　　　　　　80252高雄市苓雅區五福一路57號2樓之2
　　　　　　電話：07-2265267
　　　　　　傳真：07-2264697
　　　　　　e-mail: chuliu@liwen.com.tw
　　　　　　網址：http://www.liwen.com.tw

編 輯 部　10045臺北市中正區重慶南路一段57號10樓之12
　　　　　　電話：02-29222396
　　　　　　傳真：02-29220464

劃 撥 帳 號　01002323巨流圖書股份有限公司
購 書 專 線　07-2265267轉236

法 律 顧 問　林廷隆律師
　　　　　　電話：02-29658212

出版登記證　局版台業字第1045號

ISBN 978-957-732-582-2（平裝）
初版一刷・2019 年 9 月

定價：500元

序言

　　本書旨在透過語言學和話語理論，解析並批判日常生活話語實踐潛藏的權力關係和意識型態。從短短一句話的說明，概略凝縮了本書幾個核心重點：批判、話語、權力關係、意識型態、語言學和話語社會學理論等。本書就是立基於這些核心議題，逐次解析批判話語分析的內涵，並以新聞話語做為實例，解析批判話語分析的研究設計與實務操作過程。

　　縱觀批判話語分析發展史，如果從范迪克揪集費爾克拉夫、渥妲克、柯瑞斯、范李文等人，於 1991 年在荷蘭阿姆斯特丹大學召開的群英會起算，約有三十年歷史，如果追溯批判話語分析（CDA）的根源批判語言學（CL）的起源，就可再往前推十幾年光景，在這三、四十多年間，批判話語分析儼然就是跨越 20、21 世紀的多元、跨域、科際整合的新興研究取向，吸引人文和社會科學領域共同投入這個新興學術浪潮。

　　批判話語分析涉及的學術領域，至少包括語言學、社會學、哲學、文學、史學、敘事學、人類學、心理學、認知心理學、政治學、民族誌學、政治經濟學和媒介研究等，幾乎囊括人文社科所有範疇，這也是批判話語分析在發展歷程採取多元、跨域、科際整合研究策略的主因，也展現人文社科領域紛紛採取批判話語分析探究它們所關切問題的熱門景象。

　　國內人文社科領域二十年來就有許多採取批判話語分析的論文，足見批判話語分析在國內外的熱門情景，遺憾的是，迄今尚無任何有關批判話語分析的教科書或研究手冊，許多相關論文猶未充分確切掌握批判話語分析各門各派的理論基礎和研究策略，忽而觸及范迪克的社會認知

序言

取向（SCA），忽而摸索費爾克拉夫的辯證關係取向（DRA），既未能確切掌握研究課題與批判話語分析的關係，也未釐清理論架構和研究方法，對於渥姐克的話語－歷史取向（DHA）則從未觸及，更遑論新興的幾種批判話語分析研究取向。有鑑於此，筆者不揣譾陋，特別提供國內有志於批判話語分析的研究者，不論是各門各派批判話語分析的理論基礎、研究架構和實務操作的研究方法，都有非常完整的介紹和解析。

歷年來不論范迪克社會認知研究取向（SCA）、費爾克拉夫辯證關係研究取向（DRA）或渥姐克話語－歷史研究取向（DHA）等各門各派發展背景的介紹或研究實例，常以新聞話語做為主要研究標的，尤其范迪克更是幾乎鎖定媒體話語，所以本書第三篇實例操作單元，特別從新聞話語做為實例解析，但是它們都是放諸四海皆準適用於各種人文和社會科學領域，毫不減損它的參考價值。

惟本書在撰寫過程有些困擾，就是對於 discourse 的譯名。基本上 discourse 是一個歧義的字眼，像在敘事理論或敘事學的 story and discourse 就是針對內容與形式，前者指涉故事內容，後者則是情節表達形式，但是在語言學界，由於中文缺乏它的文化背景，所以不易有精準的譯名，曾被譯為篇章，後來一直有兩種不同的譯名，一是話語，另一是論述。本書採用「話語」而非「論述」的主要理由，是考量隨著批判話語分析的精進，它的研究範疇已不再侷限於傳統書寫或談話的 discourse，而是採取寬廣的多元符碼視角，將各種非語文符號如肢體、影音、圖像、廣告文案和電腦圖檔等，都納入研究範疇，如此一來，若將 discourse 譯為論述，顯然與批判話語分析發展事實未盡相符，畢竟文案、圖檔、照片等，誠難指稱它們在「論述」什麼，所以採用「話語」一詞似較合宜。

最後，批判話語分析涉及的語言學和話語理論基礎以及它所運用研究的範疇實在浩瀚，誠難以小小一書即可完全囊括，缺漏在所難免，尚祈國內方家賜教。

謹識

2019/07

目 錄

目 錄

Contents

目 錄

第一篇

批判話語分析的理論基礎

第一章
話語、文本、權力與意識型態

第一節
話語與文本

壹、話語

一、語言與社會

　　語言是再現社會現象和社會文化底蘊的重要載體，也是反映社會互動、社會關係和社會過程的絕妙鏡像，更是敘事社會文化變遷的傳世瑰寶。語言是所指（signified）的能指（signifier），是意義的媒介（medium），也是意指作用（signification）的中介（mediation），語言不僅承續歷史、社會、文化的價值觀，而且潛藏社會權力關係和意識型態的幽微符碼，語言的使用及其改變，都與社會、文化過程及其變遷息息相關。

　　語言分析可以做為探究社會文化過程及其變遷的取徑與方法，如何找到一個兼具理論性和實用性的語言研究分析取徑，既可探討語言的使用，也可以掌握社會文化及其變遷過程，更可除魅、揭露權力關係和意識型態的神祕面紗，所以語言分析遂成為人文、社會科學殷切期盼的研究課題。

　　為達到此一目的，務必兼顧人文、社科等許多不同領域，包括語言學、社會學、認知心理學、人類文化學、哲學、敘事學等，以及各種社會、政治思潮與上述各種學術領域交互作用及其影響，因而發展出所謂語言的社會理論（social theory of language）（Wodak & Meyer, 2001: 1），涵蓋所有相關領域探究於一爐，造就批判話語分析成為一個多領域、跨領域、科際整合的新興學術研究取向。

　　但是，光是語言學，就已經是極其深奧的學門，不僅內涵浩瀚，包括語音學、語彙學、語意學、語法學、語用學等，都既高深且奧祕，且各自發展出來許多學術分支，各擁不同學派觀點相互爭輝，何況還要多領域、跨領域、科際整合地攝取其它諸多學術領域精華，共同關注語言研究，難怪批判話語分析晚近固然頗受人文、社會科學重視，但是對於初次接觸的一般學子而言，難免頓感艱奧晦澀，難以登堂入室窺探究竟。

　　如果只是從語言學觀點來進行語言研究，這種觀點與思維似乎偏重甚或停留在靜態語言學觀點，像結構主義語言學鼻祖索緒爾，在其《普通語言學教程》將語言分為語言系統（langue）和日常實際說話行動的言說（parole）（Saussure, 1916/1960），固然造就學界共認的結構主義語言學，但是索緒爾這種結構主義語言學觀點，基本上是從靜態語言系統出發，雖然提供語言研究的初步構想，並創建語言研究重大基業，但隨著學術精進，傳統的結構主義語言學觀點，已經不盡符合當今批判話語分析的研究旨趣。

　　批判話語分析既非僅止於索緒爾的語言系統與日常言說的區分，亦非從靜態視角分析語言學的內涵，主要因為傳統結構主義語言學研究係以句子為單位，但是語言並不限於句子，語言更不等於句子，句子根本無法描述或解釋所有語言現象，何況批判話語分析關注句子和文本（text）背後的語境（context），尤其是幽微潛藏在語境裡的各種隱晦不明的權力關係和意識型態，這些課題都絕非光從句子表象意義可以獲致，因此以句子做為究研對象的靜態語言學或結構主義語言學觀點，與試圖探究語言背後潛藏權力關係或意識型態的動態語言學研究，根本無法同日而語。批判話語分析超越句子、超越文本，將文本或話語視為語言與社會、語言與社會結構、語言與權力關係、語言與意識型態的中介，而且彼此之間具有辯證關係。

　　當今語言研究從動態話語出發，強調話語實踐在日常生活社會文化過程的動態作用，揭露吾人日常生活實踐及其背後的權力關係和意識型態，在動態的社會文化變遷過程探究動態的話語，才能符應當今動態話語分析的目的。尤其動態話語在社會與文化過程，再現、重製抑或轉換、改變各種權力關係和意識型態，必然與各個時代背景的政治、社會或文化思潮緊密關聯，包括馬克思、阿圖塞、葛蘭西、巴赫汀、傅科、哈伯瑪斯、布迪厄等人，他們的思想理論都對整體社會與文化過程影響至大，再加上從結構主義到後結構主義、解構主義，甚至後現代主義等，無不對語言意指作用承載的意義，產生重大影響作用。

　　對於動態話語分析，從早期的批判語言學（critical linguistics, CL）開啟語言對人類社會發展過程產生重大影響的基本認知，到晚近頗受重視的批判話語分析（critical discourse analysis, CDA），透過人文和社會科學跨領域研究發現，原來人們日常生活話語實踐背後隱藏奧祕幽微的權力關係

和意識型態，根本就是整個社會無形的結構原力，宰制人們日常生活話語實踐，框限人們毫不思索認為理所當然的思維模式，讓人驚覺話語的神祕力量。

立基於語言與社會結構之間彼此相互建制的動態語言學觀點，才符合當今批判話語分析的旨趣，而且唯有透過多領域、跨領域、科際整合的動態話語分析，才能揭露話語潛藏的權力關係和意識型態，透析話語與社會過程及文化過程的交互作用與辯證關係，才是批判話語分析的研究重點所在。

「批判話語分析」乍聽之下似乎深奧難懂，如果從日常生活周遭環境來看，其實批判話語分析探討的課題，遍布吾人生活周遭一切層面，譬如經濟產業從勞力密集、資本密集進入知識密集的知識經濟（knowledge-based economy），從 20 世紀 80 年代以來喊得震天價響的全球化（globalization），及其後來的全球在地化（glocalization），日趨嚴重的氣候急劇變遷，以及 21 世紀人人必須面對大數據、人工智慧的數位化生活方式等，這些都與吾人日常生活息息相關，也都與吾人日常生活話語實踐緊密結合，這些重大議題甚至人類生活方式改變的各種現象，無不透過日常生活話語實踐來進行社會互動和社會關係的遞嬗，可見批判話語分析其實就在你我身邊，就在每個人日常生活周遭，都是你我生活的日常，一點兒也不陌生，至於如何解析其中深奧難懂的理論，本書將逐一釋疑。

譬如各種全球化經濟話語都強調全球一家親，休戚與共，追求共同美麗願景。可是，這些全球化經濟話語都真正描繪、敘說、再現社會真實嗎？還是站在宰制者優勢位置，強壓弱勢國家、弱勢產業、弱勢階級等，創造優勢宰制者的未來美景？

另方面，面對財經全球化、休戚與共景象，但是在政治上可就完全不同面貌，世界各地烽火燎原，僅中東地區就有數百萬難民離鄉背井、翻山越海只為苟活生命，可是許多歐美國家近年來民粹驟升，不僅矇著眼睛視若無睹，甚至以民粹話語，透過選票壓迫政府拒絕難民入境，造成人間多少慘劇。這些活生生的人間悲劇，不僅看到人類只顧自己，捨不得伸出援手的醜陋面目，更看到各種拒絕難民的拒外、仇外的民粹話語，人類傳統崇高無上的道德精神和人道主義竟然消褪墮落至此，實在令人扼腕。

　　可見，話語無所不在，基本上都為宰制者、優勢、強權說話，弱勢和被宰制者不僅受盡話語壓迫，還要受到各種話語欺凌、醜化，甚至剝奪基本人權。還有更近身的話語，像廣告行銷話語，混搭美學、藝術、文學、詩學等元素，讓人沉浸在美麗想像空間，充分展現資本主義消費社會的話語特質。在選舉話語方面，像「相信臺灣」、「守護臺灣」、「讓美國再次偉大」都是絕佳競選口號，而美國川普自當選總統以來，天天以選舉話語在推特與支持者相互取暖，都顯示政客們愈來愈瞭解語言使用的重要性與神祕性，無所不用其極利用政治話語來維繫或擴展他們的政治權力。但無論是哪一種話語形式，都彰顯優勢強權欺凌弱小、宰制者欺壓受宰制者、統治者壓迫受統治者的目的或意圖。

二、話語的定義

　　話語一詞不僅僅指涉說話而已，那麼話語到底包括什麼範疇、指涉哪些內涵？為了要區別於傳統語言學，話語分析不僅不用通俗的言說（parole、utterance）字眼，也避免使用寬廣的語言（language）一詞，以免被誤以為是在做傳統語言學研究，因而另立新詞：話語（discourse），標誌當今話語分析與傳統語言學研究的差異。

　　話語這個詞，不同的學者各有不同的說法和用法，不同的學術領域也有不同的使用目的，一般而言，話語就是指實際說話和書寫的行為實踐，或者直接界定口頭說的和筆頭書寫的，都是話語做為社會實踐的形式（Fairclough & Wodak, 1997）。後來隨著傳播科技的發達和批判話語分析研究對象的擴張，話語指涉的範疇也從傳統書寫和說話的語文符號文本，擴大到諸多非語文符號範疇，包括肢體、影音、圖像和電腦圖檔等都含括在內。「話語」一詞指涉相當廣泛的話語實踐符號學單元，至少包括以下幾種不同類型：(1) 語文（不論書寫或口說，或結合其它符號學）；(2) 非語文（表情、姿態、音樂、表演等）；(3) 視覺影像（如電影等）；(4) 廣告文案等；(5) 其它圖式等。

　　從符號學觀點來看，任何產生意指作用的能指，都具有某種意義，都足供做探討符號與社會之間的複雜關係。話語的表現形式極其廣泛多元，在各種社會互動過程，它藉由符號學形式，在社會實踐當下，與其它非話

語文本連結，隱晦展現各種幽微的權力關係或意識型態。

費爾克拉夫從索緒爾結構主義語言學下手，為話語做了定義，認為索緒爾的結構主義語言學將語言分為語言系統（langue）和日常言說（parole），前者是語言使用的社會傳統，它是單一而且同質性的；後者則是因人而異的日常生活語言使用（Fairclough, 1989）。

話語最傳統的定義，就是「大於句子的語言單位」或「語言單位與其它語言單位或非語言單位的連結」。站在批判話語分析立場，話語至少應該包含以下兩個要件：(1) 為了理解話語的使用方式，必須掌握制約話語使用的語言學結構或規約，所以語言學是批判話語分析的必備知識；(2) 為了探討話語語境的來龍去脈，務須探討話語表達背後的社會結構，不能只做表面理解，所以就會涉及各種語言社會學理論。話語就是語言學過程和意識型態過程兩者兼具的場域（Fairclough, 1995a: 25），譬如話語的字彙和表達形式的選擇，會參照社會情境和意識型態，選擇最符合優勢霸權和現行體制的字彙和表達形式，這種社會情境和意識型態語言學過程，就是一種鬥爭過程，這種文本形構乃是透過話語實踐的交互文本鏈（intertextual chain）進行。

批判話語分析聚焦於語言與社會之間的關係，費爾克拉夫認為，語言與社會之間具有辯證關係。語言現象只是社會現象的一種獨特形式，他對話語的定義是：基於話語是一種社會實踐，所以：(1) 話語是社會的一部分，無法外在於社會；(2) 話語是一種社會過程；(3) 話語是社會制約（socially conditioned）的過程（Fairclough, 1989）。

費爾克拉夫認為，批判話語分析討論話語，必然指向當前社會生活的話語，由於當代社會大眾自我意識和批判意識高升，話語的重要性遠非昔比，譬如在 20 世紀提倡的知識經濟，就是強調一切經濟政策、決策和作為，都要以知識做基礎的知識經濟（knowledge-based economy），如今現代社會則是一切政策、決策和社會互動，也都要以話語做為基礎的話語社會（discourse-based society）（Fairclough, 2010）。

話語不只是人與人之間互動的媒介，它更展現話語與其它社會單元之間的密切關係，一切社會部門的施政措施或體制功能的論辯，無不仰賴話

語做為溝通、再現、敘事、宣導、說服的手段和過程，尤其面對全球巨大變革，不論政治、經濟、軍事、社會等各個層面，話語都被用來建制、再現、複製、轉換或改變這些重大變遷。

整體而言，話語是指一組相關文本及其產製和理解過程。至於文本，如果文本各自單獨存在，並沒有多大意義，但是當它與其它文本或話語連結互動，就會展現獨特的社會意義。亦即分析單一文本的意義不大，透過與其它社會實踐的交互文本（intertextuality）或交互話語（interdiscursivity），它們的動態產製和詮釋過程更具社會結構蘊涵的意義。所以，批判話語分析並非關注文本（text）自身，而是關照交互文本或交互話語的語境（context），戮力透析隱藏在社會結構的權力關係或意識型態，否則只是片斷、模糊、曖昧、遮掩、不透明的文本表象。

社會體制和社會結構所建制和制約話語的層面相當廣泛，遍及一切生活層面，批判話語分析所關注的是對於社會情境、知識客體、社會認同和人際關係等建制和制約效能。批判話語分析更關切的是，社會體制和社會結構時時刻刻利用話語和話語事件來維繫、穩固、複製、承續現況和既有社會體制和社會結構。所以，話語隱含著極其奧祕的權力關係和意識型態，而且通常都是不平等的權力關係和宰制的意識型態（Wodak & Meyer, 2016b）。

難免有人會說，對於話語鮮明地表徵社會結構裡的不公不義權力關係或意識型態，並非批判話語分析的對象，因為它們太容易辨認了，至於那些隱晦幽微不透明的不公不義權力關係和意識型態，才是批判話語分析的標的，所以話語因而成為動態話語分析的核心，就是要透過批判話語分析揭開隱藏在社會結構裡幽微隱晦的權力關係和意識型態。

總結而言，話語之所以受到晚近動態話語分析學者重視，主要因為話語乃是生活實踐的一種重要形式，尤其重要的是，話語和社會結構彼此相互建制（constitutive）、相互影響的辯證關係，也就是說，一方面社會結構框架話語如何表述，相對地另方面，話語也會影響社會結構的建制。換句話說，社會實踐的話語意謂著話語事件與社會體制、社會結構之間，具有辯證關係，亦即話語和話語事件被這些社會體制和社會結構所建制和制

約，同時話語和話語事件也是用來建制社會體制和社會結構。

　　話語與社會結構之間的這種互為表裡的辯證關係，正是批判話語分析的基本立場，認為話語是社會結構的表徵，姑不論是以鮮明的表徵，或者刻意隱晦不透明，都是用來再現社會結構底蘊關係的符碼。相對地，話語反過身來，也會建制社會結構的巨大力量，讓人們依循話語實踐來建制、轉換、改變社會結構。可見，表徵的話語與底蘊的社會結構之間的辯證關係，就是批判話語分析旨趣所在，而以表徵在外的話語和話語實踐來揭露隱藏在社會結構底蘊的權力關係和意識型態。

　　范迪克在《話語結構與過程》（van Dijk, 1997a）的一篇文章〈話語研究〉，對於話語與話語分析提出的幾項原則，可供做為瞭解話語的參考：

(1) 話語就是自然而然產生的文本和說話。

(2) 早期話語研究比較重視書寫文本（text），其實話語應該包括日常說話。

(3) 研究話語，不能或忘它的語境（context）。

(4) 話語是社會成員在其所屬社會文化語境裡的社會實踐。

(5) 話語非常方便用來做為成員們對各種人、事、物的歸類。

(6) 話語很容易造成後續效應。

(7) 話語也可以用來功能性建構階層結構。

(8) 話語可以同時具有不同層次和面向。

(9) 話語研究最基本的就是要瞭解它的意義和功能。

(10) 不論是書寫的或口說的話語，都具有一定的規則。

(11) 除了規則之外，語言使用者還會在話語中，運用各種語言學策略。

(12) 話語產製的心智過程和再現，必然與社會認知有關，社會認知可謂是話語研究的核心，雖然尚未被普遍接受。

　　費爾克拉夫認為，話語一詞係指涉做為社會實踐形式的語言使用，而非個人活動或情境變項的反映而已。其意涵有：(1) 話語乃是行動模式和再現模式，是人們對應世界和對應彼此的形式；(2) 話語和社會結構之間具

有一種辯證關係，亦即社會結構既是社會實踐的條件，也是社會實踐的結果。費爾克拉夫將「話語」用來指涉「再現世界的方式」，就是指涉物質世界、心智世界和社會世界的過程、關係和結構（Fairclough, 2003: 124）。尤其世界某些觀點被不同地再現，不同的話語連結著某些不同關係的人們或團體，然後再以他們的世界位置、社會位置和個人身分、社會關係，去對待其他人。話語不僅再現真實世界，它們也投射、想像、再現有別於真實世界的可能世界，而且會以特定方向來投射或改變這個世界。上述這些概念也就是費爾克拉夫所謂話語的再現、認同、關係的語言學功能，而韓禮德則主張語言的三種元功能是概念的、人際的和文本的，本書第四章對這些觀點還會有更深入的解析。

費爾克拉夫主張話語不僅具有建制力，而且也被社會其它實踐所建制。話語就是社會實踐的重要形式，既產製、複製、維繫，同時也轉化、改變知識、身分、認同、社會關係、權力關係、社會世界等。話語一方面形塑、建制社會結構，同時也被社會結構所形塑，亦即話語與其它社會層面具有辯證關係。

貳、話語與社會實踐

「實踐」一詞聽起來難免模糊，它可以理解成某一社會行動，在特定時空所做的社會行動，或者已經固定並且一再重複的社會行動，也就是習慣去做的事（Chouliaraki & Fairclough, 1999: 21-22），此一概念已相當程度指出結構與事件、結構與能動性之間的辯證關係。

一、話語即日常生活實踐

費爾克拉夫等人將實踐定義為：實踐就是習慣的方式，與特定時空緊密結合，是人們運用物質的和象徵資源的行動（Chouliaraki & Fairclough, 1999: 21）。實踐遍布整個社會生活，尤其是在經濟和政治以及文化層面。批判話語分析聚焦實踐的好處，就是可以構連鉅型結構與微觀具體事件之間的關係，關注生活實踐處於鉅觀社會結構與微觀日常行動之間的中介平臺及其辯證關係。

　　批判話語分析將話語視為一種社會實踐形式，意指話語事件與社會情境、社會體制和社會結構之間，具有特定的辯證關係。也就是說，話語實踐和話語事件都是被社會結構所形塑，但是相對地，話語實踐和話語事件也會建制社會結構（Fairclough, 1995a, 2010; Wodak & Meyer, 2016b）。

　　話語之所以被視為社會實踐，有三個主要原因：(1) 它是社會行動和社會互動的一環，畢竟人類社會行動必然包括語文和非語文的各種社會實踐；(2) 話語再現參與者的社會行動，有時話語也會反思性地再現參與者的社會行動；(3) 話語會再語境化（recontextualize）社會實踐（Fairclough, 2010; van Leeuwen, 2008）。費爾克拉夫認為，將話語視為社會實踐，隱含三層意義：(1) 話語可當做行動模式；(2) 話語永遠處於社會和歷史境遇的行動模式；(3) 話語與其語境脈絡具有辯證關係（Fairclough, 1993, 2010）。

　　費爾克拉夫等人指出，實踐具有以下幾點特質：

(1) 實踐是社會生活的形式，更細緻的說法是：實踐是產製社會生活的形式，包括產製經濟、政治和文化等各方面的生活。

(2) 每個實踐都被置放在它與其它實踐有所關聯的網絡關係上，此一外在關係決定了它的內在建制。

(3) 實踐永遠具有反思面向，做為社會變遷的動力（Chouliaraki & Fairclough, 1999: 22）。

　　拉克勞和墨菲的話語理論提出構連（articulation）概念，將幾個社會單元與實踐當下構連在一起。構連至少具有兩個重要概念：(1) 它意涵社會有許多單元，單元與單元之間的關係並非固定不變：(2) 在構連過程可能產生新的組合（Laclau & Mouffe, 1985）。

　　所謂構連，指涉的是多重決定（overdetermination）關係，每一個實踐當下都是各種關係網絡的多重決定，每一個實踐不僅被其它實踐決定，而且每一個實踐都同時與其它實踐連結，當然也有可能決定其它實踐。構連概念可以擴展到每個實踐當下的內在結構，每個話語實踐當下，都與象徵資源或話語資源有變動性和權變性的連結。實踐網絡被置放在社會權力關係的位置上，藉以轉換成為動態爭鬥權力，各種持久性的社會行動就是透過實踐網絡的權力效果，而持久性社會行動所導致的緊張，就是權

力鬥爭或霸權競逐造就的效應。構連概念肯認「內在與外在」實踐之間的「多重決定」權力觀點，每個實踐都被置放在由外決定其內在特質的實踐網絡裡，也就是在社會體制實踐與主體位置之間，存在一種因果辯證關係（Bourdieu & Wacquant, 1992; Fowler, 1996; Bernstein, 1990: 134）。

二、話語實踐的反思

實踐包含反思單元，此乃實踐的特色（Bourdieu, 1977, 1990; Giddens, 1991），因為人們對於所做所為會有所反思再現（reflexive representation），在現代尤其是晚期現代社會裡，反思已然成為實踐日漸受重視的社會生活特質。反思具有兩個重要特點：(1) 反思會在社會鬥爭中出現，運用從特定社會位置產生出來的實踐反思，進行下一個社會鬥爭；(2) 實踐反思的特色就是所有實踐都有一個無可化約的話語觀點，不僅所有實踐都涉及語言使用，而且話語實踐就是反思實踐的一部分。

實踐倚賴這些為了維繫宰制關係的反思自我建構（reflexive self-construction），而反思自我建構功能，就是意識型態（Thompson, 1990），意識型態就是從特定觀點衍生出來的實踐反思建構，它配合宰制利益，排除其它實踐的矛盾、敵對和對立，意識型態的效果就是壓迫實踐去連結意識型態的神祕化和錯認（Althusser, 1971; Bourdieu, 1991）。

意識型態乃是話語建構，意識型態問題就是話語如何連結其它社會實踐的問題，意識型態概念來自現代社會並且與現代實踐網絡緊密扣連，它們彼此之間的權力關係端賴表現在實踐與話語之間的關係而定，所以意識型態宰制與它密切相關的實踐建構，尤其是被某一實踐與其它實踐之間的話語關係所決定的話語建構更是如此，例如當代全球化競爭對教育實踐的影響，就是一種對教育的話語建構，尤其是對高等教育的話語建構，問題癥結在於教育實踐背後，最具影響力的話語，卻是來自經濟實踐，亦即全球化潮流之下的當代經濟實踐宰制了教育實踐。

話語固然重要，但也不宜將一切社會生活都化約為話語，畢竟話語只是社會生活或社會實踐的一個當下，它與其它單元的關係才是重點所在。畢竟一切社會實踐不僅涉及各種不同單元之間的組構（configurations），而

且也涉及各個不同體制機能之間的組構，每個特定實踐會牽扯不同特定的形式和關係單元，尤其是某些特定活動更是如此，它連結特定的物質、時空、人物、經驗、知識、社會關係、符號資源、語言使用方式等，這些生活單元構連在一起而有特定實踐，才會有哈維所謂實踐當下（moments of practice）（Harvey, 1996）。哈維並將實踐當下分為幾種類型：社會關係、權力關係、物質實踐、信仰／價值／欲望和體制／儀式，認為每一個實踐當下雖然會內化其它當下，卻不會化約成為其它當下。

當代社會實踐以愈來愈複雜的途徑，將意識型態和理論實踐交織在一起，而理論實踐又涉及實踐與實踐之間的關係，有些實踐若非直接以理論話語，就是間接以話語模式決定意識型態。因此理論與意識型態之間關係的問題，常被質問兩個相互關聯的問題：(1) 既然理論自身也是實踐，就會在反思的自我建構裡，提出有關意識型態知識的問題，也就是理論實踐如何與意識型態或其實踐交織連結在一起？(2) 有關理論的意識型態對社會實踐，到底會產生什麼效果？

理論自身也是一種實踐，重要的是要讓理論與其它實踐有所區別，而不至於忘掉自身也是實踐，就像哈伯瑪斯用知識興趣（knowledge interests）來形構，而且是一種相互主體理解（intersubjective understanding）的實用知識興趣來形構。批判話語分析就是以社會實踐當下的辯證觀點，透過理論實踐再語境化它所理論化的社會實踐，亦即從它們原初語境中把它們既有的位置打散，再給它們新位置，就會帶來社會實踐進入理論實踐內在邏輯所組構的新關係網絡，才會有上述高教話語被全球化的再語境化所建制的說法（Bernstein, 1990: 188）。

參、文本

在德國，話語通常指涉語言學和語意學之間它與文本的差異；在英語系國家，話語則通常被指涉書寫的和口頭說的文本（Weiss & Wodak, 2003: 13）。也有學者認為，話語嵌在各種文本，藉由文本產生權力（Philips & Hardy, 2002: 4）。

一、文本的多元形式

文本可視為話語單位和話語的具體顯現，文本的形式有很多種，如筆頭書寫、口頭說話、圖畫照片、象徵符號和各種人工製品等。後現代主義觀點甚至主張，天下除卻文本，盡無它物（Barthes, 1967）。

廉奇界定文本為知識的抽象形式的具體表現（Lemke, 1995）。此一界定其實源自傅科對於話語的觀點，因為傅科指出，文本與話語就是做為再現社會實踐的方式、做為知識的形式，以及做為人們談論社會實踐的表述形式（Foucault, 1980; Jager & Maier, 2016）。

文本乃是社會共同建構的某些社會實踐的知識（van Leeuwen, 2008: 6），它在特定的實踐語境和社會情境下發展，姑不論這些語境和情境的大小，它都適用，都會將社會實踐再現在文本裡頭。范迪克則直接將話語視為知識形式和記憶形式，只要它們能夠具體用口頭說或文字寫，因此將話語連結了社會認知，開啟了話語分析獨特的一個研究取向（van Dijk, 1984, 1993a, 1998a）。

文本頗具特色，它是複雜社會意義展現的場域，它具有特殊的產製歷史與語境，此社會意義一方面記錄有關文本產製的參與者和被文本召喚出來的體制與歷史，另方面它記錄著語言和社會體系的歷史，尤其是記錄參與者權力結構關係（Kress, 1996）。

二、文本既是產品也是中介

在話語分析有兩個重要基本概念：文本類別和文本中介互動（mediated interaction）。不論文本類別或文本中介互動都對溝通互動頗有助益，譬如某個文本被安排在某個語境裡，有可能又在其它語境被提及，而且都透過文本中介形式，在各個語境中流動、游走。

最早供做話語分析的文本，咸認是書寫文本，但中介互動和類互動（para-interaction）文本，也可以是口頭說的（如廣播），或者是影音的如電視的（綜合聲音、影像和說話）、電子語音圖檔等，即使是書寫文本也日漸

具有多重符號，不僅結合書寫語言和視覺影像（攝影、圖檔），同時也把書寫文字當做視覺介面，所以「文本」一詞，如果仍舊死守書寫文本，而無視與時俱進的多元文本形式，就與時代脫節，但由於尚無更恰當字眼，只好繼續沿用文本一詞。

　　至於文本與話語的差別，費爾克拉夫認為文本是產品，是話語產製過程所產生出來的產品，話語則指涉整個社會互動過程，文本只是整個社會互動過程的一部分，更精準的說，文本只是社會互動過程中話語的一部分，它是在話語實踐的社會互動過程中的成品（product）和資源（resource）。因為在社會互動過程，話語一定會涉入社會情境的產製和社會情境的詮釋，文本就是扮演在社會情境的產製和社會情境的詮釋中的成品和資源。在社會情境裡，涉及各種層級和層面的境遇，文本就是話語實踐在各種不同社會層級和社會層面的社會互動過程中的成品和資源（Fairclough, 1989）。

　　在費爾克拉夫著名的批判話語分析三層次模式，就是將文本做為話語實踐分析的成品，除了文本，更應重視其它更為寬廣的話語實踐和社會文化實踐層次，因為文本只是話語產製過程中的成品，而話語實踐除了產製過程，還包括詮釋過程，其中更涉及交互文本、交互話語和話語秩序，而最外層的社會文化實踐則包括產製文本的社會情境和詮釋文本的社會情境，甚至包括歷史文化語境（Fairclough, 1989, 1992, 1995a, 2003, 2006, 2010）。

　　文本分析（textual analysis）或稱文本語言學（text linguistics）只對應於做為批判話語分析的一部分，而批判話語分析包括文本產製和文本詮釋過程，文本的形式特質，一方面既可做為批判話語分析在產製過程的跡痕，另方面又可做為批判話語分析在詮釋過程的線索。在產製過程，文本只是一個產品，但是在詮釋過程，文本則轉身成為一種資源（Fairclough, 1989: 24）。各種不同的文本類別經常被連結到中介類別，也就是說，文本經常是在中介互動和類似中介互動裡被生成的，文本乃是為了其它語境而存在，或者為了其它語境而設計，而非純粹只是為了此一語境而存在（Malrieu, 1999），這種文本已經跳脫文本自身存在的語境，試圖構連其它語境，藉以彰顯此一文本的真實動機和意圖。

有學者就發展出當代社會的統治關係如何被文本中介（textually mediated）（Malrieu, 1999: 46）概念。例如人們倚賴電視或雜誌文本來談論購物，但是電視和雜誌都已將人們綁進了商品產製和消費社會關係裡，所以文本中介經常從特定文本裡被抽象化，而且被話語中介。批判話語分析就是要指出文本是在社會互動中運作，從互動的抽象化來分析文本，而非侷囿於文本的句法結構。

任何文本，不論口頭的或者文字的，不論它的類別或者中介互動，基本上都是多面向結構，包含了語音學、語彙學、語意學、語法學、語用學等，但是想要瞭解文本真義，則無法光靠文本，必須瞭解產製者意圖、產製者製碼能力、閱聽眾意圖、閱聽眾解讀能力等複雜的互動關係。因為話語分析無非就是要提供與文本有關的社會文化角度的適切瞭解，批判話語分析就必須從文本產製、文本內在結構、文本外在組織等層面，全面性深入瞭解，要真正瞭解文本的意義，務必要掌握整個語境，這也是文本（text）與語境（context）密切關連的緣故。文本分析並非批判話語分析目的，頂多只是批判話語分析的一個起點或過程，畢竟批判話語分析更關切的是交互文本或交互話語背後隱藏的幽微權力關係和意識型態結構。

肆、文本與語境

文本自身即使具有個別意義，對批判話語分析仍嫌不足，只有文本與文本、文本與其它話語實踐、文本與語境彼此之間的相互關係，才能顯現話語產製、消費、詮釋的本質。批判話語分析就是探究文本如何成為有意義，透過哪些交互文本、交互話語過程，以及文本與語境的哪些微妙關係，如何讓文本具有意義，並且透露文本背後語境潛藏的深意，以及如何讓社會結構成為話語實踐的底蘊張本（Philips & Hardy, 2002）。

一、任何文本都有語境

批判話語分析的學者認為，其實文本自身意義不大，單純就文本表面探究其意義，並無多大價值，因為文本的意義乃是社會各種複雜結構之間彼此的共同建構，所以必須探究文本所依存的整體語境才有意義（van Dijk,

1997a）。與文本（text）相對的概念，就是語境（context）。在語言學或批判話語分析領域，它通常被翻譯為語境，但涉及政經社文環境條件時，它又通常被譯為脈絡或情境。不論叫它語境、脈絡或情境，都是指涉與文本相對應的語境概念，都是社會情境特質的構連，是深入探討文本的產製、結構、詮釋之所繫，文本和話語都務必在語境仔細推敲琢磨。

文本與語境之間的關係，也可以從交互文本（intertextuality）概念來理解。所謂交互文本，是指一切文本都與其它文本交互連結才會產生特定意義。好比所有溝通事件都是建基於先前的事件之上，也就是在某一個溝通事件當中，它與不同的話語或類型交織在一起，因而顯現出文本背後的語境（Bakhtin, 1986; Kristeva, 1986; Fairclough, 1992）。

交互話語是交互文本更為深沉複雜的一種形式，姑不論交互文本或者是交互話語，都是極其不穩定和易變性的話語表徵（Fiske & Hartley, 2003）。但費爾克拉夫認為，交互話語既具穩定性，也同時具有不穩定性，既能維繫既有話語秩序，也能轉換現有話語秩序（Fairclough, 1993）。話語秩序就是話語的深沉語境，比一般社會情境更為深層的語境，費爾克拉夫對於話語與話語秩序之間，抱持一種辯證關係，也就是說，話語秩序會框架話語實踐的表現，相對地，話語實踐也會影響話語秩序。所以，交互話語就是話語和類型無止盡的組合、再組合，在不對等的權力關係爭霸過程，不斷進行組合再組合。可見文本只是被語境宰制的成品，每個文本背後都可能有極其複雜的語境，甚至潛藏權力關係和意識型態。

二、從語境透析潛藏結構

就批判話語分析而言，如果只是探究文本自身的意義，恐又重回傳統靜態語言學老路，對批判話語分析意義不大，應該深入探究蘊藏社會權力關係和意識型態的話語，才有意義，才符合批判話語分析意旨。話語除去語境，則無法瞭解它的真實意義；話語除去語境，則難以產製確切文本，即使產製了文本，也難以理解其真正意圖。話語永遠與其它話語有所關聯，不論是先前的、同時存在的、或後續產製的話語，或以明顯方式，或以隱晦手法彼此相互關連。

　　話語永遠與其語境有所關連，除去語境，就難以理解話語的真正意圖目的；除去語境，就無法釐清躲藏在結構裡隱晦幽微的權力關係和意識型態；除去語境，就會陷入掌權者的宰制關係而不自知。沒有語境，就無法產製話語，就無從瞭解話語的意義（Fairclough & Wodak, 1997: 277）。

　　對於文本、話語和語境，批判話語分析基本上有三個研究取向：(1) 務必構連文本與話語，從交互文本和交互話語，深入瞭解話語的真實意義；(2) 務必將文本、話語放置在適當語境裡，才能釐清文本或話語的真正意圖；(3) 務求透過交互文本或交互話語，彰顯特定的歷史與社會文化語境，揭露隱藏在文本或話語背後的社會和歷史文化語境脈絡。

　　范迪克提出話語三角關係觀點，將話語、認知和社會三者緊密連結在一起，認為話語是一種溝通事件（communication event），是構連人們認知與社會的基石，並且強調語境對批判話語分析的重要性，認為一切詮釋應該建立在語境而非文本之上（van Dijk, 2008b）。誠如范迪克所言，把研究聚焦在文本的目的是為了有助於釐清有關認知的、社會的、歷史的、文化的和政治的語境。文本只是資訊冰山的一角，隱藏在水面下的永遠比浮在水面上的多更多，只進行文本分析是不夠的，應該針對文本隱含的部分做更深入的分析，所以批判話語分析就提供了非常有用的研究利器（van Dijk, 2008b, 2016），能夠針對表象文本背後語境潛藏的各種幽微不公不義權力關係或意識型態，徹底揭露出來。

第二節
話語、權力與意識型態

壹、話語與真實建構

　　真實建構一直被認為是話語研究的重要基礎和起始點，話語產製社會真實並使它為真（social reality is produced and made real through discourse）（Philips & Hardy, 2002: 3），並且做為人們彼此相互瞭解和社會互動的憑藉。社會真實透過話語產製和話語互動而成為真實，如果沒有賦予參照意

義的話語，則社會互動就無法被徹底瞭解。話語不僅建構吾人日常生活實踐的社會真實，而且人們一廂情願認為它就是千真萬確的社會真實，成為日常生活實踐、社會互動的認知參考架構和行為準則。

霍爾在〈製碼與解碼〉根據符號學觀點指出，意義體系真正具有影響力者，並非符號本身，而是意指作用所產生的意義。意義既非事物與生俱來，亦非事物所固有，而是經由意指作用實踐（signifying practice）獲得，也是社會約定俗成建構的結果（Hall, 1980a, 1997）。意義既然是社會約定俗成的結果，所以意義絕對不會被最終固定，符號與意義之間的關係乃是歷史、社會和文化等各種因素所共同鏈結，隨著彼此建構關係的改變，符號所代表的意義亦隨之改變。

話語的製碼和解碼之間，它們的意義未必完全一致，有待閱聽人如何解碼。話語並非存在真空裡，話語自身可能沒有固定意義，只有在社會團體與其複雜的社會結構之間互動，話語才會顯現出獨特意義，而且在不同團體、不同社會結構之間的互動，相同的話語可能顯現出不同的意義。就像美國人眼中的恐怖分子（terrorist），在中東社會卻意謂自由鬥士（freedom fighter）。可見，話語的意義鑲嵌在社會結構裡，蘊藏在社會結構與其成員之間的互動，所以批判話語分析是探索話語與真實之間關係的方法（Philips & Hardy, 2002）。

至於再現系統，就是透過語言產製意義，語言既可以符號來象徵、代表或指涉實體世界的人、事、物，亦可以用它來指涉想像事物、夢幻世界和抽象觀念等非實體世界，所以語言與真實世界之間並非一對一的反映或模仿，意義乃是透過意指作用產製而來，意指作用就是意義的產製過程和實踐。

不僅符號與外在事物並無直接對應關係，巴赫汀指出，主體其實並未與外在實體直接經驗，而是藉由中介的再現符碼與外在世界建立關係。所以除卻語文符號的再現，吾人對外在世界根本就無法擁有清明確定的意識（Bakhtin & Medvedev, 1985）。而這些符號再現系統，早在吾人之前就已經存在，所以，一切認知和行動形式，都是符號學過程，亦即都是社會和歷史所決定，此乃再現與意義的真諦所在（Voloshinov, 1929/1973）。

　　話語不僅建構社會真實（social reality），而且組構社會世界（social world），做為人們社會互動的基礎。若無話語，則無社會真實，亦無社會世界。話語就是瞭解世界或世界某個觀點的途徑，若無話語，既難以與人溝通，亦乏與人溝通的憑藉（Jorgensen & Phillips, 2002: 1）。話語不僅是社會成員彼此互動的象徵符號，而且也建構社會成員相互的認同，包括社會認同或個人自我身分認同，甚至對他人身分的想像，都是來自話語。如果沒有話語，就無法瞭解自我的真實、經驗和自我認同。

　　基本上，不論批判語言學或批判話語分析都把語言視為社會實踐的一種形式，都以話語的再現和意指作用做為分析重點。話語建制了知識客體、互動情境、社會真實、社會世界、人與人之間的社會認同和社會關係等，不僅協助維繫、複製和再製社會現狀，並且也促進現狀的轉變。所以掌權者無不想盡辦法，利用話語來穩定、宰制現狀，藉以延續不平等的權力關係、宰制關係和意識型態。

　　因此，批判話語分析至少有以下幾個不同面向：

(1) **釐清文本與真實之間的構連**：到底文本與話語之間是如何交互構連，組構成為具有社會意義，並且再現成為社會真實，甚至讓人相信文本或話語就等同於社會真實，完全信任掌權者的話語，理所當然相信掌權者的話語等同社會真實。

(2) **確認文本和話語的社會語境**：務求釐清文本或話語所依恃的結構語境，洞察文本或話語與其語境之間的從屬關係、工具角色，藉以確認話語所指涉的特定社會意義，尤其是掌權者與被統治者之間不平等的權力關係和宰制關係，藉以深入掌握宰制者透過話語到底意圖再現、建制什麼社會真實？

(3) **構連歷史與社會語境**：務求確認話語所指涉的歷史事件參與者之間的權力關係和宰制關係，藉以釐清隱藏在話語背後的歷史和社會語境，務必弄清歷史脈絡。歷史雖然已是過眼雲煙，但是真相為何？掌權者透過話語到底意圖建制或竄改什麼歷史真相？

(4) **探究語境如何被實踐**：學者一向主張語境框架人們日常生活話語實踐，它說來輕鬆容易，但是語境到底是如何被實踐？透過什麼話語？用什麼形式？話語實踐又如何構連社會結構與人民日常生活的理解和想像？社

會真實就是庶民日常生活實踐的依據和參照，話語產製者和詮釋者到底意圖引導庶民進行什麼社會互動？

　　凡此種種都是批判話語分析探究話語與真實建構之間的核心課題。其實，批判話語分析並非以社會真實做為探究的焦點，它最關切的乃是話語與宰制權力及意識型態之間的關係，到底話語如何承載權力及意識型態？又透過什麼途徑？如何傳承權力及意識型態？因而造就當今的社會真實，才是批判話語分析的旨趣所在。

貳、話語與權力關係

一、權力無所不在

　　權力看似一個難以處理的概念，可是權力卻是批判話語分析的核心焦點，批判話語分析就是針對各種不公、不義、不平等的權力關係，試圖解析話語與權力之間的微妙關係，所以務必對權力有明確的掌握。

　　對於權力最簡單的定義，莫過於道爾將它界定為：能夠讓別人去做他原本不想做的事情（Dahl, 1968）。其實道爾這種觀點來自韋伯，韋伯認為，權力就是在某種社會關係裡，能夠迫使別人違逆其意志和利益，來實現指令者的意志（Weber, 1980: 28）。

　　根據韋伯的觀點，權力可從幾個層面來看：

(1) 明顯的權力（overt power）：尤其展現在衝突或做決策時，凌駕他人的優勢力量。

(2) 隱晦的權力（covert power）：既能影響決策，又能安撫不滿情緒的隱晦力量。

(3) 形塑願望和信念的力量：既可消弭衝突和不滿，並可提振信念的力量。

(4) 權力充斥社會每個角落，是無所不在的力量（socially ubiquitous）。

(5) 權力既具建設性，也具破壞性；權力既能在話語裡正當化，也會在話語裡被去正當化（Reisigl & Wodak, 2016; Wodak & Meyer, 2016b）。

至於權力的來源，至少有以下幾種不同看法：(1) 權力來自特定行動者的資源；(2) 權力是不同行動者之間的資源關係所顯現出來的交易屬性；(3) 權力有系統地、隱晦地建制社會特質（Foucault, 1979; Giddens, 1984; Luhmann, 1975）。不論上述哪一位學者，他們對於權力最直接了當的詮釋，就是：權力就是關於差異關係（relations of difference）的展現。權力的差異關係，並非僅僅只存在政治領域的資源分配，幾乎人類一切生活實踐都涉及各種類型的差異關係，只是政治和經濟領域的差異關係，比較容易理解；而社會文化結構的差異關係，則通常隱晦不明，較難讓人一目了然。一般人不僅沒有感覺它們的存在，甚至無奈、忍氣吞聲地承受，還以為是不得不然的景況呢，而這正是批判話語分析戮力揭露的陰暗面。

話語導致某種社會效應或後果，其中，權力就是一個重要議題，話語實踐主要著眼於意識型態效應，它有助於在社會階級、性別、種族、宗教、文化等群體之間，產製、複製不平等、不對等的權力宰制關係，並且藉由這種途徑，再現某些特定事物，也定位人們相互的社會位置（Fairclough & Wodak, 1997）。

權力會透過話語，在適當時機、在適當場域、由適當的行動者、運用美麗動聽的話語表達出來，藉以維繫既有社會結構和權力關係。有些權力是明顯的，甚至張牙舞爪，有些則是刻意躲藏深怕人知，隱晦不明而且刻意隱藏，姑不論是透明不透明或不論哪一種權力關係，都涉及不平等的宰制關係，都是批判話語分析不能輕易放過的焦點所在。

傅科指出，權力經常是以知識做為結構基礎，透過知識來遂行有組織的結構權力（Foucault, 1979），像國家機器的軍隊、警察、司法等，就是有組織、有知識、還有暴力的權力，至於沒有暴力的權力，就比較難被察覺，人們甚至還享受被宰制的愉悅，譬如追求資本主義消費社會流行時尚，就是鮮明例證。

布迪厄指出，權力彰顯在語言上，語言與權力關係形影不離，各種場域都充滿權力，而且各種場域都被權力和宰制關係緊密結構，人們就在這些場域，包括經濟的、社會的、文化的場域，競逐有限的資源和資本，而且這些資本都被體制化成為有形的物質，譬如經濟資本就是財富、知識資

本就是學位、社會地位資本就是社團俱樂部會員等。這些權力和宰制關係日久會養成慣習（habitus），人們就在這些慣習及其背後的規範、習俗、常軌的形塑之下，有意、無意或下意識地去做他們連想都不想就去做的事（Bourdieu, 1984, 1986, 1991）。

權力關係無所不在，它既具建設性，同時也具破壞性，它透過話語而合法化、正當化，同時也會透過話語去合法化、去正當化，權力關係既能強化話語的力量，也能限制和規範話語的力量。有的權力關係在當前社會已經在話語中獲得合法性和正當性，這些權力關係很明顯一定是掌權者、宰制者所擁有。另方面，有的權力雖然猶未取得合法性或正當性，卻正在努力尋求合法性和正當性的道路上邁進，諸多社運和陳抗，基本上就是競逐特定的話語權，也就是話語權的合法性和正當性，藉以改變社會現況。也有的話語矢命挑戰話語霸權（discourse hegemony）的合法性和正當性，也就是話語權爭霸，任何勝利的一方，就會獲得合法性和正當性，同時去除對手話語的合法性和正當性。這種話語爭霸現象，與荒野猛獸爭霸毫無二致，誰稱霸，誰就是老大，擁有一切資源，包括話語資源和分配其它資源的實際權力。

權力關係透過話語顯現出來，不論是在語言使用形式，或者是在各種社會情境，尤其是在公共領域與人民權利息息相關的論辯場域，任何一方都不願輕易認輸釋出權力，即便爭鬥到一兵一卒，都不肯低頭束手就縛。誠如哈伯瑪斯所言，語言既是社會的力量，也是宰制的媒介，語言合法化了權力關係（Habermas, 1996）。所以，權力是社會生活的核心條件和核心狀況（Wodak & Meyer, 2016b）。各種結構性和象徵性的差異及其宰制，都展現在權力的差異關係。就象徵符碼層面而言，不論文本或話語，都是權力爭鬥的場域，尤其是交互文本、交互話語和再語境化（recontextualization），更是話語爭霸的核心。

二、話語爭霸即權力鬥爭

符徵的文本或話語權力鬥爭，其實都只是社會結構權力差異關係的表徵而已，權力差異關係，特別是關於社會結構差異所導致的權力差異效

應，才是社會問題的核心，也是批判話語分析致力於揭露的社會結構潛藏問題。話語實踐是彰顯社會場域和社會結構權力差異關係的最佳表徵，日常生活社會互動裡的話語實踐、交互文本、交互話語和再語境化都是批判話語分析的核心課題。

范迪克認為，權力必然涉及控制，也就是對於他者或他團體的控制，控制又必須透過行動或話語來執行，不論是試圖改變他者、他團體的想法或行為，或是維護或擴張自己的利益，都是透過話語實踐來執行優勢權力差異關係（van Dijk, 1993a, 1998a, 1998b）。

在社會結構的權力差異關係，不僅以日常生活實踐來表彰，而且也透過話語實踐，以各種形式糾纏在社會結構深層底蘊裡頭，像「男尊女卑」一句簡單的話語，主宰東方社會結構長達數百年，甚至千年的男女不平等權力關係，它充分展現在社會各種生活層面，從內閣閣員、各社會組織管理階層（包括大學）的性別比例，到婚喪喜慶行禮如儀的座位安排和進行程序等，都可看到男尊女卑的景象，可見「男尊女卑」此一話語充分展現在生活實踐各個面向，並且深深烙印在人們心目中。

如果既有的性別差異、父權關係，在社會互動過程沒有發生任何衝突，一方面可能有關它的權力差異關係，一時三刻難以清楚掌握，另方面也可能它的權力差異關係，已經僵化到難以動彈絲毫的地步。一般而言，只要權力差異關係稍有變動，話語就會跳出來，急於扮演揭露或遮蔽差異關係的角色，掌權者極力遮蔽，挑戰者力求揭露。

語言自身並沒有權力，語言是藉由掌權者的使用而獲得權力（Wodak, 1989）。批判話語分析就是要揭露語言和話語背後的掌權者，以及掌權者如何運用語言和話語，來展現他們的權力。過去俗話說，語言是意義的承載，如今，話語是權力的承載。對批判話語分析而言，權力存在生活實踐裡，也存在話語文本裡，所以話語文本自然而然就成為權力鬥爭的場域。即便權力並非源自語言，而是源自掌權者，但是話語卻能夠用來標誌（index）權力、表達權力和實踐權力，在各種爭論裡，語言就是權力的中介，話語扮演權力爭鬥的角色，話語不僅用來標誌、表彰權力，而且也用來競逐、挑戰權力，早在古羅馬帝國時期，元老院的論政，話語與權力關

係就已經充分展現，可見話語也可以用來挑戰權力和顛覆權力，多少革命大業都充分展現了話語挑戰權力的張力和影響力道。

話語與權力關係可以分為兩種取向，一種是明顯、可見、易懂的話語與權力關係，另一種則是隱晦、幽微、不可見、難懂的話語與權力關係。就批判話語分析而言，權力乃是在語言當中，既可以透明，也可以隱晦不明，既非透明，亦非完全掩蓋，都被掌權者拿來展現他們的權力關係和建構社會真實的物質。權力差異關係會潛藏或再現在人們日常生活實踐和語境當中，卻不輕易為人察覺，一般人日常生活的話語實踐，都已經是權力差異關係的下游，因此難以捕捉權力的真相，這正是批判話語分析主張，一切分析務必追溯源頭、回歸語境，必須直接進入語境，直搗語境探究它到底擁有哪些權力，又如何將這些權力轉化為日常生活的話語和社會互動。因為有些日常生活的話語或生活實踐，涉及層面極其寬廣，舉凡歷史、社會、文化都包涵在內，從敘事學觀點來說，這種話語再現的權力關係，就被稱做鉅型敘事（grand narrative）。

面對世俗的話語權力遊戲，其目的無非就是為了穩固權力迴路（circuit of power），所謂權力迴路，簡單來說，就是維繫既有權力差異關係的各種結構性因素和非結構性因素。至於權力迴路，一方面是理論上的權力，另一方面則是日常生活實踐的權力。所以，務須兼顧理論與實踐，才能破解語言與權力的關係。

參、話語與意識型態

批判話語分析的三個核心觀念，就是批判、權力與意識型態，不論權力或意識型態都是批判話語分析批判的對象（Reisigl & Wodak, 2016; Wodak, 1989）。所以，除了上述權力關係之外，批判話語分析另一個焦點，就是話語在意識型態建構過程所扮演的角色。

一、意識型態框架話語實踐

一般而言，意識型態之所以抽象難以捉摸，主要是因為它藉由語言中介而存在，不僅存在話語和話語中介的語境，而且存在人們的想像，卻非

具體或單獨存在的物理現象。政治學者認為意識型態至少具有以下四種特質：(1) 意識型態必然擁有凌駕認知的力量；(2) 意識型態可引導人們對事物的評價；(3) 意識型態可以透過行動，提供引導；(4) 意識型態必然是邏輯一致的（Mullins, 1972）。

意識型態最簡單的定義，就是做為價值系統（Malrieu, 1999: 5），是用來建立並且維繫不平等權力關係的重要工具（Weiss & Wodak, 2003: 14）。可見，上述有關權力差異關係的論析，足證話語不僅與權力關係密切，更與意識型態緊密相扣。話語固然是意識型態存在的中介，但對意識型態更為重要的，則是話語中介的語境，因為語境決定字詞、片語、句子和話語的意義及其脈絡，所以意識型態就是最普遍、最寬廣的語境類型（Malrieu, 1999）。

意識型態的簡單定義，就是內在邏輯一致而且相對穩定的一組信念或價值觀。基本上，意識型態是連貫的、相對穩定的一套信仰或價值觀，雖然在政治領域，它的核心概念似乎沒有什麼變化，但本質上，它的內涵已經產生重大變異，而且隨著解構主義和後現代思潮的洗禮，甚至連形式也都有所轉換。

范迪克就以世界觀來界定意識型態，認為意識型態就是建制人們社會認知的世界觀，將人們對社會世界的態度和再現，透過認知基模有組織地呈現出來（van Dijk, 1993: 258）。所以意識型態根本就不是抽象的，而是活生生的表現在人們日常生活各個面向，只是人們難以察覺它的存在及其影響力罷了。費爾克拉夫則採取馬克思觀點來看意識型態，認為意識型態就是對於世界觀的再現，它不僅建制並維繫權力關係，甚至進而宰制和剝削受壓迫者（Fairclough, 2003: 218）。

阿圖塞從想像情境來界定意識型態，認為意識型態就是對於人類存在情境的再現（representation of man's condition of existence），也是個人與其存在情境的想像關係轉變的再現（Althusser, 1971: 10）。阿圖塞將國家機器分為壓迫性國家機器（repressive state apparatus, RSA）和意識型態國家機器（ideological state apparatus, ISA）兩種，前者指涉的是以軍隊和警察等迫使人民乖乖就範的有形壓迫性力量，而意識型態國家機器則指涉教育體系、

藝術、文化和媒體等無形的國家機器，雖非壓迫人民，卻是宰制人民的無形國家機器，這些意識型態國家機器都是社會階級宰制鬥爭的場域。就批判話語分析而言，意識型態已不限於軍警鎮壓的形式，而是各種宰制人們日常生活實踐無所不在的話語形式，像范迪克就以社會認知的世界觀，或者費爾克拉夫關注話語實踐背後的話語秩序，都是意識型態對人們日常生活實踐的重大影響。

費爾克拉夫依循語言學視角，認為意識型態是「真實的意指作用」（signification of reality），包括自然世界、社會關係、社會認同等都是，「真實」就被建構成為話語實踐的各種不同形式（Fairclough, 1995a）。費爾克拉夫此一觀點與湯普森（Thompson, 1988, 1990）類似，都將語言和其它象徵符號的使用視為意識型態，意識型態並非憑空存在，而是透過象徵符號、話語的中介再現，在特定情境下建構並維繫宰制關係（relations of domination）。

湯普森（Thompson, 1990）指出，意識型態在社會世界通常是透過象徵符碼和形式展現出來，並且在社會世界普遍流傳，意識型態既是一種社會形式，也是一種社會過程。尤其是大眾傳媒，透過霸權優勢的象徵符號，在社會世界建構和傳播各種不平等權力關係的社會形式和社會過程。伊格頓（Eagleton, 1994）也說，意識型態可以用來檢視思想與社會真實之間的關係，任何意識型態都存在著特別的歷史理由，讓人們感覺、相信、想像它與社會真實之間具有某種特定關係存在。

費爾克拉夫認為，意識型態以各種不同的方法，將語言導入了各個生活實踐層面，所以用不著去選擇特定的意識型態場域，因為它早已遍布吾人一切生活層面各種面向，俯拾即是。布迪厄從寬廣的日常生活實踐當中的慣習（habitus），來詮釋意識型態與生活實踐的關係（Bourdieu, 1991）。慣習既然是每個人生活經驗和生命故事的結晶，這許許多多的生活經驗和生命故事背後，理應可以整理出意識型態的跡痕。此外，從社會場域（field）視角，也可以詮釋意識型態的來由，說明慣習與意識型態之間的結構關係。每個社會場域各有獨特的宰制結構，人們話語實踐和社會生活實踐就充分展現所處社會場域的差異，當然無所遁形於場域背後的宰制結構和意識型態。

二、批判話語分析揭穿意識型態神祕面紗

批判話語分析最感興趣的是，語言在各種不同社會體制所扮演的中介意識型態的角色，也就是說，批判話語分析就是要藉由辨識或解構意識型態，來對話語進行除魅、去神祕化（demystify）（Weiss & Wodak, 2003）。

意識型態對費爾克拉夫而言，就是服務權力（Fairclough, 1995b: 14），造就宰制關係的產製、複製和轉化（Fairclough, 1992: 87; Chouliaraki & Fairclough, 1999: 26）。這就是為什麼批判話語分析會藉由喪失權力、被權力壓迫的人，來批判分析那些掌權者的道理。既然意識型態是建構並且維繫不平等關係的要素，所以批判話語分析就特別針對各個社會體制裡話語中介的意識型態。

費爾克拉夫堅信，意識型態鑲嵌在話語實踐裡，固難一目了然，而且話語實踐又是吾人日常生活行動，所以意識型態就深深潛藏或烙印在吾人日常生活裡，而話語所產生的意指作用，就扮演著關鍵的維繫權力關係的角色。但是，天下未必有哪一種意識型態可以永遠占領優勢霸權位置，意識型態固然可以視為擁有優勢位置的霸權，可是霸權地位並非永遠穩固不變，而是永遠在變，它本質上是一種動態爭霸過程所顯現的優勢，霸權爭鬥既有可維護、複製既有權力關係，也能轉化、改變現有權力關係。

一般而言，凡是鉅型敘事基本上都屬於意識型態，像自由主義、共產主義、社會主義、現代化、全球化、數位化等，都再現社會現況並想像未來風貌，並致力朝向想像的未來而努力。於是意識型態就透過話語，建構霸權的敘事認同，並且對於未來社會發展的論辯，控制公共領域相關論辯的進出管道（Wodak & Meyer, 2016b）。

至於知識話語裡潛藏的意識型態，相當複雜難以區辨，傅科認為，瀰漫在科學話語的意識型態，並非是它們的觀念結構層級構連而成，亦非在社會的技術使用層級構連，也非在建構主體意識層級構連，而是在科學構連知識的地方構連起來（Foucault, 1972: 185）。

因此，科學想要擺脫意識型態，就得先闡明它與知識的關係。科學話語必須先跨過形式化門檻，確定它與其所仰賴成為科學話語之間的關係

（亦即知識）。所以釐清意識型態與話語之間的關係，顯得格外重要，科學知識都是以科學話語呈現，所以要釐清到底科學知識有無意識型態夾雜其間，首要工作就是釐清意識型態與話語，才能夠看清科學背後有無意識型態作祟。但是這也有問題存在，因為所有意識型態本身就是理論，它把自己視為知識甚至是正確的知識，其它意識型態才是意識型態或者錯誤知識。所以要釐清科學知識與意識型態之間的確切關係，並非一件輕鬆容易的事。

　　總結話語與語境之間的關係，可以從以下幾項特質檢視：

(1) 話語是以語境為依歸的符號學實踐或社會生活實踐，不宜只看它的表象意義，更應探究它在各種社會場域及其背後語境的深層意義。

(2) 話語與社會具有辯證關係，一方面話語被社會建制，另方面話語也建制社會（socially constituted and socially constitutive）。

(3) 話語必然與更寬廣的語境有關，不論是社會情境語境或歷史文化語境。

第二章

批判話語分析的崛起

第一節
從靜態語言學到動態話語分析

壹、批判語言學的源起

　　早在半個世紀以前，人文社會學科就相當重視語言學研究，試圖瞭解語言的本質與功能，光在語言的社會理論方面，譬如語言到底是反映真實，抑或建構真實？語言到底是建制社會結構，還是被社會結構形塑？都是極其熱門的新興課題。

　　在這些蘊意深奧的課題當中，建構論語言學發展相當早，而且引導社會語言學理論研究方向，它主張語言不僅反映真實，而且建構真實（Berger & Luckmann, 1967; Schutz & Luckmann, 1973）。緊接著，立基於建構語言學觀點所提出的話語分析，更進一步主張話語並非僅僅反映或再現真實的知識結構論觀點，而是做為建制和建構（constitutive and constructive）社會結構的觀點（Wood & Kroger, 2000），尤其隨著人文和社會科學界轉向語言學（linguistic turn）的學術風潮，更添增話語分析的研究能量。

一、話語分析

　　20 世紀後期，隨著文化研究和全球化風潮，話語分析（discourse analysis, DA）順勢崛起，成為新興研究潮流，並擴大研究範疇造就晚近各種性別、組織、社會運動等題材都試圖透過話語分析尋繹共同詮釋，或各自開創嶄新研究主題，因而促進話語分析蓬勃發展。

　　語言學研究通常分為聲韻學、語彙學、語意學、語法學和語用學等不同層面，基本上傳統語言學研究都以靜態的句子或子句做為分析單位，但是語言並不限於句子，語言更不等於句子，句子根本無法描述或解釋所有語言現象，所以傳統語言學註定要被突破。有人將早期話語分析稱為文本文法（text grammar）或文本語言學（text linguistics），主要是因為當時研究主軸聚焦在靜態的文本，惟自 1952 年哈里斯提出話語分析稱號後（Harris,

1952），話語分析就獲得語言學界的共識和重視。話語分析於 1960 年代末、1970 年代初興起，初始各個領域各自獨立，後來逐漸整合成為新興話語研究領域，與其他人文和社會學科關係密切，其中又與語言學、文學理論、人類學、符號學、社會學、心理學、哲學和敘事理論等領域關係最密，是一個新興、跨學科的領域（van Dijk, 1988a: 17）。

話語分析初始階段各有不同研究取向，譬如社會學研究取向的話語分析，偏重社會語言學和語言在人際溝通所扮演的角色，研究素材主要來自日常交談如交談分析；心理學取向話語分析則注重語言學習和理解過程；哲學取向的話語分析著重語意與外在世界的關係，以及語意的真偽問題；至於敘事取向話語分析，由於敘事原本就是話語的一部分，而且敘事分析原本就不限於句子，而是以整個故事或篇章做為研究對象，所以敘事理論與話語分析也有相當關係；晚近也有學者以人工智慧和模控學（cybernetics）等觀點，進行話語分析。

但是，早期話語分析（discourse analysis, DA）只是一般性的靜態語言學研究，後來的批判語言學（critical linguistics, CL）才致力與其它人文和社會科學跨域整合，尤其是批判話語分析（critical discourse analysis, CDA）更試圖從語言學觀點探究文本和話語裡潛藏的隱晦不透明結構元素，鎖定權力關係和意識型態做為主要研究標的，遂與其它人文和社會科學結了不解之緣。

話語分析與批判話語分析主要差別在於，前者傾向於以靜態文本的字詞、語彙和句子文法結構的分析，純粹從語言學角度解析文本結構及其意義；後者則傾向於以動態的社會結構建制做為問題導向，並採取多領域、跨領域和科際整合的研究策略和研究取向，試圖提供不同於當前社會風貌的批判（Fairclough, 1995a, 2003, 2010; Wodak & Meyer, 2016b）。簡而言之，傳統話語分析原本只傾向於靜態文本自身的探討，經過二、三十年的科際跨域結合，藉由系統功能語言學的文本分析結合相關理論與方法，而發展出來批判語言學以及後來的批判話語分析。

二、批判語言學

（一）批判語言學的理論觀點

　　一般咸認批判語言學起源於 1980 年代英國東英格蘭大學（East Anglia University，一般直譯為東安格利亞大學，但它的拉丁文語意就是東英格蘭），因為早期批判語言學幾位大師佛勒、柯瑞斯、霍居、朱梧等人都在該校任教，彼此合作展開從語言學觀點探究語言與社會的關係，1979 年四人合著的《語言與控制》（*Language and Control*）（Fowler, Hodge, Trew, & Kress, 1979），咸認是批判語言學（critical linguistics）的濫觴，當時盛行以「語言控制」代表批判語言學立場和觀點，足見該書的重要性，不僅開創將語言學研究結合社會現實的新取徑，並且運用韓禮德的系統功能語言學觀點，創建批判語言學的理論與研究根基。

　　際此同時，除了東英格蘭大學，英國的蘭卡斯特（Lancaster）大學和瓦維克（Warwick）大學、澳洲墨達克（Murdoch）大學、荷蘭的阿姆斯特丹大學和悠崔克（Utrecht）大學遍地開花，紛紛投入批判語言學研究行列，並且舉辦研討會，嘗試匯聚各種新思維、新想法，譬如 1984 年悠崔克大學舉辦批判語言學夏令營，1986 年蘭卡斯特大學舉辦語言學與政治研討會。於是，「批判語言學」和「語言與控制」就成為當時最常被引述的重要關鍵語彙（Chilton, 2008; Fairclough, 1985），充分顯現當時批判語言學的熱潮。

　　有關批判語言學的研究，最初關注在語用學和社會語言學兩個方面，並且以句子和句子的組成做為研究單元，即使在社會語言學方面，也只是聚焦在描述和解釋語言的差異、語言改變和溝通結構等有限範疇，只有相當少數研究者關注權力與社會階層的議題（Labov, 1972; Hymes, 1972）。就在這個時期，佛勒和柯瑞斯（Fowler et al., 1979; Kress, 1989; Kress & Hodge, 1979）、范迪克（van Dijk, 1985a）、費爾克拉夫（Fairclough, 1989）、渥妲克（Wodak, 1989）等人就已經對批判語言學提出許多研究假設、研究原則和研究方法等，為語言學研究注入諸多嶄新思維，並且成為後來崛起的批判話語分析重要基礎。

整體而言，佛勒和柯瑞斯等人合著的《語言與控制》（Fowler et al., 1979）和《語言與意識型態》（Kress & Hodge, 1979）這兩本著作，咸認是批判語言學重要理論基礎，也奠定批判語言學的根基，他們嘗試結合語言學文本分析與社會學理論，專注於語言在政治和意識型態過程所展現的功能，有別於主流的喬姆斯基（Chomsky）語言學派的觀點，大膽跳脫既有的語言學傳統二元主義。

傳統語言學的二元主義主張：(1) 把語言系統視為自足系統，並將語言系統（langue）和日常言說（parole）完全獨立開來；(2) 把意義從風格或表達區隔開來，亦即將內容從形式區隔開來。對於第一點主張，批判語言學者認為，日常言說與語言系統大異其趣，就是因為它在社會結構具有特定的功能，人們都在他們所處的社會位置與人互動，因而使用某種語言類型。至於第二點主張，批判語言學者認為，人們使用特定語言系統的句法選擇，乃是根據他們所面對的社會情境而定，亦即人們日常言說必然與其所處社會情境有關。以上兩種說法，都與韓禮德系統功能語言學（Halliday, 1985: 65）觀點一致。

早期批判語言學大抵從語言功能來探究它與社會或意識型態之間的關係，佛勒曾分別先後援引喬姆斯基的轉換生成語法學（transformational-generative grammar, TGG）和韓禮德系統功能語言學（systemic functional linguistics, SFL），提出標準語言學的工具，用來揭露潛藏文本裡頭的權力關係和意識型態，闡釋文本裡權力的語言學結構，認為不論是人們一般日常生活的話語，抑或是媒體話語，這套系統文法工具都能充分展現語言究竟是如何建制、掌控和正規化各種不平等的社會階級，後來發現韓禮德系統功能語言學觀點比較適合批判語言學的研究旨趣（Fowler, 1979）。

佛勒在韓禮德出版的文集裡發表〈論批判語言學〉，分別介紹：(1) 批判語言學與功能語言學的關係；(2) 批判語言學的主要內涵；(3) 批判語言學發展現況及其遭遇的問題；(4) 解決批判語言學困境的建議方案等（Fowler, 1987）。認為不僅僅新聞話語，即使文學批評，也都可以看到系統文法功能對於社會階層的建制、維繫和操控等作用。該文後來收錄在《文本與實踐：批判話語分析》（Caldas-Coulthard & Coulthard, 1996）。

佛勒指出，語言和話語都是社會實踐，不僅只是人們日常生活的實踐，而且連結日常生活實踐背後的社會結構和意識型態，所以語言和話語產製並同時複製社會結構和意識型態。他建議對於語言和話語到底如何成為社會實踐，務必要將它理論化，才能建構批判語言學的理論基礎。

對於意識型態，佛勒認為不宜將它指涉為虛假意識那麼簡單的概念而已，指出意識型態將社會客觀存在事實與日常言說之間的因果關係結合起來，把意識型態所蘊涵的隱晦價值悄悄地配置在各種社會事物和社會過程，所以這種隱晦的信念建構了日常生活的「普通常識」，並且做為話語和社會互動的基礎。韓禮德系統功能語言學的概念（ideational）功能，相當適合用來說明有關意識型態的字彙分類和及物功能（Fowler, 1987/1996）。

他認為，話語倚賴人們彼此分享的知識和信念，譬如在認知心理學就有框架、腳本、計畫等各種基模組（schemata），在認知符號學也有各種原型（prototype），在文學批評也有引論概念等，都足以做為批判語言學的理論和研究基礎。批判語言學不論對於潛藏在語言裡的意識型態，或者對於歷史或文化語境層級的分析，甚至於批判語言學的研究取向和方法論，都要好好建構起來，才能將批判語言學發揚光大。此外，該文也探討互文性（intertextuality）和互語性（interdiscursivity）與話語實踐及其背後潛藏意識型態，這些論點都對爾後批判語言學和批判話語分析影響頗大（Fowler, 1987/1996）。

批判語言學與傳統話語分析最大差異，在於傳統話語分析只在文本內的句子結構和句子與句子之間的關係，詮釋文本的語意、或隱諭、或轉諭（metonymy），雖然也可能觸及社會權力關係或意識型態的詮釋，但只是根據文本內容，侷限在文本內討論社會意識。批判語言學則力圖跳脫文本的侷限和框架，詮釋文本之外的社會權力關係和意識型態（Fairclough, 1992），但也常見力有未逮。

柯瑞斯認為，文本根本不可能逃脫得了意識型態的魔箇，因為意識型態緊密地結構了話語和文本，人們又以文本或話語來再現社會或社會結構，所以整個社會互動都被意識型態緊密框住（Kress, 1985）。既然文本充斥意識型態，所以如何去除文本裡意識型態的神祕化，即所謂除魅，遂成

為批判語言學的基本責任。柯瑞斯關注媒體再現的政治經濟學觀點，試圖瞭解為何不同社會具有不同的再現模式，以及人們面對眾多的再現資源，到底如何使用再現模式，包括人們如何形塑自我主體性等，其核心課題，就是要掌握人們面對各種再現資源到底是如何處置。他針對批判語言學，整理出幾項原則：(1) 語言乃是一種社會現象；(2) 不只個體，社會團體和社會體制也都透過語言，表達獨特的意義和價值；(3) 文本是溝通語言的基本單元；(4) 閱聽人與文本的關係，並非只是被動接受者；(5) 語言與社會、語言與體制、語言與科學，彼此之間都有類似性質（Kress, 1989）。

佛勒曾經引用柯瑞斯的話來說明話語與意識型態之間的關係，「文本遍地都是，它們無可避免地被意識型態所結構，被意識型態結構的文本和語言同時與社會結構過程緊密相關」（Kress, 1985: 65），認為批判語言學就是致力於掀開文本背後意識型態的神祕性。

整體而言，批判語言學主要理論觀點可整理為下列幾點：

(1) 批判語言學基於工具語言學（instrumental linguistics）觀點，認為日常言說的語言使用必然有其功能（Fowler et al., 1979），此觀點促使它與系統功能語言學融合起來。

(2) 既然抱持工具語言學立場，批判語言學就要超越語言系統形式結構，直指文本、話語和語境之間的互動關係，才能掌握語言的意指作用確切功能。

(3) 做為社會符號學的語言學，理應價值中立再現社會現象，但是批判語言學結合批判社會學，意圖改造甚至改變當前社會風貌，劍指意識型態所造成的虛假、錯誤意識。

(4) 批判語言學認為，意識型態暗藏在華麗修辭背後，並且透過社會和經濟秩序，複製意識型態（Kress & Hodge, 1979）。

(5) 符徵再現雖然只是價值體系和意識型態的中介，價值體系和意識型態卻根深蒂固存在語言再現裡，以各種形式和意指作用再現意識型態的扭曲和偏差（Fowler, 1996）。

(6) 雖然文本的語言學結構和意指作用是有限的，但是一般讀者卻不容易閱讀得出來文本意指作用所蘊藏的意識型態。

(7) 文本建構讀者的閱讀位置，意謂意識型態形構會將讀者帶進文本裡，但是讀者並非被動接受給定意義，而是在接觸文本之前，早就抱有既定意識型態觀點，會主動以生產性消費（productive consumption）來閱讀文本，也就是讀者既消費文本，也同時主動產製超乎文本內容的意義詮釋。因此，讀者與文本、讀者與作者、讀者與語言資源，彼此之間就會產生對話（Fowler, 1996）或稱敘事交流。

（二）批判語言學的不足

但是批判語言學也有它的缺點，因為它只看到語言與社會的關係，卻沒有更深一層探究語言與社會之間的因果關係和結構關係（Fowler et al., 1979: 190）。費爾克拉夫也認為批判語言學只著重靜態文本的理解和詮釋，但並未注重文本動態的產製過程和詮釋過程，亦即批判語言學還是把文本視為靜態產品，對於文本產製和詮釋的動態過程則置之不理（Fairclough, 1992, 1995a）。

批判語言學傾向於將文本與社會意義之間的關係，視為是直接而且透明，甚至是一對一的機械對應關係，但是這種觀點若非過於樂觀，就是淪為幼稚，就好比完全沒有批判閱讀的可能性（Hall, 1985），只是習慣接受語言中介的意識型態（Fowler et al., 1979: 189-190）。

批判語言學另一個侷限，是單方面強調複製社會關係和社會結構的話語效果，卻忽略話語做為社會鬥爭的本質，以及話語對社會與文化變遷的重要性。畢竟話語的詮釋是一種主動過程，它取決於詮釋者所處不同社會位置所擁有的資源，只要研究者忽略動態過程任何一個環節，就可能只關注靜態文本對於接受者的意識型態效果，而缺乏任何批判性。

批判語言學對於話語與意識型態之間介面的觀點，也太過狹隘，只偏重在書寫獨白的文本，鮮少關注口頭對話的文本，尤其只重視書寫文本的理解和詮釋，毫不瞻顧書寫文本產製過程，以致於難以窺探社會權力關係和意識型態如何在文本裡展現的跡痕和過程。因此批判語言學對於由上而下的權力與意識型態觀點，就會框架在社會靜態結構而非動態變遷過程，也被框架在致力於尋找社會結構而非社會互動，侷限在社會複製而忽視社會也可能被轉換和改變的辯證關係（Fairclough, 1992: 29）。

　　批判語言學對於語言與意識型態的交互關係，一直被批評過於窄化的缺失，包括以下幾點：

(1) 批判語言學雖然有別於傳統文法與詞彙的文本觀點，並且關注意識型態與語言的關係，但仍侷限於靜態視角，缺乏動態觀點。

(2) 批判語言學主要處理書寫獨白，鮮少針對口頭對話，雖然有些討論交談的禮貌性特質。

(3) 批判語言學相對忽略動態詮釋過程，而只著重靜態文本的意識型態實現，忽視文本動態詮釋過程可能產生的多元對話可能（Fairclough, 1992:162-166）。

貳、批判話語分析的源起與發展

　　最初，批判語言學（critical linguistics, CL）和批判話語分析（critical discourse analysis, CDA）乃是可以互換字眼，兩者研究旨趣被認為是相同的，至少是相通的。但是隨著批判話語分析（CDA）的精進並越來越受青睞，早就超越了批判語言學（CL），整個關注語言與社會的學術領域後來幾乎全面使用批判話語分析這個術語。

　　伴隨文化研究勃興與全球化浪潮，學界更加重視批判研究，讓原本就受到重視的馬克思主義批判觀點更添增不少薪火，攻占諸多人文社會學科領域，於是批判話語分析遂成為跨領域、跨學科新興學術熱潮，尤其有關話語與權力、意識型態之間的研究，頓成顯學。此外，基於傅科對於語言哲學思想的深度，對於批判話語分析可謂嘉惠良多，於是乎批判話語分析成為頗受各學術領域重視的研究取向（Fairclough, 1992, 1995a, 2010; Wodak & Meyer, 2016b）。

一、阿姆斯特丹群英會：共識與差異

　　1991 年元月，范迪克（van Dijk）在執教的荷蘭阿姆斯特丹大學主持一場有關話語分析的別開生面研討會，邀集費爾克拉夫（Fairclough）、渥姐克（Wodak）、柯瑞斯（Kress）、范李文（van Leeuwen）等人，經過兩天的研

討，透過多領域、跨領域的討論，針對話語研究的理論架構和研究方法深入探討，有志一同致力於批判取向語言學研究，因而建置批判話語分析共同學術基礎，讓批判話語分析成為一門新興學術領域。

參與這次研討會的各路英雄好漢，齊聚一堂經過熱烈討論，既形成共識，也保留差異。在共識方面，這些學者們有志一同齊心致力於批判話語分析理論性和方法論的探究；在差異方面，則是體認批判話語分析應該採取開放態度，容納各種不同的理論基礎和研究取向，這也是後來發展到如今批判話語分析一直包容各種多元研究取徑的緣故。

其實這種開放差異也是必然的發展取向，畢竟各種不同的人文或社會科學各有不同的關照課題，也各自嘗試從不同理論基礎和視角揭露不平等的權力關係和意識型態，所以批判話語分析根本不可能只有一個共同的理論基礎、研究取向、研究課題或研究方法，而這種發展也添增批判話語分析的多元性、活潑力、增殖力和可能性。

有鑑於批判話語分析研究範疇及其涉及領域相當廣泛，舉凡馬克思、阿圖塞、葛蘭西、傅科、巴赫汀、哈伯瑪斯、布迪厄等人諸多理論觀點，都對批判話語分析的理論建構貢獻厥偉，尤其是在權力關係和意識型態等方面的理論基礎，更是批判話語分析的根本框架，也因此造就了批判話語分析成為一門多領域、跨領域、科際整合的學術領域。

其實，早在 1991 年群雄匯聚荷蘭阿姆斯特丹大學之前，不論批判語言學（CL）或批判話語分析（CDA）都已經被提出，只是在國際學術上尚未那麼出名，而且彼此之間的異質性似乎也未受到注意，在那次聚會之後，群雄每年舉行研討會，既凝聚共識，亦擴大影響力，連續舉辦三年的 ERAMUS 研討會，試圖找出批判話語分析共同的方法論和理論架構。在此之前，諸多研究對批判話語分析的創建也功不可沒，包括范迪克《偏見與話語》（van Dijk, 1984）、《話語分析指南》四冊（van Dijk, 1985b）、1990 年創辦《話語與社會》（*Discourse and Society*）期刊，以及費爾克拉夫的《語言與權力》（Fairclough, 1989）、渥妲克的《語言、權力與意識型態》（Wodak, 1989）等，都可謂批判話語分析重要發展源頭。

二、多元的批判話語分析研究取向

荷蘭阿姆斯特丹大學的范迪克，早就明確指出文本、話語是社會實踐的基本單元，致力尋找比句子更大、更寬廣的意義來源，也就是他強調的社會認知及文本背後的語境（context）（van Dijk, 1977, 1981）。後來發展出一套以社會認知為基礎的話語模式，並以話語認知模式做為在社會層級探究語言意義的分析架構，在《話語分析指南》四冊裡（van Dijk, 1985b），他糾集一批學者從各種不同視角，將語言做為分析社會現象的研究工具，可謂當時 1990 年代最新潮的批判語言學研究取徑，並延伸至後來再出版的《話語研究》（van Dijk, 1997c）。

范迪克是所有批判話語分析學者當中，最關切媒體話語的學者，一路走來，都聚焦於媒體話語研究（van Dijk, 1985a, 1987a, 1988a, 1991, 1998），不論是新聞話語暗藏的偏見或種族歧視都是他探究的重點，後來更將種族歧視連結意識型態（van Dijk, 1988b），足見他對話語構連權力關係與意識型態的重視，並且從社會認知視角探究批判話語分析，因而創建社會認知取向的批判話語研究。

至於在英國蘭卡斯特大學語言學系任教的費爾克拉夫，從他的著作似乎看不到他過去從事的傳統話語分析，他第一篇相關論文就質問到底只做描述性話語分析，還是要從事批判性的話語分析（Fairclough, 1985），隨後出版的《語言與權力》（Fairclough, 1989）就更明確標誌辯證關係取向的批判話語分析。費爾克拉夫提出辯證關係取向的批判話語分析，結合語言學與話語的社會學理論，為批判話語分析奠定重要基礎，後來更推出有關批判話語分析的分析架構和理論觀點，探究語言與權力、語言與意識型態之間的辯證關係，尤其指出話語對當代社會文化變遷的重大影響，更開拓批判話語分析的視野和研究範疇，建構批判話語分析的理論架構（Fairclough, 1992, 1995a, 2003, 2006, 2010; Chouliariki & Fairclough, 1999）。由於費爾克拉夫主要以英國蘭卡斯特大學為研究基地，並聚焦在文本與社會、話語與社會結構之間的辯證關係，所以除了被稱為辯證關係取向批判話語分析之外，也被稱為蘭卡斯特語言學派（Lancaster School of Linguistics）。

　　奧地利維也納大學的渥妲克則專注於奧地利國內權力話語的歷史發展歷程，並獨創話語－歷史取向批判話語分析（discourse-historical approach）。渥妲克（Wodak, 1989, 2001a, 2004, 2007, 2009, 2011a, 2014, 2015; Wodak & van Dijk, 2000; Wodak & Chilton, 2005; Wodak & Meyer, 2001, 2009, 2016）是所有批判話語分析學者當中受注目的女性學者，早在 1980 年代，就指出批判語言學研究的旨趣、標的、研究方法等，直到目前依然頗受重視，尤其從歷史視角檢視話語與體制之間的複雜關係的話語－歷史取向批判話語分析，更是獨樹一幟。

　　英國東英格蘭大學的柯瑞斯則針對批判話語分析，提出了理論性的研究基礎（Kress, 1989），並與范李文發展出多元符碼模式（multimodal）取向的批判話語分析（Kress & van Leeuwen, 2001, 2006）。柯瑞斯與范李文合力發展多元符碼模式研究取向批判話語分析，主張批判話語分析不應侷限在語文單一符碼，應該將各種影像、圖檔等多元符碼納入研究範疇，在研究標的方面可謂與時俱進的研究取向（Kress, 1996, 2010; Kress & van Leeuwen, 2001, 2006）。

　　目前批判話語分析最受矚目的至少有以下幾種不同研究取向：(1) 范迪克的社會認知取向（sociocognitive approach, SCA）批判話語研究；(2) 費爾克拉夫的辯證關係取向（dialectical-relational approach, DRA）批判話語分析；(3) 渥妲克的話語－歷史取向（discourse-historical approach, DHA）的批判話語分析；(4) 柯瑞斯與范李文的多元符碼模式（multimodal）批判話語分析；以及 (5) 其它許多尚在精進階段的嶄新研究取向等。

參、批判話語分析與批判語言學的比較

　　批判語言學（CL）和批判話語分析（CDA）都關注語言裡各種透明和隱晦的宰制、歧視、權力和控制等結構關係（Wodak, 2001: 2），亦即關切語言使用的各種社會不公不義情形。一般而言，兩者基本上都進行語言學和符號學的話語分析，兩者也都關注話語裡各種透明和隱晦的歧視、權力和宰制等結構關係，但兩者基本上有以下重大的歧異：

　(1) 批判語言學（CL）與批判話語分析（CDA）最大的差異，在於前者基

本上只著重書寫的文本，後者不僅著重書寫文本，而且重視各種口說、影視、圖像等各種不同話語符碼形式。

(2) 批判語言學（CL）只專注書寫文本內容的理解和詮釋，批判話語分析（CDA）認為除了文本，更應重視語境，因為諸多影響文本的權力關係和意識型態的語境，在文本自身是看不到或不易看到，文本研究不應自外於語境，否則無法釐清權力宰制和意識型態真貌。

(3) 批判語言學（CL）認為文本是事實的直接且透明反映，只要專注在文本內容靜態的理解詮釋即可；但是批判話語分析（CDA）主張應該致力於文本產製和文本詮釋的動態過程，只有動態的文本產製和詮釋過程，才可窺見社會權力鬥爭和意識型態鬥爭過程。

(4) 批判語言學（CL）認為語言反映或再現社會真實，語言是社會建構真實的平臺或中介；但是批判話語分析（CDA）聚焦話語與社會結構互為建制的辯證關係，主張話語與社會、話語實踐與社會結構之間具有辯證關係，亦即語言既被社會形塑，同時也建制社會結構。

(5) 批判語言學（CL）承襲傳統語言學聚焦於文本自身的研究取向，必要時才觸及社會語用學，而批判話語分析（CDA）則是跨領域、跨觀點、跨方法的科際整合研究取向。

(6) 批判語言學（CL）以文本為研究核心，頂多再加上從文本詮釋權力關係或意識型態所涉及的可能語境；批判話語分析（CDA）主張從日常生活話語實踐，揭露不平等的權力關係和宰制的意識型態，傳統語言學分析並非興趣所在，而是致力於揭露話語實踐背後潛藏的各種幽微不透明的社會結構和意識型態（Fairclough, 1992, 1995a, 2003, 2010; van Dijk, 2014a; Wodak, 2012）。

　　有學者提出座標概念圖來區辨批判語言學（CL）與批判話語分析（CDA）的差異，以文本到語境做為縱軸，以建構論到批判論做為橫軸，提出一個二元座標概念圖如下圖所示，對於批判語言學（CL）與批判話語分析（CDA）之間的歧異即可一目了然（Philips & Hardy, 2002）。

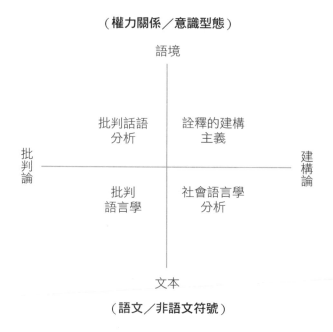

（權力關係／意識型態）

語境

批判話語
分析

詮釋的建構
主義

批判論 ——————————————————— 建構論

批判
語言學

社會語言學
分析

文本

（語文／非語文符號）

▲ 圖2-1　批判語言學與批判話語分析比較圖

資料來源：修改自 Philips 與 Hardy（2002: 20）（註：括弧內文字係本書作者所加）

　　這個二元座標圖示，除了比較批判語言學（CL）與批判話語分析
（CDA）的差異，而且標誌批判話語分析的發展歷程，從早期的建構觀
點走到後來的批判觀點，以及從早期侷限文本自身，到後來關注寬廣的歷
史、社會、文化語境的發展歷程。上圖四種研究取向並非完全各自獨立或
彼此互斥，只是各有不同的研究焦點。

第二節
批判話語分析的特質

　　相對於傳統話語分析（DA）或批判語言學（CL）比較著重靜態文本的
字詞、句子、文法等語言學結構分析，批判話語分析（CDA）則寬廣地關

注歷史、社會、文化等結構及其現象，探究語言與社會之間的動態辯證關係，試圖扭轉當前社會不公、不義、不平等現狀，更企盼社會能夠有一個不同於現狀的風貌。

批判話語分析（CDA）至少包括以下幾點特色：

(1) 它以人們日常生活自然的語言使用做為研究標的，而非以抽象語言系統做為研究對象。

(2) 它以大於字句的文本、話語、交談、演說、新聞、溝通事件或檔案等做為分析單位。

(3) 它以社會互動基礎的話語做為研究對象，而非以傳統語言學句法結構做為研究對象。

(4) 它不僅研究語文實踐，而且也研究非語文的社會實踐。

(5) 它不僅分析，而且著重理解、詮釋社會現象背後複雜的結構關係。

(6) 它是多領域、跨領域、科際整合的研究取向，單一學科領域難以達成研究目的。

(7) 它強調批判精神，以改善當前社會不公、不義、不平等現狀為職志。

(8) 它強調文本與結構之間的二元性關係，一方面解析社會結構如何影響話語實踐，另方面更關注話語實踐也建制社會結構。

(9) 它是一種研究取向和方法論，既不是單一的研究方法，也沒有一統的研究取徑。

(10) 雖然它被批評偏重現狀的負面批判，其實它也可用來詮釋積極正面的社會文化現象（Fairclough, 1992, 1995a, 2003, 2010; van Dijk, 2014a; Wodak & Meyer, 2016b）。

壹、批判話語分析共同的理論基礎

各種學術理論建構各有其理論建制的特定取向，基本上不外乎解釋（explainning）與理解（understanding）兩大取向，前者偏重科學邏輯實證取向，藉由量化數據解釋特定現象的前因後果；後者則偏重詮釋（interpretation）理解取向，站在研究對象的立場，設身處地詮釋理解其內心世界及其產製意義過程。

這兩種取向區分在於：前者強調自然科學的實證解釋，講究絕對的、因果的、通則性、法則的，即科學邏輯實證研究取向，研究成果對於變項與變項之間的關係可以演繹、放諸四海皆準。後者即詮釋學派基本立場，不在強調驗證或重複檢驗，而著重於各種人文社會現象的詮釋理解，從內在去理解當事人有意識的生活體驗，並藉由這些有意識的生活體驗表現出來的語文和非語文實踐，客觀掌握歷史、社會、文化整體環境的語境脈絡，才能切實理解它真正意義。兩種取向本質上是完全迥異的理論建制取向，前者是精算演繹（nomothetic-deductive）研究取向，後者則是詮釋再建構（hermeneutic-reconstructive）研究取向。

舒茲推崇現象詮釋（phemomenologial-hermeneutic）取向，認為社會科學的理解就是對日常生活的理解（everyday life understanding），理解乃是社會文化世界中的日常生活常識的特定形式（Schutz, 1962: 56），並提出幾種不同的理論建構類型，包括：

(1) 本體－規範的（ontological-normative）理論建構類型。

(2) 演譯－通則的（deductive-axiomatic）理論建構類型。

(3) 批判－辯證的（critical-dialectical）理論建構類型。

(4) 現象學－詮釋的（phenomenological-hermeneutic）理論建構類型（Schutz & Luckmann, 1973）。

基本上，批判話語分析並非建基於客觀精算演繹的量化因果實證研究取向，而是偏重詮釋再建構的質性研究取向，兼具批判－辯證和現象學－詮釋兩種觀點，像費爾克拉夫更以批判－辯證做為理論核心，所以批判話語分析並非侷限於形構和檢驗社會現象法則的普遍原則（van Dijk, 1984; Fairclough, 1989; Wodak, 1989），自不應將它視為精算演繹的邏輯實證研究取向，也不宜將它視為只是解釋社會現象因果的知識工具，應該是鞭闢入裡探究社會真實，致力於尋繹解構潛藏在社會結構各種幽微的權力關係和意識型態形貌。

批判話語分析並非只有一種研究方法或一種研究取向，譬如傅科的話語理論與現象學層次的分析工具，就屬鉅觀層次的理論建構類型；哈伯瑪斯溝通理論係屬普遍社會理論，它和布迪厄場域慣習觀點則是微觀的互動理論和話語理論（Chouliaraki & Fairclough, 1999），所以批判話語分析融合許多不同的理論和方法論，它的理論建構基礎的多元性，正是批判話語分析的強處所在。

綜觀批判話語分析的共同理論基礎，除了韓禮德系統功能語言學理論之外，幾乎囊括了具有批判精神以及與話語相關的重要人文與社會理論，包括：馬克思理論、批判理論、傅科話語理論、巴赫汀對話理論、皮修話語理論等，這些社會學理論和語言學理論提供各種批判話語分析研究取向的理論磐石。

雖然各種不同研究取向的批判話語分析，不論理論或方法都各顯異質性和多樣性，唯一共通的就是它們都聚焦話語與權力所展現出來的社會權力差異關係與意識型態權鬥爭霸。由於各種研究取向都是在探究語言與社會權力關係、意識型態之間的關係，所觸及的知識範疇涉及諸多不同學術專業，所以跨領域的科際整合目的無非就是要借助各種專業知識，能夠確認語言與社會結構、權力關係、意識型態之間的複雜關係。

貳、多學科、跨領域、科際整合的研究取向

批判話語分析採取科際整合、跨領域、多領域（interdisciplinary, transplinary, multiplinary）的研究取向，涉及之廣幾乎涵蓋所有的人文社會科學領域，包括語言學、修辭學、文本語言學、語用學、文學研究、社會學、心理學、認知心理學、人類學、哲學、敘事學、政治學、媒介理論等，採取獨特的批判取向語言學分析取徑，關注話語與權力和意識型態的關係，尤其是透過語言所展現出來的衝突和鬥爭關係（Weiss & Wodak, 2003: 12）。

批判話語分析的理念及其研究架構，一開始就選擇多元的理論建構類型並強調跨域特性，不論研究標的或研究取向，都不侷限於某一特定學術領域或研究方法，充分呈現百家爭鳴多元發展學術景象，因此多領域、跨

領域遂成為批判話語分析的重要特色（Fairclough & Wodak, 1997; van Dijk, 1997c; Wodak, 2001a; Wodak & Meyer, 2016b）。

批判話語分析是一個新興研究取向典範，特質就是以社會問題導向兼容並蓄廣納各種學術領域理論和研究方法的多元領域、跨領域、科際整合的研究策略，共同興趣就是透過話語實踐的解析和詮釋，解構潛藏在社會結構裡的權力關係和意識型態。批判話語分析採取跨領域科際整合研究策略的另一個原因，主要是在草創之初，難免涉及當時社會文化面臨的各種社會議題、問題、挑戰和新局面等，譬如當時最受矚目的課題，包括全球化和公共領域危機等，都是極其緊迫又難處理的棘手問題，都必須借助各種不同領域齊力合作才有可能獲得解答，所以單憑某一特定學術領域，誠難獲得解決之道，只有透過多領域、跨領域、科際整合，才有可能獲得迎刃而解的妙方，而且多領域似乎還不夠，還須跨域協同合作才行（Fairclough, 2001）。

如今網路崛起，以及運用網路興起的大數據、自動化、物聯網、人工智慧、智慧家庭、早覺醫學和智慧城市等，幾乎完全改變人類既有社會互動形式和生活方式，面對全球各種新興社會文化現象，批判話語分析更需要藉由多領域、跨領域、科際整合研究策略，才能針對特定新興議題、問題、現象，有周全的解析和詮釋，達到批判話語分析的研究目的。

基本上，不論批判、話語、權力或意識型態等詞都具多面向意義（Wodak, 1996; Weiss & Wodak, 2003），根本無法以單一個別取向或方法來分析的課題，必須從社會理論和語言學等各種不同領域共同會診才行，因而既無法固守在特定封閉性的單一學術領域，也無法成就一個自成格局的排外總體（totality），所以批判話語分析務必客觀務實，不宜偏廢任何單一視角或理論觀點，這也是批判話語分析無法侷限於某一特定理論觀點的根本原因，也正因此才能成就批判話語分析做為一個有容乃大、視野寬廣的跨學科、跨領域的科際整合研究取向。

批判話語分析多面向角度探究語言，從整個歷史、政治、經濟、社會、文化語境觀點，採取全域視角，深入探討語言與權力關係，尤其是隱晦不明潛藏陰暗角落的權力關係和意識型態都難以遁形。批判話語分析針

對社會問題，而非躲在學術殿堂白色巨塔無的放矢，因此批判話語分析必須藉由跨學科、跨領域的科際整合學術研究，找出解決問題之道。

參、聚焦語言與社會

批判話語分析雖然涵蓋各種不同研究取向，但是基本上聚焦在文本、話語、社會結構、社會體制之間複雜交互關係，歷經數十年發展，它已經結合社會理論和語言學，共同探討語言與社會之間微觀至鉅觀的各種錯綜複雜難題。

范迪克和費爾克拉夫都指出，批判話語分析匯聚許多不同理論於一身，尤其是社會理論和語言學，兼具諸多理論優點，針對語言與社會之間的中介和辯證關係，尤其指向不公、不義、不平等的權力關係和意識型態。這裡所謂「社會與語言的中介」，既是建構批判話語分析理論體系的核心，也是執行批判話語分析的實務焦點，不論是范迪克的社會認知取向的批判話語研究，或者是費爾克拉夫辯證關係取向的批判話語分析，無不聚焦於這個中介平臺角色，並且從語言中介平臺，進而研析話語與社會、話語實踐與社會結構之間的辯證關係。

批判話語分析既然將話語視為社會實踐的一種獨特形式，不論話語或溝通行為等各種符徵實踐（symbolic practice），到底如何成為產製和複製社會結構的推手？批判話語分析學者們指稱，符徵實踐並非發生在社會體系自身，而是符徵實踐藉由日常生活的實踐，複製了社會體系。社會體系就是因為日常生活的符徵實踐而被複製成為特定的結構和體系，並且組構成為這些符徵行動的條件和資源。換句話說，人們日常生活的符徵行動，等同於社會體系的複製，或者更挑明的講，就是文本產製等同於體系複製（text production equals system reproduction）（Weiss & Wodak, 2003: 10）。

其實，將文本產製等同於社會體系的複製，就是借用紀登斯結構化理論的結構二元性（duality of sturcture）（Giddens, 1984）概念。也就是說，結構在不斷重複行動的過程，既是行動的平臺，同時也是行動的結果。畢竟結構並非存於行動之外，而是持續涉入在行動的產製和複製當中，所以結構既是平臺，同時也是結果。此一觀點正好驗證許多批判話語分析強調的，話

語實踐一方面被社會所結構，另方面又同時結構了社會（both structured and structuring）。而且文本產製與社會結構之間是永無休止的社會互動，也就是說，永遠處於結構中的結構（structuring structure）狀態，如果從文本複製社會結構視角，則是被結構的結構中（structured structuring）狀態。

批判話語分析學者要嘛致力於語言使用與社會結構之間的中介關係（van Dijk, 1991, 1993a, 1998b, 2008a, 2008b），要嘛主張話語與社會結構之間具有辯證關係（Fairclough, 1992, 1995a, 2003, 2010），如今，不僅提高文本和話語實踐對社會結構的重要性和影響力，而且愈來愈重視文本產製與社會結構之間互為辯證的關係。所以它在描述話語做為社會實踐之際，就隱含了話語事件與語境、體制或社會結構之間的辯證關係，也就是話語實踐會被社會情境、體制和社會結構所形塑，相對地，話語實踐也會建制社會情境、體制和社會結構。

批判話語分析致力於探究話語與社會、文本與語境、話語實踐與社會結構、話語與權力關係、話語與意識型態之間的辯證關係。一方面探討鉅觀的社會結構如何形塑人們微觀的日常生活實踐？另方面，從微觀話語實踐視角，探究它如何建制鉅觀的社會結構？而社會結構又如何形構權力關係和意識型態？以及權力關係和意識型態又如何成為社會結構的重要單元？

任何人使用話語，都具有文本與語境、話語與社會、話語實踐與社會結構的辯證關係，批判話語分析就是致力於揭露話語與權力關係、話語與意識型態之間的辯證關係。批判話語分析傾全力於剖析文本、話語和話語實踐裡，潛藏的各種隱晦幽微的權力關係和意識型態，同時也致力於探討微觀的文本、話語和話語實踐，既能複製並且維繫社會現狀，也會轉換或改變現狀；既能建制社會結構，也可轉換變革既有的社會結構。

費爾克拉夫認為，話語與社會結構之間具有辯證關係，社會結構提供話語的情境、條件和資源，相對地，話語也建制社會結構，包括維繫、複製和轉換、改變既有的社會結構。話語與社會結構之間具有辯證關係，此乃批判話語分析的核心概念，也是批判話語分析研究重點，而此一觀點與紀登斯結構化理論結構二元性不謀而合。亦即話語是透過社會互動來建制（socially constitutive）社會結構，同時話語也透過社會互動被社會結構制約（socially conditioned）（Fairclough & Wodak, 1997: 258）。

肆、批判精神

批判話語分析數十年來共同的核心研究議題，主要聚焦在三個根本概念：批判、權力和意識型態（Wodak & Meyer, 2016b），也就是針對不公、不義、不平等的權力關係和意識型態進行批判分析，所以批判精神乃是批判話語分析首要面對的課題。

所謂批判，就是站在規範性視角，針對各種人、事、物、行動、體制等現象的檢視、估量與評價，基於反思實踐，質問或追求真理、價值、倫理等普世價值，藉以達到啟蒙和解放的崇高目的（Chilton, Tian, & Wodak, 2010）。所以，不隨波逐流、勇於付出代價、抗拒宰制權力、造就更美好的社會風貌等，都是批判話語分析以批判精神做為基底的研究意旨。

批判概念的源起，可追溯至馬克思主義和德國法蘭克福學派觀點（Reisigl & Wodak, 2001; Anthonissen, 2001; Thompson, 1988），其中，法蘭克福學派的批判理論，受到霍克海默的影響，主張不應該像傳統理論只是理解或解釋社會現象，應該致力於批判和改變社會風貌。這種批判和改變社會現狀的雄心壯志，正是批判話語分析承續批判理論的精髓，包括：(1) 應該針對社會的歷史特殊性，指向整體社會的批判，而非支離破碎的理解或解釋知識；(2) 藉由整合各種人文、社會科學知識，增進對整體社會的瞭解，藉以做為批判話語分析的基石。

批判話語分析採取各種異質的理論架構和研究策略與方法，實在難以論斷它們有固定或統一的研究方法，但是有趣的是，由於它們異質的理論架構和研究取向，正好顯示它們對語言學或話語分析具有共通的見解（van Dijk, 1993a: 131）。而這種共通的見解，無非就是批判意旨，都以批判做為核心宗旨和研究基本立場。

對語言研究而言，最早提出批判一詞的應屬批判語言學（Fowler et al., 1979; Kress & Hodge, 1979），認為語言的使用會導致社會現象的神祕化，它從社會建構觀點，關切社會與政治涉入日常生活話語實踐的連結，認為各種體制和體制之間，或多或少都牽涉語言符號衝突和鬥爭，若想釐清權力關係或意識型態所涉及的這些語言符號的神祕性、話語衝突和鬥爭的來

龍去脈，那麼就非得仰賴堅持批判精神的批判話語分析不可。批判精神至少具有以下幾個面向：(1) 批判即揭露：批判就是要揭露隱晦曖昧的權力差異關係和意識型態，也就是針對權力和意識型態進行除魅、去神祕化；(2) 批判即自我反思：批判就是要喚起主體性的自我反思，針對各種不公不義的權力差異關係和意識型態的結構現狀，透過批判進行反思；(3) 批判即社會轉型：批判就是針對當下未臻理想的社會現況，期許一個更美好的未來（Locke, 2004）。

渥妲克等人認為，批判話語分析主張批判精神，至少可從以下幾個不同角度來思考：

(1) 話語的內在批判：旨在發掘文本或話語內在結構的不一致、矛盾等。

(2) 社會診治的批判：旨在揭露當前話語實踐背後權力差異關係及其宰制目的。

(3) 未來視角的批判：試圖提升未來溝通語言的使用（Reisigl & Wodak, 2016）。

范迪克指出，批判話語分析就是站在批判精神，進行語言學的、符號學的話語研究，藉以批判話語及其背後深層結構的連結。批判話語分析明確標誌的批判原則，就是要針對宰制或不公平的權力關係，不論是來自菁英團體或菁英體制的宰制關係，也不論這些不平等關係是否被合法化、被正當化、被執行、被複製，批判話語分析都應該責無旁貸進行批判（van Dijk, 1993b）。對於批判話語分析的批判精神，范迪克提出幾點要求：(1) 所謂權力關係或宰制關係，應該從被宰制者、被宰制團體立場出發；(2) 被宰制者的經驗，應該拿來做為檢視和評價宰制話語的證據；(3) 任何宰制團體的話語行動，都不符正當性；(4) 宰制話語的任何其它可能選項，都應該站在被宰制者的立場和利益來思考（van Dijk, 2008a: 6）。

總而言之，批判話語分析的批判精神具有以下幾點特質：

(1) 批判主要在揭露話語背後的權力關係或意識型態。

(2) 只有批判，才能揭露隱晦不明的權力關係或意識型態的神祕面紗。

(3) 既然要批判，就要與批判對象和研究資料保持適當距離。

(4) 堅定站穩批判立場，深切反思，絕不向當權低頭。

(5) 批判最終目的，不外啟蒙和解放。啟發人民自覺意識，改善當前社會現況，造就改變社會現實的各種可能（Fairclough, 2010; van Dijk, 1993b; Locke, 2004）。

伍、批判話語分析的原則

范迪克提出批判話語分析的幾項原則（van Dijk, 1993b），原本並非條列式說明，本書為了方便讀者一目了然，依照范迪克的旨意，將其論點條列如下：

(1) 針對不平等的權力話語關係（discourse-power relations）：

批判話語分析就是要為當前遭受社會各種不公不義的權力濫用現象的被宰制者發聲，最鮮明的就是各種不平等的宰制關係和各種不公不義社會現象都是來自權力濫用，並顯現在話語上，所以鎖定話語權力關係，乃是批判話語分析第一要務。

(2) 要從日常生活最根本的話語實踐出發：

用心檢視與權力相關的話語結構，深入省察長期被視為理所當然的各種不平等權力濫用的話語現象，系統性探究這些不平等權力關係究竟如何透過日常話語實踐，羈絆人們日常生活的行為舉止和思維邏輯，甚至宰制整個社會規範。

(3) 要以潛藏社會結構做為研究對象：

批判話語分析者並非針對表象或立即性問題，而是以長期潛藏的社會結構問題做為研究對象，所以要以綜觀、深層、結構的視角，檢視這些不平等的權力濫用現象，切不可流於表象問題描述。

(4) 要從日常生活實踐找到問題根源：

各種不平等權力關係背後，必然存在特定歷史、政治、社會、文化等語境脈絡，若無法追根究底確認這些語境脈絡，就不能瞭解問題癥結，所以批判話語分析都要從日常生活話語實踐追溯其語境脈絡，正本清源找到問題根源。

(5) 構連文本（text）與語境（context）、話語與社會的關係：

批判話語分析並非只是描述各種不平等權力關係的表象，而是要從社會現象解析問題根源，進而提升至理論建構層次，因為若缺乏理論引導，就無法瞭解不平等權力關係真正問題所在，故必須構連文本與語境、話語結構與社會結構的理論層次關係。

(6) 採取跨領域、多領域、科際整合研究策略：

由於各種不平等權力關係所呈現的社會現象，本質上極其複雜，誠非某單一學術領域可以獨力解決，必須仰賴多元學術領域專業知識共同合作才有可能，所以務必採取跨領域、多領域、科際整合策略。

(7) 批判必然涉及掌權者、有權有勢的菁英團體、組織或個人：

批判話語分析針對社會長期積習的結構性不平等權力問題，矛頭自然指向掌權者、有權有勢的社會菁英團體、組織或個人，針對他們的既得利益以及剝削別人獲得的利益，所以研究者絕不計較或考量個人或團體組織因素，要站在受壓迫者立場，而非權力菁英立場看問題。

(8) 務必站穩批判立場：

批判話語分析既然宣稱批判，所以來自各方壓力自所難免，但知識分子自古以來的硬頸批判精神，就是無畏無懼任何勢力或壓力，惟有如此才會受人敬重。

(9) 要改變社會，許諾社會有不同的面貌：

批判話語分析是要帶給社會改變契機，但是批判話語分析帶來的社會改變，可能是根本改變，也可能微不足道，與直接介入的社運、民運，甚至革命，大不相同，所以要長懷謙卑之心面對研究結果，自從 1990 年代以降，批判話語分析已經給社會帶來重大改變，這股力量還繼續延燒。

費爾克拉夫與渥妲克也曾以英國首相柴契爾夫人接受廣播媒體訪問內容做為實例，整理出批判話語分析理論和研究方法的八個原則（Fairclough & Wodak, 1997）：

(1) 批判話語分析要針對社會問題，而不是打高空：

批判話語分析從語言學和符號學視角出發，探討社會過程和社會問題，

並非聚焦於語言或語言使用為目的，而是深層探究在社會文化過程及其結構裡的語言特質，並從它們潛藏的權力關係和意識型態，來釐清話語與社會的關係。

(2) 權力差異關係是話語的，都會透過話語表現出來：

權力差異關係不只是當前重大社會問題，其實各種不平等的權力關係早就存在人類社會，不僅透過話語來運作，而且也透過話語來妥協溝通，批判話語分析就是要揭露話語如何複製權力差異關係？尤其如何透過媒體話語進行權力關係的爭鬥？

(3) 話語建制了社會與文化，也被社會文化所形塑：

話語與社會文化之間具有辯證關係，話語既能複製社會文化，也能轉變社會文化。話語既能夠產製、再現、複製、維繫社會關係和權力關係，話語也能夠轉換、改變、革新，甚至革命既有的社會關係和權力關係。

(4) 話語就是在為意識型態作工：

意識型態再現並建構社會不平等的權力關係、宰制關係和剝削關係，意識型態最初是用來說明階級關係的概念，如今已經擴及性別、種族、全球資源等各種不平等的宰制關係。由於意識型態隱晦不明，所以光是分析文本是不夠的，務必要剖析話語和文本到底如何為意識型態作工？為它產製、複製不平等的社會權力關係？。

(5) 話語是歷史的，一定有其歷史語境脈絡可循：

話語絕非毫無語境脈絡就產製出來，任何話語都有其特有的歷史、社會文化語境脈絡可循，透過交互文本、交互話語，任何話語都有其綿密的歷史、社會文化語境脈絡，批判話語分析就是要抽絲剝繭找到話語背後的歷史、社會文化語境脈絡。

(6) 文本與社會的連結，是靠話語中介：

批判話語分析即使借諸跨領域多元學科，仍難一窺話語和社會文化結構之間複雜且綿密的關係，因為它們之間主要是藉由話語秩序（orders of discourse）中介所致。這點有別於范迪克以社會認知做為中介的理論觀點，也與社會互動者實踐做為中介不同。

(7) 批判話語分析既是詮釋性的，也是因果解釋的（interpretative and explanatory）：

批判話語分析建基於現象學－詮釋和批判－辯證的理論形構，所以費爾克拉夫強調，批判話語分析也要針對社會不公不義現象做出因果解釋，才能具體揭露話語與權力和意識型態之間的辯證關係。

(8) 話語是一種社會行動形式：

話語實踐是社會行動的獨特形式，社會結構的價值、規範、權力關係和意識型態，就是透過日常生活的話語實踐，發揮其產製、複製、維護、穩固與轉換、改變的結構二元性特質。

陸、批判話語分析的研究目的

批判話語分析並非著重於對文本或話語功能的理解而已，因為那是傳統話語分析的有限格局，批判話語分析的研究目的遠遠超過傳統話語分析，它要針對潛藏在文本或話語背後更為根基的社會權力關係和意識型態，藉以揭發當前各種社會議題或問題。所以不少學者指出，批判話語分析不是針對文本（text），而是聚焦語境（context），或者更精準的說法是，文本只是探究語境的基礎、資源和線索，批判話語分析主要是針對文本與其語境之間、話語與結構之間糾纏難解、錯綜複雜的辯證關係，而非僅止於文本分析而已。

根據這種思維脈絡，可以簡單整理出批判話語分析幾項重要核心意旨：

(1) 批判話語分析針對當下社會根本問題。

(2) 權力關係、意識型態和歷史文化都是話語的，它們都是批判話語分析的對象。

(3) 話語是建制權力關係和意識型態的中介平臺。

(4) 話語被社會形塑，話語也建制社會。

(5) 文本與語境、文本與社會的構連，都透過話語中介。

(6) 批判話語分析既要深入詮釋，也要因果解釋。

(7) 話語是社會行動的實踐形式（Fairclough & Wodak, 1997: 271-280）。

基於上述核心意旨，批判話語分析最基本的研究目的，是針對語言使用、話語、傳播溝通等各種社會互動情境所顯現的歧視、壓迫、宰制、不平等、邊緣化等各種權力濫用情形，於是源自意識型態的各種性別歧視、種族歧視、民族歧視、國族主義、保護主義等各種冠上「主義」名號的現象，皆屬批判話語分析的研究範疇（Fairclough, 1995b, 2010; van Dijk, 1993a, 2008a; Wodak & Meyer, 2001, 2009, 2016），當然未冠上「主義」名號的許多權力關係或意識型態也都是批判話語分析的研究課題，批判話語分析共同興趣就是解構不平等的權力關係和宰制的意識型態（Wodak & Meyer, 2001, 2009, 2016b）。

批判話語分析聚焦話語結構如何執行、確認、產製、複製、正當化，甚至挑戰、轉換、改變各種社會權力差異關係的濫權、宰制、不平等、不公不義，尤其是社會培力（empower）受宰制團體，也是批判話語分析的重要目的，就是基於自我反思的批判立場，來啟蒙並解放特定社會現象，藉以轉換或改變社會風貌（Wodak & Meyer, 2016b; Reisigl, 2017）。

根據上述論析，批判話語分析主要研究目的，概可分為批判層次和解放層次來思考。首先在批判層次，批判話語分析既以批判自許，就要堅定站穩批判立場，探究語言與其它社會單元之間的關係，包括：(1) 語言與社會權力關係，包括各種不平等的權力宰制關係；(2) 語言與意識型態的關係，包括意識型態的建構、維繫及其轉變；(3) 語言與認同的關係，包括個人認同和社會認同透過語言符號的妥協和轉變。其次在解放層次，批判話語分析的研究目的則包括：(1) 讓社會可以有不同風貌的可能，得以創造更美好的社會；(2) 承續哈伯瑪斯的解放知識興趣，讓知識有解放的開擴空間，而非侷限某一特定思想框架（Fairclough, 2001）。

第三章

話語的社會學理論基礎

第一節
傅科的話語觀點

壹、傅科的考古學與系譜學

一、從考古學到系譜學的話語形構

　　傅科的話語觀點對人文及社會科學影響極大，被廣大社會科學工作者奉為經典，不論早期的考古學（archaeology）或後期的系譜學（genealogy），都對批判話語分析啟迪良多。

　　先從考古學談起，傅科考古學與批判話語分析有何干係？傅科以話語形構觀點，探究陳述語句在特定歷史時空環境下的特定意義，到底是由哪些規則決定？此一考古學觀點，就是批判話語分析著力的話語形構（discursive formation）觀點（Foucault, 1972: 117; Fairclough, 1992）。

　　傅科考古學的話語理論觀點，主要就是話語建制社會各個層面，包括：(1) 知識客體；(2) 社會主體；(3) 自我形式；(4) 社會關係；以及 (5) 概念架構（Foucault, 1972）。這些話語建制觀點都融入費爾克拉夫所創辯證關係取向批判話語分析的重要理論基礎，而且費爾克拉夫進一步將傅科話語形構觀點與韓禮德的系統功能語言學結合。

　　傅科在考古學中並非關注話語的句法、修辭、語彙或意義，而是關注話語形構的社會歷史變項，尤其是話語的形構規則，包括特定陳述語句、發言模式、主體、客體、觀念和策略等各種形構規則，這些形構規則都被先前的話語的和非話語的單元組合所建制，這些單元的組合過程讓話語成為社會互動過程不可或缺的一種社會實踐（Foucault, 1972: 31-39）。

　　從傅科考古學至系譜學，可以看到他對話語觀點的轉變。早期的考古學著重話語的類型，亦即所謂話語形構的話語觀點，將它當成知識的建制規則，晚期的系譜學則移轉到知識與權力的關係，專注在話語變遷。

　　對於考古學和系譜學之間的關係，可以從傅科的兩句話來說明，他說：「真理是從陳述語句的產製、規範、散布、流通和運作的有秩序過

程。」又說：「真理與權力體系形成一種循環關係的連結，權力體系乃是生產並維繫權力而且達到誘導出權力和擴張權力的效果，就是真理政權。」傅科第一句是考古學的觀點，第二句則是系譜學針對話語的影響，因為第一句只提到陳述語句，而第二句則強調權力和真理體系與權力模式之間的相互關係（Rabinow, 1984: 74）。

傅科在《知識考古學》（Foucault, 1972）主張，知識與真理之間的關係完全繫於話語規則，而此一話語規則被吾人理解為是自主的。但是傅科在系譜學的《規訓與懲罰》（Foucault, 1979），則直接講明：話語次於權力體系。亦即，權力優於話語，話語受到權力體系的限制。傅科在考古學和系譜學之間，對於話語和權力之間的關係，已經有了明顯不同見解。傅科指出，知識絕非只是反映真實而已，真理其實就是話語建構，亦即話語建構決定了什麼是真實、什麼是錯誤。因而提出知識政權（regime of knowledge）概念，探究這些知識政權的結構，到底是哪些知識規則，決定什麼可以說、什麼不能說；決定什麼是真實、什麼是虛假；決定什麼是正確、什麼是錯誤；決定什麼是真理、什麼是邪說。

在系譜學方面，傅科發展出知識／權力關係的理論，不再把能動者（agent）和結構視為初級類別，而是著重於權力的探究。權力不再屬於特定的能動者，例如具有特定興趣或利益的個人、團體、國家等，而是擴及所有各種不同的社會實踐層面。權力不再被視為宰制者擁有的壓迫力而已，因為它還具有產製力，可以建制話語、知識、身體、主體性、認同等。所以從考古學到系譜學，傅科都致力於思考話語形構的龐大力量，這也就是批判話語分析致力於解構權力和意識型態的話語形構力量的重要理論根源。

對傅科而言，所謂再現，絕非只是意義的再現而已，而是透過話語的知識產製；話語不僅僅是語言而已，也涉及知識／權力關係。傅科並非要探究語言，而是把話語當成再現系統來探究，認為所有意義和知識都是經由話語產生，若沒有話語，世界上存在的事物也就沒有意義了。所以他更進一步推論說，除去話語，別無它物。此一論點並非否定世界上存在具體真實物質，而是主張在話語涉入之後，事物才具有特別的意義（Foucault, 1972）。

至於話語，就傳統語言學觀點而言，只不過就是書寫或口說的文本罷了，但是傅科指涉的話語，並非傳統語言學的句法結構規則等舊思維，而是探究語言與實踐的核心，他認為話語就是透過語言的知識再現，話語實踐再現背後的權力結構，既然話語實踐賦予知識的意義並分享知識的意義，所有日常生活話語實踐就具有知識與權力的意涵。

傅科認為，權力提供了社會成為可能的條件，社會就是在權力中產製出來，主體與客體之所以有所區別，也是權力的關係，個體之所以各具特質而且與他者具有某種關係，也都是因為權力所致。更值得關注的是，權力永遠與知識結合在一起，權力與知識互為彼此的前提要件，權力不僅要為當前社會世界（social world）的形貌負責，也要為當前世界如此特別形構負責，權力不僅是產製知識的力量，而且也是限制知識的力量。

傅科認為，知識與權力之所以會成雙成對具有特殊關係，就是因為話語的緣故，因為知識和權力透過話語產製了主體和客體。知識和權力透過話語，建制了我們成為主體；知識和權力也透過話語，讓我們認識外在世界；知識和權力也透過話語，讓我們在茫茫社會追尋自我身分認同、社會地位和人際關係等；知識和權力更透過話語，讓我們與他者可以合乎既有規範彼此進行社會互動。

問題在於：這個社會世界到底是如何在話語中形構而成？包括主體與客體如何藉由話語形構而成？傅科認為，知識和權力導致真理，都是透過話語才能導致真理。真理效應在話語中創造出來，所謂真理無非就是某種特定陳述語句的產製、複製、規訓、擴散，所以根據傅科系譜學觀點，真理其實連結著權力，除卻權力根本不可能有所謂真理，因為真理就是鑲嵌在權力系統裡，而且在權力系統產製出來，所以問題癥結在於：話語如何創造真理效應？

二、話語建制主體與客體

傅科認為，話語不僅建制主體，而且建制客體。傅科所謂的主體，是由話語建制而成，客體則是指知識客體。在話語中的客體，乃是根據某些特定的話語形構規則而建制或轉換而成，譬如某一特定學科為了該領域

的研究興趣，將「瘋（子）」當做研究客體，但是傅科認為，「瘋」或「瘋子」並非固定的客體，而是在話語形構和被給定的話語形構過程，不斷轉換而成。用白話文講，瘋子依時代環境不同，而有不同界定，在缺乏知識的年代，只要與常人行動不符，就可能被當做瘋子。所以批判話語分析主要任務，就是解析那些具有建制力的話語，以及它們對於社會生活客體的產製、再製和轉換。

傅科特別著重話語在建制社會主體的重要性，有關主體性、社會認同和自我等，應該都是話語理論、批判話語分析和語言學分析最關切者，可是傳統主流語言學、語言學取向話語分析、文本取向話語分析、社會語言學或實用語言學等，都不重視話語建制主體的重要性。這些傳統語言學派認為，個體的社會認同會影響他如何使用語言，卻不認為語言使用也會影響他們的社會認同。亦即，社會認同會影響人們的社會實踐，但是社會實踐不會影響社會認同。

傅科當然不同意傳統語言學這些觀點，主張話語實踐對社會認同會產生效應，雖然傅科並未具體直陳；話語實踐與社會認同、話語實踐與社會結構、話語實踐與社會體制之間具有辯證關係，但是傅科的話語觀點，卻相當程度引領批判話語分析朝向辯證關係取向發展，亦即主張話語實踐既受到社會結構和社會體制的影響，相對地，話語實踐也會影響社會結構和社會體制。

傅科認為，話語形構是在高度限制的情境下建制客體，而發生在話語形構過程的這些限制，就是介乎各種不同話語形構之間的交互話語關係，與介乎話語實踐與非話語實踐之間的關係，這也就是所謂話語秩序（order of discourse）（Foucault, 1970）。就是在社會結構或體制之內或在社會結構與體制之間，它們彼此交互關係的一切話語實踐、非話語實踐的總體。傅科認為，在任何一個話語形構建制過程，話語秩序都具有決定性，決定建制什麼社會結構和社會體制，以及如何運作這些社會結構和社會體制。因此，話語秩序被視為話語理論和批判話語分析的重要核心，此一觀點也被費爾克拉夫做為辯證關係取向批判話語分析理論的核心概念。

貳、從話語到知識／權力

在系譜學，傅科不僅發展出知識／權力關係觀點，而且提出知識政權概念，直指權力決定知識規則，決定什麼是真實和真理，決定什麼是正確或錯誤；更決定什麼可以說、怎麼說。傅科此一知識／權力關係，點破話語形構規則和話語秩序對整個社會結構和社會體制一切社會互動的核心概念。

但是知識到底如何透過話語實踐而發生作用？並對他者的行為產生規範管制功能？傅科把這些問題聚焦在知識與權力的關係上，以及權力如何透過建制機制及其技術發揮作用。傅科認為，知識並非在真空中產生作用，而是透過特定的機制、策略和技術，在特定的情境下產生出來的，譬如監獄的管理和精神病患的界定與管理等。

傅科在《規訓與懲罰》一書所提到的懲罰機制，範圍相當廣泛，不論語言或非語言的都包括在內，譬如話語、政府機構、建築結構、法律規章、道德規範等。傅科認為這些機制都展現了權力遊戲，而且都頗具權力關係策略，只有合乎這套知識的機制才會受到支持，而且這套知識也只支持與這套知識一致的機制。傅科認為，知識就是要創造真理，知識就是紀律的實踐，透過知識藉以規範人們行為，管理並懲罰不當行為，所以知識儼然成為真理政權（regime of truth）（Foucault, 1980），成為人們行為準則和規範標準。

一、知識／權力關係

對於話語的知識／權力關係再現，源自傅科系譜學話語分析觀點，他認為話語是在特定歷史時空所產製的意義和知識，任何知識權力形式都植根於特定歷史時空情境（Foucault, 1980: 114-115）。傅科強調話語再現（discourse representation）的三個層次：話語、權力與知識、主體，從意指作用（signification）結構轉向權力關係（power relation），著重歷史就是權力關係的爭鬥形式，而非僅止於能指與所指的意義關係的形式。

當客體被納入對象領域，它就進入了認知領域，當然也就進入了話語領域，因此要對它進行話語分析，就不宜再停留在傳統說話的主體，或

者停留在話語的形式結構，而應指向話語的運行規則。話語就是透過語言產製知識，既然社會實踐含攝意義，而意義又形塑並且影響吾人思想和言行，所以話語不應侷限於語言學範疇，而是同時包括語言和實踐行動，也就是應該同時包括語文符號的話語實踐和非語文符號的社會實踐。

傳統語言學研究說什麼（語言）和做什麼（實踐），但是傅科則轉向話語建構什麼話題，著重它界定和產製的知識對象，因為話語決定什麼話題值得討論、這些話題如何推理，並且影響吾人的觀念如何成為實踐，以及規範別人如何行動等，所以，意義、意義實踐和知識都是在話語中形構而成。這正是傅科所謂在話語之外，別無任何意義。

傅科將意義與再現之間的關係，推向話語層次的知識與權力關係，主張事物之所以具有意義，並非事物自身，而是話語產製意義的結果，就像他所鑽研的「瘋癲」、「懲罰」、「性」等，都只有在特定歷史時空之下的話語當中才具有意義。不論是再現、話語、知識或真理，都只有在特定歷史語境（historical context）之下，才具有意義、才能成真。而話語實踐強調的是知識與權力關係，並且將話語、知識和權力三者著重於意識型態的作用，藉由階級位置和階級利益所遮蔽的特定知識形式，來闡釋話語、知識與權力的關係。

傅科提出「真理政權」觀點詮釋此一論點，認為知識／權力的效應遠比真理本身更為重要，因為知識連結真理，不僅假設知識擁有真理的威權性，而且標誌知識擁有使它成為真理的權力。所以知識並非絕對真理，而是在特定歷史時空情境之下，透過話語形構來支撐真理政權。傅科強調，「真理並非存在於權力之外（truth isn't outside power）」（Foucault, 1980: 131），而是藉由各種壓迫形式產製出來，並且具有誘發權力的效果。每一個社會都有其獨特的真理政權和普通真理政治學，透過話語機制，藉以區辨正確與錯誤的陳述語句，進而宰制什麼是真實的。換句話說，社會世界並非有什麼絕對真理知識，而是充滿真理政權的話語。

在現代社會，一切行動和決策都取決於知識，知識背後即權力，權力雖然含蓄地隱藏在知識體系，卻遍布整個社會層面，並且幽微暗藏在日常生活社會互動和話語實踐裡，讓人根本無法覺知它的存在，只是天天依

循既有規矩和習慣，理所當然照常進行日常生活實踐。權力挾持知識的專業權威，時時刻刻宰制人們言行和思維，根本不容許有任何異議或抗拒，它唯一可以容忍的，就是將它最實質的部分遮掩起來，其目的不僅是要指揮、宰制一切社會實踐，更不願被人看到它的盧山真面目，所以權力之所以能夠成功，就是因為它擁有善加隱藏自己的機制。但是，權力並非一股腦地負面施壓宰制別人，它也會去與別人合作，尤其是透過知識力量，很容易就能說服對方合作，只是在與對方合作過程，它非常擅長藉由知識生產力，重新改造對方，讓對方轉變並配合自己的權力要求。睽諸人類從農業社會進入工業社會，再從工業社會轉進資訊社會，整個社會結構的巨大轉變，都是仰賴知識力量，權力就趁勢騎在知識背上，駕御宰制整個社會及其變遷過程。

現代社會權力並非一面倒，由上而下指揮受宰制者，它也經常運用由下而上，藉由各種特殊微技術，達到宰制目的，譬如監獄和醫院等，都讓受宰制者心服口服，千依百順乖乖聽話，這和阿圖塞意識型態國家機器觀點十分類似，這些技術都隱含著現代知識與權力關係，卻是阿圖塞未曾觸及的領域。

至於傅科提出的由下而上的微技術，除了意識型態國家機器的作用之外，這些權力技術都建基於專業知識之上，譬如政府治理就是透過社會科學知識，規劃管控人民的有效政策和措施，像所謂知識經濟既以知識為名，何來反抗之有？更不用說去醫院看病，醫師出口盡是學術專有名詞，病患只求解脫病痛，當然完完全全被醫師專業知識／權力關係宰制。傅科認為，這些權力微技術建立在知識體系之上，而且經過精心設計，融合複雜的知識／權力關係，就是要讓權力與知識合體，並且操縱知識，為權力關係服務，讓人只看到表象的知識運用，隱身知識背後的權力運作，卻被知識權威掩蓋、遮蔽、掩飾，難以被人識破。

傅科認為，現代權力形式就是運用知識的權力運作，並為它取名生物權力（bio-power），此一新穎名詞隱含著生物個體在其生命過程，都受到某種權力關係把持，無法擺脫其箝制，甚至誤將服從權力視為生命追求目標，這種生物權力遂把生命及其機制帶進了可以算計、量化、指標的境界，讓知識／權力變成為人類生命轉換的代理人（Foucault, 1981: 143）。整

個社會，尤其是政經領域，遂轉換成為算計的生物權力深淵，譬如在經濟領域，以成長數值取代人民的生活和幸福，在政治領域，政客算計選票，取代民主真諦。

傅科在系譜學的權力觀點，不僅將話語視為當代社會過程的核心，而且將實踐和技術予以加權，像訪談、諮商等技術都是話語實踐，只是其間的知識／權力關係更為嚴重。他不僅關注社會分析中的話語，更關注話語分析中的權力，致力於掀開知識與權力緊密關係的神祕面紗，只是傅科在揭露知識／權力關係的同時，將它提升至更高抽象層次，以致一時三刻難以立即明白其中深意。

傅科系譜學指出，話語實踐受到社會的控制和侷限，任何話語實踐都受到某些特定過程的控制、選擇、組織、再分配，即便教育系統亦復如是，因為一切教育系統都肩負藉由維繫或修正特定話語所挾帶的知識與權力，達到把持政治權力的任務（Foucault, 1984: 123）。話語絕非只是用來轉譯鬥爭或宰制系統而已，話語自身就是鬥爭，不論是為話語鬥爭或者藉由話語來鬥爭，不論以話語做為鬥爭場域或者拿話語做為鬥爭工具，最要緊的莫如：話語就是要掌握權力（Fouccault, 1984: 110）。

傳統上，一般都認為權力來自特殊來源，譬如國家、政府和統治階級的上對下的指令，但是傅科認為權力並非以線性連鎖式展現，而是以循環方式展現，權力並不會被某個特定的中心所壟斷，它是以一種網狀組織型態在運作。權力既然是一種循環體系而非線性連鎖，所以置身在此循環體系中，一方面既是壓迫者，另方面也可能是被壓迫者。傳統舊思維誤以為權力都是用來控制的負面觀念，但是他認為權力也有正面積極的作用，它具有生產性，可以為社會實踐產生正面積極作用，譬如創造話語、創造知識形式、創造愉悅等（Foucault, 1980: 98），只是這些生產性的背後，依舊是宰制的權力。

二、規訓與考試、招認

傅科認為一切社會互動形式都牽扯到話語形構和知識／權力關係，究竟如何方能確切掌握社會互動的核心知識／權力關係？最主要的兩種掌握

知識權力的技術，就是規訓（discipline）和招認（confession）。

像考試就是最佳規訓手段和核心技術，透過考試既可讓考生自然而然接受知識／權力，並且內化成為思維邏輯，因為在準備考試的所有學習歷程，都是一種規訓過程。知識／權力關係就是藉由考試和規訓過程，宰制了知識學習者，奠定了宰制者的既有知識／權力關係。

傅科指出，「考試」執行知識／權力關係，考試讓「萃取知識」和「建制知識」成為可能，因為考試擁有三個特質：

(1) 藉由考試，將看得到的經濟行為轉換成為看不到的權力運作，當代考試和規訓都特意將權力運作得隱晦不顯，一般看得見的考試和規訓，通常是為了建制個體成為主體，但是它同時又讓個體客體化，考試於是成為客體化的儀式和過程。

(2) 藉由考試，將個體引進檔案化場域，轉換考生成為各種紀錄檔案。個體檔案化有兩種結果：一是個體變成可描述和可分析的客體；二是藉由紀錄的操控，易於宰制知識學習者。

(3) 考試被各種知識檔案技術圍困，讓個體成為個案甚至只是樣本，每個個案背後又有一連串知識和權力建制了客體（Foucault, 1979: 185）。

教育體系就是藉由考試成績將學生檔案化，其實許多社會科學量化研究也是藉由某些變項的檔案化，做為精準宰制人民的利器，甚至達到生物權力的宰制境界。

傅科認為，考試是客體化人民的規訓技術，而招認則是主體化人民的技術。招認遠比考試更具鮮明的話語，考試是話語形式，招認則是話語儀式。西方人就是招認的動物，西方人談論自己，尤其是面對心理醫師談論自己的酗酒或性行為等，分明就是招認。

傅科將招認界定為話語儀式，就像語言學或文學的類型，招認首先被界定為某種「話題」，招認必須具備特定的情境和儀式，任何人在缺少夥伴的情境下是無法招認的，而夥伴不僅只是互動的夥伴，同時也是要求招認、指令或感恩的權威，並且也會介入裁判、原諒、和解等各種社會互動，招認就在特定社會情境下展開。至於批判話語分析經常觸及的訪談和

諮詢，則分別再現客體化和主體化類型，對應於考試的客體化技術和招認的主體化技術。

三、話語、再現與主體

傅科認為，知識和意義是透過話語產生，知識與權力有密切關係，所以權力乃是透過話語再現展示出來，因而創造所謂再現政權（regime of representation）。

對於主體的問題，傅科採取迴異於一般學者的觀點，他把主體從再現中廢除，認為是「語言說我們」，而非「我們說話語」，也就是說，是「話說我們」，而非「我們說話」。傅科之所以如此主張，主要係由於他認為：是「話語產生知識」，而非「主體產生知識」。

傅科認為，在知識／權力關係當中，是話語產生權力，實在沒有必要再去製造一個主體、或國王、或統治階級什麼的，其實這一切的一切，都只是話語實踐在運作，根本不需要什麼主體的在場。主體乃是在話語中產生、再現的，但是，並非所有話語都會再現主體，因為有些主體並不會在話語中出現，譬如〈宮娥圖〉就是一個佳例（下文將會說明）。

就傅科觀點而言，不少建構語言學者對於語言、再現和知識、意義的研究，似乎誤把位置（position）取代了主體（subject）。傅科指出，其實，說話的並非主體而是話語；產生知識的是話語，亦非主體。主體固然能夠產生文本，但這些文本只能在知識的範疇中運作，根本無法跳脫知識、話語形構、真理政權和特定歷史與文化的範疇（Hall, 1997: 55）。所以傅科主張，主體是在話語中產生出來的，話語的主體根本無法外在於話語之外，主體隸屬於話語。

傅科認為主體可以分為兩種意義，一種是受別人控制或是別人依賴的對象，另一種則是與自我知識和道德良知緊密結合的主體，這兩種意義都顯示主體與權力形式具有密切關係，若不是去駕御別人、就是受到別人擺布。傅科更進一步認為，話語、再現和權力形式都與歷史有密切關係，所以把它叫做主體的歷史化。

　　傅科也把話語所產生的主體分為兩種類別或兩種位置，一種是話語所產生的主體，另外一種則是話語為主體所產製的位置。前者（話語所產生的主體）具有話語所描述的一般特質，與吾人期待相去不遠；後者（話語為主體所產製的位置）其實就是指涉讀者或觀者，因為讀者和觀者同時也是受制於話語，在話語實踐過程中讀者和觀者也都接受了話語所產製的知識和意義。

　　所以，依照傅科的觀點，所有的人都是話語的對象，若非話語產生出來的主體，就是閱讀或聆聽話語而被話語所宰制的讀者或聽者，因此傅科以主體位置（subject-position）來指涉。傅科認為話語產生主體，並且產生主體位置，個體並沒有意義，必須等到個體認同了話語為他所建構的位置，然後個體才會成為知識／權力關係中的主體。

　　傅科以〈宮娥圖〉為例，深入剖析話語、主體與再現的問題。傅科認為，符號再現的意義，取決於讀者，而非文本自身，因為在畫像裡，看不到沒有被再現的東西，它們被再現的只是它們的缺席。所以任何一幅畫像都交錯著在場與缺席，而再現就是透過在場和缺席的交互運作。〈宮娥圖〉這幅畫展現了替代和取代（substitute and replacement）的現象，譬如像畫主體，應該是國王與皇后，但是缺席的被在場的取代，於是小公主伊凡塔成了畫中的在場主體。所以傅科認為，這幅〈宮娥圖〉呈現兩個主體、兩個中心和兩個意義，它們彼此來回游離擺盪。這幅畫的觀者也有兩種觀看位置，一個是在畫外看畫，也就是站在〈宮娥圖〉畫像前面看畫，另一個則是融入畫中角色眼神，就如畫像中小公主伊凡塔和畫家的眼神一般，他們也在注視著畫像的主體。

　　傅科認為，畫像自身並沒有完整的意義，它必須仰賴觀畫者和畫像之間有了對話之後，這幅畫的意義才算完整。而觀畫者與畫像之間的對話發揮一個重要作用，就是話語為觀者主體產生了主體位置（subject-position for the spectator-subject），這正是傅科所說的話語建構了觀畫者成為主體，而且也是話語為這個觀畫主體建構了一個位置，讓他（她）可以觀賞這幅畫並且產生意義（Foucault, 1981）。

第二節
阿圖塞意識型態和葛蘭西霸權理論

壹、阿圖塞意識型態

一、情境再現的想像

　　阿圖塞指出，意識型態是再現體系，再現體系具有它自己的邏輯和它自己的動力，在特定社會中擁有當下和歷史的角色（Althusser, 1965: 238）。此一定義揭示意識型態體系自我邏輯與動力的內在特質，及其外在特質之間的緊張關係。

　　意識型態內在特質指的是，像邏輯特質、成雙成對的論辯等，例如唯心論與唯物論、階級對立、鉅型社會決定論等，有人認為意識型態的內在特質就是自然的唯心主義者，因此它自身就是意識型態。意識型態的外在特質則以馬克思主義為主，認為一切再現和知識都是從物質行為衍生出來，不論是直接的內容或間接的話語，而社會機制所使用話語，其目的無非就是再製並維繫此一宰制機制，所以意識型態話語根本就是生生不息、循環不已的社會宰制實踐，藉以維繫既有社會結構的永續與發展。

　　除了再現，阿圖塞從想像情境來界定意識型態，他定義意識型態是人類存在情境的再現，也是個人與其存在情境的想像關係轉變的再現（Althusser, 1971: 10）。意識型態並非人類真實存在情境或真實世界，而是人類想像存在情境的再現，是人類與其存在情境再現之間的想像關係，而導致真實世界情境再現的想像轉變。阿圖塞從想像存在情境的再現，來界定意識型態，可謂經典，但此定義也常令初學者困惑不解，似乎定義比意識型態自身更難理解。

　　阿圖塞在〈意識型態與意識型態國家機器〉將國家機器區分為鎮壓型國家機器（repressive state apparatus, RSA）和意識型態國家機器（ideological state apparatus, ISA）兩種。鎮壓型國家機器倚賴暴力和有形限制，壓迫人民就範，達到某種社會秩序，譬如以軍隊和警察等迫使人民乖乖就範的有形

壓迫性力量。意識型態國家機器則指教育體系、藝術、文化和媒體等無形國家機器，雖非以軍警壓迫人民，卻是宰制人民更為有力、更具成效的無形國家機器，所以它們一直都是國家機器宰制社會的鬥爭場域（Althusser, 1971）。

意識型態認為自我與他者的關係是一種想像關係，這種想像關係的意識型態，扭曲了真正的社會關係。被扭曲的社會關係，就是藉由鎮壓型國家機器和意識型態國家機器發揮出來的功能，不論鎮壓型國家機器或意識型態國家機器都會造就想像關係，扭曲真實的社會情境。

面對鎮壓型國家機器，人民心生恐懼或充滿敬畏，自然而然屈服在強勢武裝威脅或警棍威逼之下；面對意識型態國家機器，既無槍砲，也無警棍，人民不但不會畏懼，反而樂於積極投入意識型態國家機器各種類型結構，甚至樂此不疲參與其間，盡情享受在意識型態國家機器的宰制結構當中，怡然自得，毫無被宰制的絲毫感受，猶自以為自由自在。

阿圖塞意識型態理論中有一個非常重要的概念就是質問（interpellation），質問就是一個個體透過語言建構自己的社會位置，因此獲得屬於他（她）自己的主體位置、主體認同和意識型態主體（Althusser, 1971: 174）。阿圖塞將主體與意識型態緊密連結：個體成為意識型態的主體，主要就是透過話語質問過程，將個體轉化成為主體。個體接受被分配的主體位置，因而成為意識型態的主體，根本無法抗拒。各種條件所匯聚而成的主體位置或社會位置，有些是我們努力以赴可以達成，譬如接受教育、拼命賺錢，但有些卻難以改變，譬如種族等。

但是，阿圖塞的觀點也遭受質疑，畢竟主體還是具有抗拒意識型態的能力，這就是根本的主體能動性（agency）和行動自由的觀點。譬如英國當代文化研究中心的霍爾「製碼／解碼」觀點，就是揭示主體抗拒特定意識型態的能動性和行動自由，意義都有可能處於妥協、對抗情境，而非只有全盤接收的一面倒現象（Hall, 1980）。

阿圖塞的意識型態理論，最具爭議的就是意識型態觀點本身，因為大多數意識型態觀點都認為或暗示，絕對真理是可以達成獲致的，但是意識型態既然扭曲了真實的社會情境和社會關係，所以傅科指出，真理、主

體、社會關係等都是透過話語創造出來，既然如此，怎麼可能獲致話語背後的真理呢？所以綜觀傅科論著，就鮮少看到有關意識型態的討論，因為他不認為可以透過意識型態獲得真理。

阿圖塞的意識型態理論，對晚近有關話語與意識型態的論辯影響頗大，根據阿圖塞論點，意識型態具有三個重要理論假設宣稱：

(1) 各種體制實踐都可視為意識型態具體形式的話語實踐。

(2) 意識型態既建制主體，同時也質問（interpellate）主體。

(3) 意識型態國家機器不僅是階級鬥爭場域，而且時時刻刻處於鬥爭狀態，意識型態不僅指向話語內的鬥爭，而且也透過話語進行鬥爭。

二、話語與意識型態

意識型態之所以抽象難以捉摸，主要是因為它藉由語言中介再現想像，不僅存在於話語中介的幽微語境，而且也存在於腦海裡無窮想像，卻非具體或單獨存在的物理現象。意識型態是連貫的、相對穩定的一套信仰或價值觀，其內涵已隨時代改變產生重大變異，尤其伴隨消費社會思潮洗禮，連形式也都有所轉換。

就批判話語分析而言，對極其鮮明的意識型態興趣缺缺，倒比較專注於潛藏在日常生活隱晦不明的意識型態，它們通常若非以概念性的引論、就是以類比方式，對人們各種日常生活、一言一行，展現它的影響力道，並且藉此不斷複製、傳承既有宰制關係。最可怕的意識型態，就是以中立姿態出現，看起來似乎是那麼客觀、公正、自然、無懈可擊，但是愈是理所當然的意識型態，宰制人們日常生活的力量愈大，人們卻反而不會察覺它的存在。

意識型態的複製過程，通常是將它化約為中介的話語，同時也在話語和文本之外的社會和符號實踐中，被複製和展現出來，也就是說，不論語文的或非語文的實踐形式，都可以複製意識型態，諸多種族歧視的非語文實踐，都是潛藏意識型態的展現。

話語固然是以語文形式出現，但是話語也經常嵌入非語文的社會互動實踐形式，譬如各種習以為常的家庭、學校、酒吧、醫院、職場、議會、法院、監獄等，意識型態就是立基於各種宰制與不對等、衝突與競爭、抗拒與敵對的想像情境。話語在意識型態複製過程，與其他直接而明顯表達意念的符號或符碼不盡相同，它是以一種抽象概念來表達，並且透過社會互動、相互學習或涵育教養，建構了意識型態與話語兩者之間的緊密關係，並以話語中介表達和複製社會結構底蘊的意識型態。

乍聽之下，意識型態相當抽象，其實意識型態根本就是紮紮實實鑲嵌在日常生活當中，不論話語實踐或非話語的社會實踐，當它們演變成為自然而然的日常生活的普通常識時，更能顯現意識型態的效能。當人們依循或墨守某些社會常規來與他者互動，其實已經深刻地被某種意識型態宰制而渾然不知。有趣的是，也是殊值玩味的是，這個穩定而且已占據優勢位置的意識型態，卻極為低調，既不炫耀，也難以被人察覺它的存在，因為它們已經深深地被認為理所當然，人們根本不加思索習以為常地去實踐它，完完全全毫無察覺它們的存在，根本不會質疑它們的存在，甚至常常將它們掛在口頭上，做為日常生活實踐的依據，不斷複製、承續、維繫既有社會權力關係和宰制結構。

貳、葛蘭西霸權理論

義大利葛蘭西霸權觀點對批判話語分析是重要理論基礎，認為當時資本主義結合政治社會和公民社會，在政治社會以鎮壓手段威逼人民就範，在公民社會則代之以霸權。霸權就是共識的組合，不需藉由暴力或鎮壓，而是透過附屬意識被建構的形式（Gramsci, 1971）。

葛蘭西以階級做為思考重心，認為社會團體都以各種不同方法進行鬥爭，意識型態只是其中一種鬥爭形式和場域而已，鬥爭的目的無非是要獲得其他團體的認同，並且要在思想和實踐上獲致比其他團體更佳的優勢（ascendancy），他把這種權力形式叫做霸權（hegemony）。

一、霸權就是優勢權力

霸權就是優勢權力，而優勢權力乃是權力爭霸的結果。葛蘭西強調霸權的特色是，所有宰制的階級都是建立在人民的同意或共識之上的權力形式，而非倚靠武力鎮壓。但是任何權力爭鬥，不論政治的、經濟的或社會文化的層面，都涉及隱藏在霸權背後的意識型態，它以一般庶民「普通常識」的低調身段，卻宰制了人們的日常生活實踐和社會互動。

從意識型態視角來審視霸權，就可看到階級、性別等各種社會結構權力差異關係，都是意識型態創造出來的不平等宰制霸權關係。話語與意識型態之間的關係，若即若離、或隱或顯、藕斷絲連的關係，話語裡總是隱含或強或弱、或多或少的意識型態。至於意識型態話語，則是百分之百意圖維繫權力關係，也是掌權者對受宰制者赤裸裸展示優勢霸權的話語形式。

任何霸權無法永久把持，就像意識型態一樣，天下沒有哪一種意識型態可以永遠占領優勢霸權位置，意識型態可視為擁有優勢位置的霸權，可是霸權並非永遠穩定不變，而是永遠在變，它本質上是一種動態爭霸過程所顯現的優勢。霸權爭鬥既可維護、複製既有權力關係，也能轉化、改變現有權力關係。

霸權基本上就是一種宰制關係，但是霸權既能宰制也能妥協，它會看風向，只要能完全掌控就宰制，若不能完全宰制就先妥協，所以霸權是一種既矛盾且不穩定的均衡狀態（contradictory and unstable equilibrium）（Fairclough, 1992: 93），與基本上穩定的意識型態不盡相同，霸權爭鬥可謂話語競逐優勢宰制關係的動態過程，充分展現話語與權力關係、話語與意識型態之間的社會實踐過程。

批判話語分析主要就是針對顯現或潛藏在語言中的宰制、歧視和操控的不平等、不對等的權力結構關係，主要著力於話語中介的權力關係和意識型態，尤其當意識型態發展成為優勢霸權，並讓它正當化、合法化，就更將強化其宰制關係。正如哈伯瑪斯所說，語言既是宰制媒介，也是社會力量，語言既可用來合法化組織權力、合法化權力關係，語言也是意識型態正當化的媒介（Habermas, 1967: 259），所以話語中介的優勢霸權，絕對是批判話語分析的首要標的。

二、霸權與話語爭霸

對批判話語分析而言，霸權不僅存在話語文本裡，而且也存在生活實踐裡，不論話語文本或生活實踐都是霸權競逐的場域，透過語文和非語文實踐形式競逐話語霸權。

掌權者無不利用話語來標誌、展現、表達、彰顯他們的權力，而挑戰者也非省油的燈，也會利用話語來競逐、挑戰、顛覆掌權者和既有體制。所以，即便權力並非源自語言，但是話語卻是標誌權力、表達權力、挑戰權力、顛覆權力、改變權力分配的最佳工具，不論是短期或長期的社會互動過程，話語在階層化社會結構，都提供產製權力差異關係的絕佳工具，批判話語分析就是要揭露掌權者運用什麼話語形式？以及如何運用話語形式？來展現他們的霸權和權力差異關係。

權力既可透明，也可幽暗，既可拿來炫耀政績，也可拿來掩飾弊端，而話語與權力關係又可分為兩種取向，一種是鮮明、直接、易懂的話語權力關係，另一種則是幽微、晦暗、難懂的話語權力關係。雖然兩種取向都可做為批判話語分析的課題，只是前者較易解析，挑戰性低，後者則務必深入剖析話語與社會結構之間的隱晦幽微關係，才能揭露話語與權力關係的潛藏結構，批判話語分析學者對它特感興趣。

就批判話語分析而言，分析語言與權力的關係，其實並非僅僅只是權力的語言，而且也分析權力語言的權力（power of language of power）。畢竟權力不僅以文本中的文法形式出現，同時也會在各種社會互動情境，藉由各種話語實踐和非話語實踐展現各種權力差異關係，所以話語所展現的權力關係背後的權力結構，更是批判話語分析戮力解析的對象。

整體而言，權力無所不在，它能建設，也能破壞，它透過話語而正當化、合法化，也透過話語去正當化、去合法化，權力關係既能強化自我的話語力量，也能限制和規範他者的話語力量，足見話語與霸權就是一體兩面。權力關係透過話語而顯現出來，不論是在語言使用形式，或者是在非語言形式的各種社會情境，更重要的是在公共領域與人民權利息息相關的論辯，都充分展現話語與霸權的獨特關係，有待批判話語分析深入的解析。

第三節
其它話語理論

壹、巴赫汀的對話理論

一、對話與複調

巴赫汀早在 1920 年代就探究語言的馬克思主義觀點（Volosinov, 1929/
1973），提出對話理論，認為一部小說蘊涵諸多各自獨立而且互不相容的聲
音和意識，不僅打破了傳統小說文學獨白模式，徹底解構全能敘事創作觀
點，在話語理論方面，也延伸對話觀點發展成為複調理論，對批判話語分析
頗具啟發性。

巴赫汀透過對話理論觀點探究陀思妥耶夫斯的小說，發現小說世界並
非只有一種聲音、一種思想或一種立場而已，而是包含有兩種或兩種以上
的聲音、思想和立場，彼此互不相容，甚至相互衝突，即使在小說結尾，
也非以某一種聲音、思想或立場，來統一其他的聲音、思想和立場，而是
呈現「複調」並存狀態，複調理論就是對話理論最高形式。

複調原本是音樂術語，係指若干旋律同時進行，因而組成相互關聯
的有機作品，透過妥適美妙的組合，各部旋律各自獨立展開，彼此互不倚
賴，使音樂複雜多變又能協調統一，豐富了音樂表現，並融合形成美妙動
聽、對立並存的和諧旋律。

巴赫汀著作雖然是在 1920 年代所寫，卻完全展露語言對話的思想精
髓，許多觀點與後結構主義不謀而合，被讚譽是站在「轉向語言」浪頭前
端，界定了 20 世紀社會思想主軸，對當代思潮頗具影響力。

巴赫汀說，語言只存在於使用者的對話互動當中，此一觀點宣示語
言並非只是大腦活動，而是一種社會互動。吾人生活在歷史和文化語境脈
絡的社會當中，而非在孤立疏離的機械裡，吾人被鑲嵌在與他人和環境無
法切割的生活關係當中，因此與他人互動遂成為人類生活的特色，任何說
話絕非僅僅是反映或表達某些存在或被給定的事物而已，而是創造從未有

過、完全嶄新、無可重複，並與真、善、美價值有所關聯的對話（Bakhtin,
1986: 119-120）。也就是說，對話永遠會引發獨特而且無可重複的事物，在
這稍縱即逝的片刻，不僅表達自我或某種內在特質，同時也在建構自我與
他者和外在環境的生活關係，此即所謂「瞬間存有事件」（Bakhtin, 1993:
2）。這種獨特對話關係，同時也是形塑自我與他者或整個環境的現存歷史
和意識型態，所以歷史、文化語境及其意識型態，都根植於日常的溝通和
語言活動當中（Bakhtin, 1986: 12）。

巴赫汀反對傳統獨白的語言學和獨白心理學觀點，認為語言就像懸掛
在自我與他者之間的一座橋樑，只要有一端是在我這邊，那麼另一端就在
對方那邊，只要有一端是因我而定，那麼另一端就因對方而定（Bakhtin,
1986: 26）。在實際對話，既包含自我的說話，也包含他者的說話。巴赫汀
此一對話觀點，可謂前所未見，對後來的批判話語分析、政治溝通以及民
主社會思潮，都頗具啟發性。他認為，任何個人在別人面前的話語和行
動，都是為了回應別人，若非他者存在，一個人的話語和行動必然有所不
同，所以社會對話互動乃是話語實踐的基礎所在，若無社會互動，對話就
缺乏意義。這些社會對話互動的話語實踐，並非單一來源、單一方向、自
我獨白而已，而是個人內在與外在、自我與他者、自我與社會之間相互主
體性（intersubjectivity）共同匯聚而成。

在社會互動過程，既然是對話，任何人就很難一意孤行，愛怎麼使用
就能怎麼使用語言，因為語言乃是雙邊相互行為，一方面它被使用的人決
定，另一方面它也平等地被對它產生意義的人所決定（Bakhtin, 1986: 86）。
巴赫汀書寫對話理論的時代，尚無傳播者與受播者的理論區分，而且也無
面對面溝通或中介溝通形式，可是巴赫汀點出，語言意義是由受播者產生
意義，而且遠比傳播者自以為是的意義更為重要，此不僅是對話理論重要
思維，也對爾後各種傳播理論具有啟發性。

巴赫汀強調，對話乃是社會互動實踐的特質，既然是社會互動，就
是雙方對話，而非獨白，不是單方說了算，此乃對話的真諦。所以巴赫汀
說：「語言只有一半是屬於自己，語言有一半是屬於別人，只有當說者把
自己的意圖和語氣腔調一起說出來，語言才是屬於他自己的。」（Bakhtin,
1935/1981: 293-294）。否則即便是自己說話，述說的卻是別人嘴裡或別人

語境裡的話語，就是為別人的意圖服務，這並不算是自己說話、說自己的話。所以巴赫汀主張的對話，是真心的說出自己的話，這才是溝通的真正目的。

巴赫汀指出，各種不同領域敘事者的說話，經常是說別人的話，甚至直接說別人的語言。因此就有所謂非直接說話的現象，不是在語言中說話，而只是透過語言說話（not in language but through language）（Bakhtin, 1935/1981: 313），不是說話者內心真正的話語，只是透過語言說別人的話，那麼，到底是誰在說話？是要說給誰聽？背後目的何在？等等這些問題都值得省思，這種現象在當今政治傳播更是屢見不鮮，可見巴赫汀對話理論蘊意深遠而且頗具遠見。

二、對話與交互文本

巴赫汀對話理論非常重要的核心概念，就是交互文本。認為語言只有在互動和溝通之際才具有意義，任何對語言的理解都存在於聽者與說者之間的互動裡，而且所有說話都是沒有止盡、永無歇止的回應鏈。

後來巴赫汀將此一概念用交互文本（intertextuality）來描述。之所以會以交互文本來取代永無歇止的對話，主要是因為說者與聽者之間的對話，都必須將對方的話語置放在自己的話語當中，如此才能與對方產生對話互動關係並且持續對話，所以對話關係與交互文本兩者本質上互為表裡。對話是一種社會互動過程，不論是競爭或合作，對話關係都是不能或缺的元素，任何社會的進步或發展，不能只有競爭卻沒有合作關係，所以對話關係就是競合關係，既競爭又對話，透過交互文本進行溝通。

巴赫汀說，話語存在於它自己的語境和其他語境的邊界上（Bakhtin, 1935/1981: 284）。也就是說，話語存在於自我和他者的語境的交會處，話語只有在自我與他者交會時，才會顯現話語存在的意義，話語對自我可能沒有特別意義，只有在交談、對話、爭辯時，與他者產生交互文本之際，話語才更顯現它的意義。交互文本是對話理論一個重要的基礎，若無交互文本，就顯現不出對話的實質意涵，若無交互文本，就只是獨白、而非對話。

　　巴赫汀認為，權力是社會生活的核心條件和核心狀況，不論文本或話語都是權力爭鬥場域，交互文本、交互話語和再語境化（intertextuality, interdiscursivity, recontextualization）更是權力爭鬥的核心。這些符徵文本或話語的權力爭鬥，其實都只是社會結構底蘊權力差異關係的表徵而已，話語實踐就是彰顯社會場域和社會結構權力差異關係的最佳表徵，因此日常生活社會互動裡的話語實踐、交互文本、交互話語和再語境化都是批判話語分析的核心課題。

三、反映或折射、向心力或離心力

　　巴赫汀的對話理論，以交互文本為形式，蘊涵話語的反映與折射、向心力與離心力、眾聲喧嘩與重音等更為根基的哲學理論思辨。

　　巴赫汀認為，話語有如一個小型競技場，每個字詞都相互競逐爭霸，因為每個字詞都反映（reflect）或折射（refract）它自身之外的實體，而且藉由它再現、描述、或者代表它自身之外的其他事物，所以一旦沒有符號，就沒有意識型態（Volosinov, 1929/1973: 9）。就像「我們的話」不僅反映（或折射）了我們的想法，同時也（反映或）折射我們不同意的其他人的想法，巴赫汀可說一語道破話語的玄妙。

　　符號既可反映又能折射外在實體，那麼到底如何決定什麼事物該真實反映，什麼事物又該折射扭曲呢？這完全取決於符號社群的階級鬥爭，由於不同社會階級的利益相互競逐，不同的社會階級強調不同的利益，各自強調不同意識型態的價值和重音，即所謂「符號鬥爭」（struggle over the sign）（Volosinov, 1929/1973: 23），語言符號遂成為階級鬥爭的場域和工具。

　　巴赫汀指出，如果一個物體完全等於它自身，那就不必意指（signify）其他事物，任何實體通常總被理解成為某種形象，或被轉化成為某種符號，所以每個符號若非反映就是折射其它實體。符號並非只是做為某種實體一部分而存在，它總是反映或折射某個其它實體。符號既可能反映真實、也可能扭曲它所代表的實體，端賴從什麼視角看待它，每個符號都是意識型態評價標的，只要符號存在，就會有意識型態存在，任何意識型態都具有符號學評價。

他認為，每個意識型態符號就像兩面神（Janus）一樣，永遠朝著兩個相反方向看，一面是注視著文化領域的客觀統一體，另一面是注視著實際經驗生活當中永不重複的獨特性，但此兩者之間並沒有統一平臺，好讓彼此可以相互決定、相互影響（Bakhtin, 1993: 2）。就像負面字詞也可能成為讚美，真理也可能是謊言，這就是符號的內在辯證特質，尤其面對社會危機和革命之際，這種兩面意義流動的符號發揮得更為淋漓盡致。

至於向心力（centripetal force）與離心力（centrifugal force），巴赫汀指出，溝通存在於彼此矛盾的緊張關係，尤其是處在向心力和離心力之間兩種力量的緊張關係。向心力一直推向統一、同意和獨白，而離心力則反方向尋求複雜、異議和複調。語言的向心力和離心力之間的辯證緊張關係，一方追求合併、統一和秩序，另一方卻追尋分化、異質和多元。任何話語都同時兼備離心力和向心力，語言生命中的每句話語都是充滿矛盾和緊張的統一體，就好比兩軍對陣俟機隨時準備廝殺一般（Bakhtin, 1935/1981: 272）。

各種語言都與其所處的社會、歷史命運有關，意識型態話語也是如此，這些話語都被特定歷史宿命和意識型態使命所制約，都被某種歷史力量所形塑，這種力量就是用來統一和集中意識型態，它是一種語言向心力的表達，但它又隨時準備對抗任何可能崛起的離心力話語的挑戰。

巴赫汀認為，向心力與離心力同時並存。統一的語言是一個語言學規範系統，是統一和中央化意識型態思想的力量，它創造一個堅固的、穩定的官方認可的話語，迫使意識型態的統一和集中化，發展出社會、政治和文化集中化。但是生活語言的向心力，雖然鑲嵌在統一的語言裡，卻在眾聲喧嘩當中運作，它既是一個穩定的語言生活，同時也是動態的語言互動，向心力與離心力彼此交互作用，不斷深化社會互動和民意溝通。

殊值注意的是，語言的離心力與向心力，總是並肩而行。同樣地，與意識型態的中央化和統一化並行的，就是去中央化和去統一化。巴赫汀認為，離心力和向心力同時並存，去中央化和去統一化同時與中央化和統一化並存，這就是他的對話觀點，沒有任何一個政權可以完全中央化和統一化，卻毫無抗拒、去中央化和去統一化的離心力出現（Bakhtin, 1935/1981: 272）。

四、眾聲喧嘩與重音

巴赫汀認為，任何說話主體都同時兼具向心力和離心力，任何話語的中央化或去中央化、統一化或去統一化，都交織在說話裡。說話不僅是回答自己的語言行為，同時也回應了眾聲喧嘩，因為參與者都要考量各種不同聲音、不同意見，才和對方有良好互動溝通，這正是積極主動參與者在實際說話互動中的情境。

每個參與統合語言的說話，在其向心力之下，同時也會具有離心的社會的和歷史的眾聲喧嘩，亦即與離心的和分化的同時並存，而非只有單方勢力存在。一個本真的說話環境，就是一種對話的眾聲喧嘩（dialogized heteroglossia）（Bakhtin, 1935/1981: 270）。一個統一的語言，並非給定的，而是本質上永遠被置放在眾聲喧嘩的位置上。

巴赫汀指出，高層次國家的、政治的、文化的意識型態中央化、統一化的同時，低層次的在地的、各種方言的眾聲喧嘩也正在形成。當國家宰制意識型態統合語言和文類的同時，也是地方對抗中央化文學語言的眾聲喧嘩之際。任何歷史時刻，語言都是從下到上的眾聲喧嘩，它代表了現在與過去、在不同的時代之間、在不同的社會意識型態團體之間、在不同的趨勢之間、在學圈之間，都存在社會意識型態矛盾的共存現象。這種眾聲喧嘩的話語，以各種不同方法交織並置、彼此互補、相互矛盾、對話地相互關聯在一起，形塑嶄新社會典型的話語（Bakhtin, 1935/1981: 291）。

至於重音，巴赫汀延伸對話理論觀點指出，任何意識型態和說話符號都來自社會互動過程，說話符號被社會互動形式所形塑，所以必須進一步處理符號內容與評價重音（evaluative accentuation），藉以瞭解內容（Volosinov, 1929/1973: 21）。

巴赫汀認為，人類生存在異質的、多聲多音和眾聲喧嘩的環境，每個社會發展階段，都各有其獨特吸引社會關注的焦點，獲致社會評價重音，而且只有當它們獲得社會評價重音，才會獲得社會意識型態符號的反應，並連結該社會物質生活基礎，也就是說，只有當社會價值進入了意識型態世界，才能具有某種特定形式。因此，所有意識型態重音都必然是社會重

音（social accents），不論是個人話語或任何社會事件，都必須經過社會肯認，才能成為符號主題，凡是意識型態主題都是社會重音，而且意識型態主題的社會重音自有成為個人意識的管道和方法，並且成為個人重音、個人意識重音，甚至社會普遍的重音。巴赫汀在意的並非語文直接的意義，而是說話者使用這些語文的自身利益，「是誰、在什麼情境下、站在什麼位置、說什麼」才是決定語文真正的意義（Bakhtin, 1935/1981: 401。筆者稍做整理）。

意識型態符號的社會多重重音（social multiaccentuality）是一個重要概念，拜社會各種不同重音互動之賜，說話符號才能維持活力和動能，預為爾後發展所需，但是意識型態符號同時也是折射和扭曲的媒材，統治階級為了形塑上層結構、意識型態符號不變的特質，反而導致符號成為沒有重音（unaccentual）（Volosinov, 1929/1973: 23），隱晦地為宰制者服務。

貳、拉克勞與墨菲的話語理論

拉克勞與墨菲的話語理論主要著眼於抽象層次而非日常生活實踐面向，從建構論視角提出話語建構社會的三個基本觀點：(1) 社會從未形成總體；(2) 意義從未最終確定；(3) 社會鬥爭永遠開放、從未歇止（Laclau & Mouffe, 1985）。這些觀點展現拉克勞與墨菲永遠爭鬥的話語理論觀點，從話語意義到社會整體，都處於不斷爭鬥、轉換、爭霸的過程，而且從未歇止、永不停頓。他們理論的關鍵詞就是話語鬥爭，各種不同的話語透過特定的途徑或方法，在它們所建構的社會世界不停爭霸，時時刻刻都處於永恆的話語鬥爭狀態。

一、話語建構社會：權變與當下

拉克勞與墨菲的話語理論基本上把社會視為話語建構，與傳統建構論有所不同，傳統建構論者認為社會是由社會成員共同建構而成（socially constructed），他倆強調話語建構社會的重要角色，認為社會乃是社會成員及其話語共同建構而成（socially and discursively constructed），此乃他倆話語理論有別於其它建構論觀點之處（Laclau & Mouffe, 1985）。

　　拉克勞與墨菲的話語理論認為話語藉由意義建構社會世界，但是由於語言本質上的不穩定性，再加上沒有任何話語是封閉的，隨時都會與其它不同話語接觸並且交互作用，因而經常轉變，所以意義絕非永恆固定不變。

　　他倆認為，語言使用就是一種社會現象，它藉由社會網絡之間的傳統、妥協和衝突，不斷進行話語爭鬥，因此在組構意義的社會網絡，意義不是（將）被定型、就是（將）被挑戰，而且眼前定型的也未必永久定型，一切意義和話語都處於永無休止地在轉換、變化、爭霸。

　　根據拉克勞與墨菲觀點，意義創造是一種社會過程，是關於意義的定型作用，此與索緒爾結構主義觀念相仿，就是將符號放置在與其它符號特定關係的位置上，藉以固定符號的意義，也就是拉克勞與墨菲所謂的定型意義。但是，他們對於符號意義的見解，並不就此打住，進而提出一個嶄新觀點，認為符號意義定型過程是永無止境、永不停歇的爭霸過程，每一個符號的固定意義，未必永久定型，任何符號意義都只是暫時的權變（contingent）而已，即便某個符號固然有某個特定意義，也未必恆久都是那個意義，只要它所倚賴的條件稍有變化，就會跟著變動、轉化。所有嘗試定型符號意義的施為或過程，都是持續不斷、永無終止爭霸過程，這就是話語爭霸的基本概念，也是拉克勞與墨菲話語理論的基調。

　　拉克勞與墨菲對於霸權提出兩個同時運作的邏輯觀點：差異邏輯與等同邏輯。其中，差異邏輯就是創造差異與區別，等同邏輯則創造等同並且消弭差異。社會過程的特質就是不斷創造差異和區辨差異，同時也不斷複製差異並且消弭差異，社會互動無非就是構連與去構連（articulation and disarticulation），所以文本在交織（texturing）過程，就是不斷被融入差異關係和等同關係，既可能複製既有的差異，也可能消弭既有的差異，這就是他倆所謂的構連、去構連觀點。

　　拉克勞與墨菲認為，沒有任何話語是封閉的，相對地，任何話語隨時都會與其它不同話語接觸，因而經常轉變，他倆並未強調交互文本或交互話語的概念，而專注在符號意義和話語爭霸的課題上。不同的話語，透過特定的途徑或方法談論它們所建構的、所瞭解的社會世界，隨時都處於永恆的話語鬥爭狀態。不論話語理論或話語分析，都是探究符號意義被定型

的鬥爭過程。當然有些符號的意義被固定下來，變成傳統、正規化，甚至
理所當然；有些符號則在定型過程，遭受淘汰而被拋棄。拉克勞與墨菲的
話語理論主張，創造意義乃是一個持續不斷的鬥爭過程，沒有任何一個話
語可以完全鞏固地被建造，而是處於與其它話語不停鬥爭的過程，藉以達
到界定真實的目的。

拉克勞與墨菲認為，只要話語有任何衝突，就會出現社會敵對，或者
說，只要社會有任何衝突，就會出現話語對立、爭霸。社會敵對或社會衝
突透過霸權的介入，可以獲得消弭彼此之間的差異，亦即透過霸權重新再
建構明確的新構連（Laclau, 1993: 282）。

霸權與話語都是為了達到建構單元的固定，亦即意義的定型，而進行
永不休止的爭鬥。但是，霸權介入話語過程，若要達到意義的定型，就務
必涉入話語的社會敵對或社會爭鬥，就很難採取遮遮掩掩、琵琶半遮面的
鬥爭策略，而是要光明正大、大張旗鼓的鬥爭。霸權話語要做為客觀性的
建立，就只有在政治戰場中展現，就是在尚未決定誰勝誰負的話語爭鬥場
域中，選擇一種權變的構連。相對地，如果是解構既有的定型意義，就必
須展現一種權變的霸權介入，瓦解既有定型的意義，取而代之的就是新霸
權的新意義。

拉克勞與墨菲的話語理論主張，一切事物都是權變，充滿無限可能，
所有與社會有關的話語和構連，都有造就與當前不一樣的局面，而且以後
也有可能與當前風貌大不相同。但是他們的觀點似有誇大「權變」之嫌，
因而遭致不少批評，有人認為，結構當然是社會共同建構出來，但是要改
變它卻相當困難，至少會遭遇宰制團體的抵抗，畢竟一切結構或組織為了
延續，都會對抗改變。何況並非每個個體或團體都具有等同的改變能量和
能動性，因此只著重結構的權變性，而輕忽結構的限制性，雖然結構原
則上是開放的，但並非處於流動狀態，而是一種相對穩定開放卻非完全流
動狀態，即使權變有其它選擇或另類方法，可以重新構連既有各單元之間
的新關係，但是結構並非所有單元都維持永遠開放，即使開放的單元，也
未必所有可能都能輕易實現（Chouliaraki, 2002; Chouliaraki & Fairclough,
1999）。

二、流動能指與話語爭霸

索緒爾結構主義觀點認為意義是固定的，都在特定關係網絡中被定型，但是拉克勞與墨菲話語理論卻抱持不同觀點，認為意義是流動的，時時刻刻都處於鬥爭狀態，隨時都有可能被轉換成另外一種意義，所以就有所謂流動能指、漂流能指（floating signifier）（Laclau, 1990: 28）。各種社會衝突都是藉由流動能指進行話語爭霸，流動能指、漂流能指永遠處於鬥爭狀態，隨時都在進行話語爭霸，它的意義可能隨時權變流動，權力是它唯一停泊、駐足之所，即使目前是句點，也只是暫時性，隨時都有被改變的可能，而且說不定很快就被改變了。

根據索緒爾結構主義觀點，社會好比語言結構，有其完整總體；但是拉克勞與墨菲宣稱，話語爭霸過程永不歇止，所以根本沒有所謂完全、或總體存在。因此他們宣稱，客觀實體的社會是不可能的，因為它並不存在，社會從未完全或總體性存在（Laclau & Mouffe, 1985: 111）。

拉克勞與墨菲認為，務必捐棄社會是一個完整的固定整體觀點，因為社會並非一個有效的話語標的，任何話語都是為了宰制話語領域，捕捉差異流動，建構一個中心，但是眼看中心就要被建構、整體就要成形，卻可能即刻面對來自四面八方的話語爭霸，各種流動能指在各個社會領域隨時隨地、無所不在地競逐爭霸，於是乎，中心再度殞落、整體又再瓦解，社會永遠處於不斷的話語爭霸（Laclau & Mouffe, 1985:111-113）。

傳統話語觀點與傳統社會學觀點類似，傳統話語觀點認為話語試圖組構符號，讓符號在總體結構裡，具有永恆固定不變的意義，在傳統社會學也是如此，認為社會結構就是要讓「實體、真實」具有固定不變的意義。但是拉克勞與墨菲的話語理論認為，不僅語言符號的意義無法固定不變，即便社會或認同亦然，都不可能永遠固定不變。

雖然拉克勞與墨菲話語理論與馬克思主義頗有淵源，但他們反對馬克思上層結構與下層結構的二分法，認為社會形構無非就是話語爭霸過程的產物，並無所謂上層或下層結構二分的事實。他們也駁斥馬克思對於社會可以透過某種階級所建制的總體進行客觀描述的論點，主張社會從來就

不是客觀存在，根本就從無整體社會存在，任何客觀、自然的「實體、真實」的觀點，都是話語理論批判的對象。

至於所謂「客觀」，則是政治過程和政治鬥爭的歷史結果，它是一種沉澱的話語，也就是經過鬥爭之後，得以存活並且被共同接受的意義，有可能會沉澱一陣子，但並非永遠沉澱。至於「霸權」，就是某一已被接受的「客觀」，經過政治過程成為團體成員共同接受的概念。但是，若此一「客觀」又被挑戰的話，就須再經歷一次鬥爭的政治過程，才能夠被共同接受，才可以沉澱下來成為客觀的霸權。因此，所有客觀，其實就是霸權，就是意識型態（Laclau, 1990: 89）。

根據拉克勞與墨菲的話語理論，所有意義都是流動的，所有話語都是權變的，它們用客觀來掩飾權變，藉以隱藏其它各種可能。權變（contingency）等同連續（continuity），都非不斷流動不可，根本無法駐足，客觀只是意識型態的產品。至於權力和霸權，就是社會世界的權變，權力和霸權創造知識、身分、認同、如何與他人互動等，所有知識、認同、社會關係，都是暫時性權變的現況，譬如吾人依循某些社會秩序而生活，這些社會秩序都是權力和霸權建制的暫時性權變現況，過去或許並非如此，未來也未必如此。

最後，拉克勞與墨菲的話語理論與費爾克拉夫對於話語的觀點有所不同，基本上拉克勞與墨菲從抽象層次探討話語的社會建制力，費爾克拉夫則從微觀的日常生活話語做為起點，側重話語與社會結構的辯證關係。費爾克拉夫與一般批判話語分析學者抱持類似的看法，認為話語只是一種獨特的社會實踐而已，除了話語實踐還有非話語實踐，而且社會世界就是由話語和非話語單元共同建構而成。但是拉克勞與墨菲並沒有把話語和非話語分開來，將兩者視為一體，一切都是話語。

費爾克拉夫批判話語分析的理論核心是對於「改變」的探究，而具體的語言使用永遠建基於早先的話語結構和意義，所以提出「交互文本」觀點，一切個別文本都建立在其它文本和話語之上，只有藉由交互文本或交互話語，結合其它不同文本和話語，才有可能改變個別的文本或話語，進而改變社會和文化世界。所以藉由交互文本分析，不僅可以探究話語的產

製，也可以藉由新話語的組合，找到話語新單元的引入以及話語的改變。
但是拉克勞與墨菲完全沒有觸及交互文本或交互話語概念。

參、布迪厄的話語觀點

一、生成結構論

布迪厄摒棄二元對立的結構主義侷限觀點，主張社會結構與心智結構
兼顧的研究策略，自創一套包括提問方式、簡明概念工具、建構研究對象
的程序以及構連不同領域的策略等有系統的社會學方法，藉以從事研究實
踐與理論建構，並自稱它是生成結構論（genetic structuralism）。這套生成結
構論觀點，是布迪厄對結構主義過度重視客觀化分析的反對態度，主張社
會現象研究務求客觀結構分析與對個人心智結構生成，兩者同時進行、同
時觀照，而非採取截然二元對立研究策略（Bourdieu, 1990: 6）。

像主觀論者對於信念、欲望及行動者的判斷，往往過於高估；而客觀
論者力圖從物質、經濟條件、社會結構和文化邏輯等面向，又過於簡化社
會思想與行為。所以布迪厄認為，無論主觀論或者是客觀論，都無法真正
理解社會生活，唯有公平對待客觀物質、社會和文化結構，同時公平對待
該結構正在建構過程中的個人經驗和實踐，才能夠真正理解社會生活。社
會能動者（agent）根據自己居處的社會位置，和他們用來理解此一社會空
間的心智結構，共同參與到整個歷史鬥爭的過程（Bourdieu, 1990: 14）。

綜觀布迪厄生成結構論和反思社會學，堅絕反對各種二元對立的觀
點，譬如主觀主義 vs. 客觀主義、結構 vs. 能動性等二元對立概念，應該真
正揭示人類實踐和社會實踐運作當中，各種主觀與客觀因素相互交織、結
構與行動交匯，所展現的「結構中的結構」（structuring structure）、「被結構
的結構」（structured structure）、「結構中的被結構」（structuring structured）
與「被結構的結構中」（structured structuring）過程及生成結構論觀點
（Bourdieu, 1984: 170）。

二、慣習與文化資本

布迪厄認為，社會世界根據各種資產的分化和分配原則，透過多面向空間形式所建構。這些資產之所以重要，乃是因為它使擁有者具有權力，而任何能動者（agent）或群體的權力，都是依據他（她）在社會空間占有的相對位置而定（Bourdieu, 1989: 229-230）。這些權力和宰制關係會形成慣習（habitus），人們日常就在這些慣習及其背後的規範、習俗、常規的形塑之下，去做他們連想都不想就會做的事（intentionally without intention）（Bourdieu, 1992: 12）。

慣習就是能動者以特定方式行動或回應的一套成因配置（disposition）組合，這套成因配置不受任何管控，即能毫無意識地產生日常生活的行動實踐、想法和態度。這套成因配置建構慣習，既具結構性又能持續長久，在特定場域（field）援引各種社會資源，包括經濟的、社會的、文化的、階級的、年齡的、專業的、種族的、宗教的資源，來回應日常生活實踐。

布迪厄指出，權力會彰顯在語言上，語言與權力關係形影不離，各種場域都充滿權力，各種場域都被權力和宰制關係緊密結構，人們就在這些經濟、社會、文化等各種場域，競逐有限的權力資本，而且這些資本被體制化成有形的物質，譬如經濟資本即財富、知識資本即學位、社會地位資本即社團俱樂部會員等（Bourdieu, 1977, 1986, 1990）。

布迪厄雖然同意經濟因素的重要性，但不認同馬克思經濟決定論觀點，主張文化資本在社會文化再製過程的重要性，並且試圖藉由「文化資本」概念來擺脫「經濟決定論」思維邏輯的窠臼，認為資本並非只能以經濟錢財的形式出現，而是以許多「非經濟」形式和狀態存在，譬如文化資本，就是與個人出身背景、品味素養和學校教育緊密相關，但未必與私有財產多寡有絕對關係。布迪厄認為影響個人身分地位最重要的因素，乃是生活風格，而非經濟條件或財產多寡，所以布迪厄強調文化資本在社會文化再製過程中極具重要性。

至於任何人或行動者在社會空間究竟占有什麼位置？如何定義哪一個人或哪些人或行動者該占有什麼社會位置？布迪厄認為，首先乃是根據個人所擁有的資產總量而定，然後再依據不同類別的資產各自具有不同的比

重或相對份量，將這些資產組合起來（Bourdieu, 1991: 231）。布迪厄創造數學方程式，表達社會運作過程不應過於簡化的基本理念，此一公式不僅呈現文化資本在社會運作過程的重要性，而且更充分展現慣習、資本、場域三者和社會實踐之間的關係。它意指個人在他擁有的文化資本位置及其習以為常的慣習，會在特定場域顯現出特有的實踐模式（Bourdieu, 1984），可以公式表示：

$$實踐＝[（慣習）×（資本）]＋場域。$$

三、意識型態與慣習

儘管慣習概念非常適合用來解釋社會行動者墨守成規和既有秩序，但是它並不適合用來預測意識型態。同一個慣習、同一個實踐、或同一個存在情境，都可能產製完全不同的政治識見，所以必須更進一步區辨意識型態和慣習之間的差異。意識型態致力於社會組織的合法化和正當化，而慣習則深植在社會行動者的日常生活實踐裡；意識型態意圖辯解社會秩序的結果，慣習則是無意識、不被質疑的成因配置（disposition）系統。（請參閱第八章成因分析）

合法性和正當化的話語，就是意識型態話語，通常都被認定是合法、正當的宰制。它們辯解社會分工和勞動分工，其目的無非就是為了維繫當前宰制體系，但是合法性和正當化話語不僅僅只是宰制的工具，更是躲藏在宰制者背後協助宰制者欺壓被宰制者的幫凶。

有學者指出，宰制者一方面利用話語宰制人民，另方面也被用來宰制別人的工具所宰制（Malrieu, 1999: 20）。布迪厄認為這就是再現宰制主體，根植於產製慣習的社會秩序裡，不論宰制者或者被宰制者都屈從在宰制結構，因而他提出幾種不同形式的屈從（subjection）：(1) 被宰制者的屈從：就是被宰制者內化宰制者的話語；(2) 宰制者的屈從：就是宰制者對既有秩序的屈從；(3) 對宰制工具的屈從：宰制者和被宰制者都對於宰制話語的屈從。

不論是對宰制者或對被宰制者而言，布迪厄對於話語的價值有不同的見解，認為話語價值就是它的社會使用價值，亦即話語自身並無所謂內在價值，而只是經由社會使用之後，話語才具有價值。因為慣習與實踐之間具有

辯證關係，實踐是慣習的表現，而慣習也是實踐的結果。慣習不僅是個人歷史的具體化（embodiment），而且也是祖先歷史的具體化。對於慣習與實踐之間的辯證關係，布迪厄透過字彙的詞變來展現雙方的辯證關係，包括：被結構的結構（structured structure）、正在結構中的結構（structuring structure）、反被他擁有的所役使（possessed by his possessions）、被宰制的宰制者（dominated dominant）等，他並將慣習的兩個特質：被結構的結構和結構中的結構整合起來，做為結構化結構的功能（structured structures functioning as structuring structure）（Bourdieu, 1990）。

　　布迪厄從日常生活實踐的慣習，來詮釋意識型態與生活實踐的關係，既然慣習是每個人生活經驗和生命故事的結晶，這許許多多的生活經驗和生命故事背後，理應可以析理出意識型態的跡痕。如果慣習猶未能充分解釋意識型態的信仰，那麼從社會場域視角，也可明確詮釋意識型態的來由，適切闡釋慣習與意識型態之間的結構關係。

　　布迪厄認為，假使慣習無法充分解釋意識型態的信奉，那主要是因為慣習必須以社會場域的情境來取代，才足以清楚說明意識型態的來由，所以社會學遂成為闡釋慣習與場域之間關係的科學。他對場域的概念，其實就是對於阿圖塞國家機器概念的回應，像哲學、新聞、運動競技、時尚流行等都是某種特定場域，人們都身處各種不同社會場域當中，而非社會場域之外，因此人們的信念、信仰都是建基於身處何處、養成特定慣習，並抱持特定意識型態，根據所處各種不同社會場域、站在什麼社會位置，而講什麼話。

　　布迪厄認為，每個不同場域都各擁獨特的話語文本形式，來遂行各個場域長久習以為常的慣習背後的宰制結構體系。因為每個場域各有獨特的宰制結構，人們都身處各種不同的社會場域當中，都基於不同社會位置來講話、行動、實踐、思維，所以人們話語實踐和生活實踐就充分展現所處社會場域和社會位置的差異，當然無所遁形於場域背後的宰制結構和意識型態，依舊被意識型態宰制。簡單而言，布迪厄所謂的慣習，就是吾人日常生活長久積累的行為模式，在每個不同的社會場域，都各有一套習以為常的行為模式，卻毫不覺察這些慣習其實是被特定意識型態所宰制。

肆、皮修的話語觀點

法國話語理論學者皮修致力整合話語社會理論與文本分析方法，尤其注重書寫的政治話語的批判分析取向，以「話語」一詞來強調語言使用的意識型態本質，認為話語在語言功能裡展現出意識型態鬥爭效果，並存在於意識型態中的語言物質性。

皮修觀點主要來自阿圖塞的馬克思意識型態理論，阿圖塞強調來自下層經濟結構的意識型態相對自主性，以及意識型態對再製和轉換經濟關係的社會貢獻，意識型態並非只是以具體形式展現出來的觀點，它還透過建制個人主體與社會主體，將這些主體固定在主體位置上，在此同時又給它們自由能動者（agent）的虛幻印象。這些過程都在各種不同體制中發生，譬如家庭、學校教育、法律等，也就是阿圖塞所謂的「意識型態國家機器」。

皮修認為，語言就是用來建構意識型態的主體，所以像男女有別、男尊女卑，都是在意識型態的框架內，用話語建構起來（Pêcheux, 1982）。他借用傅科「話語形構」一詞，認為意識型態國家機器可以被理解為一個複雜的意識型態形構，對應於階級位置，每一個位置都結合了「話語形構」，所謂話語形構就是在給定的意識型態形構中決定什麼可以說和應該被說（Pêcheux, 1982: 111）。

根據皮修觀點，文字的意義根據使用者的社會位置而定，儘管兩個不同話語形構卻可以擁有相同的文字或表達，但是使用者位處不同社會位置，即使有相同的字詞卻仍存在不同的意義和社會關係（Pêcheux et al., 1979: 33）。社會主體就是依照特定的話語形構及其意義所建制而成，所以話語形構就是思想畛域，是在穩定觀點的形式中被歷史與社會建制而成，而此一穩定形式就產製出特定主體，並同時給定他們可以看到什麼、理解什麼、去做什麼、恐懼什麼、希望什麼等（Pêcheux, 1982: 112-113）。

皮修認為，話語形構位處於複雜的交互話語狀態，話語的意義也取決於它與其它交互話語的外在關係和特定時空的交互話語狀態，直截了當地說，完全取決於意識型態國家機器當中的意識型態鬥爭狀態而定。但是有

時候，主體並未真正瞭解話語形構的外在決定力量，常誤以為他們所看到的、所理解的話語就是意義的真正來源，其實主體所瞭解的根本就是意義的效果，而非意義的本源，但他們並不知道也不明白整個外在決定力量，誤以為自己看到了真面目，其實根本不是這麼回事。

皮修指出，很多主體以為自己瞭解意義，是自己思考出來的，其實它是被給定的、早就被說過的，所以主體應該用元話語（metadiscourse）來和話語形構保持某種距離，這並非拿某種新東西取代自我，而只是與話語形構保持距離的做法，是一種對抗認同，這種對抗認同更激進就會造成「去認同」（disidentificaion），會拋棄複雜意識型態形構。皮修將這種分析方法稱做話語自主分析，整個過程都是把話語視為文本的一部分的分析方法，它並非劃分文本與話語事件，而是將文本視為話語形構的證據，此一語言研究取向與社會理論整合，與英國 1970 年代批判語言學觀點相當類似，就是藉由系統語言學的文本分析結合意識型態，整合相關理論與方法，為批判語言學注入許多新血，加入不少對話和交互文本的概念，強調交互話語對既有結構的「持續重構」（constant restructuring）過程。

但是，皮修話語自主分析觀點也遭受批評，因為不論皮修的話語分析或它所源自的阿圖塞意識型態理論，都難免有所瑕疵，就好像阿圖塞過度強調結構「再製和複製」，反而忽視話語「轉換和改變」的重要性，忽視了主體是如何透過實踐來對抗並重新組構新的意識型態。皮修也很少有關意識型態與權力的社會理論，卻比較專注於語意學層面的語言學分析，也很少關注權力關係的鬥爭和轉換，所以鮮少關注文本產製和詮釋的動態過程的緊張關係。

皮修強調意識型態並非來自觀念，而是來自實踐（Pêcheux, 1995）。但他對實踐觀點卻似乎不及布迪厄對於信念與實踐之間關係的闡述，布迪厄認為觀念乃是慣習（habitus）的結果和實踐（practice）的結果。慣習此一概念讓吾人可以把觀念和實踐結合在一起，但是皮修似未詳盡說明它們之間的關係，殊為可惜。

伍、紀登斯的話語觀點

紀登斯在結構化理論提出與話語有關的人格建構三階層模式：實踐意識、話語意識與無意識（Giddens, 1984: 41-51）。實踐意識指能動者從社會活動產生的默會知識（tacit knowledge）與自覺，雖然它無法直接透過語言表述，卻清楚知道如何在社會中進行這些知識，並且藉由這些默會知識產生出來的社會互動，相當程度可以信任別人將會有哪些回饋行為，讓自己在社會互動中不致於失去自我或有不安全感。默會行為（tacit behavior）與例行常規（routine）行為，兩者關係密切，有了默會行為，經常就會產生例行常規行為。例行常規行為久而久之，就可能成為墨守成規的既定行為模式，甚至不知不覺成為無意識行為。

話語意識指行動者能夠對事物的狀態及其理由等，透過語文方式表達出來的能力與自覺。簡單而言，話語意識就是主體對於語言使用的自覺與能力，話語意識中的「我」的建構，必須透過「他者的話語」，也就是只有透過彼此互動、對話或交談的語言途徑，才能獲得。例如英文裡，I、me 的變化，若非有另一主體－即客體－的存在，根本無法表達，一旦有此表達，即表示存在主體與客體、自我與他者的相對關係存在。

紀登斯對於結構化理論所探討的能動者（agent）特色，就是將反思能力注入日常生活的社會行動網絡，反思能力能夠明確讓能動者知道他在「做什麼」、「為什麼做它」，這就是做為能動者的認知能力（knowledgeability as agent），而這些都只能表現在實踐意識裡，也就是行動者無須言明（tacitly），就知道在社會生活網絡「該如何進行」的那些意識，而且他也難以直接用語言表述為什麼要如此進行。能動者的特色就是能夠在他的行動當中或透過行動，再製了可以讓行動成為可能的情境。因此能動者就必須深切瞭解如何讓這些情境得以再製的認知能力，並且具有對這些認知能力的反思性。

紀登斯認為，每個人的人格發展對社會或社會結構的構成，具有不同程度的話語透視力（discursive penetration），亦即對社會構成的實質具有不同程度的表述能力（Giddens, 1984: 91）。反思能力當然也能讓能動者在話語層次明確知道「說什麼」，甚至「怎麼說」，但是在日常習慣行動或例行行為

就經常缺乏反思。紀登斯認為，主體必然具有能動性（agency），由於主體對於外在環境具有一定的話語透視力、實踐意識的認知能力，所以主體可以透過干預或不干預外在環境的手段，對外在環境的過程、狀態或結果，產生某種作用。

紀登斯結構化理論認為，無論處於任何環境狀況、無論主體個人過去經驗如何，能動者都有進行改變的可能。亦即能動者對於外在環境，能透過實踐，具有另行他途、造成不同、或變得不一樣（do otherwise; make a difference）的能力（Giddens, 1984: 16）。所以如何透過話語實踐，發揮能動者的能動性，成就不一樣的社會風貌，造就更美好的可能，這就是紀登斯結構化理論對於話語實踐重要的啟示。

結構化理論把既有的二元論重新概念化為結構二元性（duality of structure）（Giddens, 1984）。結構化理論同意社會並非個人主體所創造出來，但到底如何形塑完整的結構和能動者，一定與時空情境有所干係，所以「轉向語言」的核心意義，就是將「說」（saying）（即話語實踐）與「做」（doing）（即非話語實踐）連結起來，而不是再回到語言學傳統老路，只偏重文本的意指作用，卻忽略生活實踐的話語意識和實踐意識，所以應該關注實踐層面。

有關話語理論觀點何其浩瀚，惟限於篇幅，本書僅介紹以上幾位名家，遺漏在所難免，惟綜合以上所述各種不同話語理論觀點，基本上有一個共同看法，就是吾人並非中立地談論世界、身分、認同、社會關係等，而是採取一種積極主動角色，有意或無意創造並且改變外在世界、自我或他者的身分和彼此的社會關係等（Jorgensen & Phillips, 2002），所以批判話語分析的研究素材俯拾即是，也正襯托它的重責大任。

第四章

批判話語分析的語言學基礎

第一節
韓禮德系統功能語言學

壹、批判話語分析語言學基礎的轉變

批判話語分析不乏經典理論依據，除了上一章話語的社會學理論之外，語言學對批判話語分析也是重要的理論基礎，不論傳統的話語分析、批判語言學或者晚近的批判話語分析，都要先從文本分析著手，而文本分析又要從語言學結構出發，所以語言學對批判話語分析的重要性不言可論。

一、從轉換生成語言學到系統功能語言學

20 世紀 60 年代是語言學崛起時期，從索緒爾的《普通語言教學課程》（Saussure, 1916/1959）被譯為英文後轟動歐洲，但是索緒爾的結構主義語言學研究，主要針對語言系統，卻置日常生活的言說於不顧，繼之而起的語言學研究取向，包括轉換生成語言學和系統功能語言學，都著重日常生活的言說，並重視語言組織結構及其功能，本書著重的批判話語分析，不論是哪一個研究取向的批判話語分析，都偏重日常生活言說潛藏的偏見、歧視、權力關係和意識型態，但都不以語言系統做為核心。

喬姆斯基創建的轉換生成語言學（transformational-generative grammar, TGG）（Chomsky, 1957, 1965），亦即所謂喬姆斯基語法（Chomskyan grammar），和韓禮德的系統功能語言學（systemic functional linguistics, SFL）（Halliday, 1978, 1985），都是極受重視的語言學理論，不僅被奉為語言學研究經典，而且也做為批判語言學界重要理論基礎。

當批判語言學於 1970 年代，開始從動態觀點進行語言學分析之際，當時語言學主流是喬姆斯基創建的轉換生成語法學，在批判結構主義語言學的基礎上，提出系統的形式主義語言學理論，主張透過獨立和自足的句法結構，經過不斷的「建立模型－驗證模型－修改模型」過程，確立一套句法規則，認為語義與人的心理密切相關，可以從語言系統的句法中，分離出形式化、可推演、可證偽的獨立語言科學。他認為語言是人腦中自然而

然形成的一種心理機制，一切語言規則會依循此一機制功能自然生成，所以又被稱為自動語言學。

　　但是轉換生成語言學只重視人的大腦和心理，卻完全不理會人類說話的社會情境，所以在 1970 年代之後，不斷被質疑這種形式主義的轉換生成語言學，完全背離使用者、意義、社會語境等語言使用的本質，代之而起的就是系統功能語言學。

　　韓禮德主張語言最主要的成分就是工具性功能，不論是概念性功能或人際性功能，都是語言重要的功能，所以韓禮德的系統功能語言學又被稱做工具語言學。隨著批判語言學和批判話語分析的進步，發現喬姆斯基的生成語言學並不適用於語言與社會結構之間的分析，倒是韓禮德的系統功能語言學卻相當適合，所以後來批判話語分析遂以系統功能語言學觀點做為理論依據。

二、系統功能語言學與轉換生成語言學的差異

　　轉換生成語言學從心理學視角出發，不重視語言與社會的緊密關係，相反地，系統功能語言學從社會學視角研究語言與社會情境或社會功能之間的關係，卻鮮少關注語言學的心理學基礎。簡單而言，轉換生成語言學認為語言是一種知識形式（form of knowing），是從心理學視角看待語言與心理的關係，著重區分語言能力和語言運用。系統功能語言學認為語言是一種行動形式（form of doing），從社會學視角關注語言與社會的關係，著重於語言行為潛勢（linguistic behavior potential）。

　　系統功能語言學和轉換生成語言學都認為，語言是說話者實際說出來的話，所以兩者的差異並非在語言，而在於如何認識語言。系統功能語言學認為，語言是一種行動形式，並非人類的知識能力，語言是文化和社會所允許的選擇範疇，同時也是語言行為能做的範疇，它被人們的文化和社會情境所框架和侷限，從索緒爾的語言系統（langue）和日常言說（parole）的區分來看，系統語言學的「語言系統」無非就是說話者能做什麼，「說話」無非就是說話者實際做了什麼。從社會學觀點來看，人們行動形式屬於語言的社會範疇，當然與社會有關，與說話者所處時空情境有關，甚至語言行為潛勢也與說話者所屬的言說社群（speech community）有關。

　　系統功能語言學著重語言與社會的關係，不僅重視個別語言的使用，而且側重社會情境與個別語言之間的關係，所以索緒爾的語言系統並非系統功能語言學的研究宗旨。相反地，轉換生成語言學著重語言的普遍現象，個別語言只是轉換生成語言學研究的手段而已。韓禮德的系統功能語言學之所以重視個別語言，其主要理由在於只有透過個別語言，才能促進人際互動，這也是系統功能語言學所提的人際功能由來。

　　韓禮德繼承弗斯的系統觀點（Firth, 1935），以系統做為功能語言學的基礎，把語言視為一套系統，但是弗斯的系統觀點並非索緒爾的語言系統概念，而是功能主義的系統概念，每個系統就是語言行為中一套可供選擇的所有可能性，也就是所謂的語言潛勢（language potential），在不同的、特定的社會環境或情境中，選擇一組語言形式。從社會認知取向批判話語研究來看，范迪克在諸多話語偏見與歧視的研究強調，說話者會斟酌社會情境，使用「適宜」的話語，正是韓禮德所謂在諸多可供選擇語言系統中，選擇一個最合宜的話語。換句話說，就是在語言潛勢的諸多選擇當中，使用最合宜的話語，藉以維繫或增進人際關係。

　　基本上，形式主義的轉換生成語言學（TGG）與功能主義的系統功能語言學（SFL），兩者最大的差別在於。

(1) **語言目的**：前者（TGG）認為語言的主要目的就是心智表達，後者（SFL）認為語言主要目的是為了社會互動。

(2) **語言基礎**：前者（TGG）以心理表達為主，後者（SFL）以社會交流溝通為主。

(3) **能力與運用**：前者（TGG）強調語言能力優先於語言研究，後者（SFL）強調語言系統應該在語言運用中進行。

(4) **語境方面**：前者（TGG）認為語境無非就是文本上下文關係，後者（SFL）認為應包括社會語境和文化語境，任何語言表達都有其特定的語境與功能。

(5) **句法學、語義學和語用學三者之間關係**：前者（TGG）主張句法獨立於語義，句法和語義又獨立於語用學，三者之間的關係是：句法優先，語義次之，乃至於語用。後者（SFL）則主張語用統合一切，語義和句法都

在語用中運作，所以語義從屬於語用，句法從屬於語義，三者之間的關係是：語用最優先，語義次之，乃至於句法（王銘玉、于鑫，2007）。

貳、韓禮德的系統功能語言學

儘管韓禮德的系統功能語言學比喬姆斯基的轉換生成語言學較晚提出，但是基於研究旨趣，批判語言學和批判話語分析後來都以韓禮德的系統功能語言學做為理論基礎。韓禮德 1970 年就指出，語言學的語法系統與個人、社會需求具有密切關係（Halliday, 1970: 142），這些論點雖然當初主要針對語言科學和語言教學議題，依然可以看見他早就從語言學探討社會現象。

韓禮德這種觀點顯然與索緒爾語言學有所不同，索緒爾只著重語言系統的研究，根本不在意個別言語使用的表達形式；但是韓禮德反對這種觀點，認為語言系統和言語使用互為表裡密不可分，對於語言系統與文本之間的關係，研究語言系統的目的就是為了增進對文本的理解，而文本分析乃是語言系統研究的基礎，兩者不宜偏廢，這些都是韓禮德系統功能語言學基本觀點（Halliday, 1978, 1985, 1994）。

一、系統功能語言學的淵源

韓禮德的系統功能語言學主要是以人類學為本的語言學傳統，基本上受到倫敦學派、哥本哈根學派和布拉格學派的功能主義和溝通動態觀點的影響，師承倫敦學派弗斯的社會語言學觀點，也頗受馬林諾斯基的人類學語言觀點影響。

系統功能語言學可分系統語法和功能語法兩種面向，也就是說，韓禮德的系統功能語言學來自兩個淵源，在功能語言學方面，主要受到馬林諾斯基（Malinowski, 1923, 1935）人類學視角研究話語的影響；在系統語言學方面，則是受到弗斯（Firth, 1935, 1958）從系統觀點研究話語的影響。

馬林諾斯基以研究土著文化著稱，被尊為是人類語言學功能學派創始人，在研究人類學過程發現語言與文化之間的密切關係，也就是文化語境（context of culture）概念，認為語言的功能才是語言學的核心，應該從情境語境視角探究語言學。畢竟人類群體的活動，並非千篇一律，語言表達形

101

式亦復如此，必然與其表達當下的情境有所關聯，所以強調語境的重要性是理解語義不可或缺的條件，尤其是從情境語境探究語意的真正意涵，主張話語應該放在整個生活方式的情境中去理解，而非片片斷斷、斷章取義去揣測語意，話語的實質意義就是人們當下正在發生的社會互動。

這些觀點正是弗斯從社會語言學觀點強調情景語境（context of situation）的論點，認為情景語境和語言功能類型的概念可以抽象化為綱要式的結構成分，也就是說，情景語境可以描寫為：(1) 參與者及其相關特徵；(2) 事物；(3) 語言活動等三個結構成分。弗斯主張，語言學研究的核心意旨，是研究語意和語境。弗斯並沒有追逐索諸爾的結構語言學觀點，將語言區分語言系統和言說，反而認為應該將語言區分為結構和系統，結構包括句法結構成分，認為這些成分在相互可預期的毗鄰順序之下各有位置各適其所，也就是彼此的組合結構關係，這些結構必須依循既有的語言系統所要求的系譜聚合關係。

換句話說，索緒爾結構主義語言學的聚合關係和組合關係，在弗斯看來，語言的聚合關係，就是系統；語言的組合關係，就是結構。用語言學倫敦學派或哥本哈根學派的說法，語言是一種系統的系統，語言單位按照一定的次序，並且在層次與層次之間有關聯的排列。前者按照一定的次序，就是組合關係，也就是結構；後者層次與層次之間的關聯，就是系統。

弗斯認為，語言是說話者敘說、談論事件的集合，是一種社會活動方式，也是一種人們行動的途徑，所以語言學應該研究事件本身。弗斯這種觀點，基本上是從語言學的功能主義觀點出發，也就是從社會功能觀點來看語言，所以也對後來韓禮德的功能語言學，有相當程度的影響（Firth, 1930, 1968）。但是，弗斯並未對語言的功能主義有明確理論體系，也未提出完整理論架構來論述他的功能主義語言學觀點，倒是韓禮德將弗斯的功能主義觀點發揮得淋漓盡致。

於是，馬林諾斯基的文化語境和弗斯的情景語境，都融匯成為韓禮德系統功能語言學的雙核心基礎，語境理論乃是系統功能語言學的理論根基，而功能主義和溝通動態觀點更是系統功能語言學的核心意旨，兩者共同成就韓禮德系統功能語言學的精髓。

韓禮德於 1950 年代，開始探索系統語法理論，1960 年代專注於語言的功能問題，1970 年代，就奠定了系統功能語法學或稱系統功能語言學的理論架構。1980 年代以後，更將焦點轉向語言與社會學、語言與符號學的關係，因而造就後來的社會語言學走向。

韓禮德除了提出系統功能語言學之外，並對語言發展、社會語言學、社會符號學、漢語語言學、語法隱喻等都有深入研究。Halliday 曾經遊學中國北京大學和嶺南大學，學習東方語言學，給自己取了極具中國味道的名字：韓禮德。

二、系統語言學與功能語言學

上述談及韓禮德語言學觀點有兩個淵源，分別是馬林諾斯基的功能語言學和弗斯的系統語言學，至於功能語言學與系統語言學之間的關係，則是功能語法是以系統語法為基礎。

（一）系統語法學

韓禮德系統語法認為，語言系統中的某一個語言特徵，出現在日常生活言談表達時，必然是以一種有序的、有層級的形式出現，展現語言的整體系統。譬如在陳述／疑問系統，在語言表達上，語言使用者通常會先選擇陳述句，再使用疑問句。同樣地，在直陳／祈使系統，在語言表達上，也必然先選擇直陳式，再選擇祈使語句的表達方式。

在語言體系，有其必然的系統與結構，結構是語言系統的基礎，也是語言系統的展現。結構通常表現在文本結構裡，而系統則以整體語言表現為考量，就像索緒爾所說語言可分為語言系統和說話，前者指涉的是整體語言系統，後者指涉的是個別的說話表達形式。不過，索緒爾將語言系統截然劃分為語言系統和說話兩者，並且只著重語言系統的研究，而對個別說話形式毫無興趣，但是系統功能學者則主張語言系統與個別說話應該兩者兼顧。

世界上各種語言各有獨特的語義編碼系統，至於語法，則非僅只是為了編碼，它同時也是用來解碼，語言系統與其編碼系統乃是一體兩面，共

同建構了語言系統。而且世界各種語言系統都各有其文化背景因素，語言當然就是文化的表徵，不同的文化各有其獨特的語言表徵系統，因此文化遂成為語言系統重要的語境，一切語言系統都再現它所屬的文化系統，文化語境遂成為整個語言系統最根本的環境條件。

（二）功能語法學

韓禮德的系統功能語言學或稱功能語法學，書名標誌功能語法（functional grammar），指涉的是廣義的功能語法，並不限於句法，而是將語彙、語音、語義、語法和連貫性等都含括在內。

韓禮德認為，從人類語言發展階段來看，最早的兒童原語階段，意義直接被編碼為語音和姿態的表達，幾無語法可言。長大之後，就學會將意義先編碼為詞彙語法，然後再將詞彙語法編碼為表達。最後，在語法隱諭階段，對語義交叉編碼，由各種不同的詞彙語法構成語義，並且以各種不同的表達形式出現。所以語義學和語法學兩者根本無法區分，也不應該區別，兩者互為表裡、相互映照、共同造就語言意義的表達。

韓禮德的系統功能語言學，不僅關照語言系統的語法，而且也關照文本篇章的語法，畢竟文本篇章是語言系統的展現形式，所以文本分析就是語言系統功能的研究。再者，文本既是成品，也是過程，不論口頭說的或文字書寫的，都是語言的成品，也都是語言產製的過程，只是過去比較重視書寫文本的分析，比較少關注口頭話語文本的分析。

（三）系統與功能融合為一

韓禮德創建的系統功能語言學，從社會語言學視角出發，它的本質是功能的而非形式的，結合語義與句法、功能與結構，從社會語境角度考察語言功能，所以語言功能與語義選擇，也就是語言功能與語義潛勢（meaning potential），遂成為系統功能語言學的核心意旨所在。要把說話者的可為（can do）和可說（can say），透過可意（can mean）的語言表達過程構連起來，亦即透過語義選擇各種可能性的語義潛勢，表徵語言的社會溝通功能。至於系統功能語言學花費這麼大的功夫在句法結構分析，其實，

句法結構分析只是做為語意表達形式，研究重點在於語言功能及其語意表達結構，也就是以功能和語義為導向的語言學，而非形式主義的語言結構研究取向。

韓禮德以功能語法著稱，早在 1985 年出版《功能語法導論》（*An Introduction to Functional Grammar*）（Halliday, 1985），主要針對語言形式層，即詞彙／語法層的研究，包括各種語言單位，如複合子句、子句、詞組、片語、詞、詞素等，以及與文本有關的銜接、連貫、語法隱諭等研究。他將語言模式分為三個層次：詞彙／語法層、語境層／意義層、音系層／子系層。韓禮德的系統功能語言學，主要針對前兩個層次剖析透徹，但對於第三個層次，則著墨較少。

系統功能語言學基本上可分為系統語法和功能語法兩大部分，首先，系統語法係針對語言系統的研究，著重語言做為系統的內部底層關係，它是與意義相關聯可供人們選擇的若干子系統組成的系統網絡，就是韓禮德強調的意義可能性選擇，亦即所謂語義潛勢。至於功能語法，則是強調語言乃是社會溝通交往的載體和中介，語言系統乃是人類社會長期互動為了實現各種語義功能而逐漸形成，人們會依據需要，在語言系統中選擇適當的語言使用，這就是功能語法的核心意旨所在。有時候功能語法也常被稱做功能句法，兩者經常交互使用。

韓禮德對於語法的結構及其功能做了極其詳盡的剖析，充分彰顯語言層層疊疊的系統觀點，尤其主張系統更甚於結構，各種語法結構的意義層次，只不過語言系統的一部分而已。系統功能語言學認為，在語言內部，功能就是一個語言形式與語言系統其它部分之間的關係，譬如名詞的功能就是在句子裡頭的主語和賓語。在語言外部，功能就是語言在社會語境或在個人語境中所發揮的作用，例如在社會語境中傳達訊息或意見，在個人語境中表達自我思想。

對於語言的功能，不少的學者提出諸多論點，像描述功能、表達功能和呼籲功能，表達意義、表達感情、表達語氣、表達意圖（Richards, 1929），雅克布森溝通理論的語言六要素（送話人、收話人、語境、訊息、接觸、代碼）及其六種功能：指涉功能、表情功能、詩學功能、意動功

能、溝通功能和語言元功能（Jakobson, 1960; 林東泰，2015）等，但都遠不如韓禮德系統功能語言學的整體性、全面性和結構性。

參、韓禮德語言學的發展過程

韓禮德雖然分別獲得馬林諾斯基和弗斯的真傳，但是他的系統功能語言學並非一步到位，可以從他早期的語言教育和語言科學研究軌跡，看到他發展系統功能語言學的歷程。

一、語言教育

對於語言學習，傳統有兩種不同的看法，就是所謂幼稚觀點和環境觀點。幼稚觀點者認為，語言學習一定有一個特殊的語言學習機制。環境觀點者則認為，語言學習與其它學習完全相同，主要是環境使然，並無特別學習機制。

這兩種對語言學習的歧異觀點，主要在於他們對語言本質的不同看法，前者，即幼稚觀點，基本上反映傳統語言學的邏輯立場，也就是對於語言規則（language as rule）的理想與真實之間的差異，尤其是句法學規則，更強調語言學習機制的必要性。至於後者，即環境觀點，則主張語言學習的核心並非語言規則而是語言資源（language as resource），就是在兒童成長過程，透過語言可以運用更多的資源，來反映或表達個人的經驗或想法。這種語言資源觀點，也就是後來語言學看待意義可能、語義潛勢的重要支柱，一切語彙無非都是意義的資源，都是意義選擇的可能、潛勢。但也有學者認為，這兩種不同觀點其實可以互補而非對立。

韓禮德最早投入語言教育研究，一開始就強調語言與社會的關係，而非語言與個人的關係，此一觀點已經觸及功能語言學的見解，著重的是語言能為人做什麼？能為人際溝通做什麼？而非人能學到什麼語言？韓禮德一開始就對語言學抱持環境觀點和社會互動功能觀點。不論從語言學或從社會學角度，如何讓一個人成為社會人（social man），都是一件非常重要的事情，就是要讓每個人可以成為社會群體的一分子，不論言行、思維、認同，都是社群想像共同體的成員。語言在培養小孩成長為一個社會人的

過程，扮演非常重要的角色，因為語言就是生活和成長最主要的媒介和取徑，透過語言學習到做為一個社會成員所必須經歷的各種家庭、社會、文化的思想、行為模式、信仰、價值等。有些是直接透過家庭教養或學校教育學習，有些則是間接從各種生活經驗累積，久而久之成為個人行事處世的指導原則，並且成為與他人社會互動重要基礎，凡此種種都要透過日常語言使用（Halliday, 2002: 150）。

他認為，自孩提伊始，語言發展就是要成為一個社會人，透過語言和非語言的生活經驗就是要為社會人做準備，整個社會化過程就是要學習各種社會互動所需的可能意義／潛勢意義。語言對社會人的關係，並不限於語言學習或學校教育而已，它包括自我與他者以及社會環境的一切社會互動情境。語言原本就暗示著社會人的存在，但並非由語言來決定什麼是社會人，必須藉由個人內在對語言的瞭解，以及個人對自我與他者和社會群體的瞭解，所以要將語言放置在做為一個社會人的整個情境，去學習做為社會人的語言和非語言的各種情境，其中語言的重要性可能超乎非語言的經驗，畢竟若無語言，就沒有社會。

韓禮德將語言與社會人之間的關係，做為語言研究的核心，而非僅止於語言學自身，否則就看不到語言真正功能、意旨所在。既然如此，語言與社會人之間的關係，至少具有：(1) 語言對個人；(2) 語言對人與人之間；(3) 語言對社會等三種不同層次的關係。至於語言對社會的關係，乃是語言對人與人之間關係的擴大。

韓禮德指出，社會人指涉的絕非自我而已，而是個體自我、行為、與他者互動的集合體。所以，語言研究才會含括生物學、心理學、心理語言學、和社會語言學等，在做為系統的語言，才會同時包括做為知識的語言和做為行為的語言之分。至於語言研究的核心：語言與社會人，就是將語言視為全人（whole man）的功能。

韓禮德認為，從孩提學習語言伊始，應該強調的就是語言習得（language acquisition），重視語言學習對孩童認知人、事、物和外在世界的符碼資源，也就是站在環境觀點的語言學習立場。他認為，兒童成長，語言資源也跟著一起成長，自然而然學會掌握成人語言系統，所以語言是

一種可能、一種潛能，一種可能的、潛在的、潛勢的意義（language as a meaning potential）（Halliday, 1985）。

韓禮德強調，語言學習乃是一種社會過程，而非心理過程，兒童語言發展並非倚賴特定心理語言學理論，而是功能性的、社會學的，並非結構的、心理學的，如此才能建構以社會學為根基的系統功能語言學。可見，韓禮德早期投入語言教育階段，即主張語言的功能性和社會學視角，而非結構性和心理學視角，這也是系統功能語言學的根基所在，也是他與喬姆斯基轉換生成語言學最大的差異。

韓禮德認為，語言至少有以下七種社會取向的基本功能（Halliday, 1985, 1994）：

(1) 工具功能（instrumental）：滿足物質需求，如：我要……

(2) 規範功能（regulatory）：控制別人的行為，如：你要照我的話去做……

(3) 互動功能（interactional）：與別人相處，如：我和你……

(4) 親身功能（personal）：界定和表達自我，如：我來了……

(5) 啟發功能（heuristic）：探索周遭世界，如：告訴我為什麼……

(6) 想像功能（imaginative）：創造個人自我的世界，如：讓我假扮……

(7) 資訊功能（informative）：溝通新資訊，如：我告訴你一個好消息……

二、語言與社會

除了語言教育，韓禮德也投入語言科學研究，逐漸發展系統功能語言學架構，將語言與社會相提並論，拿社會結構功能來比喻語言學結構功能，認為語言具有以下一般性社會功能：

(1) 語言解釋社會經驗，降低環境不確定性，管理個人面對的各種社會現象。

(2) 語言表達邏輯關係，像英文的「and, or, if」等或中文的「如果、雖然、但是」等。

(3) 語言表達個人社會互動，如交談或演說情境的角色、期待、態度和判斷等。

(4) 語言連結說話內容與語境脈絡，讓語言與時空情境融合為一（Halliday, 1985）。

韓禮德認為，就生物性而言，每個人都具有語言學習本能，就生態性而言，每個人都是獨特的，既沒有兩個人具有完全相同的經驗，也無法複製個人經驗。一般而言，個人環境大抵被社會文化形塑，個人學習語言的情境也大都被社會文化所形塑的語言決定。個人語言學習與社會環境之間的關係，具有雙重層面意涵，第一個層面是語言學習環境，就像母語學習環境，整個生活沉浸在母語環境中，自然而然就學會說母語。第二個層面是社會文化環境，社會文化環境不僅框架人們社會互動行為模式，而且框架人們社會互動過程所使用的語言，更重要的是，社會互動行為模式大多也是被語言中介。

韓禮德認為，社會文化框架並非直接約束個人行為，而是透過語言的中介來框架個人行為和社會互動模式。社會文化環境在框架行為模式之前，已先框架語言的使用。社會文化環境無所不在地框架語言使用，包括各種次文化環境，因而造就各種多元的語言使用現象，展現各種不同的次文化。真正決定文化和語言綜合體的，本質上是家庭和關鍵社會體制，如社會結構、教育體制和社會關係系統等，這些體制都各具特殊次文化，對語言使用都產生特定影響作用，就是所謂社會關係產製特定語言形式和符碼，限制人們行為（Bernstein, 1990）。

韓禮德認為，語言有兩個互補卻不易辨別的取向，那就是：(1) 語言知識；與 (2) 語言的知識形式，就是做為行為形式的語言知識（knowledge of language as a form of behavior）。所以既不能單從生物學觀點，也不能單從語言學觀點，而要從整體語言、社會與人的觀點來看語言知識。語言永遠發生在語境當中，去除語境，既難掌握語義，也難確認語用，人們不僅學習語言如何發聲，而且知道如何使用它，如何與別人互動，如何在適當場合選擇適當的語言，這就是一種語言的「知識形式」。晚近社會語言學就是將語言行為視為知識類型，著重語言的社會層面，著重人與人、個體與社會之間的溝通。

第二節
系統功能語言學的核心意旨

　　系統功能語言學家重視語言的社會功能，並且專注於語言如何實踐這些社會功能，聚焦社會情境和說話者不同情境所產生的各種語言變化，以及這些變化與社會功能之間的關係，這正是後來社會語言學發展的由來。

　　韓禮德在《功能語法導論》第三版（Halliday, 2004），也涵蓋了系統網絡、語料庫、電腦運用和概率理論等，促使功能語法學與時俱進，融合當前熱門話語分析路徑，更添增功能語法學的實用價值。尤其透過功能語法學對語境、語域（register）和語類（genre）的精闢解析，對當前語言的量化研究更具學術與實用價值。此外，頗值注意的是，韓禮德在第三版把析論焦點從子句轉向文本分析，增列許多現實生活世界的實例，包括政治、社會、法律、教育、醫學等文本話語，此一走向對當前批判話語分析，提供諸多助益，增添批判話語分析更多的養分。

壹、語言三個元功能

　　最初韓禮德認為，語言具有四種普遍性功能或所謂元功能（meta-function）：經驗的、邏輯的、人際和文本的功能（Halliday, 1985: 169），後來韓禮德將它們修改為三種元功能：概念的、人際的和文本的功能（Halliday, 1994, 2004）。

　　這些元功能根據語言用途又可劃分出若干語義功能及其相對應的子系統，根據功能語法學觀點，這三個語言元功能又可以區分為及物性、語氣、主位和訊息等語義系統，語言系統自有其層層疊疊的緊密結構關係，即便是子句以下的語言單位，像名詞、動詞等各種詞組，都與這三個元功能緊密結合一體。

一、概念功能

　　概念功能（ideational function）界定語言的意指作用（signification），就

是語言使用者對主觀和客觀世界的認識和反映，包括人、事、物等，概念功能又可分經驗功能和邏輯功能。經驗功能是指在現實世界和內心世界中各種經驗的語言表達，包括人、事、物及其相關的時空等環境因素。邏輯功能則以抽象邏輯思維為主，是語言對兩個或兩個以上的意義單位之間邏輯關係的表達。

經驗功能又具有語言學的及物性、語態、極化（polarity）等特質。譬如及物性，它包含參與者、過程和環境三個成分，並以過程為核心，在過程裡展現參與者的人格特性和各種環境因素。因為及物性是一種語義系統，它將人們在現實世界所見所聞、所作所為等各種經驗細分為各種不同過程，每個過程必然涉及一個或一個以上的參與者和環境，所以及物系統就是透過過程，結合參與者和環境共同呈現一種密不可分的衛星狀輻射關係，而且是結合一體。

過程是及物系統的核心，韓禮德針對過程指出，人類活動和自然界之間的關係，可分為物質過程、心理過程、關係過程、行為過程、語言過程和存在過程等六種過程，不論是何種過程，都會有對應的參與者和時空環境。譬如物質過程主要描述的是行動者和目標，心理過程主要描述的是感覺者和現象。過程又可按照精密程度細分，如關係過程可分為強度的、屬有的（possessive）；過程按照方式，又可分為歸因的和認同的等。也有學者將語言分為行動與關係兩個不同層面，在行動層面又可分為及物與不及物，在關係層面則分為屬性與等同（Kress & Hodge, 1979），但似不如韓禮德分析得詳細。

至於語態，韓禮德將它分為情態化（modalisation）和意態（modulation），情態化又可按概率程度和經常程度來描寫，亦可按權威性程度的不同，使用不同的情態助動詞，包括 may、must、can 等，在表達否定語意時，又可再細分對論題的否定或者是對情態的否定。意態則按職責和傾向來描寫。情態化和意態顯現在一般語法中的名詞詞組、動詞詞組、副詞詞組和少量的介詞詞組和連詞詞組。

就意識型態而言，語言符號的概念功能就是意識型態的價值體系或價值系統，在規範的基礎上，以分類和因果關係兩種策略，將物質世界和生活世界的各種客體，用最簡單的分類方法予以歸類，並將它的運作方法理

由化成為因果關係，藉以建構所謂普通常識，成為人們社會互動的基礎和共識。

二、人際功能

人際功能（interpersonal function）表達參與互動者之間的人際關係，包括彼此身分地位的認同、親疏關係以及對事物的評價等，甚至連對話輪次（turn-taking）都能展現彼此人際關係功能。在批判話語分析，學者們將韓禮德的人際功能擴充至我團體／他團體的區辨、權力關係的不平等各種社會關係上，譬如范迪克社會認知取向的批判話語研究就是明顯例子。

根據語用學觀點，人際功能包括語氣系統、情態（modality）系統和語調（key）系統。言語使用的人際功能，主要顯現在交流角色和交流物件兩個面向，在交流角色方面，又分求取和給予兩個不同角色，在交流物件方面，主要分為訊息、實物、服務等不同內容。因此，在語言使用上，就呈現提供（實物或服務）、陳述（訊息）、命令、提問等幾種形式和功能。

語言做為溝通媒介，必然涉及語言使用者雙方的相互對話，因而展現互動參與者之間的人際關係和互動供需。譬如對話雙方主要是提供、命令、提問、聲明等四個言語功能，這四個功能又分別以正面或負面的八種可能反應，都可從對話雙方所使用的言語明白表達彼此的人際關係或社會互動。所以功能語法的溝通功能，就可從語言使用者的子句，窺見它的系統性和規律性。

上述這四個言語功能：提供、命令、提問、聲明，主要是透過語氣（mood）系統來區別，而語氣包含主語和定謂語兩個成分，它倆的出現和語序就決定了語氣的選擇，充分展現對話雙方的人際關係和社會互動情境。

三、文本功能

文本功能（textual function）成就文本自身的連貫性（cohesion）和一致性（coherence）。一般語言學認為，功能決定形式，形式決定內容。所以文本功能，就因為它所負載的功能，早就決定了文本形式，再透過內容產製特定的功能。

在實際語言使用，基本單位並非詞或句等語法單位，而是相對能夠完整表達思想的文本，上述的概念功能和人際功能，都要透過文本才能實現，亦即文本使語言功能和語境脈絡產生連結作用，使說話者產製與語境一致或相稱的文本，進行適合的彼此溝通互動。援用韓禮德的話，務求產製既適合所屬社群的文化語境，更適合當下情景語境的文本和語義選擇。

傳統語法基本上可分為幾個不同取向，譬如可按照詞類，如動詞、名詞、副詞等，亦可按照句法功能，如主語、謂語、賓語等，來標誌語言系統的基本單位，像字典，就會在每個單字註記是屬於哪一種詞類，至於句法功能，則非字典所能提供，而須藉由文本分析才能掌握它的功能和作用。

韓禮德認為，傳統語法裡的主語，基本上是心理主語、語法主語和邏輯主語的統一體，但在實際社會互動的語言使用過程，似乎並非如此分辨，因此韓禮德就分別以主位（theme）、主體（subject）和行動者（actor），來標誌它們的語法功能，並參照其它文本功能像訊息與連貫性等次系統。

韓禮德將心理主語稱為主位，是語言使用組織訊息的出發點，發揮傳遞訊息的功能。在語言學裡，一般而言，子句就是按照主位發展出來，而循著語法的主位所發展出來的叫做述位，一個子句的主位和述位遂構成一個子句的主位結構。主位－述位結構又可再分為主題－述題結構，主位通常出現在子句的第一位置，很容易分辨，主位的功能主要是傳遞訊息，所以會藉由訊息來組織子句，讓互動雙方清楚明白所要傳遞的訊息。

韓禮德原本的功能語法分析，在《功能語法導論》第一版和第二版（Halliday, 1985, 1994），都以子句做為基準，然後再細論子句之上和子句之下的語言單位。譬如在子句之上，大於子句的語言單位，應該從彼此相互關係類型和邏輯語義來描述，首先要從相互關係類型視角，確認兩個子句究竟是並列的或者是從屬的。但在《功能語法導論》第三版（Halliday, 2004），韓禮德減少了子句的成分，改以文本功能為主要考量，因此為系統網絡和文本分析敞開大門，於是把子句的主位界定為子句在語境中的位置，不僅是子句語境的開始，也是子句場景的重要部分，為文本分析定位了更為寬廣的詮釋取向。

　　至於邏輯語義，則是確認兩個子句之間的關係，是屬於擴展的還是投射的。韓禮德更進一步強調，擴展的邏輯語義又可分為解釋、延伸和強化等三種功能。至於投射，則又分報導、思想、事實三種情況。

　　對照韓禮德的語言三個元功能與費爾克拉夫的論點，費爾克拉夫認為話語具有三個層面的建構效果：(1) 話語建構主體位置和社會認同；(2) 話語建構人際間的社會關係；(3) 話語建構知識和信仰系統（Fairclough, 1992, 1995a, 2010）。這三個建構效果／效應，又分別對應韓禮德三個語言元功能：(1) 認同：對應於社會認同；(2) 關係：對應於人際關係；(3) 知識：對應於概念功能（Halliday, 1985, 1994, 2004）。可見，韓禮德將上述的認同和關係兩種功能綜合為人際功能，並增加一種文本功能。

　　費爾克拉夫認為可以從語言符號學三種類別來展現話語與社會之間的關係，這三種語言符號學類別就是：類型（genres）、風格（styles）和話語（discourse），並透過行動、再現與認同三者，來展現話語如何成為或屬於其它社會單元的一部分，並結合韓禮德語言學的三個元功能：概念、人際與文本功能，也就是將符號學三種類別與系統功能語言學結合起來，它們之間的關係如下：(1) 類型：即行動方式（ways of acting），也就是符號學的行動或互動方式，如新聞報導、廣告、訪問、演講等；(2) 風格：即存有的方式（ways of being），也就是認同；(3) 話語即再現方式（ways of representing）（Fairclough, 2010）。

　　費爾克拉夫對語言符號學這三個類別觀點分別搭配韓禮德的概念、人際的和文本的三個語言學元功能，藉以彰顯語言符號在批判話語分析的角色和重要性。其間關係如下表所示：

表 4-1　韓禮德與費爾克拉夫對語言功能的比較

韓禮德元功能	費爾克拉夫觀點	費爾克拉夫對符號學三個類別
概念	知識	話語：再現（way of representing）
人際	主體、認同、關係	風格：存有（way of being）
		類型：行動與互動（way of acting and reacting）
文本		

資料來源：整理自 Halliday（1994, 2004）與 Fairclough（2010）

貳、語境理論

一、文化語境與情景語境

　　語境理論基本上是一個抽象的系統概念，但是就系統功能語言學視角而言，卻又極具務實的語言溝通和社會互動基礎，若無語境，交談雙方也好，各種社會互動的參與者也罷，都難以掌握彼此交談互動的標的和取向，所以語境理論就是強調社會功能的系統功能語言學必然的理論發展取向。

　　傳統語言學強調語言的功能，但究竟是什麼語言結構發揮了什麼功能？傳統語言學就缺乏明確答案，韓禮德提出語境理論為語言學的語境功能做出重大貢獻，終於建構語言功能的語境理論。

　　當然，無可否認，韓禮德的語境理論，更要歸功於他師承的馬林諾斯基和弗斯在文化語境（context of culture）和情景語境（context of situation）的觀點，韓禮德可謂充分體現馬林諾斯基和弗斯的語境觀點，並且整理成完整的理論架構，對語言學發展功不可沒。語境理論所指涉的不論文化語境或社會（情景）語境，都要站在相互主體性立場，使用共同的話語範疇，才能讓交談或溝通雙方可以充分理解對方溝通互動的意圖和目的。

　　上述韓禮德提出的概念功能、人際功能或文本功能等三種語言元功能，基本上只是提供了各種語義可能性（semantic potential, meaning potential），或稱語義潛勢，這些語義潛勢系統網絡最主要的目的，就是針對語境，透過文本實現語義的選擇過程，才能表達真正的語義。換句話說，語言的使用，就是在語義系統網絡中做（最）適當選擇，而語言各個語義系統又由數量有限的語義功能成分組成，人們就在適當文化語境和適當社會情景語境，選擇（最）適宜的語義系統所組成的文本或話語，彼此溝通互動。這就是韓禮德系統功能語言學的語境理論觀點，認為人們社會互動就是在溝通情景中選擇適當的潛勢語義。

　　文化語境和情景語境兩者有基本的差別，文化語境界定語言使用者所處的社會、群體、團體、組織的語義系統，而情景語境則是針對特定的溝通事件，也就是溝通互動的當下情景。用索緒爾的結構主義語言學觀點來說，文化語境有如語言的聚合關係（系譜軸），情景語境有如組合關係（毗鄰軸）。文化語境具有長遠的歷史軌跡，情景語境則是溝通互動當下的瞬間場景。

　　殊值重視的是，這裡所謂的文本，乃是基於符號學觀點的文本概念，也就是一切文本並非無中生有，而是具有各種語境條件因素，才有特定的文本產製出來。所以對韓禮德而言，文本既受制於文化語境，也受制於社會情景語境，當然也受制於說話者個人諸多因素，像人口統計變項的性別、年齡、教育程度、社會階級和文化資本等，這一切的一切都有可能影響說話者或作者所產製出來的文本，不論是口頭說的或書寫的文本或話語。

二、三位一體：語域、語旨和語式

　　談到語境，馬上考量到三個層面：(1) 針對什麼？(2) 參與者是誰？(3) 語言要扮演什麼角色？此三者決定了「意義範疇和表達形式」，也就是所謂的語域（register），包括語體風格和詞組的語言表達方式等，如果再深度探究整個語言學特色，以及如何在不同場合表達不同的語言使用等，涉及更深入的社會文化語境，就語言學的社會文化語境而言，話語場域（field）、話語意旨（tenor）和話語符碼（mode）三方面，就成為語言使用的主要考量依據。

　　韓禮德提出系統功能三位一體（systemic functional triad, SF triad）概念，來界定語境脈絡：

(1) **語域（field）**：即話語場域，指溝通互動雙方的目的及其談論的事物特性，是文本在社會互動過程扮演的重要角色，包括體制性場景、行動、主題等，其中又以主題或題材最能反映語域概念，例如科學、人文藝術、法律、新聞等，都各具不同語域特性。

(2) **語旨（tenor）**：即話語意旨，指溝通互動參與者之間的關係角色，也就是社會關係，譬如正式的或非正式的交談、公開或私下的談話等不同的

社會互動關係。

(3) 語式（mode）：即話語符碼，指溝通互動時選用溝通管道或媒材，也就是符號方式、互動形式，像口頭的或書寫的、文字的或影像的等各種符碼模式（Halliday, 1978）。

語域就是符號資源的組構，也就是可供選擇的符號資源，就韓禮德系統功能語言學而言，一切語言使用無不充滿各種意義可能性的選擇，也就是語義潛勢的選擇，在這些符號資源的各種可能潛勢或選擇當中，語域是一個最為鮮明的語義可能的選擇範疇，在眾多語義潛勢當中，獨獨選擇最適合特定兩人交談或社會互動的語言資源。所以，語域包括社會情景語境和文化語境的選擇（Fowler, 1996）。

語境三位一體的三個變項，又與上述三個語言元功能密切相關，兩兩配對，相互呼應，語域決定概念功能，語旨決定人際功能，語式決定文本功能。

語域基本上被認為是比較固定不變的社會情境，如場景、參與者、主題等；相對地，語旨在社會情境中，屬於比較不固定的變項，如討論焦點、熱門話題、重大新聞等。所以語域對語旨內容具有重大影響力，然後再透過語旨，對語式產生影響。

馬汀對於系統功能三位一體的語域、語旨、語式，主張要明確界定語境的範疇，應包括社會特質（即參與者及其特質）、語言認知特質（即主題）、語言溝通特質（即書寫語式、修辭功能等）、文本語意特質（即內容諧和性等），並將韓禮德的三位一體系統功能歸納如下：

(1) 語域：指涉社會行動，針對特定主題類型，什麼正在發生、什麼將要發生。

(2) 語旨：指涉角色結構，誰是參與者，包括參與者的性質、地位、角色和社會關係等。

(3) 語式：指涉符徵組織，語言扮演什麼角色、使用什麼符號模式、修辭模式等。

　　或者簡單地說，語域就是主題或行動焦點，語旨是權力的角色關係，語式則是語言的回饋和數量（Martin, 1999）。

　　費爾克拉夫認為，探討系統功能語言學其實有更根本的課題，不論將話語運用到什麼社會領域或話語場域，都具有兩個重要焦點：(1) 溝通事件：用話語進行人際溝通或社會互動，例如新聞報導、訪談、演說等；(2) 話語秩序：在各種不同社會體制或話語場域，鮮明或晦暗地展現社會制約的各種不同話語型態的組構（Fairclough, 1995b: 66）。話語秩序優先於話語型態，亦即在各種話語型態之先，早就存在建構各種話語型態的話語秩序，各種話語型態都是被話語秩序的各種單元所組構加以建制起來，所以話語秩序可運用在各種不同層級，包括：(1) 社會的話語秩序；(2) 各種社會體制的話語秩序；(3) 話語型態；以及 (4) 建制話語型態的單元。

　　所以要探討三位一體，就應從最根本、最簡單的話語型態談起，是什麼種類單元組合成為話語型態？其實話語型態是非常多樣性，不論從各種社會體制如司法、醫院、教育、家庭、媒體等，或者從日常生活交談先後輪次（turn-taking）的基本禮節，到與他人進行社會互動的字彙選擇等，都有各種不同的話語型態，各種話語型態提供人們在日常生活不同場合，可以適當與他人進行社會互動，而不致於失禮或失態，殊不知在這些話語型態背後，潛藏主導各種話語型態的話語秩序。

　　這些話語型態都受到話語秩序的建制作用，都是透過話語秩序建制各種不同話語型態的基本單元，再由這些單元組合且分類構成各種不同的話語型態，並開放各種話語型態的連結，像類型、風格、話語和語域等，於是有各種不同的訪談類型、談話風格，像科學分析報告、醫療診斷結果、司法判決文、新聞報導和食譜介紹等各種不同的話語型態。有關話語型態及其類型、風格等語言學術語，這些不同單元型態彼此之間雖然各有其自主性，但它們可以很自由地與諸多不同的類型和不同單元組合起來，組構各種話語類型。

　　費爾克拉夫指出，若以標尺來看，各種組合從毫無自由到最自由，依序是：行動型態（activity type）、風格、話語。首先，聚焦於類型做為文本型態，一個特定類型與特定組合結構，就是特定的行動型態。行動型態既

可從行動的結構效應來看，也可就參與者來看，亦即主體位置與行動型態社會地建制和組織起來，例如從商店買東西，顧客與店員之間就有特定的行動型態。

其次，類型傾向與特定風格結合，某些類型與某些風格相容，就像「訪談」或許是正式的或非正式的。風格基本上會隨著文本的三個主要參數而有所變化：語旨（tenor）、語式（mode）、修辭語態（rhetoric mode），譬如：(1) 因語旨而有不同：譬如正式、非正式訪談等；(2) 因語式而有不同：有書寫、口頭模式，或兩者兼具，圖文並茂；(3) 因修辭語態而有不同：例如描述的、論辯的、解說的風格等。

最後，最具自主性的單元型態就是話語，它基本上回應了文本層面的內容、意義、話題等，它是建構主題的特定方法，有助於在相關知識領域使用特定話語，結合特定相互文本，譬如科學模擬、司法判決與新聞報導等所出現的話語再現和模式，顯然大不相同，亦即透過語境組構（contextual configuration）構連語域、語旨和語式（Locke, 2004）。

其實對於三位一體概念，最簡單的分法就是語域即類型，語旨即目的，語式即符碼形式。

話語結構就像句子結構一般，都會以它自己的方法，連結語境結構。這種連結方法，不僅讓它成為其它話語的語境的一部分，而且暗示某種不同語境的概念，達到特定的社會互動和溝通功能。

參、系統功能語言學簡表

為方便讀者瞭解系統功能語言學的內容，茲將韓禮德提出的各種理論和觀點，包括三種語言元功能：概念功能、人際功能、文本功能，與三位一體的語域、語旨、語式之間的相互配對關係，並將概念功能的及物性、語態、極化，人際功能的語氣、極化、情態，文本功能的主位結構、訊息結構、銜接手段等，都分別一一整理如下表。

表 4-2　三種語言元功能、三位一體、社文語境語言使用種類的綜合整理表		
語言元功能	語言系統功能的表現	社會文化語境
概念功能 　(1) 經驗功能	及物性： 　　(1) 過程：物質、心理、關係、行為、言語、存在 　　(2) 參與者：行動者、目標、範圍 　　(3) 環境：時間、空間、方式 語態（voice）：主動、被動 極化（polarity）：肯定、否定	語域
(2) 邏輯功能	相互依存：(1) 並互關係；(2) 主從關係	
人際功能	語氣：(1) 直陳：陳述、疑問 　　　 (2) 祈使：命令、請求 語調：情緒、作用 情態：(1) 情態化（直陳） 　　　 (2) 意態化（祈使） 　　　 (3) 情態隱喻	語旨
文本功能	主位結構：(1) 單項主位、複項主位 　　　　　 (2) 有標記主位、無標記主位 訊息結構：已知訊息、新知訊息（以受話者為準） 銜接手段：所指、替換、省略、連接、搭配	語式

資料來源：取材並修改自 Halliday（1994, 2004）、胡壯麟等（2008）

肆、對系統功能語言學的評價與批評

一、對系統功能語言學的正面評價

　　早期的批判語言學和後來居上的批判話語分析，不論從微觀的語言學視角探討文本，或者從鉅觀視角探討語言與社會結構、權力關係和意識型態之間的複雜關係，都援引韓禮德的系統功能語言學觀點，做為話語分析的語言學理論基礎，可見韓禮德的系統功能語言學對批判語言學和批判話語分析的重要性。系統功能語言學將語言學和社會學整合起來，也就是將語言邏輯和社會邏輯整合起來，韓禮德創建的系統功能語言學理論，不論對語言學或對社會語言學的發展，都有莫大貢獻。

首先，韓禮德的系統功能語言學的元功能，將語言系統概念化為功能性來探究語法，亦即對應於語言社會功能的系統網絡，來解釋語言學邏輯所內化的社會學邏輯。他認為，語言將社會和文化因素都含括在內，具有普遍意義的元功能，語言就像社會一樣，社會結構有什麼功能，語言系統結構就有與它對應的功能（language is as it is because of its function in social structure）（Halliday, 1973: 65）。於是語言就被社會地組織起來，語言與社會結合為一，並成為社會互動的核心。而系統功能語言學的功能所宣稱的三個主要型態都與語言同時進行，包括：(1) 真實的建構；(2) 社會關係與社會認同的實現與妥協；(3) 文本的建構。其實這三者也就是韓禮德系統功能語言學的三個元功能：(1) 概念功能；(2) 人際功能；(3) 文本功能。

其次，系統功能語言學將語言視為社會符號，除了概念功能的分析機制之外，還包括人際互動溝通的功能，充分顯示語言有系統地實現社會過程、社會互動與社會關係。至於文本功能，它將整個話語或篇章視為文本，除了做為人際溝通和社會互動的基礎，更聚焦在文本與系統的關係，包括文本產製和文本詮釋的語言符號學，對於語言學的文本分析大有助益。

韓禮德三個元功能的宣稱，雖然可以個別論析，但並非個別獨立存在，它們最主要的價值是同時並存，藉以顯現語言的特質。譬如某人對特定語彙的概念性界定，明顯與社會其他成員不同，那麼他就很難與別人溝通互動。或者譬如，某人欠缺自我認同和社會認同，無法確立自我與他者之間的人際關係或社會關係，那麼當他與別人互動時，就難以建構或再現社會互動當下的語境和社會真實，因此難以精準與人互動溝通。所以韓禮德的系統功能語言學，雖然是從語言學觀點出發，充滿許多語言學專有詞彙術語，其實它是活生生的社會互動的語言符號再現，活生生的語言學社會功能的展現。

二、對系統功能語言學的批評

范迪克在《話語與語境》（2008b），一方面以韓禮德的系統功能語言學做為討論語境理論的語言學基礎，另方面又超越系統功能語言學觀點，要將侷限在文本語境的傳統語言學視角，從舊有框架格局解放出來，與語言

實際使用的社會情境銜接，建構一個契合人們日常生活實際語言使用的語境理論。

范迪克認為，韓禮德系統功能語言學侷限在句子文法結構，既乏話語理論概念，亦對語言認知毫無興趣，可以說缺乏語言的社會心理學思維。雖然韓禮德也探討語言的社會符號功能，並且討論社會情景語境概念，但依舊以文本句子結構做為範疇，誠難與社會互動連結，再者，韓禮德的系統功能語言學從頭到尾只論析語言學，並未觸及其他任何社會科學領域，可見他雖然提出社會情景語境概念，卻猶未跨域結合其它社會科學領域（van Dijk, 2008b: 29-55）。

范迪克發現，韓禮德所師承的弗斯，倒具有較豐富的社會情境思維。弗斯主張語言的研究，要置放在日常生活和社會互動，才能一窺語言使用的奧祕（Firth, 1968: 13）。尤其是社會情景語境更是語言研究的精髓所在，弗斯簡明扼要地界定語境的核心概念：(1) 語境是參與者相關特質的表達，若非以語言表達，就是以非語言行動表示；(2) 語境就是各種主客觀相關事物；(3) 參與者的語言行動，會具有某種效應（Firth, 1930: 155）。

范迪克歸納弗斯對於語境的幾項特質：

(1) 語境鑲嵌在人們日常生活經驗裡。

(2) 語境可以用一般性的抽象概念來描述。

(3) 語境包含某些社會情景相關的事物。

(4) 語境主要指涉參與者、行動及其後續效應三者。

(5) 語境也可寬廣指涉參與者的其它社會特質，包括所屬的社群等。

(6) 語境用來描述可觀察的、客觀的行動或事件，不應涉及看不到的心智過程（van Dijk, 2008b: 34-35）。雖然范迪克基本上認同弗斯的見解，但最後一項不能涉及看不到的心智過程，則非范迪克所能接受，而這也正是范迪克努力的方向。

范迪克歸納出系統功能語言學對於社會文化語境概念的幾項缺失：

(1) 它的概念化是一種封閉性理論，既缺乏理論發展潛能，也難與其它學科整合。

(2) 韓禮德所提語域、語旨、語式的三位一體，可謂概念混淆不清、武斷主觀。

(3) 系統功能語言學至多只能視為文本的語法研究取向。

(4) 它缺乏認知心理學和社會學的底蘊，難窺語境脈絡的理論體系（van Dijk, 2008b: 54）。

　　整體而言，范迪克主要批評韓禮德系統功能語言學缺乏認知心理學成分，但只可惜范迪克似猶未能藉此提出更佳的結合社會語言學與心理語言學的整合模式，只是強調社會認知對個人心智模式和語境模式在話語與社會結構之間扮演的中介角色，未來如果能夠發展出社會語言學結合心理語言學的話語理論，則必然是知識界一大創舉。

第二篇

各種批判話語分析研究取向
的理論架構與研究設計

第五章

范迪克社會認知取向批判話語研究

第一節
范迪克話語研究生涯的三個階段

　　范迪克無疑是批判話語研究大師之一，自從與傳統話語分析分道揚鑣並致力於批判話語研究之後，范迪克就一直專注於新聞媒體話語裡的種族主義、歧視偏見與社會認知的關係，尤其針對社會菁英，不論政、經、教、媒的菁英，透過他們的權力關係中介、散布種族歧視，就是范迪克三、四十年學術生涯孜孜矻矻聚焦在以社會認知做為種族主義的中介平臺，因而創建社會認知取向批判話語研究，在批判話語分析領域獨樹一幟，為批判話語分析擴展研究範疇、創建研究架構，頗受學界推崇。

　　范迪克並非一開始就創立社會認知取向批判話語研究，而是積數十年學術研究成果，一點一滴匯聚研究心得，一步一腳印在整個批判話語分析領域走出獨特的研究取向。細數范迪克數十年的學術生涯，從初始的文本語言學到話語分析，最後創建社會認知取向的批判話語研究，基本上可以歸納為三個學術發展階段。

壹、第一個階段：語言學文本分析

　　范迪克出生荷蘭，一直在阿姆斯特丹大學任教有關話語分析課程，直到 1999 年後，才到西班牙巴塞隆納的龐培法布拉大學客座。綜觀范迪克從 1971 年至 1981 年的早期著作，可以看出他第一階段學術生涯專注於傳統語言學的文本分析（van Dijk, 1971, 1972, 1973, 1975a, 1975b, 1976, 1977, 1980, 1981），針對語言學的文本、句法、語意學和語用學等，尤其專注在話語的語意學和語用學。

　　於 1977 年出版的《文本與語境》專書，蓋可謂是此階段對語言學文本和研究的精華，探究話語的語義學和語用學。在語義學方面，從話語的語言學基礎觀點出發，探討正式語言和自然語言的語義學，包括它們的語義學功能、邏輯、連結、連貫性等，並從話語的話題探討語言學鉅型結構和話語類型。在語用學方面，將語言使用視為一種獨特的社會行動、社會事件和社會過程，並結合語言學與行動理論，從認知心理學觀點檢視言說

行動的心智結構。尤其創建言說行動的語境觀點，將話語的語用學觀點擴大到鉅型言說行動觀點，開啟語言學文本分析的視野，也蘊藏了范迪克日後社會認知取向批判話語研究的根基。

范迪克從一開始到 1981 年間，幾乎都從事語言學的文本分析，展現他將文本和話語做為社會實踐分析單位的見解，與其他從事批判語言學研究的學者都有相同的觀點，就是主張對於語言與社會的研究不能侷限在文本的句子結構，務求跨出句子結構，應該以比句子更大的對象做為文本與語境研究的分析單位（van Dijk, 1977, 1981）。

貳、第二個階段：話語分析

范迪克在學術生涯第一階段，幾乎只是從事傳統語言學的文本語法分析，但從第二階段起，就開始關注話語與權力關係、話語與意識型態的社會現象，尤其著重種族歧視與偏見的話語實踐，後來專注於新聞媒體的話語做為研究標的，聚焦在日常生活媒體話語裡頭潛藏的種族歧視權力關係和意識型態（van Dijk, 1984, 1985a, 1985b, 1987a, 1987b, 1988a, 1988b, 1991, 1992, 1993a）。

范迪克早在 1983 年就發展出認知模式（cognitive model），從心理學層面探討文本處理與文本理解，做為個人瞭解文本意義和社會建構意義的語言研究基礎（van Dijk & Kintsch, 1983），也是他創建社會認知取向批判話語研究的理論基礎。

1984 年，范迪克的專書《偏見話語》（*Prejudice in Discourse*），基本上是「跨領域語言學研究系列」中有關「荷蘭人交談少數民族的偏見」研究報告。探討白人對少數民族的種族歧視現象，因為荷蘭來自地中海地區和舊荷屬南美蘇里南殖民地的移民日多，有關族種偏見與歧視已非只是荷蘭國內問題，而是西歐國家普遍現象。雖然這本書只是屬於語言學研究關於語用學系列叢書中的一本，卻是范迪克展現批判話語分析的研究架構，以及他對偏見歧視話語研究學術生涯的使命感。

范迪克在《偏見話語》，跳脫傳統文本語言學研究框架，將焦點從傳統正式語言使用和書寫文本，轉向非正式的日常交談、傳播溝通、互動話

語，這種日常生活的聊天、交談，彰顯語言背後潛藏的刻板印象，也符合批判語言學探討語言結構與權力關係和意識型態的關係。

范迪克從認知心理學視角，探討人們日常交談互動過程處理話語的記憶和認知的心理學基礎，包括短期記憶和長期記憶，因而衍生出認知基模組（cognitive schemata），並將認知基模與我團體、他團體的社會距離概念結合，發展出所謂團體基模（group schema），建構對於種族偏見、歧視的認知心理學理論基礎。

該書不僅聚焦於種族歧視的話語內容，而且探討偏見歧視的語境脈絡，認為偏見歧視基本上就是一種社會認知，具有特殊歷史的、政治的、經濟的和社會文化的背景，絕非只是人際交談互動偶發產製出來的孤立現象，必然是社會語境脈絡和種族團體基模結合起來，才會產製人們日常交談互動的話語內容。尤其面對種族情境時，這種偏見歧視刻板印象與意識型態更容易流露出來，因而提出種族情境模式（ethnic situation model）。

范迪克在《偏見話語》指出，認知模式和社會語境對於種族偏見歧視研究的重要性，不僅將心理學引進話語分析（Kintsch & van Dijk, 1978; van Dijk & Kintsch, 1983），而且將各種與種族偏見、歧視、刻板印象、種族主義相關的歷史、政治、經濟、社會文化等各種根本因素，都納入語境脈絡的研究範疇，並宣稱這是一種（當時）嶄新的話語分析研究取向，是屬於批判取向的話語分析。可見，1984 年《偏見話語》雖然與當前批判話語研究比較起來，深度稍嫌不足，但已展現范迪克創建社會認知取向批判話語研究的基本研究架構。

1985 年，他主編的《話語與傳播：大眾傳媒話語分析新取向》（van Dijk, 1985a），更展現他聚焦大眾傳媒新聞話語做為批判話語研究標的研究取向。他指出，傳統語言學研究很少關注媒體話語，尤其是與社會文化和語境有關的媒體話語，更從未觸及，而媒體話語研究不僅展現多領域、跨領域、科際整合研究的特色，更可擴大批判話語研究範疇，當然也契合范迪克試圖從媒體話語研究種族偏見歧視的旨趣。

他在《話語與傳播》指出，媒體訊息研究已經從傳統內容分析走向話語分析，再從話語分析走向複雜的溝通事件分析。從這些論點可以看出范迪克

當時的話語分析，並非傳統語言學的文本分析，而是著重媒體內容的話語分析，特別強調媒體機構產製新聞的體制、社會文化語境脈絡，而且對於傳統新聞價值取向也多所批判，認為這些判準都是來自掌權者和菁英的視角。他建構新聞基模（news schema）做為分析新聞結構的基礎，並提出新聞話語基模（schema of news discourse）架構，做為媒體話語分析的基礎。後來在《新聞話語》（1988）一書裡的基模架構，就是出自《話語與傳播》。

尤其在 1985 年范迪克還編著共有四冊的《話語分析指南》（*Handbook of Discourse Analysis*）（van Dijk, 1985b），可謂是他帶領傳統話語分析走向批判語言學的重要軌跡。他網羅當時熱衷話語研究的學者，聚焦如何將話語做為探究各種社會現象的研究工具，可謂當時有關批判語言學研究最先進的著作，提出嶄新的研究問題，擴大批判語言學的研究範疇，也成為他後來在 1997 年編著《話語研究：跨領域概論》（*Discourse Studies: A Multidisciplinary Introduction*）（van Dijk, 1997c）的重要基礎，

在《話語分析指南》第二冊，他引介話語分析各種不同的層面，包括文法、語彙、語音學、形態學、語用學、語義學等話語分析。在第三冊，擴展話語分析的範疇，從既有的正式語言使用，延伸至非正式的、即時的對話交談，並且引進現象學、認知心理學、認知社會學、社會語言學、微型社會學、民族誌方法論、符號互動論等觀點，實際展開多元學科、跨領域、科際整合的話語分析。在第四冊，則從傳統話語分析進入了批判語言學，並且有幾位批判語言學大師參與，包括柯瑞斯（Kress）探討話語的意識型態結構，和佛勒（Fowler）探討做為社會實踐的語言所具有的權力關係等，都帶領傳統話語分析進入批判語言學的新視界。

在 1986 年之後，范迪克的研究取向完全轉向媒體話語，專注於媒體話語的產製、使用及其功能，而且聚焦於媒體的種族歧視話語，在整個批判語言學和批判話語分析學界獨樹一幟。尤其將認知模式展現在媒體話語的批判話語研究，提出有關認知話語處理機制的理論架構和研究方法，奠定獨創社會認知取向批判話語研究的理論基礎（Wodak & van Dijk, 2000）。

1988 年，為了深入瞭解媒體的新聞結構，專門為媒體新聞撰寫《新聞話語》（*News as Discourse*）（van Dijk, 1988），從話語分析角度探討新聞結

構，並從認知心理學和社會認知視角探討新聞產製過程，藉以做為批判話語分析的基石。

有趣的是，他也曾經對敘事有相當興趣，他的第一本著作就是現代文學理論（van Dijk, 1971），也曾發表與敘事有關著作（van Dijk, 1974, 1988a, 1993），後來他從傳統正式語言使用轉向非正式的日常交談互動，也提及拉伯夫（Labov, 1972）對於紐約城市黑人的人際交談的敘事研究（林東泰，2015）。范迪克不僅多次提及敘事結構，並且提出故事的敘事基模（narrative schema of story）（van Dijk, 1984: 99），做為探討新聞基模（news schema）的藍本。後來在《新聞話語》並提出新聞基模（van Dijk, 1988a），但是這本書其實並非以新聞敘事做為研究對象，而是以新聞敘事的話語結構做基礎，致力於剖析新聞話語裡的種族歧視與偏見等各種不平等權力關係和意識型態。

1990 年，范迪克創辦《話語與社會》（*Discourse and Society*）期刊，為各種不同領域學者提供有關話語分析的交流園地，並且經常在「編者的話」提出話語分析和批判話語分析應該走的研究取向，致力於開創批判話語分析的新興學術風潮。

參、第三個階段：批判話語研究

范迪克出生荷蘭，長年都在阿姆斯特丹大學任教，自 1985 年編著《話語分析指南》至 1990 年創辦《話語與社會》期刊，一直都非常關注批判話語分析的整合，1991 年元月，在荷蘭阿姆斯特丹大學的支持之下，邀集費爾克拉夫、渥姐克、柯瑞斯和范李文等人，針對話語研究的理論架構和研究方法，共商批判話語分析的未來走向。

這次研討會是批判話語分析發展的重要里程碑，宣告批判話語分析已然成為當代重要的研究取向。自此之後，范迪克不僅全力投入批判話語研究，以認知、話語、社會的三角綿密關係，做為終身研究志業，而且獨創社會認知取向的批判話語研究，在批判話語分析界獨領風騷（van Dijk, 1990, 1993a, 1997a, 1997b, 1997c, 1997d, 1998a, 1998b, 1999, 2000, 2001, 2003, 2004, 2005, 2006, 2008a, 2008b, 2014），也開啟了范迪克學術生涯第三個階段：批判話語研究。

　　范迪克曾經創辦六種國際期刊，除了《詩學》之外，其餘五種都是有關話語研究或批判話語研究的國際期刊，包括《文本》（後來改名：《文本與說話》）、《話語與社會》、《話語研究》、《話語與傳播》，以及西班牙文電子期刊《話語與社會》（*Discurso & Socdiedad*）。截至目前為止，除了《文本與說話》之外，他仍然負責主編其餘四種與批判話語分析有關的國際期刊。目前主編與批判話語分析有關的期刊，包括：《批判話語研究》、《語言與政治期刊》、《話語、傳播與視覺符號學》等，還有電子期刊：《跨學科批判話語分析》，刻在編纂的系列專書則有：《政治話語》、《文化與社會》等叢書，可見他除了專注個人學術研究，也投身於批判話語分析的整合工作。

　　從以上研究論著的簡要介紹，可以明顯看到范迪克從文本語言學（text linguistics）到話語分析（discourse analysis），再從話語分析邁向批判話語研究（critical discourse studies）的三個學術生涯歷程。

第二節
社會認知取向批判話語研究發展歷程

壹、媒體話語與種族主義

　　1991 年，范迪克出版的《種族主義與報業》（*Racism and the Press*）（van Dijk, 1991），可說是范迪克從 1983 年以來，對於種族偏見歧視與媒體新聞話語分析的一個總結，也是范迪克對於批判話語研究的一個嶄新開端，自此之後，范迪克專心一志地致力於媒體新聞話語對於種族偏見歧視的批判話語研究（critical discourse studies, CDS）。

　　該書不僅揭櫫種族主義研究與新聞媒體批判話語研究所採取的跨領域研究取向和批判立場，並且提出批判話語研究的研究架構，對後來批判話語研究頗具參考價值。范迪克從新聞基模到新聞產製過程都有詳細說明，從新聞話題、新聞標題、新聞來源、到議題論辯等，都透過社會認知和新聞話語，中介意識型態與種族歧視刻板印象，做為整個批判話語研究的核心，彰顯他獨創的社會認知取向的批判話語研究特色。

　　1991 年《種族主義與報業》不僅總結了范迪克自從 1983 年以來有關批判話語分析研究成果，而且逐步建構社會認知取向的批判話語研究取徑，並宣告社會認知取向批判話語研究已經具體成形。

　　誠如范迪克在《種族主義與報業》所言，該書累積他將近二十年有關種族主義、偏見歧視的研究成果。該書採取量化與質性兼顧的研究取向，在量化研究方面，針對英國和荷蘭從 1985 年 8 月 1 日至 1986 年 1 月 31 日的報紙內容，進行量化內容分析，主要針對期間在英國發生的暴力事件和荷蘭發生的錫蘭坦米爾人三千難民湧入荷蘭事件。在英國報紙包括《泰晤士報》、《衛報》、《太陽報》、《每日電訊報》和《每日郵報》，共蒐集兩千七百多篇有關種族事件的報導。而且，在英國除了上述長達半年的種族新聞之外，為了取得最新相關新聞，還再增加蒐集英國網路報紙《獨立報》1989 年前半年的相關新聞，共約一千兩百篇。在荷蘭方面則包括全國性報紙，共蒐集一千五百多篇相關報導。在質性研究方面，除針對這些英荷報紙內容進行話語分析，還從標題到新聞內容，包括用詞遣字、話題、消息來源、風格、修辭、評論、編者的話等，都一一進行極其細緻的批判話語分析之外，並針對一百五十位阿姆斯特丹的報紙讀者和一些菁英進行深度訪談。

　　量化研究發現，英國報紙除了《衛報》中立之外，其餘報紙標題都以負面述語對待少數民族。在主題方面，多傾向以移民、治安、犯罪、暴動等主題，做為報導種族關係焦點。在消息來源方面，則以白人為主，少數民族為輔，少數民族甚至只是點綴。在荷蘭報紙方面，則以移民、失業、歧視、社會問題、種族關係等為主題，並聚焦在移民、社會問題、治安、失業、文化、教育等話題。范迪克認為，荷蘭報紙不像英國，對少數民族那麼負面或具攻擊性，尤其是英國的右翼保守報紙，對少數民族採取最為負面低貶的報導取向，不僅蚊報像《太陽報》、《每日郵報》極其負面，甚至質報《泰晤士報》都難免偏頗。范迪克認為，這或許與荷蘭的種族、政治多元化有關。

　　該書在質性研究方面，范迪克延續 1988 年《新聞話語》對新聞基模結構分析，從標題、導言、主要事件、後果效應、歷史背景、情境語境、評論、期待、評價等，都有詳細的話語分析，並深入探討種族主義背後的意識型態，以及潛藏在新聞基模對少數民族的歧見話語，認為西方白人社會

就是透過新聞話語結構，複製對少數民族和移民的偏見和歧視。

總結《種族主義與報業》量化內容分析與質性話語分析結果，范迪克認為，英國和荷蘭的報紙，其實都只是再現、中介英國或荷蘭數十年來的社會氛圍和意識型態，基本上一般社會大眾對外在世界的理解，主要都是透過新聞媒體中介的資訊、新聞和評論，而且新聞媒體所再現的資訊、新聞和評論，其實也只是複製主流社會的意識型態，所以像英國《泰晤士報》這個舉世稱頌的質報，它中立偏右的政治傾向，其實與英國其它諸多右翼八卦報如出一轍，都是複製英國主流社會的意識型態和價值。也就是說，若要怪這些右翼媒體，不如去怪英國數十年來的主流社會意識型態和價值取向，畢竟新聞媒體也只是中介、再現或複製主流社會的意識型態和價值取向罷了。即便像《泰晤士報》如此優質媒體，也與其它右翼八卦報紙幾無二致。至於自由派《衛報》，不論是量化或質性研究結果，都明顯獨樹一幟，扮演中流砥柱角色，較無白人偏見歧視意識型態。但是《衛報》在整個英國報業當中，其實多年來每天只有二十萬份左右銷售量，終究不敵右翼報紙和八卦報，終於決定 2018 年初起，改以小型報和電子報形式出刊。

最後，在《種族主義與報業》結論，范迪克結合傳播理論指出，新聞媒體不僅中介外在世界，讓一般社會大眾接觸、認識和理解外在世界（Lippmann, 1922），並且透過新聞媒體對各個新聞事件的報導，建構社會大眾對外在世界重要議題的認知（McCombs & Shaw, 1972），尤其是對種族相關新聞的論辯和評論，透過刻板印象和意識型態的新聞基模和新聞話語，不僅告訴社會大眾有哪些少數民族或移民問題，而且引導閱聽大眾如何去思考這些少數民族和移民問題。

日復一日不斷複製特定意識型態和社會價值，被社會大眾認為這些觀點和意見都是理所當然，亦即新聞媒體透過與種族相關新聞的編排、呈現、報導、解釋、論辯，不斷複製對少數民族和移民的偏見和歧視的所謂主流社會意識型態，所以當時歐洲白人對非白人的偏見和歧視，絕非《種族主義與報業》在 1985、1986 年研究期間才出現的心態，而是整個歐洲社會數十年來對少數民族、移民的共同排外、偏見與歧視意識型態。如今，歐洲各國民粹主義氣焰高漲，對中東難民不僅歧視，甚至不乏仇外心態，實在令人痛心，尤其美國川普總統築起高牆並駐兵禁止中南美洲移民，更是眾矢之的。

但是范迪克也指陳，一般量化傳播研究似難深入探討媒體真正的傳播效果，像種族主義的偏見與歧視問題，可謂特定報紙對特定讀者產生特定的效果。歐洲的報紙各有不同政治傾向和立場，基本上右翼的報紙，對少數民族和移民，採取相當負面的報導取向，而中間偏右像《泰晤士報》就比較中肯一些，但還是站在保守的右翼立場，而向來偏左的《衛報》，當然對少數民族和移民就站在中立甚或支持的立場。所以他認為，結構性意識型態研究取向（structural-ideological approach）適合用在種族偏見與歧視研究。

范迪克指出，英國八卦報過去會以粗暴的字詞來描述少數民族和移民，如今隨著社會的進步，社會菁英都非常小心翼翼講究詞藻來指涉少數民族和移民問題，但他們基本心態並沒改變，改變的只是話語表達形式而已，所以未來對於這方面的研究可能要更加細膩，才能揭露潛藏在美麗辭藻背後的陰影。

1992 年范迪克在《話語與社會》期刊創刊號發表的種族歧視論文，分析歐洲白人否認種族歧視的各種說法，包括人際溝通、媒體報導、國會辯論等不同情境，大概可分幾種不同表達形式：否認、委婉說辭、找藉口、怪罪受害者、自我防衛、顛倒是非、顧面子，以及在否定語句中以正面形象出現等（van Dijk, 1992）。

貳、菁英話語與種族主義

1993 年范迪克出版《菁英話語與種族主義》（*Elite Discourse and Racism*）（van Dijk, 1993a），不僅延續 1991 年《種族主義與報業》的研究取向，而且聚焦在一般傳播研究未曾探討的對象：社會菁英。

《菁英話語與種族主義》這本書有幾項特色：(1) 聚焦社會菁英對種族主義和移民的意識型態，這些菁英包括政界、企業、高教、中學、媒體等各領域人士；(2) 主張白人社會就是透過社會菁英，複製白人宰制非白人的種族主義觀點，它是一種由上而下的上行下效，透過社會菁英複製當代種族不平等的意識型態，並將白人優越的種族主義傳衍散布到整個社會層面；(3) 透過社會菁英的種族主義話語分析，揭露白人社會種族主義的意識型態和種族不平等、歧視與偏見等社會現象；(4) 探討話語文本與語境之間

的關係，這是 1991 年《種族主義與報業》未曾觸及的部分；(5) 該書的研究策略，就是以社會認知為中介，構連話語與社會結構、意識型態之間的關係。雖然 1991 年《種族主義與報業》談論不少有關社會認知，但直到 1993 年《菁英話語與種族主義》才對社會認知做了明確的界定和理論架構的定位；(6) 不僅探討社會菁英複製種族主義意識型態的效能，更透過對政界、高教和媒體等各領域權力菁英，將白人宰制的種族主義予以體制化；(7) 該書雖然只探討政、教、企、媒等領域菁英的話語，其實白人社會宰制的種族主義意識型態，早就透過菁英結構廣泛地嵌入社會各個層面，形成白人社會日常生活社會互動的社會規範與意識型態。

一、政、企、教、媒菁英中介種族主義主流價值

在政治話語方面，范迪克以英、荷、法、德、美等國政府和政黨領袖的話語和國會論辯檔案進行話語分析，發現歐美白人的種族主義意識型態，可以追溯至數百年前的殖民時期，白人自認為他們的社會是進步的，殖民地社會和有色人種社會都是落後的，以正面話語來述說自己，卻以負面話語來描繪被殖民的有色人種。

尤其面對來自殖民地的和世界各地移民和難民，更站在一種防衛心態，深怕這些移民會衝擊、搶奪白人的就業、就學和各種社會福利，自認為是站在多數正常白人的立場和心情，以自以為容忍的心態在對待外來移民。他們認為，白人對有色人種的作為，是一種善意的施與，是合理和公平的，頂多只是「稍為嚴格一點，卻是公平的」，而且是為這些有色人種好，才會苦心積慮特地為他們設想。後來隨著時代進步，才逐漸改以細膩和間接的表達方式或話語形式，來對待有色人種。在政治話語裡，歐美許多政府和政黨經常使用像「法國優先」、「英國第一」等，其實都是種族敵對的意識型態作祟，尤其美國近幾年高喊「美國優先」（America First），也不經意地高叫「美國人優先」（American First），更是鮮明。

在企業話語方面，范迪克發現，在歐美白人社會的職場，基本上，有色人種員工都被要求比較多的工作，薪資卻相對較低，能力也都被低估，但是在面對研究團隊訪問時，各企業卻否認有任何歧視，並搬出平權法案

（Affirmative Action），強調一切職務安排任用都是以能力為考量，只給最適格的職員，絕無性別、種族差異。其實事實並非如此，因為受訪者也會強調，公司企業絕非慈善機構，也要賺錢、講求利潤導向，企業並無種族主義，只是做最佳的人力資源管理等各種遮遮掩掩的話語。范迪克並發現，其實企業話語與政治話語交互作用，產官相互掩護根深蒂固的種族歧視意識型態，才是問題的癥結所在。

在高教話語方面，范迪克以歐美大學最普遍使用的社會學教科書內容做為檢視對象，發現大部分社會學教科書基本上是站在白人立場和觀點，對非白人存在特定偏見和歧視，即便最受歡迎的英國著名社會學者紀登斯的社會學教科書亦復如是，譬如紀登斯指出，對於各個民族的刻板印象只是中立而無害他人的一種歸類，這些刻板印象的歸類，主要是來自恐懼，擔憂來自其它種族的威脅（Giddens, 1989: 247）。對於白人菁英社群複製對非白人的種族主義的宰制和剝削，並將這種意識型態推說只是來自白人社會恐懼的心理壓力，范迪克對這種倒果為因、自大狂妄的觀點和說法，實在無法接受，認為白人菁英種族主義的意識型態，係來自深層的社會、文化和經濟等各種歷史淵源。

同樣地，美國各大學頗受歡迎的社會學教科書，也有類似情形，尤其對於新世界的奴隸和種族父權主義，認為黑奴在主人家裡，既吃得好，也過得較安定（Sanderson, 1991: 261）。尤其最讓范迪克無法忍受的就是在這本教科書裡對於種族主義的定義：就是某個本質上比較優越的種族，對於其它本質上比較差的種族，所抱持的一種意識型態（Sanderson, 1991: 280）。好像是說，種族主義並非什麼偏見、歧視或刻板印象，而是客觀事實。當然，大學社會學教科書對於種族主義，也有比較公正客觀的見解，但是在范迪克所舉的例子當中，可惜只占少數（Sherman & Wood, 1989）。

在中學教育體系話語方面，范迪克從歐美中學教科書，包括社會、公民、歷史和地理等課程，以及相關教學活動，檢視它們對種族主義的教學和實踐。發現在中學教科書與教學活動最常見的種族之間的誤解，形形色色，至少可分為：

(1) **刻板印象**：譬如波多黎各人經常帶著刀、印第安人住在保留區、黑人住在貧民窟等。

(2) **語言偏差**：用貶抑語言稱呼非白人，如黑鬼、支那人等。

(3) **歷史自大**：從殖民帝國視角，觀看殖民地社會文化，認為殖民地民族就是落後。

(4) **文化誤解**：從科技解讀其它民族的文明和文化，凡是科技落後就是不文明，沒有文化。

(5) **錯誤插畫**：經常以誇大不實或誤解的插畫和圖像，來理解其它民族。

　　譬如在中學歷史和地理教科書，最常看到的就是：「我們『發現』美洲」、「我們帶給第三世界『野蠻人』文明」等歐美白人慣用的話語。面對歐美各國的非白人移民日漸增多，在中小學課堂或教學活動，都可看見非白人移民的身影，可是這些移民或少數民族子女卻在課堂上經常碰到各種充滿偏見和歧視的教科書、學習內容、作業和練習題。

二、話語權與媒體歧視話語結構

　　在媒體話語方面，范迪克先確認新聞媒體，尤其是報紙，對一般社會大眾社會認知的重大影響力，范迪克進一步深入從媒介政經生態、記者的培訓養成、聘任升遷、路線分派、職務任命等分析，發現歐美媒體幾乎就是白人媒體，亦即白人中心的新聞媒體，因此對於任何新聞事件、新聞價值的認定，難免就會從白人視角出發，尤其在報紙的新聞產製過程，在截稿壓力、資源有限、難以查證等各種主客觀條件限制之下，任何種族相關的新聞事件，自然而然就會潛藏、框架，甚至明明白白彰顯白人觀點和意識型態。在報紙對種族新聞和議題的中介和強化之下，白人觀點對有色族群的偏見、歧視和誤解，就成為一般社會大眾日常生活的談話題材，因而深入社會大眾的社會認知。

　　儘管歐美社會總有一些社團為少數民族和有色民族發聲、伸張公平正義，但是在白人媒體組織例行常規和新聞價值運作之下，少數民族和有色民族的團體、發言人，總被認為缺乏可信度、客觀性、公信力，所以種族事件總被負面歸因是少數民族或有色民族的問題。范迪克並以英國兩份八卦報《太陽報》和《每日郵報》有關當地種族新聞的評論文章為例，結合新聞基模與新聞結構，分別從語意、修辭、風格、論辯等各種話語分析層

面逐一析論，發現歐洲新聞媒體複製白人的種族主義意識型態，根本就是媒體結構性問題，媒體話語中介並強化白人菁英的種族主義，正當化並合理化白人不公平、不平等的種族關係的宰制觀點，其實這些都只是再現歐洲社會的主流價值和意識型態。

范迪克總結《菁英話語與種族主義》研究指出，其實當今歐美菁英已經不再露骨、直接表達種族主義，改以委婉、間接、含蓄地共享平等主義和人道觀點，但骨子裡頭卻依舊甩不掉白人霸權優勢的種族主義意識型態，只是含蓄地用負面陳述策略再現他者族群，而用正面陳述表彰自我族群，更重要的是，各行各業菁英都力圖正當化、合理化白人宰制的種族主義和種族關係，正當化、合理化白人菁英對其它少數民族或移民的偏見與歧視。

對於種族歧視的意識型態話語策略，就是強調我團體的正面資訊與他團體的負面資訊，或者淡化他團體的正面資訊與我團體的負面資訊（van Dijk, 1998a），或者強調我團體正面的品質和行為，強調他團體負面的品質和行為，並且淡化我團體負面的品質和行為，淡化他團體正面的品質和行為（van Dijk, 1998b）。其實，范迪克這種論點可以用 2×2 四方格呈現就更清楚了，如下表所示：

表 5-1　范迪克對於我團體與他團體的話語結構分析		
	正面／優點	負面／缺點
我團體	強調	淡化
他團體	淡化	強調

資料來源：van Dijk（1993a, 1998a, 1998b）

范迪克認為，社會權力與話語使用之間存在一個極為重要的關係，就是擁有話語類型、語境脈絡和話語範疇愈多者，就擁有愈多的權力，基本上他們都是社會菁英和優勢團體（van Dijk, 1993a）。也就是說，愈是社會菁英，愈是擁有更多的話語權（discourse power）和話語霸權（discourse hegemony），因而擁有更多的社會權力和宰制力。

透過話語資源因而把持的控制形式，未必具有合法性或正當性，卻能透過話語過程擁有宰制權力（van Dijk, 1993a）。可見，話語權在一有一無之間的爭鬥，就已經充分顯現從話語資源到權力差異關係的現象，只有擁有話語資源和話語權，才可能爭取得到話語控制權，才有可能競逐各種優勢霸權，因此才會有范迪克所關切的話語權和宰制關係的不平等現象，而菁英都是站在有利的一方，社會弱勢在巨大的社會結構裡與各種霸權勢力之下只圖卑微的社會平等對待。

范迪克認為，霸權勢力在各種微觀或表象結構，愈來愈缺乏法律的、道德的規範，卻能盡情恣意揮灑它們非官方、非正式的權力關係和宰制力量，而且他們擅長於利用各種正式的、官方的管道，遂行他們的宰制權力關係。一方面，權力和宰制都有可能透過體制化（institutionalization），提升它們的控制效能，另方面，話語權也會組織起來促進宰制控制的效能，譬如透過新聞媒體、政治或社會行動者和各種社會體制等，都是提升宰制關係的重要途徑。因此，各種新聞公關、記者會、新聞稿等，都是宰制權力機制的展現。范迪克認為，話語權就是量測宰制權力關係的最佳方法，也是彰顯菁英團體或個人擁有宰制權力關係的最佳指標（van Dijk, 1993a）。

此外，范迪克在 1993 年《話語與社會》第二期，刊出 1991 年阿姆斯特丹大學幾位批判取向話語研究大師的群英會研討重點，譬如費爾克拉夫針對高等教育公共話語的市場化、柯瑞斯主張將社會產製的符號做為批判話語分析的根本議題、范李文探討批判話語分析的類型與場域、渥姐克針對奧地利的新歧視主義提出批判話語分析的個案研究、范迪克則提出批判話語分析的研究原則等。其中，范迪克所提出的批判話語分析研究原則（van Dijk, 1993b），被認為是批判話語分析經典著作。（請參見本書第二章第二節伍、批判話語分析的原則）

1997 年范迪克出版兩本書：《話語結構與過程》（van Dijk, 1997a）與《社會互動與話語》（van Dijk, 1997b）。第一本書強調多元領域的話語研究取向，但基本上還是以傳統語言學的話語分析為基調，包括語意學、語法學、修辭學、符號學、風格、論辯、類型等，鮮少討論話語與社會互動過程，只是概念性強調多元領域話語分析的重要性。第二本《社會互動與話語》，比第一本更具多元領域的研究取向，分別探討性別、種族、政治、組

織、文化等話語實踐與社會互動，范迪克主張以社會互動的話語實踐做為研究對象，針對話語與種族主義的人際和社會互動現象，藉以理解種族主義和種族歧視的社會文化的語境脈絡。

1998 年范迪克出版的《意識型態：多領域學科取向》（van Dijk, 1998a），主要是探討理論架構，雖然以意識型態為書名，卻是范迪克最早宣示以話語、社會知識、社會結構三者做為理論核心，奠定後來獨樹一幟的社會認知取向批判話語研究，本章第三節會有詳細說明。

參、話語與權力、語境、社會、知識

21 世紀以來，范迪克相繼出版幾本專書：《話語與權力》（2008a）、《話語與語境》（2008b）、《社會與話語》（2009）與《話語與知識》（2014）。這幾本書至少有以下幾點共同特色：

(1) 彙整過去三十年來范迪克有關話語分析的研究心得。

(2) 理析對於種族主義話語研究的理論架構，從傳統話語分析提升至批判話語分析層次。

(3) 這幾本書的主題：權力與話語、話語與語境、話語與社會、話語與知識，分別彙整他過去數十年對種族主義的話語分析，畫龍點睛指出社會認知取向批判話語研究的理論架構和核心議題，是話語、語境、認知、權力和社會結構。

(4) 強調話語與語境之間的緊密關係，並提出語境模式（context model）。

(5) 《話語與語境》和《話語與知識》這兩本書都以「社會認知研究取向」（sociocognitive approach）做為副標題，標誌著他數十年來批判話語分析的獨特研究取向，也標誌著他獨創的社會認知取向批判話語研究。

范迪克三十年孜孜矻矻致力於批判話語研究，但無可否認，最初只能算是傳統話語分析，後來逐漸進入批判話語研究，21 世紀後，透過這幾本書明確揭櫫批判話語研究核心旨趣。看了《話語與權力》、《話語與語境》、《社會與話語》與《話語與知識》這幾本書的理論體系之後，再重讀范迪克 1991 年的《種族主義與報紙》和 1993 年的《菁英話語與種族主義》和

1997 年的《話語結構與過程》和《社會互動與話語》，就充分理解范迪克一路走來的心路歷程，也更能掌握范迪克論析話語與種族主義的話語與語境、話語與權力之間的關係。

有趣的是，范迪克在論析話語與權力之間的關係時，援引大眾傳播理論著名的語句：「誰對誰，在什麼情景，能夠說或寫什麼？」（Who can say or write what to whom in what situation?）（van Dijk, 2008a: 31），並將它稍加改寫為：「誰對誰、什麼時候、在什麼語境下、可以說或寫些什麼？」（Who may speak or write to whom, about what, when, in what context?）（van Dijk, 2008a: 67）。

范迪克認為，批判話語研究聚焦在話語與權力兩個重要概念，專注在宰制者如何濫用各種社會權力，不論是鉅觀社會層次或微觀日常生活社會互動層次，都在產製、複製、執行、正當化各種不公、不義、不平等的宰制話語結構，展現宰制者對受宰制者的權力結構。問題是，誰能夠進入各種不同類型和形式的話語，產製、複製各種社會權力？包括政治、經濟、教育、文化等語域？並且透過各種溝通管道，形成社會大眾日常生活交談和互動的題材、觀點、共識？相對地，被霸權宰制的一方為何默默承擔、接納、忍受？根據范迪克觀點，這些管道都掌握在政、經、教、社、文等各界菁英手上，一般平民百姓根本無權涉入，只能淪為被宰制者。

第三節
社會認知取向批判話語研究的理論架構

壹、話語、社會認知、社會文化的三角關係架構

在《話語與知識》（van Dijk, 2014），范迪克分別從知識、社會認知、社會文化等不同層面，深入探討話語和知識的關係，並建構話語、認知、社會三角關係的批判話語研究理論架構。此一理論架構不僅是該書的核心意旨，也是范迪克創建社會認知取向批判話語研究的核心觀點，過去數十年致力於探究話語與社會偏見、種族歧視之間的不公平現象，但都不像這本

書，將話語、知識和社會結構之間的關係，釐析如此清楚透徹。

范迪克創建社會認知取向（sociocognitive approach, SCA）的批判話語研究，強調話語－認知－社會的三角（discourse-cognition-society triangle）（van Dijk, 2016: 64）關係，認為話語與社會之間的關係乃是一種社會認知取向，一切關係都是社會認知中介（sociocognitive mediation）的結果，不論社會結構或話語結構都各有特質，只能透過社會成員們的社會認知，才能在日常生活實踐的話語展現出來。范迪克認知取向批判話語研究的理論架構，可由下圖勾勒出其理論核心：

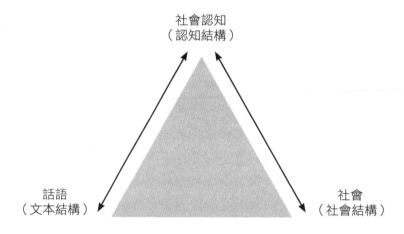

▲ 圖 5-1　范迪克社會認知取向批判話語研究理論架構圖

資料來源：參考自 van Dijk（1993a, 1998a, 2008a, 2008b, 2014a, 2016）

從范迪克社會認知取向批判話語研究理論架構圖，只看到社會認知與話語之間、社會認知與社會結構之間的交互關係，卻看不到話語與社會結構之間的互動，此乃范迪克理論架構的核心概念，亦即話語和社會結構都是透過社會認知的中介，而非話語與社會之間的直接互動（Hart, 2010）。

范迪克認為，一方面各種社會互動、溝通情景和社會結構，都會影響人們對這些環境的社會認知和理解，因而產生與之呼應或對應的文本或話語；另方面，文本和話語也只能透過心智模式的認知介面，影響日常生活實踐和社會互動、溝通情景，並進而影響社會結構。所以，語言使用者的心理活動，尤其是心智模式，對於產製話語、理解話語、參與言談交流

時，到底如何融入對其他團體的知識體系、價值信仰和意識型態時的心智活動，遂成為范迪克研究焦點。這些認知的心智模式，到底如何與話語結構、社會結構構連起來？

范迪克社會認知取向批判話語研究的話語－認知－社會的三角關係，相當適合闡釋種族歧視現象。首先，因為所有的文本、話語、句法、議題等，對於少數民族和移民，都展現意識型態極化的我團體（we group）和他團體（they group）的話語結構。其次，話語結構可以從社會共享的種族歧視和族種主義意識型態，找到合理的解釋，這些種族偏見和歧視的意識型態都會影響人們使用語言的心智模式。最後，這些話語結構就產製、複製對少數民族和移民不平等的種族偏見，在社會、政治、經濟、文化等各種社會情境、場域，造就白人優勢的宰制關係和社會結構。

范迪克認為，話語固然有各種不同定義，但從話語、認知和社會的三角關係來看，話語在社會互動過程藉由個人社會認知的表達，產製各種社會互動形式，也就是透過個人心智模式對溝通情景的主觀界定，並參照社群成員分享的語境模式，兩者共同界定溝通情境，並產製特定、（自以為）適宜的社會互動形式。

1993 年的《菁英話語與種族主義》，范迪克對於社會認知已有相當程度的界定，但以做為社會認知取向批判話語研究的理論基礎而言，那般簡要的界定似乎欠缺完整理論體系。雖然社會認知是范迪克的社會認知取向批判話語研究核心概念，但之前二、三十年，他並未針對社會認知提出具體的批判話語研究理論建構，直到 2008 年以後，才分別在《話語與權力》（2008a）、《話語與語境》（2008b）、《社會學話語》（2009）和《話語與知識》（2014），釐清社會認知在批判話語研究的理論定位。而且《話語與語境》和《話語與知識》這兩本專書都特別冠上「社會認知取向」副標題，由此可以理解范迪克透過這兩本書，具體建構社會認知在批判話語研究的理論基礎，也對話語與認知、話語與社會、話語與權力、話語與意識型態之間的關係，有了更為明確的理論架構。

他從韓禮德系統功能語言學獲得靈感和啟發，雖然在《話語與語境》（2008b）嚴厲批評韓禮德的語境概念，但是透過這些批評，他審慎思考如

何建構以社會認知做為語境，扮演文本與社會之間的中介橋梁角色，因而確定了社會認知取向批判話語研究的理論架構。該書只有五章，從語境與語言、語境與話語、語境與認知、語境與社會，分別深入分析和討論，因而理析出語境理論（theory of context），建構社會認知在話語與社會結構之間的中介平臺角色，奠定社會認知取向批判話語研究重要理論基礎。

在批判話語分析發展過程，有一個相當獨特的現象，就是范迪克一直不太願意使用批判話語分析（critical discourse analysis, CDA）這個大家習慣的專門術語，認為批判話語分析是一個單數詞，無法含括多元、跨領域的各種批判話語分析範疇，畢竟在批判話語研究圈裡存在各種不同的研究取向，並沒有定於一尊的某個特定研究方法，所以別出心裁，另創批判話語研究（critical discourse studies, CDS）一詞，而且特地以複數為名，藉以有別於其它學者所使用的批判話語分析，包括他所編著的《話語研究：多元研究領域》（van Dijk, 1997c, 2011）及《話語研究》五冊（van Dijk, 2007）等都是如此。雖然在此之前，范迪克也曾使用批判話語分析一詞（van Dijk, 2001）。

貳、社會認知中介理論

范迪克認為，批判話語研究針對產製、複製宰制權力關係的話語，所以話語與社會是批判話語研究的核心課題。話語屬於微觀層次，社會屬於鉅觀層次，話語具有其獨特的話語結構，每個社會也有其獨特的社會結構，不論是不平等的權力關係或意識型態，都是透過話語展現在人們日常生活的話語實踐，社會認知就是扮演話語與社會、話語結構與社會結構、話語實踐與意識型態之間的中介角色。

一、知識、話語

義大利學者維柯認為，人類認識外在事物，就是他所能夠理解的、想像的世界，一切外在事實都是由他腦中對於真實信念所創造和框定（Vico, 1725）。正如莎皮爾—沃爾夫假設（Sapir-Whorf hypothesis）所言，人們對於外在世界的印象完全取決於他們所使用的語言。范迪克創建社會認知取向批判話語研究，核心概念在於一般民眾的社會認知乃是社會結構和意識型

態的中介，並以知識做為認知中介的核心基礎。

　　一般而言，知識可分三種層次：(1) 普通知識：也就是范迪克所謂社會認知的部分；(2) 專業知識：非一般社會大眾所能瞭解的專業層次，如財經、法律、醫藥等，一般社會大眾難以瞭解或者只是一知半解；(3) 權力層級知識：可能摻雜專業知識，也可能毫無專業知識，卻能在特定社會體制，做出重大決策或資源重分配，像官僚體系的決策。

　　范迪克認為，僅就主客觀而言，個人知識也有主觀與客觀之分，社會知識也有主觀與客觀之別，許多社會知識固然建立在日常生活客觀知識基礎，但社會知識即便是成員共享的主觀信仰，卻可能缺乏客觀基礎，故范迪克將知識侷限在話語研究範疇，而非指涉一般泛稱的知識，認為知識是語境的（contextual），也是共文本的（co-textual）和互動的（interactional），一切知識或多或少都建立在其它話語之上。

　　知識可分為個人知識和社會知識。社會知識指社會成員共享的知識，涉及歷史、社會文化、語境等變項，也就是知識社群（epistemic community）成員分享的知識。個人知識則是個人獲得的資訊或將他所屬社群的知識判準運用到個人經驗和推論。可見，范迪克指稱的知識，並非專業知識，而是在社會互動過程，參與者話語所涉及的個人知識與社會知識的範疇。

　　對於知識，范迪克歸納幾點與話語和社會認知相關的見解：

(1) 知識乃是社會情境的心智過程結果，所以知識與心智模式、社會認知具有重要關係。

(2) 知識通常是有意圖的，知識乃是事件狀態的指涉或再現。

(3) 知識既是心智過程也是心智模式，它再現真實世界的外在事實和想像世界的內在想法。

(4) 個人知識透過個人經驗事件的證明，成為再現場景記憶的心智模式。

(5) 人際知識再現參與者們共同的經驗，或者透過人際經驗的話語來推斷。

(6) 社會知識是知識社群共享的見解，並普遍再現成為社群成員的長期記憶。

(7) 知識可能是屬於個人的、人際的或社會的，其評斷取決於社會各種相關判準。

(8) 知識由社會情境話語所界定，並藉由自然語言表達、學習、產製和複製。

(9) 知識無關真實（true）信念，而是正確（correct）信念；正確信念卻能以真實語句呈現出來。

(10) 知識透過社會判準、辯護、授權和批准等，最後被接受成為正確信念。

(11) 知識未必以論點呈現，而是以心智模式和普遍知識結構呈現，或以語境模式的論點形式，在溝通情境以話語表達出來。

(12) 社會知識透過知識體制予以正當化，譬如政府、學術機構、研究單位、優質媒體等體制（van Dijk, 2014: 43-44）。像美國小布希政府宣稱伊拉克擁有大量毀滅性武器（weapons of massive destruction, WMD），雖然是捏造，但透過英美政府體制和媒體大肆報導的正當化之後，成為英美聯軍攻打伊拉克的藉口。事後發現小布希政府是錯誤的，但伊拉克已經完全被摧毀。

范迪克援引社會再現（social representation）理論（Moscovici, 2000），強調個人認知就是社會再現的動態構念，包括觀念、價值、規範和印象等，都被所屬社群形塑，也是社群成員共享，因而展現在日常生活話語實踐。從個人平素話語的用詞遣字，到對整個世界觀的語境，都再現了所屬社群共享的價值和規範等。由此可見，范迪克承襲了知識與社會認知、知識與再現、理解與話語處理等觀點（Weiss & Wodak, 2003）。

范迪克將話語界定為社會互動的形式，同時也是社會認知的表達，也就是說范迪克既把話語視為社會互動透過語言表達的特殊形式，同時也是透過個人與社會認知面對社會情境所表達出來的溝通事件（communication event）。不論特定的或普遍的社會結構，都會透過社會認知、個人心智模式和意識型態來制約話語。范迪克認為心智模式和語境模式都與知識有密切關係，且建基於同屬一個群體共享的社會知識，所以人們的心智模式和語境模式都與知識社群成員具有共同基礎，才不致於忤逆所屬知識社群的共同語境。

天下知識或資訊何其浩瀚繁雜，如何將知識與話語結合？或者說如何將知識轉化成為話語？轉化成為與人互動的適當話語？此乃范迪克理論架

構的基礎所在，就是主張透過個人主觀心智模式，將知識在社會情境的語境化（contextualization）過程，甚至以基模（schema）構件組成，引導個體與他者在各種社會情境表達適當的話語。

二、心智模式

范迪克認為，心智模式就是個人生活經驗的自傳紀錄，認知再現個人的生活經驗。心智模式又可分為長期記憶（long term memory, LTM）和短期情景記憶（episodic memory, EM），心智模式對於近日發生的事件，像短期情景記憶會記得清清楚楚，對於一生中比較長遠的事件，就只能靠長期記憶。

范迪克認為，心智模式就是情景模式（situation model）（van Dijk & Kintsch, 1983），也就是個人對溝通情景的認知，也是個人產製話語的重要依據，不論是日常生活的交談或者各種議題的討論，都是個人基於對溝通情景的認知和理解，才做出適當的社會互動，一言一行都要合乎所屬知識社群的社會情境要求，才不會失禮、才不會被我團體排斥。

一般而言，生活經驗比較屬於個人的、短期的、在地的、微觀的短期場景記憶。長期記憶則屬於一般性、抽象、去語境化（de-contextualization）的記憶，凡是歷史文化分享的社會知識，比較屬於鉅觀的、抽象的、一般性的、全面性的長期記憶。

范迪克強調，個人心智模式是主觀的個人心智建構和再現，也是對於溝通事件語境模式的主觀界定（van Dijk, 2014: 12），它自有一套知識判準，既可能是知識社群共享的社會知識，當然也可能是個人獨特認知、意見或想法，個人心智模式經常是自我、社會和自然三個不同層面知識基模的匯聚，但批判話語研究關注的並非自然知識，而是與社會有關的話語知識，亦即個人心智模式與社會互動話語之間的關係，也就是關注自我與社會之間產製和理解社會互動話語的心智模式。

范迪克認為，心智模式包含短期記憶的心智模式和社會成員共享的社會語境模式。短期記憶的心智模式，主要是個人的經驗，並透過場景記憶形式儲存起來。至於社會共享的知識，范迪克又將它稱為語意記憶（semantic memory），是人們普遍且抽象的社會經驗，它與個人經驗的心智

模式不同，主要是知識社群成員們共享的社會知識，所以范迪克比較喜歡將它叫做社會記憶（social memory），藉以區隔個人心智模式，它是個人與他人社會互動的基礎。

社會認知體系就是將社群成員共享的信念再現在長期記憶，既具認知功能，更重要的是也具有社會功能，所屬社會成員會依賴這種社會認知體系形塑他們的態度、刻板印象和意識型態，藉以與社群其他成員維持良好互動和社會關係，所以同處一個知識社群成員基本上共享相同的社會文化知識，不論是正面的或負面的，都同時儲存在社群成員的共同長期記憶，並且做為與其它團體區隔的社會認知。

姑不論是短期場景記憶或長期記憶，都是藉由模式基模（model schema）串接起來，像溝通情境的五項基模元素：場景、參與者、行動、因果關係、意圖等，無不藉由模式基模來串接。就批判話語研究而言，有關心智模式的情境界定至關重要，它是個人產製和理解社會事件和相關話語的重要途徑與過程，心智模式的情境界定具有幾項特質，也就是心智模式的主要基模：

(1) **場景**：處於什麼特定時空環境。

(2) **參與者**：是誰參與，不論個人或團體。

(3) **關係**：參與者的身分、角色特質、人際關係與社會關係，以及參與者之間的關係等。

(4) **事件或狀態**：發生什麼行動事件？產生什麼狀態改變？造成什麼因果效應？除參與者的語言使用和具體行動之外，還包括它們所涉及的規範、規則等。

(5) **目標或意圖**：話語產製和理解的目的或意圖為何（Radvansky & Zacks, 2011; van Dijk, 2008b, 2014）。

范迪克認為，每個人的心智模式都是獨特、主觀、個人化的，都基於個人參照的知識和經驗而有所不同。另方面，基於交互主觀性，每個人的心智模式也有其客觀的約束，基於社會互動和溝通情境，個人的心智模式也要合乎某些客觀規則和基模。但無論如何，范迪克認為心智模式和語境模式也都會將知識基模化，將各種共享知識基模化成為上述幾個基模，做

為話語溝通情境的參照。

三、社會認知

范迪克為了探討社會認知在種族主義複製過程所扮演的角色，特別區分個人知識與社會認知的差別。個人知識是對特定事件、情境和人物等獨特心理再現，分別再現在長期記憶（LTM）或短期場景記憶（EM）兩種模式。每個人的個人知識，不論是個別的行動或與他人的互動、溝通，都涉及個人對於個別事件、情境和人物的評價。基本上長期記憶和場景記憶這兩種模式都與個人經驗、社會關係、知識、意見和態度有關，一言以蔽之，這些都是個人心智的傳記。至於社會認知，則是社會團體成員共享的社會知識、態度、規範、價值和意識型態，以抽象、類化、去語境化的社會記憶模式呈現。對於各種社會事件的社會記憶，一方面社會成員從自己對特定社會事件親身經驗的個人知識模式裡衍生出來，另方面也會從個人與其他成員之間的互動、溝通、話語等直接或間接獲得。

這種社會認知，一方面再現個人對「我團體」的信念基模，另方面也再現個人對「他團體」的信念基模，譬如歐美社會菁英，就傾向以正面話語陳述白人，卻以負面話語陳述有色民族或移民。至於我團體與他團體的界線劃分，也是基於兩極化的意識型態知識，認為我團體擁有的就是知識，他團體則是毫無根據的迷信。不論是對他團體的偏見、歧視或刻板印象，這些基模都具有某種階層結構，譬如在上層結構，就是：我們不喜歡黑人；在下層結構則是：黑人對某些話語太敏感了。團體基模會以具社會屬性的心理歸類來組構，譬如出生：他們是哪裡人？外表：他們長得像什麼？社經目的：他們移民來這，所為何來？社會文化特質：他們說什麼語言？什麼宗教信仰？這些社會屬性的心理歸類會與少數民族連結，種族偏見就成為以團體為基礎的成員共享團體基模，藉由這些團體基模來理解、想像，並與其它種族互動，成為共享的社會知識。

每個人在他所屬的團體或社群，都有彼此分享的社會知識，因而組構成為溝通無礙的知識社群。在知識社群裡，每個人又各有其獨特的經驗或參照，此即個人知識。在社會互動過程，會先考量溝通情境的語境，掌握知識社群的共同見解，然後再從個人經驗的心智模式產製合宜適當的話

語，來與他者互動，既能與他者達到溝通目的，而且也不致於悖離知識社群分享的共同知識或立場。

在社會認知方面，范迪克提出社會自我（social self）觀點，就是基於社會共同基礎所展現出來的自我，既有自我的特質，也有社會的屬性，是一種動態的變項，在自我的主觀再現隨著社會情境的變動，展現出來不斷流動的當下自我（current self）（van Dijk, 2009: 74）。這種社會自我和當下自我固然展現個人特質，卻都立基於所屬知識社群的共同基礎，則毫無疑問。

基於這些觀點，在每個社會互動的情景，參與者都會以一種溝通的社會自我角色現身，並非一成不變的原原本本的自我，而且隨著社會語境和溝通情景的變化，不斷跟著流動、轉換的社會自我。社會認知也會隨著整個社會語境的變化，人們引以為據的共同基礎（common ground）的知識也因此有所變動，所以語境模式並非僵化不變，而是隨著社會語境和溝通情景的變化，不斷流動，充分展現動態社會互動溝通模式的動態特質。尤其是體制性的話語，動見觀瞻的領袖人物在發表體制性演說時，除了要依據既有的歷史文化語境做為文本篇章的思想架構之外，更要參照當前的社會語境、社會情景的變動因子，尤其要考量溝通情景當下的特質，讓這篇演說話語能夠全面兼顧打動人心，甚至帶領人們走向更進步的未來願景。

俗話說：境隨心生，指涉的是對於外在情境的理解會隨著內在修養而有不同景象，但芸芸眾生主要是心隨境生，只有修養到家的人才能做到境隨心生。從這兩句俗話，似乎可以窺見心與境之間、內心與外在情境之間、心智模式與社會情境之間的微妙關係。

四、認知中介

2009 年出版的《社會與話語：社會情境如何影響文本和說話》（van Dijk, 2009），范迪克主張話語與社會之間的關係並非直接的，而是取決於參與者對溝通情境的主觀界定。複雜的溝通情境各種相關變項特質，既影響參與者如何理解事件文本，也影響參與者如何產製、敘說各種社會互動話語，社會認知才是真正決定話語產製和理解的關鍵中介平臺，它串接了話語與社會的關係。話語與社會的關係是一種認知中介（cognitive mediation） （van Dijk, 2016），認知中介是參與者的認知再現和認知參照，也是社會互動的基礎，所有社會互動、社會情境、社會結構都是透過認知中介的建構、理解和詮釋所產生的結果。

范迪克認為，在宰制權力關係結構與話語實踐文本產製兩者之間，社會認知扮演極其重要的中介角色，因為在所有溝通情境，任何溝通事件的話語文本都立基於既有的心智語境模式（mental context model），它提供參與者對於溝通情景和各種議題的特定框架，提供參與者產製、再現對此特定議題的話語和文本的語料庫資源，讓他們信手拈來就能夠產製、再現對此一議題應有的態度和理解，充分契合所屬知識社群的社會認知和歷史、社會文化語境。參與者各種社會變項特質，包括性別、年齡、種族、社會地位等，都可能影響他對溝通情境的主觀界定，所以心智語境模式既是個人的，也是社會的，更是情境的（personal, social, situational）變項，更重要的是，社會情境的各種特質，參與者會透過社會認知的中介主觀讓它們與語境相關或者無關（van Dijk, 2009: ix）。話語與社會之間並無具體直接關係，而是取決於參與者的知識和社會認知而定，因而提出語境理論。

參、語境理論

一、語境

語境（context）一詞被用得很廣泛，一般社會科學都將語境視為環境（environment）、情境（situation）、背景（background）或脈絡等概念，語境一方面指涉的是環繞在字詞、語句、文本或說話的語言學結構，另方面則指涉語言使用的社會情境和溝通情景（van Dijk, 2008b），甚至歷史、社會文化脈絡（Fairclough & Wodak, 1997）。

范迪克認為，語境就是所有社會情境特質的結構組合（structured set of all properties of a social situation）（van Dijk, 2014: 47），它與文本和話語的產製、詮釋、結構和功能密切關聯。語境是對溝通情景的主觀界定，並以參與者面對溝通情景的動態語境模式來界定。攸關語境的核心概念，就是認知理論，它以多元、跨域視角來看待話語與語境之間的關係，並非僅僅偏

重文本或共文本（co-text）的傳統話語分析視角，而是遠遠超越傳統話語分析的框架和窠臼，為批判話語研究注入活水和養分。

范迪克認為，其實並非語境影響日常生活實踐的文本和話語的產製和理解，而是影響參與者的語境模式（context model），然後再透過參與者的語境模式，影響他對文本和話語的產製和理解。語境模式存在並儲藏於場景記憶當中，它用來再現社會成員在社會互動過程如何看待和詮釋各種社會情境的一切事物，所以語境模式攸關溝通情景的主觀界定。

心智模式和語境模式都具有評價功能，不僅再現參與者對於社會情境和溝通情景的知識或信念，而且還會對它產生特定評價，心智模式和語境模式會影響人們對於社會情境和溝通情景所發生的一切事物，包括應該說什麼、如何說、做什麼、怎麼做，所以語境模式明顯涉及認知、情意，甚至行為層面。語境模式並非靜態，而是動態，意謂參與者對於社會情境和溝通情景不斷地進行詮釋，一種持續不斷的心智活動和話語行動。

那麼，語境與意識型態有何關係？語境是意識型態用來監控社會情境和溝通情景各種話語的結構，不論是對團體的宰制或對團體之間的競爭或衝突，都會在日常生活實踐以各種不同型態展現，話語只是這些社會實踐的獨特形式之一，而意識型態主要針對團體認同、社會規範、社會資源、宰制與對抗關係等，透過社會情境和傳播媒體等各種管道途徑，展現和複製特定的語境，藉以監控各種話語的表達。換句話說，意識型態透過語境的控制，宰制人們日常生活實踐，尤其是日常生活話語實踐，某些特定語境就是透過社會宰制的實踐，來彰顯它所蘊涵的意識型態。

范迪克歸結指出，意識型態屬於鉅型結構，而話語是微型結構。意識型態掌管宰制、鬥爭、衝突和利益等畛域，當然就間接掌管再現和複製宰制、鬥爭、衝突和利益的各種語境及其話語表現。而且，任何畛域都會被它的團體視為所轄的一部分而加以保護，這個團體就連帶保護他們所屬或他們所信奉的意識型態，並且不容其他外來團體干預或侵犯，因而產生語境或話語的爭鬥。

二、話語與語境模式

范迪克認為，所謂語境，其實就是語境模式，乃是參與者對整個溝通情景和社會情境的主觀界定，可以用基模概念來表示溝通情景和社會情境涵蓋的內容，也就是上述心智模式所包涵的基模組：場景、參與者、關係、行動事件與狀態、目標或意圖等。范迪克並將最後一項基模的目標或意圖，稱為認知概念，是參與者心智層面的認知，包括知識、意圖、目標、目的等（van Dijk, 2009: 38-39）。

上述基模當中，參與者當然包括傳播者和受播者，但是范迪克並未深入探討參與者是否在場，對於一般面對面溝通事件而言，參與者當然指涉在場的參與者，但是晚近各種政、經、社、文溝通行動，除了現場的參與者之外，還有更多的不在場的相關參與者，理應不宜忽略。

後來，范迪克對於參與者心智再現的說法，稍做修正增加相互主觀性（intersubjectivity），畢竟參與者對溝通情景的界定，一定會考量其他參與者的背景、知識、需求等各種主客觀因素，因而融入相互主觀性的概念，這是進步的思維。

語境可以分為主觀心智模式和客觀社會情境，其中，主觀心智模式也就是心智語境模式，是參與者依據自己的生活經驗和各種社會變項，針對溝通事件和溝通情景的主觀理解。客觀社會情境則可能是具體存在的客觀事實，也可能是社群成員彼此共享的主觀社會真實。不論個人主觀建構或客觀社會情境，都要透過參與者心智模式（mental model），所以范迪克就是要建構語境模式（context model）理論，連結文本與社會、話語與社會結構。

范迪克指稱，語境是藉由溝通情景各種相關特質所界定，卻不直接影響話語，因為社會情境與話語之間並無直接關係。換句話說，社會情境並不直接影響個人話語的產製和理解過程，理由很簡單，因為社會的各種條件都很難對話語的產製和理解產生直接影響，這些過去被認為是客觀的社會條件，其實只是決定話語的一部分原因，真正決定話語的關鍵，是參與者對溝通情景的主觀界定（van Dijk, 2009: 4-5），也就是上述的認知中介。

　　而且語境有時是指涉情景語境（context of situation），有時是指涉文化語境（context of culture）。情景語境係指針對某一特定社會實踐的詮釋當下，此一詮釋會導致對文本意義的預期，因而減少此一文本其它可能意義的選擇和詮釋，限制被宰制者的詮釋空間。任何社會認知無可避免必有其侷限，譬如由於語境的效應，其它可能意義潛勢就被刪減甚至被排除，至於語境如何影響文本的詮釋，不同類型文本各有不同的影響作用，而且不同類型文本也各有不對等的社會旨趣，有些文本直接而明顯地針對某些特定話題，有些文本則間接且隱晦地暗示某些潛藏的意識型態。文化語境潛藏的意識型態，通常比情景語境更為明顯。

　　語境模式與個人心智模式相同，都是個人對溝通情景的主觀界定，它與個人心智模式一樣，都可以從它的基模要件，像場景、參與者、事件或狀態、目標或目的等，看到人們持續的、動態的語境模式界定。語境模式是動態的，並非固定不變，由於分享語境模式的社群成員彼此具有歷史、社會、文化等共同背景，並與他團體區隔開來，因而造就我團體的認同感。

　　從社會認知而言，語境可以界定為整個溝通情景的再現，是由主觀的和客觀的兩軌知識共同建構而成。而且客觀情境的知識，除了純粹客觀事物之外，還包括和其它社會或社群成員共同分享的相互主體性所形成的介乎主觀與客觀之間的社會知識和規範等。

　　范迪克認為，心理學觀點在討論語境時，主張語境若非指涉文本語境（verbal context），就是指涉共文本（co-text），這些觀點都是過時的舊觀念，不適合用來說明語境理論的社會知識和社會認知觀點，因為任何社會互動的語境所依賴的話語，可能就是其它話語的語境，所以務必將參與者的社會認知納入，才能透視話語在社會互動過程扮演的角色。

　　范迪克認為，語境模式至少具有以下幾點特質：

(1) 語境模式界定人們彼此交談和溝通互動的情景。

(2) 語境模式控制參與者如何產製和理解溝通話語。

(3) 語境模式界定話語情境是否合宜。

(4) 語境模式促使參與者權變適當的話語，並接受對溝通情景的轉變和詮釋。

(5) 語境模式串接文本處理的認知理論和話語產製的心智模式。

(6) 語境模式提供參與者自己看不到、非親身經歷的情境。

(7) 語境模式構連微觀話語與鉅觀社會（van Dijk, 2008b: x-xi）。

三、語境理論

　　范迪克彙整多年對於話語與語境之間關係研究心得，結合社會語言學、認知心理學及諸多社會科學，包括社會心理學、社會學、人類學和政治學等各種領域，分別從語境與語言、語境與認知、語境與話語等取向，在《話語與語境》（2008b）提出語境理論（theory of context），並透過語境模式勾勒社會認知取向批判話語研究理論基礎。

　　范迪克認為語境理論至少具有以下幾項科際整合特色：

(1) 語境是一種心智模式。

(2) 語境是個人的獨特經驗。

(3) 語境是個人經驗的獨特心智模式。

(4) 語境是主觀建構，而非客觀事物。

(5) 語境模式是基模的，可以用基模組合形式呈現。

(6) 語境控制話語的產製和理解。

(7) 語境通常事前預先計畫或預先存在。

(8) 語境強調的是適當性。

(9) 語境以社會為基礎。

(10)語境是生活世界的中心。

(11)語境模式具實用功能，既能讓參與者產製適當話語，也能讓參與者適應新的社會情境。

(12)語境有鉅型的，也有微型的；像文化語境是鉅型的，溝通情景的語境則是微型的。

(13)語境是動態的，與時俱進，隨機權變、調適變化，具有社會文化變動性，並非一成不變。

(14)瞭解語境的途徑，務須兼顧心理認知和社會兩種取向。

(15)語境理論是一種社會情境理論（van Dijk, 2008b: 15-24）。

　　范迪克認為，語境既是個人主觀認知，也是社會互動造就而成，參與者通常在溝通互動之前，就預先有了自己主觀的語境，尤其面對正式的、體制的溝通互動更是如此，但除了預先準備的主觀語境之外，還必須隨時掌握最新情勢和動態，以便適時權變做出最佳回應。

　　范迪克並提出「語境狀態」（state-of-context）概念，認為任何溝通互動情境，語境狀態隨時都有可能流動、轉換，藉以因應時空環境的變化，語境化線索也因此會有所變動，帶引參與者的社會認知心智模式跟著變動。

　　舉凡正式體制性演說，演說者都會預先準備好語境範疇，根據所屬社群的文化語境，紮實做好演說基本架構；但是與人對話，甚至與對手對話，情況可能就有所不同，不能鐵板一塊，務必考量社會語境和溝通情景，將當前各種語境因素同時一併考量，包括對話場景、氛圍、對象人格特質和對手競爭策略等各種主客觀因素條件，藉以周延表達自己立場，又能軟化對方立場，達到最佳溝通互動效果。所以，參與者和溝通者都不斷更新他的社會語境，參照最新社會情境和溝通情景，對既有的、社會共享的共同知識、社會語境，甚至文化語境，做出最適當的權宜之計。

　　根據上述解說，范迪克對於語境與話語之間的關係，就有了更為完整的見解，並進一步提出語境與話語之間具有雙向的辯證關係。語境的界定，固然會影響話語的產製和理解，相對地，透過彼此的溝通、互動和理解，話語也會影響和改變既有的社會語境。范迪克一再援引紀登斯結構化理論的結構與能動性之間的二元性關係，做為語境理論的基礎。

　　畢竟結構既是社會互動的平臺，同時也是社會互動的結果，結構不僅限制行動，同時也蘊涵促使行動的機緣和資源，結構就是將社會體系的時空條件糾結在一起，它既具行動規則，同時也是行動資源。紀登斯認為語境不僅是語言使用的環境或背景，其實語境在某種程度上，也被組織成為互動的一部分，參與者既從語境中擷取素材做為溝通互動的成分，同時也創造嶄新的語境成分（Giddens, 1979: 83-84）。

　　那麼，媒體呢？媒體到底是提供文本？還是提供語境？抑或兩者兼具？范迪克雖然提出結構二元性的問題，但對這個問題卻沒有絕對的答案，只是呼籲要深思媒體在語境與話語的二元性辯證關係的角色。基本上，媒體是在各方勢力的語境與話語之間扮演一個中介的平臺，或者說是一個社會溝通互動的介面，透過理性社會溝通互動，讓社會所有成員相互理解各自的文化差異和社會差異，尋求適當的折衷、平衡、接納、肯認，甚至賞悅對方，讓媒體永遠都是文化交流、社會互動、語境流動、結構與能動性的中介平臺和介面。

　　范迪克總結話語與社會之間理論架構的基本概念，指出語境絕非只是文本上下文的語文語境（verbal context）的傳統概念，亦非限於共文本（co-text）的簡單概念，而是含括文化語境和社會語境的深邃觀點。語境絕非只是客觀量化的人口統計變項而已，除了性別、年齡、教育程度、社會階級地位等變項之外，溝通互動參與者的心智模式才是語境的核心，而參與者的心智模式是一種主觀的情景界定，根深蒂固的文化語境實在很難一時三刻有所變化，但是比較具流動性的社會情境，尤其是溝通情景當下，都是參與者在進行溝通互動時參照的重要因素，並匯聚成為參與者的語境模式，界定參與者應該產製什麼適當的話語？如何表達這些話語？來和溝通互動參與者進行對話。

　　范迪克認為，語境有如習以為常甚至理所當然的日常生活實踐，深深鑲嵌在人們日常生活知識範疇，不知不覺就會浮現腦海，出現在互動話語或行為模式，人們透過社會互動相互溝通，相互理解彼此認為理所當然的文化語境和社會語境。殊值注意的是，某些文化語境固然相當主觀且堅固不移，不像社會語境那麼容易鬆動、流轉，但是歷經長久社會、經濟、政治的淘洗，即便文化語境也或多或少產生變異，所以范迪克強調，語境是動態的、流動的，語境是人們互動的產物，而非封存的冷凍品。他並將語境劃分為鉅型語境和微型語境兩類，基本上，鉅型語境如歷史文化語境，是持久性不易變動的語境，而微型語境則是比較容易鬆動，會隨著社會情境變化而有所轉換或變易。

　　范迪克認為，意識型態影響社群成員的話語產製和理解，同時也影響成員們的日常社會實踐，但不會直接「決定」社群成員的話語和社會實

踐。也就是說，同一個知識社群的社會認知所擁有的意識型態，固然相當程度影響成員們的話語產製和理解，甚至影響成員們的日常社會實踐，但不能據此宣稱它就因此直接決定每個成員的話語和社會實踐，畢竟每個人的個別差異，對特定意識型態可能各有不同的解讀策略，因而產生不同的理解和詮釋。

所以，范迪克認為沒有所謂的語境決定論或語境因果關係，而是取決於參與者面對各種社會事件的主觀心智過程。一方面展現社會認知對於個人話語產製和理解的複雜過程，另方面也展現語言使用的語境文本（text-in-context）對整個社會認知取向的批判話語研究理論建構的重要性。范迪克的語境理論，就是從語境視角來瞭解話語使用與社會情境之間的關係，開啟批判話語研究有關語境與社會認知關係的嶄新研究取向，從認知心理學心智模式和語境模式，來瞭解參與者如何透過語境心智模式來產製在特定溝通環境中的話語，如何說出他內心對整個外在社會情境的認知，但這並非直接、因果、必然的線性關係，而是取決於個人對社會情境的主觀理解和詮釋及適時的權變。這些主觀理解、詮釋和權變，又與個人生活經驗和個人處遇的社會位置的各種社會變項具有密切關係，所以社會認知就扮演了社會認知取向批判話語研究的核心介面（interface）角色。

總的說來，語境控制了話語與社會之間的關係，更直接地說，語境模式控制了話語的產製和理解（van Dijk, 2008b: 215）。從社會認知的理論架構來看，諸多的社會變項，其實也就是語境概念化所造就的結果，包括階級、族群、社會地位等，都與語境有所關聯，而且語境認知模式會展現在所有的話語結構，包括聲韻、語法、語彙、語義、修辭、論辯、敘事、模態等，都逃脫不了語境的框架和羈絆，足見語境與個人話語使用、生活經驗、社會位置、社會關係等社會結構之間形影不離的緊密關係。

范迪克曾獨自倡議批判語境研究（critical context studies），主張文本或話語實踐並非研究重點，語境才是重點，應該針對語境進行批判研究，並將社會認知取向批判話語研究架構裡的語境模式，構連批判語境研究，試圖藉以建構更為完整的社會認知取向的批判話語研究架構。可惜該篇論文並未出版，可能他對自己原初想法不盡滿意，或者遭到其他學者的反對或批評，最後無疾而終。

范迪克的批判語境研究觀點似有獨到見解，就是將批判話語分析矛頭直接指向語境，而非文本或話語自身，畢竟在批判話語分析，文本或話語實踐分析都只是過程，最終還是要構連文本或話語背後潛藏的語境脈絡。但是，范迪克此一觀點即便正確，卻難執行，儘管語境是產製文本和話語的源頭，可是語境乃是知識社群經過長期歷史、社會、文化等各種因素淘洗造就而成，卻非當下時空條件所能改變，再多的語境批判也無法絲毫改變既有的歷史或社會文化語境的由來，試問當下如何改變歷史、社會、文化語境的肇因？其實批判話語分析一直都在批判語境，批判造就當前社會風貌的語境，所以批判語境原本就是批判話語分析重要的一環，可見范迪克思慮似有未周之處。

肆、社會認知與意識型態

范迪克透過社會認知詮釋權力關係和意識型態的社會結構，以社會認知做為權力關係和意識型態的社會互動基礎，並強調知識對社會認知的重要性，認為人們對於外在世界的理解和社會互動都建立在知識體系之上。

知識是各種心智模式產製、理解、詮釋外在世界的基礎，也是成員們彼此社會互動的源泉。有關知識體系與話語、知識體系與話語實踐之間的關係，都可透過知識基模看到它與日常生活息息相關，社群成員分享的知識有助於他們心智模式的建構，用來做為社會互動的話語實踐基礎，這些知識既是社群成員們理解和解釋有關情境的基礎，更是成員們界定語境模式的框架。

范迪克認為，社會成員共享的知識，對於個人再現經驗與社會情境的理解和詮釋，具有敘事的基模化功能，能夠對個人的生活經驗和對外在世界的認知，透過有系統、有組織的結構性、階層性的知識處理，並且予以抽象化或具體化的歸納或演繹，來與社會成員彼此溝通互動。知識與話語之間的緊密關係，可以從兩個方面來看，其一是對於非親身經驗的知識，大抵可藉由話語來表達和汲取，因此社會互動話語的產製和理解必須仰賴社群共享的知識基模，人們才可能溝通互動。其二是所有話語處理過程，不論是語文的或非語文的，都有特定的知識設計（knowledge device），簡稱k-device，做為社會互動的語境模式基礎，人類溝通情境就是建立在知識為

基礎的條件之上，不論是基礎的情境模式或深奧的語境模式，都以知識為基礎（van Dijk, 2016）。

對於特定議題的態度，心理學和社會學雖然都有相當深入的探討，但就社會理論而言，意識型態可能才是態度更深層、更根本的決定者，雖然態度與意識型態之間的確切關係，猶未充分具體理論探究，但咸認個人根深蒂固的意識型態才是態度真正的決定因素，尤其當某些社群分享某一特定意識型態之後，社群成員的話語實踐自然而然流露出特定的態度、信念、價值觀或世界觀，並以我團體和他團體來區別這些信念。受這些意識型態影響所及而產生的態度，社群成員們的心智模式對各種議題早就存在預設立場，從各種情境模式和語境模式，產製、複製各種相關的知識基模，建構符合既有意識型態的知識基模，並且以社群成員分享社會認知，透過適當的話語實踐，充分表達他們的意見和態度。尤其涉及權力關係和意識型態，社群裡某些團體總是掌握特定知識的優勢特權，並且利用這些知識來操弄、掌控公共話語，優先取得話語權和話語霸權，來影響或引導社會大眾對於各種話題的社會認知和理解。

甚至有些社會知識，在特定社會或社群裡，它就是一種信念、一種信仰，而且是堅定的信念和信仰，這就是心理學或社會學所謂態度和意識型態。范迪克認為，從知識到話語實踐，其實它與信念、信仰、意識型態之間的距離，非常接近，幾乎只是一線之隔，從別人視角看來就是無可救藥的信仰或意識型態，對那些信仰者卻是顛撲不破的真理呢。

范迪克認為，不論個人的認知模式或社會群體的社會認知，都與話語實踐具有相當程度關係，尤其涉及權力關係和意識型態的話語實踐，彼此之間的關係更是密不可分，也是批判話語研究不可輕忽的重要檢視標的，並且更進一步將它們之間的關係列表如下表所示：

表 5-2　認知與社會之間的微觀與鉅觀關係		
結構層級	認知	社會
鉅觀	社會共享的知識、態度、規範、價值、意識型態	社群、團體、組織、體制
微觀	做為社群成員的個人心智模式	社群成員的互動與話語實踐

資料來源：整理自 van Dijk（2016）

綜合上述范迪克對於話語、溝通事件、個人心智模式、社會認知、社會情境模式、語境理論、意識型態和社會結構等諸多單元的解析，可以理解范迪克就是主張以社會認知做為微觀個人心智模式與鉅觀社會結構之間的中介，亦即以社會認知做為個人與其他社會成員互動的話語實踐和鉅觀的社會規範、價值和意識型態之間的介面。

總結而言，范迪克獨創的社會認知取向批判話語研究就是以話語、社會認知和社會結構的三角關係做為理論架構，並以社會認知做為整個理論架構的核心，扮演微觀的話語實踐或溝通事件與鉅觀的社會結構或社會文化結構之間的中介角色。

范迪克喜歡以基模來解析理論建構，對於獨創的社會認知取向批判話語研究理論架構，也嘗試以基模形式來呈現話語、社會認知、社會結構三者之間的關係，並以社會認知做為話語和社會結構之間的中介角色，呈現如下圖所示：

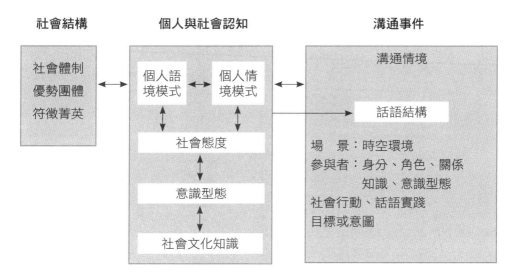

▲圖 5-2　范迪克社會認知取向批判話語研究基模圖

資料來源：修改自 van Dijk（2015: 474）

但有幾點必須提醒讀者，其一，范迪克原本以基模（schema）形式來呈現權力話語產製（discursive production of power）過程（van Dijk, 2015），

並未指稱它就是社會認知取向批判話語研究理論架構的基模，只是筆者深感它相當適合用來基模化范迪克社會認知取向批判話語研究的理論架構，所以特將它命名為范迪克社會認知取向批判話語研究基模。

其二，范迪克原本將社會認知置放在基模圖的右邊，並將溝通事件和溝通情境置放在圖示中間，但筆者深覺此與范迪克強調社會認知扮演話語與社會結構中介角色的意旨不符，甚至有所抵觸，所以大膽將原來的圖示位置加以位移，把社會認知這個區塊置放在圖示中間，才符合范迪克社會認知取向批判話語研究所宣稱的：社會認知扮演話語與社會結構中介角色的理論思維。

其三，對於圖中所有箭頭標示，除了個人與社會認知對話語結構屬於單向箭頭之外，其餘都是以雙箭頭標示，意謂個人與社會認知會影響話語結構，但是話語結構不會影響個人與社會認知，其餘單元與單元之間則都屬於交互作用、相互影響的關係。但要提醒的是，話語結構固然不致於影響個人與社會認知，只會受到個人與社會認知的影響，可是如果將話語結構改為話語實踐，就另當別論，亦即話語實踐與個人及社會認知之間具有交互影響作用，正如圖中所示：認知與溝通事件之間呈現雙箭頭的交互影響關係。至於話語、社會認知、社會結構三者之間都是以雙箭頭標示，標誌彼此之間都具有交互影響作用，但是范迪克只關注社會認知在話語與社會結構之間扮演的中介角色，卻未深入探討彼此之間的交互作用或辯證關係。

其四，從圖示可以看出，范迪克對於社會結構這個區塊，似乎著墨不夠深入，所以欠缺更為具體的基模組呈現，殊為可惜，這也是范迪克在論析社會認知與社會結構之間的辯證關係時，常力有未逮之故。

其五，雖然筆者指稱它可做為范迪克社會認知取向批判話語研究理論架構的基模圖示，但猶感尚未完全充分反映范迪克理論架構所有的想法和構念，所以期待未來能夠更進一步充實，讓它更臻完美並契合范迪克社會認知取向批判話語研究的意旨。

第六章
費爾克拉夫辯證關係取向批判話語分析

第一節
費爾克拉夫批判話語分析發展歷程

費爾克拉夫是英國蘭卡斯特大學語言學系教授，受到批判語言學的影響（Fowler, Hodge, Kress, & Trew,1979; Kress, 1983），一開始就重視話語分析的批判性（Fairclough, 1985），第一本專書《語言與權力》（*Language and Power*）（1989）聚焦於話語與權力及意識型態，一方面基於傅科話語理論和巴赫汀語言哲學觀點，另方面汲取韓禮德系統功能語言學觀點，並將雙方面理論觀點以馬克思理論（包括阿圖塞、葛蘭西等人）的辯證視角構連起來，關注權力關係和意識型態如何透過語言，宰制社會和人們日常生活，因而創建辯證關係取向（dialectical-relational approach, DRA）批判話語分析。

費爾克拉夫是批判話語分析重要代表人物，採取批判立場從辯證關係視角探討語言與社會的關係，不論是從語言學視角或社會理論觀點，都鎖定語言與權力、語言與意識型態、語言與社會之間的辯證關係。1989 年出版的第一本專書《語言與權力》，可謂是費爾克拉夫投入批判話語分析的起手式，但是一出手，就提出辯證關係取向批判話語分析的理論架構雛形，隨後於 1992 年出版《話語與社會變遷》（*Discourse and Social Change*），立基於《語言與權力》（1989）的理論基礎，完備了辯證關係取向批判話語分析的理論架構。

後來陸續出版專書，包括《批判話語分析》（1995a）、《分析話語》（2003），並再版《批判話語分析》（2010），都把該理論架構及其社會學理論基礎補充解析得更細膩、更深入。並且針對特定議題出版專書，包括《媒體話語》（1995b）、《新工黨、新語言？》（2000）、《語言與全球化》（2006）、《政治話語分析》（Fairclough & Fairclough, 2012）等，也都採取理論與實務並重方式介紹批判話語分析。

以下主要以《語言與權力》（1989）、《話語與社會變遷》（1992）和《批判話語分析》（1995a, 2010）和《分析話語》（2003），做為介紹費爾克拉夫辯證關係取向批判話語分析理論基礎的軸線。至於《媒體話語》（1995b）有關新聞文本實例解析，將在本書第十章有關實例解析單元一併說明。

壹、語言與權力

　　費爾克拉夫第一本專書《語言與權力》（1989），已經初具辯證關係取向批判話語分析理論架構雛形，雖然有些基本概念和理論基礎猶未臻完備，卻可清楚看到費爾克拉夫發展辯證關係取向批判話語分析的明確方向。

　　值得一提的是，他在本書的書寫手法與一般理論書籍大異其趣，由於它是開疆闢土第一本論析辯證關係取向批判話語分析專書，一般讀者當時猶未瞭解批判話語分析為何物，更遑論從權力關係和意識型態視角論析批判話語分析，所以他在該書第一章〈概論〉特別強調，基於讀者對語言學不熟悉，對權力關係和意識型態等社會理論也未必充分理解，因而採取淺顯易懂的文字介紹語言與權力、語言與社會之間的關係，更不憚其煩舉例說明析論觀點，而且挑選大學生讀者比較感興趣和比較容易理解的新聞或日常生活對話，包括師生互動、朋友交談、醫病對話等素材，藉以拉近讀者距離。

　　有趣的是，費爾克拉夫在該書每個實例都特別提供俗稱的「懶人包」，附加一些以面對面交談口吻敘說其間關鍵概念的簡略提示，讓讀者可以馬上進入狀況，不時出現「你」、「我們」等一般學術教科書沒有的對話語氣，可見他為了倡議辯證關係取向批判話語分析，著實花費不少心思。

一、語言與社會

　　費爾克拉夫指出，語言是一種社會實踐形式，也是一種社會過程，更是一種社會條件制約過程，語言與社會之間的關係，兩者之間並非是外在關係，而是內在關係，一種內在的辯證關係。語言活動都在社會語境下進行，不僅表達社會實踐和反映社會過程，而且也是社會實踐和社會過程的一部分，畢竟一切語言活動都受到其它社會條件的制約。文本的產製和詮釋過程，也都由社會決定，即便非語文形式的文本，也都是社會實踐的一部分，都受到社會條件制約。

　　以 1989 年出版的《語言與權力》，做為費爾克拉夫創建辯證關係取向批判話語分析的處女作，實在不為過，畢竟它揭示了辯證關係取向批判話語分析的重要核心概念，包括：

(1) 辯證關係取向批判話語分析的三個層面：文本、互動和語境。

(2) 話語建構權力的三種約束方法：內容、主體、關係。

(3) 話語秩序。

(4) 互文性（交互文本性）與互語性（交互話語性）。

(5) 話語與權力的關係。

(6) 話語與意識型態的關係。

(7) 話語與社會變遷。

(8) 話語與社會結構的辯證關係。

　　費爾克拉夫在《話語與權力》，首次提出批判話語分析三個層面：文本、互動和語境，這三個層面是費爾克拉夫辯證關係取向批判話語分析的理論核心，在爾後的著作中，這三個層面逐步修訂為：文本、話語實踐和社會實踐（Fairclough, 1992），或文本、話語實踐和社會文化實踐（Fairclough, 1995a, 2010）。可見費爾克拉夫在其處女作，就奠定爾後批判話語分析基本理論架構。

　　費爾克拉夫援引韓禮德的系統功能語言學做為批判話語分析的語言學分析基礎，並將它運用到更高層次的辯證關係，認為社會鬥爭形式有很多種，意識型態鬥爭是最獨特的一種社會鬥爭，因為意識型態鬥爭都發生在話語裡，而且意識型態鬥爭不僅發生在話語裡，還超越語言和話語，發生在語言和話語之上。他運用韓禮德系統功能語言學觀點進行批判話語分析，譬如就意義層面而言，話語既可表達內容，也可表達主體身分、主體位置、人際關係。就語言結構而言，話語既可表達知識，也可表達主體的社會認同和社會關係（Halliday, 1985, 2004; Fairclough, 1992, 2010）。費爾克拉夫認為，語言使用同時建制：(1) 知識體系；(2) 社會關係；與 (3) 社會認同三者。姑不論以傳統方式或創新手法都是如此，傳統方式就是著重語言使用在建制、形塑、穩固、維繫既有社會體制的一面；至於創新方式則著重語言用來轉換、革新，甚至改變社會體制現況。

二、話語與意識型態

　　阿圖塞（Althusser, 1971）的意識型態理論，對話語與意識型態的辯證

關係影響很大，雖然巴赫汀（Voloshinov, 1929/1973）可能是更早的貢獻者。

　　費爾克拉夫認為，雖然話語頗受意識型態的影響，但是阿圖塞意識型態理論似乎還有缺陷，因為阿圖塞意識型態國家機器只是強調單方面複製宰制的意識型態，卻忽視像巴赫汀指稱的離心力，阿圖塞即便誇稱意識型態有如社會水泥（social cement），能將社會緊緊凝固一起，但是這種單面向的觀點仍然無法解決意識型態與話語之間的矛盾。既然阿圖塞宣稱意識型態國家機器是階級革命的場域，面臨永無止境的階級革命，那麼試問：霸占優勢地位的意識型態，怎麼會面對（永無止境的）挑戰？怎麼會被受宰制者奪權？所以意識型態與話語之間的矛盾關係，務必尋求破解，才能進一步探討意識型態與話語之間的辯證關係。

　　費爾克拉夫繼而援引葛蘭西、巴赫汀、皮修、紀登斯和拉克勞與墨菲等人觀點，認為語言與意識型態、話語與意識型態之間具有辯證關係，一方面人們在日常生活話語實踐過程，日積月累被某種特定意識型態形塑，另方面人們日常生活話語實踐也蘊藏轉換、改變意識型態的能動性。

　　他認為，過去許多論點將意識型態視為結構特質，亦即意識型態以各種不同的形式置放在語言實踐裡，譬如將意識型態視為一種符碼、結構或形構（formation）等，此一做法的優點是顯示社會事件受限於社會傳統，但缺點是將社會事件視為只是社會結構瞬間發生的事情而已，也就是只關注意識型態形塑社會結構、影響話語實踐的面向，卻忽略話語實踐和社會事件也可能翻轉、改變意識型態的能動性。亦即只強調意識型態複製而非轉換的特質，所以費爾克拉夫質疑這種傳統論點無法全面關照意識型態與話語之間的辯證關係。

　　費爾克拉夫堅信，意識型態鑲嵌在話語實踐，話語實踐又是人們日常生活行動，所以意識型態潛藏或烙印在日常生活的話語實踐，話語的意指作用扮演關鍵的維繫、複製權力關係角色（Fairclough, 1992; Thompson, 1990）。意識型態對費爾克拉夫而言，它的意義就是服務權力（Fairclough, 1995b: 14），造就不平等宰制關係的產製、複製和轉化（Fairclough, 1992: 87; Chouliaraki & Fairclough, 1999: 26f）。

費爾克拉夫認為，意識型態以各種不同形式，透過語言嵌入社會各個層面，根本不用選擇特定場域，已遍布一切生活層面各種體制，紮實內嵌在人們日常生活的話語實踐，當它們演變成為人們自然而然的普通常識之時，就是意識型態發揮最大效用之際。殊值注意的是，明明占據優勢位置的意識型態卻毫不自誇、也不炫耀，反而刻意低調、掩飾、躲藏在話語實踐的幽暗角落，其幽微、隱晦、低調之程度，一般民眾根本毫無覺知、也無法察覺。

費爾克拉夫認為，意識型態是真實（reality）的意指作用，也是真實的建構，包括自然世界、社會關係、社會認同等。所謂真實就是透過意識型態，被建構成為話語實踐的各種不同形式和意義。此一觀點與湯普森類似，將語言和其它象徵符號的使用，視為意識型態，在特定情境下，用來建構並維繫宰制關係（Thompson, 1984, 1990）。批判話語分析學者認為，意識型態駐在文本裡（ideologies reside in texts），文本形式和內容烙印著意識型態的過程與結構，卻很難從文本將意識型態讀出來，因為意義是藉由文本的詮釋而產生，文本對各種不同詮釋採取開放立場，難免有些詮釋與既定意識型態並不相符，而且意識型態涉及人與人之間的互動過程，非僅僅涉及文本而已，若想單單透過文本分析獲得意識型態的理解，是不足的，儘管意識型態躲在文本裡，一般人卻很難從文本表面意義將它讀出來。

意識型態不僅建制過去事件的結果，而且也建制當下事件的條件，甚至建制過去與現在成為未來體制的一部分，在意識型態建制過程，主體被意識型態形構和定位，但是主體同時也可以創造性地在不同的實踐與意識型態之間進行各種構連，藉以重新建制、結構主體的定位。意識型態不僅是主體產製和詮釋文本意義的依據，更是框架主體話語秩序的牢籠，只是社會體制主體經常自以為他們對文本的產製和詮釋，都是自主決定，而非外求。這種將意識型態話語形構視為理所當然的景況，足見意識型態已經完全宰制了各種社會體制主體，只是它幽微隱晦低調，連被宰制的主體都毫無覺察、毫不自知。

費爾克拉夫認為，主張內容與形式二元分立的傳統語言學觀點，對意識型態而言是嚴重錯誤，因為意識型態完全宰制日常生活話語實踐的內容和形式，這些話語實踐的形式和內容協同一致傳承、維繫、穩固、擴張

既有的意識型態及其社會建構，可見意識型態無所不在，根本不分形式或內容，就是協同齊力宰制社會。意識型態竭盡各種手段，充斥在政治、經濟、社會、文化各個層面，既是社會結構的根基，也是社會事件的資源。意識型態既存在於鉅觀的社會結構，也存在於微觀的日常生活事件，這才是揭露、掀開意識型態神祕面紗的難處。因為在微觀的日常生活事件，它複製宰制的權力關係，藉由複製權力關係來維護、穩固既有社會建構、生活規範、傳統習俗和意識型態，並以一種歸順、自然化（naturalization）的累積作用，讓一般社會大眾習以為常，甚至認為理所當然的普通常識，毫不思索就直接表達在日常生活各個層面，做為社會互動的依據。儘管一般社會大眾天天都依循意識型態所建制的規則，來與他人進行社會互動，但是人們根本毫無知覺，因為在意識型態建制過程，各種潛規則都已經正規化成為一般民眾日常生活普通常識，人們早就習以為常，甚至認為是理所當然呢。

費爾克拉夫創建的辯證關係取向批判話語分析理論架構，雖然立基於阿圖塞意識型態理論，但是他反對阿圖塞主張意識型態獨霸觀點，批評阿圖塞誤以為人們只是做為意識型態的被動客體，而且也低估了人們的能動性（agency）。從上述費爾克拉夫援引阿圖塞意識型態理論，所闡述的話語與意識型態之間的關係，都只看到意識型態對話語實踐的單方面形塑作用，卻毫無任何雙方相互辯證的關係。相對地，費爾克拉夫更支持葛蘭西霸權觀點，認為任何意識型態難保永久霸權優勢位置，必須面對其它意識型態的挑戰，意識型態永遠處於爭霸狀態，而非穩定平衡狀態。

三、話語與霸權

霸權是葛蘭西（Gramsci, 1971）對西歐資本主義和革命策略的核心理念，它並非只顯現在經濟層面，而是以經濟為基礎，結盟各個社會層面，橫跨經濟、政治、法律、社會、文化、藝術等全面性意識型態宰制觀點，尤其在文化層面最受注目，它既可採取鎮壓強制手段，亦可透過意識型態手段，結盟或整合被宰制的附屬階級，贏獲人民同意，造就不可一世的霸權。但是霸權既非一夕之間即可輕易獲得，也非永世恆久都獨占霸權，而是不斷鬥爭，因為一切霸權都只是暫時性的穩定平衡狀態，只有爭霸才是

永恆不變的鐵律，只有鬥爭才是硬道理，葛蘭西這種霸權觀點對批判話語分析探討權力關係助益極大。

葛蘭西的霸權理論認為，除了軍隊、警察的國家機器鎮壓力量之外，透過非鎮壓的途徑，像教育、傳媒等，更具有意識型態宰制力道，而且讓被宰制的民眾毫無被宰制的感覺，這種宰制社會的霸權觀點，更值得警惕。國家機器集結政治社會和公民社會的力道，齊力宰制人民。在政治社會方面，軍隊和警察壓迫人民，屬於國家權力的公領域，而公民社會包括家庭、休閒、娛樂等則屬私領域或介乎公領域與私領域之間。公領域可用國家機器壓制，私領域則倚賴霸權，公民社會更是霸權的舞臺。葛蘭西這種公私領域的劃分，意謂著霸權無所不在，整個社會過程其實就是霸權鬥爭，也就是社會位置的鬥爭過程，它並非直接的、血淋淋的正面衝突，而是間接的、不動聲色，甚至靜悄悄的霸權爭鬥。

根據葛蘭西霸權觀點，霸權並非以鎮壓或高壓手段懾伏附屬階級或團體，而是透過結盟或整合方式，以一種隱晦幽暗、難以察覺的意識型態實體化（materialization）過程，落實在人們日常生活實踐，甚至讓被宰制者以為只是普通常識或言說社群共同的信仰和規範，毫無覺察自己被強迫或壓迫，甚至還自以為自己在決定自己的思想和行為呢！費爾克拉夫將這種現象稱為意識型態的歸順、馴化、自然化或主動化（naturalized or automatized）（Fairclough, 1995a）。

意識型態經常透過結盟或整合策略手段，舒減被宰制者的受壓迫感，尤其與半自主的體制結盟，更是意識型態鬥爭過程經常採取的策略手段，因為與半自主體制結盟，就是與半自主的權力關係結盟，一方面既可降低被宰制者的防範或敵意，另方面又可結盟對付當前的主要霸權，這種與半自主體制的結盟，也就是俗稱的聯合次要敵人打擊主要敵人的策略手段。

費爾克拉夫主張，霸權與話語是二元關係（dual relationship）（Fairclough, 1995a），也就是說，霸權與話語乃是一體的兩面，畢竟霸權就是透過日常生活話語實踐，才能展現霸權潛移默化、日積月累的宰制力量，日常生活話語實踐就是不斷產製、複製社會結構既存的權力關係和意識型態，包括透過新聞媒體公共論壇的對話，也只不過是以社會互動形式

來降低甚至麻醉人民的抵抗、反對力道，讓人民覺得國家機器都會遵照民主程序進行各種政策推動或改革，這種話語的自然化、歸順、馴化，更能顯現霸權長久以來的宰制模式，徒具互動形式卻乏實質的民主對話真諦，這也正是時下熱門的所謂不自由的民主政治形式。

葛蘭西霸權理論強調任何霸權未必可以長久霸占統治者位置，任何霸權都有可能被趕下臺，換上不同的新霸權。亦即，霸權並非永久均衡狀態，只是不穩定的平衡、充滿矛盾的短暫和諧狀態而已，所以葛蘭西霸權理論提供了不斷爭霸的基本思維，這是葛蘭西的霸權理論重點。費爾克拉夫認為，最能體現葛蘭西霸權理論不斷爭霸論點的話語，莫如文化霸權，任何社會裡任何霸權，從未存在所謂永久的霸權，都不斷面對新文化霸權形式或內容的爭霸，雖然不少文化霸權能夠僥倖存活並流傳下來，但其內容和形式卻已今非昔比，與原初面貌大異其趣。至於政治領域的霸權，更難永續留存。

費爾克拉夫將葛蘭西霸權理論運用到批判話語分析，指出霸權鬥爭就話語實踐而言，無非就是發聲、噤聲、再發聲（articulation, disarticulation and rearticulation）等爭鬥表現形式，而且社會結構與話語事件之間具有辯證關係，透過交互文本和交互話語展現話語爭霸。在話語爭霸過程，話語秩序是一個重要指標，因為話語秩序是話語爭霸的場域和話語爭霸的結果，透過話語秩序建構話語霸權。

霸權或新霸權經常處於矛盾、不穩定的短暫平衡狀態，所以開放提供各方勢力爭霸場域，不論何方神聖，只要能夠發聲，即便被噤聲，也要想盡辦法再發聲，藉以盤據話語權一隅，為了競逐話語權，務必不斷奮力前進，發聲、再發聲，窮盡洪荒力量讓己方的觀點可以轉換成為話語秩序，可以轉換成為（新）霸權。也就是說，要在文本產製和詮釋過程，不斷進行話語秩序的爭霸，不斷產製、複製己方的意識型態話語，才能夠在既有的話語秩序爭霸場域，占有一席之地，獲取話語權或話語威權，甚至雄霸話語秩序。

費爾克拉夫延續葛蘭西霸權觀點，認為話語與意識型態之間具有辯證關係。意識型態也好，霸權也罷，它們並非永遠霸占宰制位置，也無法永遠霸占宰制位置，而是不斷進行鬥爭，在鬥爭過程，意識型態不斷被結

構、被重構，亦即意識型態處於持續鬥爭狀態，不斷競逐霸權地位，這才是霸權的本質（Gramsci, 1971）。因為意識型態複合體本身夾雜許多同質與異質的元素，同質性固然有助維繫、穩固既有社會結構，但異質性則有助於啟動創新，甚至革命的契機。也就是說，透過交互文本和交互話語，話語事件能發揮相當程度的創新，為既有社會結構帶來跨界、跳脫既有規範的元素，撩撥一些異質元素，甚至忤逆既有規範，造就社會結構的革新、改變。所以，霸權鬥爭既有可能維護、複製既有權力關係，也有可能轉化、改變現有權力結構。

費爾克拉夫強調，權力關係永遠就是鬥爭關係，只要存在權力，就存在鬥爭，就像連體嬰無法分開。所以有學者指稱，意識型態的困境就是到底要如何面對話語爭鬥？包容它？還是遏制它？扼殺它？還是與它妥協？（Billig et al., 1988）。

貳、話語與社會變遷

1989 年《語言與權力》一書，雖已初具辯證關係取向批判話語分析雛形，但直到 1992 年的《話語與社會變遷》，才算為辯證關係取向的批判話語分析奠定紮實根基，但猶未使用辯證關係取向批判話語分析一詞，來指稱自己創建的獨特批判話語分析，而是指稱它為：文本取向話語分析（textually-oriented discourse analysis, TODA）。《話語與社會變遷》與《語言與權力》的主要差別，至少有以下幾點：

(1) 它闢專章討論傅科的話語觀點和話語秩序。

(2) 更紮實探討話語社會理論，確立文本、話語實踐、社會實踐三層次的理論架構。

(3) 專章討論互文性和互語性，對文本產製和詮釋的動態過程，有更深入解析。

(4) 不再像1989年《語言與權力》提供「懶人包」，而是嚴肅地進行批判話語分析。

(5) 最後，提供實務性的研究步驟，說明如何進行話語分析。

茲將費爾克拉夫對於話語與社會變遷的主要內容做簡要介紹於後：

一、話語的研究範疇

一般批判話語分析或話語分析學者對於話語的範疇採取比較寬鬆的態度，但是費爾克拉夫最初則採取比較狹窄的定義，將話語限制於口頭說的和筆頭寫的語言使用，並將話語視為社會實踐形式的語言使用，而非個人任何活動或情境變項的反映（Fairclough, 1992: 62）。

傳統語言學都會拿日常言說（parole）來和語言系統（langue）對照，延續索緒爾結構語言學觀點，但是費爾克拉夫不涉及系統的語言系統，而以日常言說做為研究對象。其實，費爾克拉夫對索緒爾結構語言學觀點也有所批評，認為語言使用，不論是語言系統抑或日常言說，都受社會形塑，並非個人自我創造，語言使用有其系統和結構，固然值得研究，至於到底是什麼讓語言使用成為系統、結構，更值得探究，這些因素並非語言自身，而是來自社會，亦即各種社會因素決定了語言的使用。

費爾克拉夫認為，傳統索緒爾語言學有兩個侷限：(1) 只是片面的強調語言如何根據社會因素，建構社會主體、社會關係和社會情境等「社會變項」，預先排除了語言使用其實也是建制和改變社會的可能性；(2) 固然這些「社會變項」與語言使用有關，但它們只是語言使用的社會情境表象，更為深層的語言使用本質，譬如階級與階級之間、階級與其它團體之間，如何在社會形構過程複製抑或轉換社會體制和社會結構，才是語言使用本質所在。

二、傅科的話語觀點

費爾克拉夫花費不少心血介紹傅科從考古學到系譜學之間話語理論的推進，並且將它與文本取向話語分析（TODA）（註：即後來的批判話語分析）結合起來，認為傅科的知識考古學是站在建構觀點，主張話語會建構知識、主體和社會關係，亦即著重建構知識領域規則的話語類型，到了系譜學，則將重點轉向知識與權力之間的關係。

傅科早在知識考古學時期，就認為話語與社會之間除了建構觀點也具有交互作用關係，因為文本既利用當代的文本，也利用歷史過去的文本，

也就是後來所謂交互文本性概念，畢竟話語實踐就是由諸多文本匯聚而成，所以任何文本或話語實踐，難免與其它文本或話語，或多或少具有交互文本（互文性）或交互話語（互語性）。

對於客體的形構，傅科認為話語的客體，是根據特定話語形構來建構和轉換，而非單憑隨便說說的話語就能獨立存在，而且話語形構的客體不斷變化，並非靜止不動的客體。話語形構客體的方式受到高度限制，因為話語形構的重要功能，就是交互話語關係，也就是傅科所謂的話語秩序（order of discourse），它牽涉到整個社會一切體制的話語形構。

到了系譜學，傅科將知識體系和真理體系歸結為話語規則和話語秩序，並聚焦於權力，從權力關係視角提出所謂生物權力（bio-power）觀點，意指現代社會的權力關係，就是將一切生活與其互相倚賴的機制都納入算計當中，於是讓知識／權力成為人類生活的代理人，就像當前最夯的大數據，就是將知識、權力、算計綜合起來，譬如當前民主政治透過施政、口號、形象塑造等各種手段，無所不用其極的選票算計，競選儼然成為一種新興產業，執政者甚至將國家機器當做競選工具，正是傅科批判的對象。

費爾克拉夫歸納傅科考古學和系譜學對於話語理論觀點的差異，認為傅科考古學將話語的焦點擺放在：(1) 話語的建構觀點：話語建構社會、客體、社會主體；(2) 互文性和互語性：將它們視為話語實踐的首要地位。至於系譜學，傅科對話語的觀點轉移至以下幾點：(1) 權力的話語本質：結合話語與知識的生物權力，基於科學數據，透過話語實踐，觀看現代社會生活面貌；(2) 話語的政治本質：一切權力鬥爭不僅發生在話語之內，也發生在話語之上；(3) 社會變遷的話語本質：話語實踐的改變，攸關社會變遷，是社會變遷重要因素。

對於實踐與結構之間的關係，基本上費爾克拉夫有別於傅科的看法，雖然傅科提出許多發人深省的話語秩序和話語形構觀點，但是對於話語實踐與社會結構之間的關係，並未明確指陳它們之間的辯證關係，費爾克拉夫特別強調兩者之間的辯證關係，務必從辯證關係視角進行批判話語分析，才能揭露潛藏的權力關係和意識型態。

參、話語秩序

一、話語秩序與社會體制

　　話語秩序一詞是傅科所創（Foucault, 1971），費爾克拉夫深刻體會傅科以話語秩序做為知識、權力、意識型態的核心支柱，將它運用到批判話語分析並做為辯證關係研究取向的核心觀點。

　　費爾克拉夫將話語秩序界定為：特定社會領域使用的所有類型與話語型態的總合，亦即社會體制是一切話語實踐的總體（Fairclough, 1992, 1995a, 1999, 2010）。

　　在解釋話語秩序的意涵之前，有必要先弄清楚費爾克拉夫辯證關係取向批判話語分析的理論架構，他認為社會過程就是結構、實踐與事件三個社會真實層次之間的交互作用。其中，話語實踐扮演抽象鉅觀社會結構與具體微觀的社會事件之間的中介平臺，至於各種社會體制、社會場域、社會組織等，無非都是話語實踐網絡建構而成，用白話說，這些社會體制、社會場域和社會組織都是話語實踐操作的場域或平臺，亦即這些社會體制、社會場域和社會組織既是話語實踐所建構之領域，也是話語實踐所運作之場域。

　　話語秩序就是建構這些社會體制、社會場域和社會組織的符號學層次概念，也就是說，話語秩序就是躲在話語實踐背後發號施令，真正建構這些社會體制、社會場域和社會組織的主導者。話語秩序透過人們日常生活社會實踐來指導如何建構社會體制、社會場域和社會組織，人們生活一切層面的話語實踐，都受到話語秩序的指揮。

　　話語秩序具有幾項特質：(1) 話語秩序是一種系統，但不是結構主義那種系統概念；(2) 話語秩序既是結構，同時也是實踐；(3) 它能從其它話語和類型引進創新的、異質的話語和類型，藉以轉化、改變現存既有的話語秩序；(4) 話語秩序並非永遠定型不變，當引進不同的話語和類型時，現有的話語秩序就有可能遭到轉換、改變（Fairclough, 1992: 72）。

費爾克拉夫雖然援用傅科的話語秩序觀點，但是費爾克拉夫後來另創新詞：成員資源（member resources）（Fairclough, 1992: 72），來展現話語秩序的具體內涵，也就是當一般人隨時可以朗朗上口的話語實踐，主要就是因為它已經儲存在人們的話語資源庫，非常方便擷取，其實它的背後就是話語秩序。所以成員資源或話語資源，似乎比話語秩序容易理解。而話語資源又與語言學的意義潛勢、可能性，概念相當接近，都是意指在諸多資源當中，挑選適當合宜的話語。

費爾克拉夫認為，話語和實踐都是社會日常生活的類型，都受到社會習俗制約，也受到話語秩序制約，這裡所指涉的話語與實踐，其實是指涉語文符號與非語文符號兩個層面，畢竟人類日常生活也含括語文符號的話語實踐和非語文符號的具體行為實踐兩個層面。

話語秩序就是社會秩序的一種形式，因為分工的必要，社會劃分為許多不同的體制，各個體制內各有其不同的秩序和規範，內嵌在各個社會體制，整個社會彙總起來也有其共同的社會秩序，話語秩序基本上屬於社會體系和社會體制層級的社會秩序，雖然它與一般大眾日常生活實踐息息相關，卻又頗具抽象層次，人們通常難以瞭解這些層次的作用和效應，再加上它們隱晦不透明的因果過程，總難讓人察覺它的存在，就像隱形人似的，幽游於社會結構和日常話語實踐之間，卻主導、宰制了社會體制與人們日常話語實踐。費爾克拉夫將話語秩序和各種社會體制連結在一起，譬如教育、司法、媒體、醫院等，話語秩序能夠跨越不同的體制藩籬界線，發揮話語秩序宰制社會結構和社會體制的能量。

費爾克拉夫也將話語秩序與布迪厄的場域概念等同看待（Chouliaraki & Fairclough, 1999: 101）。布迪厄認為，社會包含各種不同場域，這些場域都被「權力場域」建構，以特殊的網絡關係彼此連結在一起。場域就是在特定社會邏輯之下一種相對自主的社會領域，人們在此一領域之下，為了達成特定目標而努力奮鬥（Bourdieu, 1990）。畢竟人們都是為了自身的社會位置在努力，他們的社會位置和身分都是被這些目標的距離所決定。

費爾克拉夫將話語秩序視為話語爭霸場域，各種不同的話語和類型就在話語場域中進行話語秩序的霸權競逐，因為語言使用、話語和類型，都是溝通資源，這些資源都受話語秩序的控制，只有在特定話語秩序之下，

才會產生某種特定話語及其類型，更重要的是，話語秩序界定什麼能說、什麼不能說。只是布迪厄低估了話語在相同場域和不同場域中，彼此相互鬥爭的角色（Chouliaraki & Fairclough, 1999）。

費爾克拉夫將話語秩序運用在批判話語分析對於話語的決定因素，一般認為話語是由社會結構和產製話語當下的社會情境所決定，其實話語是被話語的底蘊傳統所決定，而這些話語傳統，也就是話語秩序，鑲嵌住了意識型態（Fairclough, 1989: 17）。亦即，話語係由社會體制的話語秩序所決定，話語秩序是與社會體制相關的各種傳統，肩負話語形構和話語產製的重責大任。話語秩序與社會秩序極其類似卻又不盡相同，社會秩序指涉許多不同型態的實踐和實際具體的實踐，相對地，話語秩序也有各種不同的型態和實際的話語。

二、話語秩序與話語爭霸

費爾克拉夫認為，話語秩序與話語實踐、話語秩序與話語事件（即文本）之間都具有辯證關係（Fairclough, 1992: 96），亦即將話語秩序定位在鉅觀抽象的話語結構層次，至於話語事件或俗稱的文本，則屬具體微觀層次，話語實踐則是產製文本和詮釋文本的動態過程。

就話語爭霸而言，日常生活的話語實踐和話語事件就是爭霸的起始點，任何意圖從事話語爭霸者，只能一步一腳印，務必落實在微觀的日常生活話語實踐，不斷發聲、再發聲，不斷進行話語爭霸，才有可能在話語秩序爭霸過程占有一席之地，取得話語權，日積月累進而影響鉅觀的話語秩序，讓人們接受新的理念和新的話語霸權。

費爾克拉夫主張務必改正傳統語言學不重視話語秩序的錯誤觀點，應該重視意識型態深入話語秩序和話語實踐的事實和重要性，不能只關注意識型態對於個人表面言行的影響而已，更應該關注意識型態全面性深入人們日常生活話語實踐，尤其是對整個社會體制的話語秩序的重大影響。

最能彰顯意識型態者莫如話語秩序，它展現意識型態就是一種過程、一種轉換、一種流動。意識型態非僅不易掌握，也不易捕捉，它駐在文本、話語、日常生活實踐，卻非常輕易地就被政客或普羅大眾朗朗上口地

使用、利用，姑不論是有意識或無意識，都相當程度發揮意識型態巨大功能。所以費爾克拉夫認為，從文本、話語實踐和話語秩序的層層剖析，才能捕捉意識型態，不論它多滑溜、多幽微、多隱晦、多曖昧。

話語秩序利用各種不同的話語類型，在各種話語類型的實踐過程，置入話語秩序，因而也置入各種權力關係和意識型態。意識型態會將權力和權力關係投射在各種話語實踐，將權力或權力關係，甚至不平等的權力差異關係，讓人們覺得是一種習以為常的普通常識，甚至是一種普世現象，藉以建構優勢霸權的社會權力關係。此時，就可清楚看到權力關係和意識型態，它們掌控話語秩序，並且透過話語秩序，將一切運作正當化、合理化，甚至合法化，因而維繫並穩固既有社會結構和不平等的權力關係。

費爾克拉夫認為，並非所有權力關係都可以一眼看穿，它通常隱藏得很好，不易被人們發現它們的存在，尤其是媒體話語，基於所謂新聞價值，業者宣稱是專業抉擇，但是無論選取或捨棄任何一則新聞，或者決定採訪哪一個消息來源，其實都是一種權力關係的抉擇，不僅展現媒體組織對社會現有的各種權力關係的中介和再現，而且也突顯媒體對當前不平等的權力關係和意識型態的態度。對媒體而言，遂行不平等的權力關係根本就是媒體的專業例行常規（professional routine）。（本書第十章有更詳細解說）

第二節
辯證關係取向批判話語分析的理論架構

壹、辯證關係取向的理論架構圖

一、費爾克拉夫的理論架構圖

對於辯證關係取向批判話語分析的理論架構，費爾克拉夫提出三個層次觀點。最早於 1989 年《語言與權力》，提出文本、互動和語境三個層次，

做為辯證關係取向批判話語分析的理論基礎（Fairclough, 1989: 25）。

費爾克拉夫在 1992 年《話語與社會變遷》書中，將互動層次修訂為話語實踐，也將語境層次修訂為社會實踐，讓理論層次更為分明，立論更為紮實（Fairclough, 1992: 73）。

1995 年費爾克拉夫在《批判話語分析》（1995a），除了將第二層次話語實踐中的文本產製、散布與消費，修訂為文本產製與消費之外，並將第三層次的社會實踐改為社會文化實踐（Fairclough, 1995a: 59），藉以增加鉅觀層次的廣度和深度。

2010 年費爾克拉夫再版《批判話語分析》（2010），除了將第二層次話語實踐修訂為產製過程與詮釋過程之外，並將第三層次的社會文化實踐內涵加註情境的、體制的和社會的語境（Fairclough, 2010: 133）。

費爾克拉夫逐次修訂的批判話語分析架構圖裡的精髓單元，可分別比較如下表：

表 6-1　費爾克拉夫辯證關係取向批判話語分析理論層次歷年修訂比較			
出版年	第一層	第二層	第三層
1989	文本	互動（產製過程、詮釋過程）	語境（產製與詮釋的社會條件）
1992	文本	話語實踐（產製、散布、消費）	社會實踐
1995a	文本	話語實踐（文本產製、文本消費）	社會文化實踐
2010	文本	話語實踐（產製過程、詮釋過程）	社會文化實踐（情境、體制、社會）

資料來源：Fairclough（1989: 25, 1992: 73, 1995a: 59, 2010: 133）

但必須交代的是：費爾克拉夫此處所謂的情境的（situational），與范迪克社會認知研究取向批判話語分析裡所指涉的情景（situational）不同，范迪克所指的情景，是針對心智模式的情景模式（situational model），係屬微觀層次溝通事件的情景，而費爾克拉夫所指的情境概念，應該屬於鉅觀抽象層次社會文化實踐的語境。

為節省篇幅，本書只繪出費爾克拉夫最後提出的理論架構圖如下：

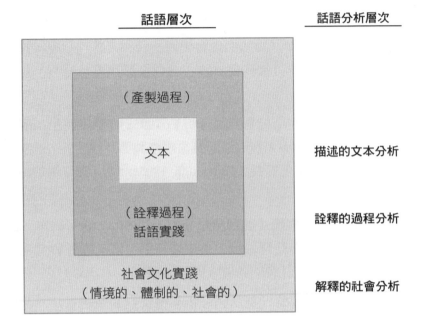

▲ 圖 6-1　費爾克拉夫辯證關係取向批判話語分析理論架構與研究架構圖

資料來源：Fairclough（2010: 133）

二、本書提出的圓形概念圖

　　費爾克拉夫辯證關係取向批判話語分析架構圖，原本是三個方方正正堆疊圖形，如上述第一次至第四次提出的理論架構圖所示，但這些圖形看來像是堅若磐石的層層堆疊，完全無法再現費爾克拉夫宣稱三層次之間相互流動的理念，更難彰顯各個層級之間的辯證關係，所以筆者擬以圓形或橢圓形取代方正圖形，並以流動箭頭穿梭各個層級，藉以彰顯三層次之間彼此滲透流動的交融辯證關係。如下圖 6-2 所示：

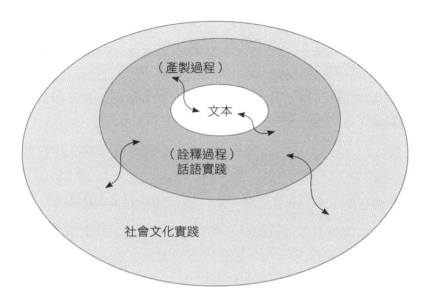

▲ 圖 6-2　費爾克拉夫辯證關係取向批判話語分析三層次新模式圖

資料來源：本書自創，內容則參考 Fairclough（1995a, 2010）

貳、辯證關係取向的三層次理論架構

　　費爾克拉夫在 2009 年〈辯證關係取向批判話語分析〉論文，直接指稱他的批判話語分析著重辯證關係（dialectical-relational approach to critical discourse analysis）（Fairclough, 2009），因而確認辯證關係研究取向（DRA）批判話語分析的稱號。

　　費爾克拉夫辯證關係取向的理論架構含括微觀、中觀至鉅觀三個不同層次。在微觀層次是文本分析，以修辭學、語法學、語用學和引論等語言學結構分析為重點，費爾克拉夫稱之為描述的文本分析層次。在中觀層次，針對的是話語實踐，以話語的產製、複製、消費和詮釋為重點，費爾克拉夫稱之為詮釋過程分析層次，尤其透過交互文本和交互話語的交互文本分析乃是其特色，此乃費爾克拉夫首創的研究策略和方法，藉以做為辯證關係分析的基礎。在鉅觀層次，則是藉由交互文本分析所獲得的話語秩序，落實在文本與結構、話語與社會文化層面之間的辯證關係，費爾克拉夫稱之為因果解釋的社會分析層次。

費爾克拉夫的理論架構，融合了韓禮德系統功能語言學、巴赫汀類型觀點和對話理論、葛蘭西霸權理論和傅科話語理論等各種語言學和社會學理論。其中系統功能語言學主要用來分析文本功能，巴赫汀的類型理論主要是用在話語實踐，傅科的話語秩序觀點主要用在交互文本和交互話語分析，而葛蘭西的霸權理論則用在社會文化實踐方面。

此架構將三個分析傳統同時並置，每一個都不可或缺，這三個分析傳統分別是：

(1) 語言學傳統的文本分析與話語分析：以韓禮德的系統功能語法學為主。

(2) 詮釋學和微觀社會學傳統的話語實錄分析：包括民族誌學和交談分析，詮釋日常生活實踐共享的普通常識背後的互文性與互語性及其話語秩序，藉以做為後續辯證關係分析基礎。

(3) 鉅觀社會學分析傳統的辯證關係分析：聚焦在社會文化實踐的意識型態以及文本與社會文化實踐之間、話語實踐與社會結構之間的辯證關係。

在微觀或詮釋學傳統的觀點而言，著重的是一般民眾日常「所做」、「所為」及其依循的「規則」，到底人們所認為和理解的「外在世界」為何？這些微觀資料必須與話語實踐的社會認知過程結合起來，所以這些微觀生活實踐就會與中觀的各種語境與鉅觀社會學觀點的社會結構和權力關係結合在一起。從一般民眾平日「所做」、「所為」的日常生活實踐，都可窺見權力關係和意識型態的互文性和互語性，其實它就是社會結構、權力和意識型態的鬥爭過程和鬥爭結果所彰顯的話語秩序，所以這三個分析傳統緊密交織無法切割。

費爾克拉夫所提批判話語分析三層次的理論架構，包含文本、話語實踐和社會文化實踐三個層次。其中最底層的文本，就是吾人日常的說話或書寫的語文，而文本分析最主要是針對語言的形式和意義的分析，它們彼此之間相互倚賴，任何一個文本既是個人經驗與其對所處外在世界的再現及其意指作用，而且也是個人對自我認同和社會關係的建構、複製和協商，所以任何一個文本都可能是概念的、人際的和文本的三種語言功能的層層交疊。

第二層級的話語實踐分析，關切的是參與者的文本產製和文本詮釋的動態過程，涉及權力宰制者產製了什麼文本？如何產製這些文本？被宰制的消費者如何詮釋這些文本？主要聚焦於話語實踐的互文性與互語性，以權力宰制者產製的文本和被宰制詮釋的意義所涉及的互文性和互語性做為分析焦點，深入剖析在話語實踐過程展現的話語秩序權鬥動態過程。

第三層次的社會文化實踐，是將社會文化實踐指涉整個社會體系的各種社會體制和社會組織，包括歷史語境、社會語境和文化語境等有關權力關係和意識型態等深層問題，並同時關注文本或話語實踐與歷史語境、社會語境、文化語境和體制語境之間的辯證關係。在這裡，費爾克拉夫後來也接納渥姐克話語－歷史研究取向批判話語分析的觀點，將歷史語境一起納入第三層次分析（Wodak, 2001）。

第三節
辯證關係取向批判話語分析的理論層次

壹、文本層次

第一層次的文本，以語言學形式、結構和意義做為研究對象，包括語音、語彙、語意、語法、語用、連貫性、文本結構等都屬分析項目（Fairclough, 1995a: 57），首重文本自身的解析，再從文本及其意義潛勢，釐清文本與其交織的網絡，構連文本背後的語境，藉供後續探究文本潛藏的權力關係和意識型態的基礎，係屬語言學分析為主的微觀文本分析。

費爾克拉夫結合傅科的話語再現、關係和認同三種建制力與韓禮德系統功能語言學三個語言元功能觀點：概念的、人際的和文本的功能，做為批判話語分析三層次理論架構的文本層次的根本理論基礎，並且延伸韓禮德觀點，從人際功能衍生出認同功能和關係功能兩種屬於人際功能的附屬功能。所以，文本不僅具有描述性的人際功能，而且具有建制人際社會關係的功能。（有關費爾克拉夫的語言建制功能與韓禮德的語言元功能之間的比較，請參見本書第四章第二節）

從事批判話語分析的學者，對於文本範疇各有不同見解，費爾克拉夫早期以口說和書寫文本為主（Fairclough, 1992, 1995a, 1995b），後來也含括其它相關社會文化符號文本，如大學招生廣告（Fairclough, 2006, 2010）。

一、文本與文本交織

在文本分析層次，費爾克拉夫主張要將文本從傳統語文符號的文本層次，提升至文本交織（texture of text）層次。從中文較難看出兩者差異，英文就可清楚看到文本和交織網絡之間的差異和思維層級的不同，它不僅分析表象語文符號，更要關注符號背後綿密交織的交互文本和交互話語，以及語文符號與其它非語文符號領域之間隱晦不明的語境網絡關係，尤其交織網絡之間（intertextual）綿綿密密的關係，更能帶出批判話語分析關切的互文性和互語性（Fairclough, 1995a: 4）。

就批判話語分析而言，「文本」不應侷限於書寫或口說的語文，更應關注文本與其背後或者與其它社會、文化、政治、經濟等各種隱晦不明的綿密語境網絡關係。也就是說，文本分析不宜限圍於表象文本內容的詞彙、語句、語法結構等分析，更要超越語句、超越文本，重視文本與其它社會體制語文符號和非語文符號社會實踐的交織網絡，才能揭露文本隱藏的權力關係和意識型態，而且此對後續辯證關係分析至關重要（Fairclough, 2003）。

不論文本中任何角色的在場或缺席，都是研析對象，尤其不在場的缺席者，反而經常是不平等權力關係的宰制者，所以不論是再現對象、參與者類型、參與者關係、認同建構等，對於在文本當中缺席，甚至刻意隱藏的特定角色，務必更加嚴格審慎以對。文本表象的符號形式，是可見的在場，但是不在場（absence）通常比在場（presence）更為重要，因為不在場的才是在場的預先建構（prestructed）和前提（presupposition）。不在場的，才是真正宰制者；在場的，只是替身或鷹狗，通常只是受宰制者。不在場的，是刻意隱藏的宰制者，在場的，只是公開的表態者。不在場的，是霸權的一方，在場的，只是權力代辦或是被壓抑的另一方。這些不在場的、預先建構的，是批判話語分析的旨趣所在，雖然不在場，卻早已出現在其

它文本，並且透過其它文本預先建構了當下這個文本，所以如何揭露不在場、預先建構的各種社會權力關係和意識型態，遂成為第一層次文本分析的基本功力（Fairclough, 2010）。

譬如最通俗的交談分析（conversation analysis），不論是師生交談或醫病對話，從最基本的輪次（turn-taking）說話的禮貌，就看到只有老師和醫生可以隨時插話，卻不容許學生或病患插嘴，只要學生或病患插話，就被視為頂嘴，都不是師生關係或醫病關係所樂見的舉動。從交談分析這種小小細節，就可約略看到社會權力關係無形力量的存在，只是長久以來，這種不平等的權力關係，都被視為基本的社會禮儀或者是對專業知識最起碼的尊重，都認為是師生之間、醫病之間理所當然、人盡皆知的基本道理和行為準則。

費爾克拉夫認為，這種被一般社會大眾認為理所當然的言行準則和規範，它就是語言可變的適當性（appropriateness of language variability），它與韓禮德系統功能語言學強調的語言選擇的可能性、語言潛勢、意義可能性、意義潛勢（potential meanings）可謂如出一轍。就語言學而言，此即所謂意義潛勢的選擇，就費爾克拉夫而言，這就是話語秩序。人們就是依據話語秩序所規範的準則，產製適當的語言文本，來與他人進行社會互動。

二、文本分析與系統功能語言學

在第一層次的文本分析，與韓禮德系統功能語言學有密切關係，費爾克拉夫認為文本就是一種社會空間，它同時具有兩種社會過程：(1) 對世界的認知和再現；(2) 社會互動。它牽涉三種成分：認知、再現、社會互動，緊密對應系統功能語言學所指稱的語言三種元功能。

文本再現吾人認知的世界，文本就是吾人認知世界的依據，社會大眾彼此互動主要都是藉由說話或書寫的語言文字或其它符號形式的文本，尤其社會互動過程更能顯現彼此的人際關係，甚至包括互動的情景語境和歷史文化語境，也都會在社會互動的人際關係及其使用的語言文本中顯現出來。

至於語彙方面，任何文本裡的語彙，基本上都是一種語義潛勢（potential meanings）的選擇，之所以會選用特定語彙，而不使用其它語彙，除了社會

互動現場情景的因素之外，當然也會受到語言、歷史、社會和文化語境的影響。所以文本除了系統功能語言學所指稱的概念功能、人際功能之外，還兼負相當奧祕幽微的歷史、社會與文化元素。

在文本連貫性方面，基本上要以句法學為審視判準，再加上修辭學、語義學和語法學等結構元素，逐句仔細檢視，尤其是政治話語，參與者通常會採用異質性元素，在文本中試圖轉變立場、調整政策、蠱惑選民，因此上下文是否具有連貫性，遂成為文本分析的重點。比文本連貫性更為根基的就是文本的篇章結構，篇章結構向來是文本分析的重要單元，尤其對於批判話語分析，也是不可輕忽的重點。

但批判話語分析並非侷限於文本，光憑文本無法釐清文本與社會文化結構之間的關係，後續必須兼採微觀和鉅觀、兼顧具體與抽象、兼具建制與被建制、形塑與被形塑的辯證關係，才能真正釐清文本與結構、話語實踐與社會文化結構之間的錯綜複雜關係。

貳、話語實踐層次

第二層次的話語實踐包含文本產製和文本詮釋兩個面向，話語實踐並非與社會文化實踐對立，話語實踐乃是社會文化實踐的特別形式，話語實踐乃是介乎文本與社會文化實踐之間的中介，務必將它構連文本與社會文化實踐，才能達到批判話語分析的目的。

費爾克拉夫認為，話語的建制力，既具傳統性，也有創新性，它既能複製、維繫、穩固社會，也可以轉換、改變社會，所以話語與社會結構具有辯證關係。但也有三個但書：(1) 話語實踐一定會面對真實且具體的社會體制，譬如家庭體制對於親子關係的話語實踐，一個簡單的（語文符號的）對話或（非語文符號的）互動，都洋溢抽象鉅觀與具體微觀兩者兼具的話語實踐與社會文化實踐現象；(2) 至於話語建制效果，既可能獲得其它實踐的支持，也可能遭逢其它實踐的反對，譬如青年的穿著和交友等行為面向，雖有同儕的支持，卻常遭父母反對；(3) 話語建制必須發生在話語與社會結構的辯證關係裡，亦即發生在特定的權力關係和意識型態鬥爭裡，話語建制力絕非憑空發生，而是展現在具體的社會結構裡。

　　傳統話語分析只關注鉅觀的社會文化實踐建制微觀的話語實踐，但是費爾克拉夫不僅關注社會文化實踐可能被話語實踐所建制而成，而且也關注到社會文化實踐同時形塑話語實踐和非語文符號的社會實踐。

一、文本的產製與詮釋

　　第二層次的話語實踐，曾聚焦於文本的產製、散布和消費過程（Fairclough, 1992），後來精簡為文本產製與文本消費，也就是文本的產製與詮釋的動態過程（Fairclough, 1995a, 2003, 2010）。文本的產製與消費詮釋，都涉及主體個人認知過程。某些特定社會認知，對社群成員而言，只是潛移默化地將它們內化並融入日常生活文本的產製、接收、詮釋和對應。但是，費爾克拉夫認為，文本的產製和消費詮釋，其實是一個複雜的動態過程。

　　費爾克拉夫認為，文本的產製和詮釋動態過程，受到兩方面的社會限制。第一個方面，受限於社群成員有限資源，即所謂成員資源（member resources）（Fairclough, 1992, 2010），亦即當事人的文本產製與詮釋，端賴其社會位置與社會文化資本而定，居處不同社會位置的成員，各擁不同的社會文化資源，高端的宰制階級和掌權者擁有充分社會文化資源，不僅宰制不平等的權力差異關係，而且擅長以隱晦曖昧不明的話語隱藏他們的宰制霸權，他們的文本產製，愛怎麼說就怎麼說，甚至以美麗辭藻包藏禍心；相對地，受宰制的底層社群成員卻是資源有限，只能默默備受欺壓宰制，乖乖地、吭都不吭一聲地內化這些不平等的社會結構、社會規範和話語秩序等，做為他們日常生活實踐的依歸。

　　第二個社會限制方面，文本的產製和詮釋也受限於社會實踐本質，某些特定社會實踐會決定哪些成員的資源成分可以利用，以及如何利用。位處社會高端成員，不僅擁有充分社會資源，更掌握進出（access）這些社會資源的管道，這批人當然清楚哪些資源可以利用、如何利用，位處底層的成員基於各種社會資源的匱乏，根本毫無可能接近，更甭談進入這些社會資源。以國會遊說為例，就容易理解這個概念，遊說團體既可直接與國會議員互動，又掌握如何影響國會立法權，而一般庶民只有在電視畫面上看國會議員表演的份。

他認為，文本的產製與詮釋消費，若只是複製例行性、制式的產製和詮釋過程，那麼就是同質性的複製、維繫、穩固、傳承既有的權力關係、意識型態和社會結構；如果文本的產製與詮釋消費，是創新的、異質的、多元的，那麼就有可能發揮組織成員的能動性（agency），進而轉換、改變，甚至革命既有的權力關係、意識型態和社會結構。

費爾克拉夫援引巴赫汀的對話理論觀點，認為文本的產製具有兩種特質，一方面是重複的，另方面是創新的。文本的重複特質就是複製、維繫、穩固、傳承既有的權力關係、意識型態和社會結構，文本的創新則是轉變、轉換、創新、革新既有的權力關係、意識型態和社會結構，甚至可能帶來重大社會文化變遷。前者文本的重複特質，就是巴赫汀對話理論所謂同質性、向心力，後者文本的創新特質，就是對話理論所謂的異質性、離心力。

至於文本消費，他認為文本在不同的社會情境下被消費，一部分是因為它的詮釋適用於某些人，另部分則是因為這些詮釋模式相當方便隨手可得。文本消費詮釋就像文本產製，有些是個人化的，像情書；有些則是集體性的，像共同記憶、公共檔案。有些文本被記錄下來、一再轉錄一讀再讀；有些根本都不記錄，隨手拋棄。有些文本轉換成為其它文本，像政治演說、教科書。許多體制對於處理文本具有例行常規，像醫生診斷轉換成病歷，或者新聞媒體將社會事件轉換成新聞報導。

對於文本的散布，是費爾克拉夫早期的觀點，因為傅科在話語理論曾提及散布，但後來被費爾克拉夫刪除。之所以刪除「散布」，主要就是因為「散布」無非就是多數閱聽人的消費與詮釋特定文本的結果，但是分析散布過程，比較接近量化研究取向，並非批判話語分析主軸，所以後來被費爾克拉夫刪除。但可以理解，之所以會廣為散布並被社會大眾接納，成為一般大眾的社會互動依據，不論是當事人有意識或無意識的話語實踐，都明證某種權力關係或意識型態已然成為社會互動的泉源。

二、文本與語境

文本產製和詮釋的動態過程，必須借助對於「語境」的掌握，語境

有時走在文本之前，有時走在文本之後，語境可分情景語境（context of situation）、社會語境、文化語境和歷史語境等不同層次，最低層次的情景語境，就是文本產製與詮釋當下的場景，對文本產製與詮釋具有莫大關係。其次社會語境，就比較深遠，譬如組織、團體、社群的共同規範、習俗或信仰等，對個人的文本產製與詮釋也有相當程度的影響，譬如俗話所謂「關係」和「面子」，就是人際互動要顧及社會關係，因而有所顧忌或有所保留。

比較深層的文化語境，譬如各種社會體制都各有一套獨特的話語形式和話語儀式，像家庭、教育、司法、宗教等，在各個體制之下，各自擁有不同的文化語境，都是長久遵循和保存下來的社會互動規範和儀式，在這些社會體制之下的話語實踐，當然都得按照既有規範、制式常規和信仰價值等運作，有的可能只是行禮如儀，有的則是嚴守專業價值和信仰，對抗外來一切壓力，像新聞界就常以制式常規和專業新聞價值抵抗來自各方的壓力。更深遠的歷史語境，它是社群的共同信仰，也是社群共同尊奉的價值，歷史語境隨時隨地自然流露在文本產製與詮釋過程，只是當事人或有意識或無意識覺知它的存在而已。

這裡的情景語境和文化語境等觀點，基本上是借用系統功能語言學的開創始祖馬林諾斯基和弗斯的觀點（Firth, 1935; Malinowski, 1923），請參見本書第四章。至於歷史語境，則是參酌渥姐克話語－歷史研究取向批判話語分析的論點，本書第七章有詳細說明。

費爾克拉夫也從語言學觀點，以力道和連貫性（force and coherence）兩個概念，探討文本產製和詮釋的動態過程。文本的「力道」部分，它通常屬於行動的一部分，屬於人際之間的意義，檢視什麼被社會性地使用，什麼「說話行動」被拿來當做「表演」，像命令、提問、承諾、威脅等。所以「說話行動」有直接的和間接的「力道」，語境不論是對直接的或對間接的力道，都有其影響力，語境既可減弱說話行動力道，讓原本意圖鮮明的說話行動變得閃爍其詞撲朔迷離，也可強化說話行動力道，選擇氣勢磅薄的潛勢意義。

至於文本的連貫性，費爾克拉夫認為，文本產製和詮釋通常是以多層次過程再現，而且是一種由下而上結合由上而下的過程，底層分析著重文

字和聲音如何組構成句子，上層分析著重句子的意義和整個篇章的連貫性等。上層單位的意義部分來自下層單位的意義，這就是由下而上的詮釋，有些詮釋則是形塑下層單位的意義，這就是由上而下的詮釋。而文本的產製和詮釋，基本上是部分由上而下、部分由下而上共同組成（Fairclough, 1992: 81）。

既然第二層次的話語實踐是介乎微觀文本與鉅觀社會文化實踐之間的中介平臺，那麼在話語實踐這個中介平臺上，就同時匯聚微觀分析和鉅觀分析，譬如談話分析基本上是一種微觀分析，著重參與談話雙方話語資源的文本產製與詮釋，但是此一微觀分析必須與鉅觀的語境構連，才能確切瞭解參與者雙方所各自擁有的話語資源的本質，各自倚賴什麼話語資源，產製什麼文本？如何詮釋文本？對於這些話語資源和話語秩序，到底是規範性或創新性的利用這些話語資源？如果是規範性，那麼受到什麼社會結構或意識型態的壓抑或宰制？若是創新性，那麼它試圖轉換和改變當前局面的自覺和自主空間，到底有多大的可能？

三、互文性與互語性

費爾克拉夫界定交互文本或稱互文性（intertextuality），是指任一文本與其它文本交織，若非是其它文本的延伸，就是導入其它文本，或者從其它文本導出。它具有幾種特質：

(1) 所有溝通事件都建基於先前的事件，所有的文本都建基於先前的文本，無人能避免使用先前的、別人的或其它的文本。

(2) 在同一個溝通事件，不同的話語或類型可能同時交織在一起。

(3) 所謂鮮明交互文本，是指某一文本明顯建基於其它文本，但隱晦交互文本則曖昧不明。

(4) 交互文本既指涉特定歷史語境對某一文本的影響，亦指涉某一文本對歷史語境的作用，因而造就歷史發展和變遷（Fairclough, 1992: 102; Kristeva, 1986: 39）。

費爾克拉夫認為，文本分析可分為語言學文本分析和交互文本分析兩種層次，前者屬於傳統文本分析，只針對文本的語言學句法結構，後者則屬於

批判話語分析。傅科探討話語形構指出，沒有任何一個陳述語句與他者具體化毫無干係，任何話語不論口說或書寫，其實都是交互文本，都被其它文本的某些成分所建構。所以除了語言學文本分析，更要針對話語的使用及其背後深藏的話語秩序進行交互文本分析，藉以窺見社會和歷史對文本產製和文本詮釋的影響脈絡。

交互文本分析會涉及傅科話語秩序和巴赫汀對話理論與類型分析，它們不僅會觸及社會歷史和語言歷史，而且與社會、歷史資源也具有辯證關係，所以文本會以重音讀出類型，而類型也會混雜在文本裡（Baktin, 1986: 65）。文本會重新界定社會關係，也會重新建制社會認同和自我認同，當然也會重新建制知識和意識型態。所以文本和交互文本，就是透過各種語言的基模組（schemata），把蘊藏的意義、社會、歷史、知識和意識型態等混雜其中。

克里斯蒂娃在討論交互文本時指出，互文性既能將歷史置入文本，亦可將文本置入歷史（Kristeva, 1986: 39）。所謂「將歷史置入文本」，是指文本吸收過去，並且從過去文本中產製出來，亦即文本成為建制歷史的重要加工品。至於「將文本置入歷史」，則指文本在回應、定調、再定調、產製、複製過去的文本產生過程，不僅協助瞭解歷史、書寫歷史，並且扮演詮釋歷史、框架歷史的角色，甚至藉由歷史形塑現在和未來。正如歐威爾在《1984》所言：現在的掌權者決定歷史，歷史決定未來。

克里斯蒂娃提出文本空間的水平軸和垂直軸概念，認為文本空間彼此相互穿插交會。所謂水平軸，就是屬於作者與讀者的文本。所謂垂直軸，就是指文本導向外在文本或文體。她並提出文本空間的三個層面：書寫的主體、讀者、外在文本，三者在共同座標上相互對話。她認為，每個文本都被其它文本所形構。所謂其它文本，包括讀者曾經閱讀過的文本，以及讀者所處的文化語境。因此交互文本，也就是當下所閱讀的文本、讀者曾經閱讀過的文本，以及讀者自己所處的文化語境三者的交互穿插交會所形構而成。很明顯地，克里斯蒂娃將當下文本與各種相關語境交織而成交互文本。

巴赫汀使用交互語言學（translinguistic）（Bakhtin, 1935/1981），而非交互文本一詞，但學界咸認交互文本觀點出自巴赫汀迨無疑義。從巴赫汀的對話理論，可以理解交互文本的特質，尤其對於克里斯蒂娃所說的水平和垂直的交互文本，用巴赫汀的觀點來看，其實就是交互文本的空間關係，也就是對話的空間關係。所謂水平交互文本，係指在整個文本鏈裡，某一文本與其先前文本之間屬於一種對話的水平交互文本關係。垂直交互文本則指文本與其它建制語境脈絡的文本之間具有垂直文本關係，一切文本都與其它文本具有歷史淵源的連結，也就是巴赫汀所說的文本的空間關係（Bakhtin, 1935/1981），這裡的水平與垂直文本關係，有幾分類似索緒爾結構主義語言學的毗鄰軸和系譜軸。總而言之，互文性應該被視為話語與歷史傳統、當下社會具有錯綜複雜關係。

費爾克拉夫認為，互文性中介並再現語言與歷史、社會、文化語境脈絡之間的連結，不僅有助於彌補文本與語境之間的裂縫，而且也有助於批判話語分析三層次架構裡的介乎文本與語境脈絡之間的中介與再現功能。互文性扮演極其重要的文本與語境之間的中介與再現角色，將文本與語境連結起來，充分展現文本產製和文本詮釋的動態話語過程，藉由話語秩序促成維繫、複製或者轉換、改變既有的社會結構。

在批判話語分析三層次架構裡，互文性就是介乎文本與語境之間的中介者，互文性一方面將社會結構語境脈絡的權力關係和意識型態，藉由交互文本反映在人們日常生活話語實踐當中的文本表現，產製、複製、維繫、永續幽微的社會權力關係和意識型態；另方面，平日人們的話語實踐，也藉由互文性來產製、複製或轉換、改變既有的社會結構裡的社會關係和意識型態。

費爾克拉夫指出，互文性可分鮮明互文性（manifest intertextuality）與隱晦互文性（opaque intertextuality），前者將其它文本鮮明置放在自己文本裡，後者則是曖昧不明地將某文本置放在其它文本裡（Fairclough, 1992: 117-118）。

費爾克拉夫進一步區分了鮮明交互文本的幾種不同形式：

(1) 有序交互文本（sequential intertextuality）：不同的文本類型以有序形式，一起出現在同一個文本裡，例如廣告與行銷共處同一個文本，兩者先後呈現，向閱聽大眾訴求。

(2) 內嵌交互文本（embedded intertextuality）：一個文本類型，要嘛被包含在其它的文本裡，要嘛包含其它特定文本。內嵌交互文本與有序交互文本的差異，在於前者內嵌其它文本，未必有序呈現，後者則先後順序井然有序，卻未必有內嵌情事。

(3) 混合交互文本（mixed intertextuality）：幾種文本類型，不論是以複雜或簡易手段整併在一起的型態（Fairclough, 1992: 118）。

不論是鮮明交互文本抑或隱晦交互文本，它們都可用來維護、鞏固宰制的權力關係和意識型態的話語，或者用來抵抗、轉換當下社會結構的創新話語，它們既有可能以鮮明交互文本形式大膽呈現，也有可能以隱晦幽暗交互文本形式躲躲藏藏，但姑不論是以何種形式，基本上話語秩序通常隱晦不顯地框架交互文本，這也正是批判話語分析要著力之處。

根據巴赫汀觀點，互文性基本上是多元、異質的，互文性經常是矛盾話語的根源。如果一個文本的表面是由其它不同文本多重決定的話，那麼文本就不容易置放在與其交互文本網絡的確切位置，各種模稜兩可、曖昧不明的情景都有可能出現，充滿不確定性，各種不同意義就會並存甚至爭霸，而且不太容易確認它的真正意義。這種互文性特質不僅是宰制者用來實現權力關係和意識型態的手段，同時也是挑戰者用來轉換、改變社會結構的創新互文性策略。

互文性觀點結合霸權理論，對於批判話語分析非常有用，不僅可以剖析特定霸權或霸權鬥爭的交互文本過程的可能性與限制性，也可以將這個交互文本過程和話語秩序的霸權鬥爭過程，予以概念化：是什麼影響了霸權爭鬥？以及是什麼被霸權鬥爭？

霸權觀點提供重要構連概念：話語秩序並非穩定的平衡，它包含內在彼此異質的單元，或者存在於建制過程與其它文本的交織狀態。交互文本這種恆常開放性，一再被劃為文本之間彼此的疆域界線，而互文性背後的話語秩序疆域界線，也都處於霸權爭鬥過程，不斷被再構連／去構連（rearticulated and/or disarticulated）（Fairclough, 1992: 124），充分展現交互文本的爭霸特質。

　　從費爾克拉夫辯證關係取向的話語實踐層次來看，互文性指涉以下幾種不同層面：

(1) 就文本產製而言，互文性強調文本的歷史性和淵源，用盡各種手段將歷史成分添加在當下文本，或直接含括先前文本，將它置放在當下文本裡，畢竟只要回應某一特定文本，在對應內容裡，就會含攝部分歷史特定文本，否則無從理解在回應什麼文本。這是從歷史觀點來看待文本，認為文本即歷史語境的轉換，將過去和現在一起融入當下文本。

(2) 就文本消費詮釋而言，互文性有助於掌握閱聽人理解的文本意義是否被形塑、給定、框架，也有助於剖析被詮釋的意義，和被意識型態許可的詮釋取向。

　　根據巴赫汀觀點，既然是交互文本，就可能同時兼具同質性和異質性，尤其是異質性元素，更是交互文本分析不可忽視重點，這些不同類型的話語資源，都是社會和語言的歷史造就而成，社會和歷史的元素都融入文本的產製和詮釋動態過程，而且交互文本分析會涉及不同社會體制間的跨域交互文本，造成更多元的異質性元素會摻雜在一起，因而提高批判話語分析的難度，所以務必要釐清這些社會和歷史語境脈絡和結構。

四、話語秩序：結構與平臺

　　話語秩序是一種社會秩序，也是歷史、社會和文化長期積累而成的社會秩序，透過話語實踐這個平臺，一方面既可做為話語事件或話語實踐的展現舞臺，依據話語實踐背後的話語秩序所訂定的規範或規則，來與他人進行社會互動，另方面也可依據話語秩序的規範，來產製、詮釋和消費文本，藉以維繫良好人際關係和自我認同，因而維繫既有社會秩序。

　　話語秩序就是透過互文性和互語性的文本交織過程，擷取社會、歷史和文化相關資源，用來限制、規範、控制文本的產製和詮釋，藉以複製、維繫、穩固、傳承既有的權力關係、意識型態和社會結構，因而被視為造就良好社會秩序的維護者。

　　話語秩序這種複製、維繫、穩固、傳承既有的權力關係、意識型態和社會結構的功能角色，一般說來比較容易理解。至於話語秩序也可用來容

許、允諾、支援，甚至鼓勵創新、轉換、改變既有權力關係、意識型態和社會結構的功能角色，就比較難為一般人理解，而這正是費爾克拉夫辯證關係取向批判話語分析理論架構的核心概念。

費爾克拉夫認為，話語實踐只是整個辯證關係取向批判話語分析理論架構中的中介角色，也就是說，話語實踐扮演第一層次文本與第三層次社會文化實踐之間的中介平臺，既扮演複製、維繫、穩固、傳承既有的權力關係、意識型態和社會結構的中介平臺角色，也做為創新、轉換、改變、革命既有的權力關係、意識型態和社會結構的中介平臺角色。

文本和話語基本上就是具體實現既有的話語秩序，話語實踐則是做為第一層次文本與第三層次社會文化實踐之間的平臺，透過話語秩序，一方面它限制、規範、控制文本的產製、消費和詮釋，複製、維繫、穩固、傳承既有的權力關係、意識型態和社會結構，另方面它容許、允諾、支援，甚至鼓勵創新、轉換、改變既有權力關係、意識型態和社會結構，充分扮演辯證關係的重要角色（Fairclough, 2010）。

至於交互話語（interdiscursivity）或稱互語性，它與互文性或稱交互文本不同，費爾克拉夫將互語性界定為：就是透過不同的話語類型所建構的文本，也就是「建制的交互文本」（constitutive intertextuality）（Fairclough, 1992: 85）。互文性經常會以古鑑今，拿老東西套在新事物上，或者以新話語襲奪舊文本，而互語性則用來建構互文性。依照費爾克拉夫的定義，互語性就是扮演話語秩序的代理人，亦即互語性是話語秩序的執行者，銜話語秩序的旨意，執行並操弄互文性。

費爾克拉夫不僅強調話語秩序對互語性和互文性的影響力，並且重視互文性和互語性對話語秩序的重要性，因為任何文本或話語都透過話語秩序，建構有利於己的意識型態話語形構，一方面以異質的文本混雜、合併、融合、襲奪其它既有文本，另方面建構於己有利的權力關係或意識型態的同質文本。所以，不論互文性或互語性，都並非僅僅只是不同文本的交錯共存或共文本（co-text）而已，其目的是為了維繫霸權或為了競逐霸權。

費爾克拉夫認為話語秩序之所以是不穩定的平衡，也與交互話語爭霸有關，因為它包含內在異質或交織文本的單元，交互話語彼此之間的界線永遠

是開放的，就是話語和類型永無止盡的組合、再組合、構連、重構連，並且一直處於霸權關係和爭霸實踐當中，所以話語關係就是存在於社會鬥爭與衝突的場域裡，互語性或互文性因而成為批判話語分析不可忽略的重點。互文性和互語性分析構連第一層級的文本和第三層級社會文化實踐，扮演文本和語境、文本和社會結構、文本和歷史語境之間的平臺作用，亦即辯證關係的平臺（Fairclough, 1995a: 189, 2010），幾乎就是整個批判話語分析的核心。

參、社會文化實踐層次

第三層次社會文化實踐以社會變遷鉅觀視角做為研究標的，聚焦於話語與社會、話語實踐與社會文化實踐、話語實踐與意識型態之間糾結的辯證關係，以及話語實踐與權力關係和意識型態之間的因果解析。費爾克拉夫不僅要從辯證關係視角解析批判話語分析，也要透過辯證關係解析話語與結構之間的因果關係。

一、意識型態話語形構與歸順

費爾克拉夫對於霸權和意識型態的宰制關係，首將阿圖塞的意識型態形構（Althusser, 1971）與皮修的話語形構（Pêcheux, 1982）整合起來，成為他獨創的意識型態話語形構（ideological-discursive formation, IDF），認為意識型態在社會鬥爭過程，決定言說社群如何看待外在世界以及什麼能說、什麼不能說、如何說（Fairclough, 1995a, 2010）。

費爾克拉夫進一步援引霍爾的歸順、自然化（naturalized）觀點（Hall, 1982），將它與意識型態話語形構結合，認為社會宰制關係會透過意識型態話語形構過程，內嵌在各種社會體制的組織或團體運作裡，讓這種宰制關係被歸順、馴化成為人們想當然爾的普通常識、理所當然的日常生活規則、規範、習俗。

意識型態話語形構是在同一個言說社群建構成員們共享的世界觀和話語規範，其中世界觀關乎人們如何看待外在世界和他團體，而話語規範則內嵌特定意識型態，各種社會體制主體都被建構符合這種意識型態規範及其話語規範，遵循建制他們主體位置的意識型態規範。潛移默化的意識型態話語

形構造就了意識型態的歸順、自然化，讓意識型態隱晦幽微難以察覺。之所以不會被察覺它們的存在，主要因為這些意識型態話語形構，表面看似乎不是衝著他們而來，因而對它失去戒心和警覺，久而久之，這種意識型態話語形構就被歸順、自然化成為是普通常識或背景知識（Fairclough, 1995a, 2010, 2016）。

費爾克拉夫歸納歸順、自然化的三種特質：(1) 擁有宰制的意識型態話語形構（IDF），宰制言說社群成員能說什麼、該怎麼說；(2) 透過意識型態話語形構（IDF）嵌入主體建構和社會認同建構過程；(3) 造就意識型態成為日常生活理所當然的普通常識、不易被察覺的幽靈。

他認為主體同時具有能動者雙重意義，一方面被意識型態主體化（subjected），完全接納體制既定框架，另方面意識型態會讓主體感受到自主的主體（autonomous subject）效應，讓主體感覺可以自主決定自己的主體位置和作為，所以主體覺得自己是自由自主的為自己的行動負責，擁有自主的社會互動目標，宣稱是自己有意識的行動，並理由化這些行動，其實主體位置是透過歸順、自然化過程被意識型態給定的，都在執行意識型態的信念、價值和規範。

可見，意識型態話語形構（IDF）伴隨著體制主體化過程，將特定意識型態規範和話語規範框架主體，務必跟隨意識型態亦步亦趨，透過各種社會體制話語秩序，也就是意識型態話語形構（IDF）過程，讓主體誤以為自主決定自己的行動、決定自己有意識的社會行動，其實是在意識型態和霸權宰制下，進行意識型態實踐而不自知。

費爾克拉夫引用巴赫汀、葛蘭西和紀登斯等人觀點，認為社會體制同時也會促進某些創新、異質的社會行動，提供社會體制有轉換、變革的機遇，所以批判話語分析就同時要針對意識型態話語形構（IDF）進行去歸順、去自然化（denaturalization）（Fairclough, 2010）。也就是要拆穿、除魅、去除意識型態話語形構（IDF）成為人們日常生活實踐歸順、自然化的陰謀，才能揭露不平等的權力關係和宰制的意識型態，藉以轉換、改造被霸權宰制的社會現況，如此才能建構費爾克拉夫辯證關係取向批判話語分析的理論架構。

二、話語與社會的辯證關係

費爾克拉夫與渥妲克早在范迪克編著《社會互動與話語》裡的一篇論文〈批判話語分析〉（Fairclough & Wodak, 1997），一開頭，就直指批判話語分析的幾項核心議題：

(1) 批判話語分析係針對以語言或話語形式出現的社會互動。

(2) 話語就是語言的使用，不論說的或寫的，都是社會實踐的形式。

(3) 話語做為社會實踐，就表示話語事件與社會語境、體制和社會結構之間具有辯證關係。

(4) 所謂辯證關係，就是話語事件被語境、體制和社會結構所形塑，同時，話語事件也建制語境、體制和社會結構。

(5) 話語建制社會，同時也被社會形塑（socially constitutive and socially shaped）。

(6) 話語有助於維持並複製社會現狀，同時，話語也可轉換、改變社會現狀。

(7) 話語既具社會影響力，就必然與權力息息相關。

(8) 話語實踐具有顯著意識型態效果，有助於產製、複製不平等的權力關係和意識型態。

(9) 話語裡的權力關係和意識型態，大多是幽微晦暗不透明。

費爾克拉夫與渥妲克這篇論文條理分明闡述批判話語分析的理論根源、研究取向和研究重點等，所以被視為批判話語分析經典論文，綜觀全文，蓋以辯證關係做為批判話語分析的核心課題。他的批判話語分析三個分析層次理論架構，基本上以語言與社會之間的關係做為研究對象的跨學科研究，將批判話語分析三個研究傳統匯聚在一起，從最初的文本分析到話語分析，和話語實踐及其與社會文化層面之間的辯證關係。

費爾克拉夫宣稱話語與社會結構之間具有辯證關係，主張社會結構固然是話語實踐的條件，同時也是話語實踐的結果。話語一方面被社會結構形塑和限制，另方面話語又具有社會建制力（socially constitutive）。話語直

接或間接地建制社會結構各個層面，包括規範、習俗、關係、認同等，以及藉由這些成分所形成的各種社會體制，所以話語不僅反映和再現世界，它也藉由話語產製的意義因而建構和建制了世界。

話語實踐，不論是傳統方式或是創新方式，都具建構、建制力，一方面它既有助於複製社會，另方面它也有助於轉換、改變社會。這是費爾克拉夫辯證關係取向批判話語分析的基本立場，也是辯證關係取向批判話語分析的核心觀點。至於創新話語，也就是巴赫汀所謂的異質元素，任何社會既有傳統話語亦有創新話語，這種傳統與創新共存、並置，就充分顯現話語與社會、話語實踐與社會結構之間的辯證關係，也符應紀登斯在結構化理論能動性與社會結構之間的二元性特質，也唯有如此，才能解釋為何社會結構會產生改變的道理。

社會文化實踐涉及各個層面，包括政治、經濟、文化、意識型態等，只是政治和意識型態實踐模式的話語，較受批判話語分析學界重視。話語做為一種政治實踐模式，它不僅建制、維繫、改變政治領域權力關係，同時也建制、維繫、改變各種相關的集合性實體，包括團體、社群、集團、階級等。費爾克拉夫認為，話語與結構之間的關係、話語實踐與社會結構之間的關係，都不是單向關係，而是雙向的辯證關係。話語當然會受到社會結構的影響，同時也會影響社會結構，話語不僅維繫、穩固現有社會結構，同時也會造成社會變遷。

社會能動者（agent）主動、創新，在各種文本產製和詮釋過程，都會主動、積極、創新地帶入各種轉換、改變的能動性（agency）元素。具有創新力、能動性的話語實踐，不僅將話語做為社會鬥爭的場域，而且與社會鬥爭具有利害關係。到底有何利害關係？一方面有利於複製和維繫既有宰制權力關係，另方面也有可能帶來抗拒、抵制、對抗的異質聲音和創新元素，就是轉換、改變現有宰制的權力關係。但是大多數人並非組織結構裡所謂的能動者，基本上缺乏創新、轉換、改變結構的能動性，只能依樣畫葫蘆，遵循社會既有行事規範和權力關係。至於創新、轉換、改變，甚至革命既有社會規範、權力關係、意識型態和社會結構的大事，就留給具有能動性的能動者。

費爾克拉夫指出，過去比較強調社會結構決定日常話語實踐的單方面研究視角，亦即偏重社會結構對日常生活事件和話語實踐的影響，這種傳統觀點有必要修正，應該轉而重視話語與社會、話語實踐與社會結構之間雙向的辯證關係，而非單向的、片面的社會結構對日常生活實踐的影響，才符合語言與社會、話語與結構之間的真實關係。語言使用與社會實踐之間是辯證關係，語言使用既被社會形塑（socially shaped），同時亦可形塑社會（socially shaping or socially constitutive）（Fairclough, 1995b: 55, 2010）。

辯證關係是費爾克拉夫創建辯證關係取向批判話語分析的核心旨趣，以辯證關係構連整個批判話語分析三個層次，從鉅觀的結構到微觀的話語文本都以辯證關係緊密構連，將文本層次視為微觀層面，將社會文化實踐視為鉅觀層面，而話語實踐正是微觀與鉅觀之間的中介平臺，以話語實踐中介、串接並構連微觀的話語事件與鉅觀的社會結構。

費爾克拉夫認為，文本產製和文本詮釋會受到社會限制，就是由上而下的社會結構對文本產製和詮釋的形塑作用，藉以複製社會關係、社會認同和社會結構。另方面，話語實踐扮演由下而上的建制作用，卻相對較難掌握，只有回到知識體系、社會關係和認同的源頭，釐清文本與結構、文本與語境、話語事件與社會結構之間錯綜複雜交互作用，才能掌握文本產製和文本詮釋也可能具有能動性和離心力與異質性的對話作用（Bakhtin, 1935/1981; Volosinov, 1929/1973），也就是在文本產製和文本詮釋的動態過程，既能複製、維繫、穩固、傳承既有的社會結構和意識型態，也能轉換、改變、革命當前社會結構和意識型態。因此，鉅觀社會文化變遷分析和微觀話語分析，兩者都藉由第二層次的話語實踐做為中介平臺，造就彼此的辯證關係（Fairclough, 1992: 85-86）。

三、符號學與其它社會單元之間的辯證關係

其實，費爾克拉夫創建的辯證關係取向批判話語分析具有兩個重要的辯證關係，其一就是文本與結構之間的辯證關係，亦即上述第二層次話語實踐在第一層次文本與第三層次社會文化實踐之間，以語文符號所展現的中介平臺辯證關係。其二就是語言符號學與其它社會單元之間的辯證關

係，也就是話語與其它非語文符號實踐的社會單元之間的辯證關係，這是比較少被探討的部分。這兩個辯證關係互為表裡，相互呼應，共同成就辯證關係，也造就整個社會真實面貌。

一般討論費爾克拉夫的辯證關係取向批判話語分析，僅止於第一個辯證關係，往往忽略第二個辯證關係。話語與其它社會單元之間的第二個辯證關係極其複雜，就是話語一方面能夠建制其它社會單元，展現話語的力量，另方面話語也被其它社會單元框架和形塑，第一個辯證關係就是因為第二個辯證關係的運作，事件與結構之間的辯證關係才得以實現和實體化（materialization），也才得以構連起來緊密關係（Chouliaraki & Fairclough, 1999; Fairclough, 2010）。

第二個辯證關係涉及語言符號學與其它社會單元之間的關係，可以將費爾克拉夫三層次的理論架構結合語言學加以說明，基本上，文本、話語實踐與社會文化實踐這三個層次與語言符號學的關係，可精簡表達如下：

(1) 社會事件或溝通事件：即文本，包括書寫、口說的話語文本，和各種符號表達形式如影音、圖像、文案與非符號的建築等藝術作品等。

(2) 日常生活話語實踐：即交互文本與交互話語及其背後的話語秩序，做為社會事件與社會結構之間的中介平臺。

(3) 社會文化實踐或社會結構：即整個社會體系和各種社會體制的社會實踐（Fairclough, 1995a, 2010）。

費爾克拉夫認為，社會過程是由這三個層次的社會實體相互交錯影響，批判話語分析一方面聚焦於事件與結構之間的辯證關係，另方面也同時關注符號學成分與其它非符號學社會成分之間的辯證關係，而符號學與社會事件和其它社會文化實踐之間的關係，就是透過各個社會體制實際運作的體制化和實體化，落實話語實踐與其它社會單元之間的辯證關係（Fairclough, 2010）。

費爾克拉夫對於批判話語分析所提出的四個研究階段及其步驟（請參見本書第十章），就明確指出首先務必從符號學視角專注於所要研究的社會現象、問題或弊端，然後針對該社會現象、問題或弊端所遭遇到的障礙，除了進行話語實踐與社會文化實踐之間的辯證關係之外，同時也要進行符

號學與其它社會單元之間的辯證關係，務求同時兼顧交互話語與語言學／符號學分析。所以費爾克拉夫的辯證關係取向批判話語分析，除了一般熟知的文本與結構、微觀文本與鉅觀社會文化實踐之間的辯證關係之外，更要聚焦於符號學與其它社會單元之間的辯證關係。所以費爾克拉夫總結批判話語分析的研究方法或方法論，就歸納出辯證關係取向批判話語分析幾項核心的分析類別，包括：(1) 符號（與其它社會單元有關的符號）；(2) 話語／類型／風格；以及 (3) 話語實踐與非話語的社會實踐等（Fairclough, 2016）。

　　從上述費爾克拉夫批判話語分析的三層次理論架構和實際執行分析所採取的類型（genres）、風格（styles）和話語，都可看到費爾克拉夫致力於結合批判語言學和語言符號學的用心，一方面聚焦在社會結構與話語事件的辯證關係，另方面也擷取語言符號學致力於探討語言符號學與其它社會單元之間的辯證關係，讓這兩個辯證關係共同造就辯證關係取向批判話語分析的核心理論。

第七章

渥妲克話語－歷史取向批判話語分析

第一節
話語─歷史取向批判話語分析的理論架構

壹、渥妲克的話語─歷史取向研究歷程

話語－歷史取向（discourse-historical approach, DHA）批判話語分析以渥妲克（Wodak）為代表，她是奧地利籍學者，除了在英國蘭卡斯特大學與費爾克拉夫同事，並合著有關批判話語分析論著之外，也在奧地利維也納大學語言學系主持系務多年，並在維也納大學設置話語、政治、認同（discourse, politics, identity, DPI）研究中心，從事歐洲政治話語和人民認同等方面研究，並與同僚瑞西格（Reisigl）等人共同致力於話語－歷史研究取向批判話語分析研究工作。在蘇聯瓦解、冷戰結束之後，分別在法語系、西班牙語系、中東、非洲等地協助其它國家地區從事批判話語分析研究，包括中國（Chilton, Tian, & Wodak, 2012）。

渥妲克一開始就關注語言與權力和意識型態之間的關係（Wodak, 1989），最初就以二次世界大戰後奧地利的反猶太人話語做為研究焦點，譬如針對前聯合國祕書長華德翰（Waldheim）刻意隱瞞政治背景參選 1986 年奧地利總統選舉（Wodak et al., 1990），後來並擴及諸多層面和議題，包括話語與性別（Wodak, 1997）、話語與移民歧視（Reisigl & Wodak, 2001; Messer, Schroeder, & Wodak, 2012）、話語與國家認同（Wodak et al., 1999; Wodak & Reisigl, 2009）和話語與政治（Wodak, 2011, 2015; Wodak et al., 2013; Wodak & Forchtner, 2017）等，曾編著許多批判話語分析專書（Weiss & Wodak, 2003; Wodak & Chilton, 2005; Wodak & Krzyżanowski, 2008; Wodak & Meyer, 2001, 2009, 2016），創辦《話語研究取向的政治、社會和文化》期刊，主編《語言與政治》期刊，並與范迪克主編《話語與社會》（*Discourse and Society*）和《批判話語研究》（*Critical Discourse Studies*）等期刊。

她早在 1989 年探討語言、權力與意識型態的關係時，就採取跨領域的話語－歷史研究取向，系統整合在表象語言背後的歷史語境（Wodak, 1989），渥妲克從歷史發展背景，檢視奧地利政治話語的轉變，奧地利經過數十年從一個被東歐諸國移民和難民視為最具包容的特赦國家，近年面對高達四十萬經濟難民，可謂今非昔比，反移民和反移工的差異話語、歧視話語浮現在日常生活各個層面，從公共政策話語到私下交談話語屢見不鮮，甚至有仇視公共話語出現（Wodak, 1996, 2001a）。東歐鐵幕倒塌之後，她也發現因為羅馬尼亞移民在奧地利遭遇的種族歧視問題（Reisigl, 2007; Wodak et al., 2009）。

渥妲克認為，歧視就是一種差異話語，認為他者與自我有所差異，其實當心頭有了他者的念頭，就有差異的存在，即使自我認同也是一樣，自我就是基於與他者的差異而產生的認知，差異話語就是用來描述自我與他者的差異，歧視話語不僅用來表達自我與他者的差異，而且再添加或摻雜許多貶抑語彙、權力關係和意識型態。

她指出種族主義有三種不同形式：意識型態的種族主義、偏見的種族主義和行為的種族主義。意識型態種族主義結構了不同的再現和觀點；偏見種族主義主要表現在意見、態度和信念上；行為種族主義則包括歧視行為、種族迫害，甚至種族滅絕等（Wodak, 2001a）。她從歷史語境到當前社會語境都詳細說明奧地利差異話語的轉變，譬如當前政府公共話語採取同情、保護和理由化的話語，來保護本國人民，並且藉以拒絕外來移民。這種以保護人民為藉口的政策，背後隱藏諸多的種族歧視與偏見，對移民採取排拒手段。

渥妲克認為，社會現象太過複雜，難以釐清何者為因何者為果，其間的因果鏈到底應該如何串連，這些問題都與語境有密切關係，語境絕非僅指涉時空情境或情境架構（situational framework）而已，而是指涉歷史、社會、文化結構與意識型態之間錯綜複雜的關係，攸關更為寬廣的對文本或話語的理論詮釋，因此話語－歷史取向批判話語分析採取多領域、跨學科和科際整合的研究取向，乃是必然的走向。

渥妲克一方面與費爾克拉夫的蘭卡斯特學派（Lancaster School of Linguistics）淵源很深，所以話語－歷史取向（DHA）與費爾克拉夫的辯證關

係取向（DRA）批判話語分析理論架構相當類似，既援引韓禮德系統功能語言學觀點做為語言學文本分析的理論基礎，也援引傅科、巴赫汀、葛蘭西、哈伯瑪斯等人的話語理論觀點。另方面渥妲克也與范迪克共識頗深，曾深化范迪克社會認知取向（SCA），探討文本產製和文本理解的各種基模組（schemata），採取與范迪克對於認知取向的批判話語研究類似甚至相同的論點（Wodak, 1995）。她與范迪克共同主編《批判話語研究》期刊，也經常使用「批判話語研究」（critical discourse studies, CDS）一詞而非「批判話語分析」（critical discourse analysis, CDA），尤其擷取范迪克社會認知取向批判話語研究有關社會情境（social situation）的觀點，可見她同時汲取費爾克拉夫與范迪克倆人的理論觀點，致力於語言、歷史、權力與意識型態之間的複雜關係，並創建獨樹一幟的話語－歷史研究取向（DHA）批判話語分析（Wodak, 1996, 2001a, 2001b, 2011, 2012, 2014; Wodak & Meyer, 2001, 2009, 2016; Wodak & Chilton, 2005; Reisigl & Wodak, 2016）。

貳、話語－歷史取向批判話語分析的理論層次

雖然尚難宣稱渥妲克的話語－歷史取向（discourse-historical approach, DHA）批判話語分析，與費爾克拉夫創建的辯證關係取向（dialectical-relational approach, DRA）批判話語分析和范迪克創建的社會認知取向（sociocognitive approach, SCA）批判話語研究三者鼎足而立，但是渥妲克的話語－歷史取向（DHA）批判話語分析，在批判話語分析領域已然成為費爾克拉夫與范迪克倆人之外，最受注目的批判話語分析研究取向則殆無疑義。

話語－歷史研究取向批判話語分析的理論基礎，受到法蘭克福學派和哈伯瑪斯的影響，採取社會哲學（socio-philosophical）取向的批判理論觀點（Wodak, 2001），並承襲柏恩思坦教育話語觀點，認為各種話語都各有語境，這些語境可能屬於其它特定文本的語境，彼此層層疊疊相互交錯，有如沒有教室的教育話語（pedagogic discourse）或所謂類教育話語（quasi-pedagogic discourse）（Bernstein, 1990, 1996），透過各種語境化和再語境化形式和手段，將歷史、社會、文化結構及其意識型態融入人們日常話語實踐，尤其新聞媒體更是重要社會體制之一，媒體話語的重要性絕不低於正式的教育體制，甚至有過之而無不及。

　　話語－歷史取向批判話語分析強調一切話語都應重視它的歷史語境和社會情境，才能正確有效評量，即使只是片片斷斷的社會真實，也都會建制一定程度的話語框架，任何行動場域和社會場域都有其特有話語實踐功能，藉以彰顯背後的歷史文化語境，所以它主要針對語言學的各種不同話語形式與語言學之外的各種社會變項之間的交互文本與交互話語關係的批判分析（Reisigl & Wodak, 2016）。所謂語言學話語表現形式，包括說話、書寫、類型、文本、話語等，而語言學之外的各種社會變項，包括團體、組織、體制和整體社會，可見話語－歷史取向批判話語分析幾乎涵蓋所有語言實踐與非語言實踐的範疇。

一、辯證的話語觀點

　　既然渥妲克的話語－歷史取向批判話語分析是以話語領銜開頭，那麼渥妲克對於話語的觀點與其他學者有何差別？在此不妨將她對話語的界定做簡要交代，她將話語界定為：

(1) 它是處於特定社會互動或行動場域的一組倚賴語境的語文符號實踐（context-dependent semiotic practice）。

(2) 它既被社會建制，同時也建制社會（socially constituted and socially constitutive）。

(3) 它是特定意識型態或社會結構的產物或衍生物，一定有其源頭可稽，務必追溯話語源頭的語境，才能實現批判話語分析的目的。

(4) 它必然與更寬廣的鉅型社會結構有關，各種不同類型話語各有其不同鉅型結構源頭。

(5) 它與鉅型話題（macrotopic）有所關連。

(6) 它會連結到特定的有效宣稱（validity claims）的論辯，尤其針對各種政治話語，不論各方所持論點為何，務求確認是否符合論辯有效宣稱的要件，就可依其論點追溯它背後的觀點、價值或意識型態，於是各種歷史的、政治的、社會的語境就會一一浮現（Reisigl & Wodak, 2001: 87; Reisigl & Wodak, 2016）。

　　從上述對於話語的簡要界定，可以窺見渥姐克對話語的幾個重點，首先她強調語境對話語的重要性和影響力，一般批判話語分析學者雖然都將語境列為研究重點，但似乎猶未像渥姐克在話語的定義中直接將語境指陳出來，突顯語境對話語的重要性和影響力。其二，她簡潔明白指出話語與社會之間交互影響的辯證關係，不像費爾克拉夫的辯證關係取向批判話語分析，花費極大心力分析討論傅科話語理論所蘊涵的話語與社會之間的辯證關係，她僅簡單一句 socially constituted and socially constitutive 幾乎道盡話語與社會之間的辯證關係，可謂簡單明瞭，不必多費唇舌。其三，話語不僅倚賴語境，而且與鉅觀話題也有關連，尤其面對政治議題或政治紛擾，必然其來有自，幾乎一切的政治話語都來自更鉅型的話題，這也是話語－歷史取向批判話語分析向來聚焦於歷史、政治、社會話語分析有重大關係。其四，正是因為話語－歷史取向批判話語分析聚焦政治話語，所以對於任何話語陳述都極關注它們論辯到底有無合乎有效宣稱的要求。所以從上述對於話語的四點簡要界定，似乎已經可以窺見話語－歷史取向批判話語分析具體而微的理論輪廓。

二、關注歷史和體制的三角檢證策略

　　話語－歷史取向批判話語分析（DHA），雖然與費爾克拉夫的辯證關係取向（DRA）批判話語分析都以韓禮德的系統功能語言學觀點做為語言學文本分析的基礎，但是渥姐克的話語－歷史取向批判話語分析則明顯超越純粹語言學觀點，除了語言學之外，更包含歷史的、政治的、社會的、心理學的等各個面向，擁有充足的詮釋理論架構，除了具有其它批判話語分析研究取向的共通點，也具有其它研究取向所無的特色，包括：

(1) 在理論上，它採取科際整合研究策略，與其它批判話語分析幾無二致，但是它特別專注於歷史時空和歷史語境對話語和社會的影響。

(2) 在方法論上，它採取多元三角檢證法（triangulation），包括理論三角檢證、方法三角檢證和資料三角檢證的研究策略，也就是相互印證不同的理論、研究方法和資料蒐集，並組成研究團隊共同執行研究工作。

(3) 針對實際問題，試圖提出務實的解決方案，並非只在白色象牙塔裡高談

闊論，而是務實提出社會不公不義的解決方案，企圖建構更美好、理想的社會風貌（Reisigl & Wodak, 2016）。

除了上述三點特色之外，筆者深感話語－歷史批判分析還有以下幾點特色：

(4) 她除了話語文本的語言學分析之外，同時也關注歷史的、政治的和社會的各種層面，似比費爾克拉夫和范迪克所關注的層面更為寬廣，尤其在歷史層面的著力，是其它批判話語分析研究取向未曾關注的面向，這也是渥妲克話語－歷史研究取向批判話語分析的特色。

(5) 她也比范迪克一心專注於認知心理學取向的社會認知取向批判話語研究更為寬廣，因為渥妲克同時兼顧社會學觀點和心理學觀點，而非像范迪克一味強調社會心理學或認知心理學，卻完全排除社會語言學的做法。

(6) 渥妲克也比費爾克拉夫完全忽視社會認知層面更為周延，除了關照話語的社會理論之外，她也將心理學納入分析範疇。所以似可結論說，渥妲克話語－歷史取向批判話語分析同時兼顧范迪克和費爾克拉夫關照的某些層面，讓她的理論架構更為周延。

渥妲克最初注重反猶太的偏見歧視話語，後來擴大到反移民、移工的社會排拒歧視話語，亦即從種族主義擴及族群主義和國族主義，並著有專書《話語與歧視：種族主義與反猶太人主義修辭學》（Reisigl & Wodak, 2001）。該書採取跨學科、歷史的和方法論視角檢視話語與種族主義的文獻，花費不少心血整理有關種族主義的定義，從種族主義與反猶太人主義的日常話語實踐、政策措施和立法過程等各種面向提出話語－歷史研究取向的理論和分析架構，所以渥妲克既比費爾克拉夫和范迪克更面面俱到，將批判話語分析擴及整個國家體制的政策和法律制訂過程，可謂比費爾克拉夫和范迪克更重視國家社會體制的實際運作和效應。譬如渥妲克以奧國1986年總統選舉的華德翰事件、1996至1997年自由黨競選期間和執政後的「奧地利第一、奧地利優先」政策以及1998年奧國政府拒發外籍人士居留證等案例做為實例分析，並有極深入的探究，都充分展現她融匯歷史、政策和立法的話語－歷史取向批判話語分析的特色。

　　渥姐克在《話語與歧視》（Reisigl & Wodak, 2001）指出，對於種族主義整理四種不同話語分析取向（discourse-analytical approach）包括：(1) 偏見與刻板印象分析取向：以 Quasthoff 為主的社會心理學觀點；(2) 范迪克的社會認知話語分析取向：有關范迪克觀點，本書第五章闢有專章介紹，渥姐克除了范迪克的社會情境的社會認知觀點之外，也擷取范迪克有關正面再現自我與負面再現他者的觀點，可見渥姐克創建的話語－歷史取向批判話語研究一直致力將范迪克的社會認知取向融入其中；(3) 杜伊斯堡（Duisburg）學派的集體符號分析取向：以杜伊斯堡大學的跨文本、交互文本、社會、政治和歷史的觀點做為分析重點，本書第八章有詳細介紹；(4) 羅浮堡（Loughborough）學派分析取向：以羅浮堡大學 Wetherell 和 Potter 的話語建構論觀點為代表（Reisigl & Wodak, 2001）。

三、文本、話語、語境的三層級理論架構

　　基於上述有關各種話語分析研究取向的文獻探討，渥姐克發現它們幾乎涵蓋所有語言與非語言的範疇，所以渥姐克借助這些文獻探討的研究發現，並基於社會哲學取向批判理論（socio-philosophical orientation of critical theory）觀點，藉以彙整話語－歷史研究取向的三個研究層次：文本內在批判、社會診斷批判和預後批判，做為話語－歷史取向批判話語分析的理論基礎和研究藍圖：

(1) 文本內在（immanent）批判：

　　主要以語言學為基礎，針對文本或話語內部結構的不一致、矛盾、似是而非等，不論是句法、邏輯、語義、連貫性或論辯，甚至互動的談話輪次等各方面，都基於語言學及其詮釋基礎，提出對語言學文本分析或話語分析的內在批判準則，藉以做為批判話語分析在語言學文本分析層級的工具。基本上，文本內在批判可謂所有批判話語分析領域共同的研究起始點，無不以語言學做為話語分析的理論基礎。

(2) 社會診斷（sociodiagnostic）批判：

　　社會診斷批判就是對話語實踐背後歷史語境的除魅（demystify），揭露它們隱藏在話語實踐背後的操縱技倆，不論是鮮明的或者是隱晦的，

既然話語實踐是社會實踐的特別形式，所以要掌握鑲嵌在溝通事件或話語實踐背後的歷史文化語境脈絡，尤其對於寬廣的社會或政治的關係、互動、過程的框架、價值、規範、意識型態等，都務求找到最合宜的社會理論足以詮釋這些表象的話語實踐或話語事件，做為社會診斷的理論基礎。渥姐克早就提出「先診斷，以做為後續詮釋和治療的依據」（Diagnosis first, interpretation and therapy to follow）（Wodak, 1989: xvi），此與費爾克拉夫對於批判話語分析研究步驟的第二階段「確認該不公不義社會現象、問題或弊端所遭遇到的障礙」，兩人可謂所見略同。（請參閱本書第十章第二節）

(3) 預後（prognostic）批判：

預後批判則是最高層次的倫理實踐（ethico-practical）批判，就是針對當前現狀，試圖扭轉、轉換、改變當前不當現象的話語實踐，期盼給社會帶來不同的風貌，所以它是一種與實際行動相關的政治意識，尤其是面對當前公領域的溝通結構和諸多政治、立法、司法、行政等現行權力關係的糾葛，也回應了哈伯瑪斯公共領域結構轉換危機的質問（Reisigl & Wodak, 2001; Wodak, 2001）。

渥姐克強調，話語－歷史取向批判話語分析就是建基於社會哲學取向批判理論觀點，並結合行動與認知層面（Wodak, 2001），匯整出上述三個理論基礎和研究取向，堅持批判話語分析的批判立場和原則，針對各種不公不義社會現象，務必做出明確批判和透明抉擇，絕不容許在權力關係體系中游移不定，務必堅持批判話語分析的批判初衷，對於昔日不公不義卻不說、不曾說、不便說、不能說、不敢說的，都要大聲說出來。所以話語－歷史研究取向並非如字面顯示只是批判過去，而是劍指當前不公不義的不當現況，務求對被歧視者有同理心，站在正義公平和理性思維，追求更美好的未來。一般批判話語分析研究都有此旺盛企圖心，誠如范迪克提出的批判話語分析的原則所言，就是要改變社會，許諾社會有一個不同的風貌（van Dijk, 1993b），渥姐克話語－歷史取向批判話語分析則直接將它列為理論基礎和研究藍圖，足見渥姐克的雄心壯志。

話語－歷史研究取向批判話語分析指出，批判話語分析不應侷限於話

語文本，畢竟話語只是社會實踐的一種獨特形式，何況話語背後都有其隱密的語境，如同上述對話語所下的定義，話語乃是極其倚賴語境的社會實踐形式，任何話語都是因為語境而存在和轉變，而話語實踐與其它諸多行動場域（field of action）又具辯證關係，這些行動場域包括社會情境、意識型態、體制框架和社會結構等，所以一方面社會情境、意識型態、社會體制和社會結構都會影響並形塑話語，另方面話語也會藉由各種行動場域平臺，影響話語實踐與非話語實踐的其它社會單元的行動場域過程，這些話語實踐與非話語實踐社會單元行動場域，都是話語－歷史取向批判話語分析的研究焦點。

也就是說，話語實踐與社會結構之間的辯證關係，是同時並存而且同時交互發生，彼此都同時在發揮相互影響作用。語言學所謂的類型分析（genre analysis），就批判話語分析而言，不僅只是語言學的文本分析而已，應該將語言學的類型分析擴及整個非語言學的社會和政治行動場域類型，畢竟行動場域才是各種社會真實實際運作的單元和成分，只有全面性關照整個社會的行動場域，才能顯現批判話語分析針對當前各種權力關係和意識型態的詮釋和批判，而非僅限於話語文本的語言學層面的描述分析而已。

渥姐克認為，不同行動場域各有其獨特的話語類型，譬如在政治話語的行動場域，就包括立法的政治過程、政治溝通與民意形成、不同政黨的意見整合和政策施行的論辯等各種不同的行動場域，而且每個不同的行動場域各自搭配不同的話語類型，譬如在立法的政治過程就有草案、修正案、國會議員的論辯、政府官員備詢和人民團體意見表達等（Wodak, 2001）。

所以批判話語分析不應將話語分析侷限在傳統語言學的類型分析，應該將語言學類型分析概念運用到整體社會體系和體制的一切行動場域，並且透過各個行動場域之間的交互文本和交互話語分析，剖析隱晦躲藏在社會體制行動場域的各種權力關係和意識型態。這是渥姐克等人對於類型分析的獨到見解，不僅結合了語言學、話語理論和社會學觀點，更重要的是將語言學類型分析觀點，充分運用到社會體制的實際運作，不論是范迪克或費爾克拉夫似乎都未曾像渥姐克對此觀點闡述得如此清晰透澈（Reisigl &

Wodak, 2001; Wodak & Chilton, 2005; Reisigl & Wodak, 2016; Wodak & Meyer, 2016b）。而且也看到話語－歷史取向相當重視社會體制的實際運作及其對整個社會的效應，因而帶動後起之秀話語民族誌學取向批判話語分析。

　　話語－歷史研究取向批判話語分析側重政治話語，它以政治行動為例，舉例說明行動場域、類型（genre）和話語話題（discourse topics）三者之間的系統關係，也就是說，在政治行動領域，類型和話題之間具有互文性和互語性，彼此交互關係。有關行動場域的研究方法，在下文研究方法單元有詳細介紹。

　　話語－歷史取向批判話語分析關注宰制者或掌權者的語文符號實踐，透過社會語言學和民族誌學的整合，結合哈伯瑪斯公領域溝通行動觀點，進行文本和語境分析，並以語境脈絡做為核心焦點，將上述三個研究層次（即：文本內在批判、社會診斷批判與預後批判）與三角檢證法（即：理論三角檢證、方法三角檢證以及資料三角檢證）連結起來，彙整成為話語－歷史研究取向（DHA）批判話語分析理論架構的四個層級：語言學理論層級、話語理論層級、中程理論層級與鉅型理論層級四個層級，後來渥妲克將中程理論層級與鉅型理論層級合併為語境層級（Wodak & Meyer, 2016b），如此更契合話語－歷史取向批判話語分析的意旨，因此以三個層級來說明如下：

(1) 語言學理論層級：

　　主要關注語言學理論層級的語言學文本或內在共文本，並據以進行語言學文本分析。話語－歷史研究取向與其它批判話語分析，不論對於語言學理論層級或語言學文本分析，基本上並無二致，都是針對文本或共文本進行語言學文本分析。

(2) 話語理論層級：

　　主要關注介乎文本、類型、話語之間的交互文本與交互話語，包括話語策略、論辯策略等。話語－歷史研究取向批判話語分析對於文本與話語的關係界定得最簡單明白，認為文本就是話語的一部分，文本就是口說的或文字書寫的物質符碼，話語則是抽象的話語實踐及其過程的概念。通常文本只是成品或產品（product），話語才是過程（process），批判

話語分析重視動態話語過程的程度遠遠超過產製的文本，此乃批判話語分析領域的基本共識。

在話語理論層級，由於話語－歷史取向（DHA）批判話語分析聚焦政治話語的批判分析，所以渥妲克將話語和類型連結起來，即所謂話語話題，認為在特定政治話語，可能涵蓋許多不同的話題，而在話題之下，再有諸多次話題，層層包覆，所以會出現許多話語話題和附屬次話題。她認為，任何一個文本都有可能與其它文本交錯，具有交互文本特質，同樣地任何一個話語都有可能與其它話語交織，也就是所謂的互文性與互語性的概念（Wodak, 2001b; Reisigl & Wodak, 2016）。根據話語－歷史取向觀點，任何話語或文本都相當程度倚賴語境，每一個話語必然與其背後的語境緊密相關，透過交互文本或交互話語形式，鑲嵌在日常話語實踐。

話語理論層級所探討的交互文本和交互話語，也就是各種話語實踐形式裡的互文性和互語性關係，其涵蓋範疇包括語言的、社會的、體制的、歷史的語境框架，因此互文性、互語性、行動場域遂成為話語－歷史研究取向批判話語分析的核心內涵。對於互文性和互語性，費爾克拉夫有詳細介紹，本書第六章也有詳細說明，但是將行動場域與互文性、互語性結合做為研究重心，則是話語－歷史取向話語分析的特色，只是話語－歷史取向並未像費爾克拉夫致力於話語秩序（order of discourse）的剖析。

在交互文本方面，渥妲克基於傅科的話語理論，並融匯其他學者有關歷史、政治、社會等各個層面理論觀點，針對文本與文本、文本與語境、文本與歷史語境，及其再語境化（recontextualization）、去語境化（de-contextualization）的形成及其轉換過程進行批判話語分析。譬如新聞媒體的用辭遣字，就充滿交互文本性，頗值探究。在交互話語方面，則針對話語與其它話語、話語與話題、話語論辯等不同層面，探討政治話語在社會互動過程的霸權競逐現象，特別是新興崛起議題，尤見交互話語的動態爭霸過程。

(3) 語境層級：

渥妲克最初彙整出來的四個理論架構層級當中，除上述語言學理論層級

和話語理論層級之外，還包括中程理論層級和鉅型理論層級，但由於中程理論層級與鉅型理論層級的差別，在於中程理論層級只著重社會體制語境，只關注社會及體制的各種情境語境，而鉅型理論層級則提升至歷史文化語境，關注更為深遠的歷史與社會政治（sociopolitical）語境（Wodak, 2001b; Wodak & Meyer, 2009, 2016b）。後來渥妲克將中程理論層級與鉅型理論層級這兩個層級整併為語境脈絡層級，不少批判話語分析學者也指出，鉅型理論只適合當做批判話語分析的基本思維和理論基礎，但在實務操作批判話語分析，主要還是以中程理論做為論析標的較為合宜，所以將中層理論層級與鉅型理論層級整併為語境層級。

從上述話語－歷史取向批判話語分析的理論架構來看，渥妲克在語言學理論層級和話語理論層級，亦即在語言學的文本分析和話語的互文性與互語性分析，基本上與費爾克拉夫辯證關係取向的研究架構和路徑沒有太大歧異。只是因為她專注在政治話語實踐，所以涉及相當多來自政治過程所呈現的政治議題和政治話題等更為細膩的話語分析策略。她對語境層級的理論觀點極為寬廣，包括鉅型理論、中途理論和中觀理論等都含括在內，這也是話語－歷史研究取向批判話語分析的特色，渥妲克還將語境層級由高而低細分為鉅型理論、中程理論、中觀理論、話語理論和語言學分析等不同層級（grand theory → middle-range theory → mesotheories 1, 2, 3, 4 → discourse theory → linguistic analysis）（Wodak, 2001b）。

上述這三個理論架構層級其實同時也可做為對於歷史語境的理解，其中第一個層級的語言學理論層級和第二層級的話語理論層級，其實都是做為後續語境層級分析的基礎，所以語境理論才是話語－歷史取向批判話語分析的目標。

參、話語—歷史取向的語境理論

一、世界觀的語境理論

渥妲克將上述這些理論觀點統合起來，以話語理論為核心，構連了文本、話語和語境，建構了話語－歷史研究取向批判話語分析的理論架構。在語境理論層級，她認為意識型態其實就是一種世界觀，指涉特定社群成

員的心智再現、信念、意見、態度、價值、評價等，不論表現於外的言行或潛藏內心深處的認知、偏見等都包含在內，所以意識型態就是鉅型敘事，也是話語－歷史研究取向的鉅型理論層級關照對象，像耳熟能詳的自由主義、共產主義、資本主義、保守主義、新資本主義等都屬意識型態範疇，它們都涉及三個彼此相關的想像：

(1) **再現模式的想像：**對於社會真實的再現，人們存在特定的想像和理解，並且藉由它們來回應外在世界。對於外在世界的再現和想像，必然涉及個人認知和社會認知，在此也看到渥妲克與范迪克對於認知心理學的共同觀點。

(2) **願景模式的想像：**就是對於這個社會、這個世界的未來應該是什麼風貌的看法和想像，對於未來的願景，或許只是一廂情願，卻滿懷熱情和想像。隨著個人識見和文化資本的累積，對於未來世界的視野和想像，自有更為深邃的遠見，也會帶領追隨者共同追求未來的願景。

(3) **計畫模式的想像：**為了實現願景，就得按照計畫模式訂定的規則和途徑，群策群力努力以赴，所以對於計畫模式的成效及其執行辦法，就會發展出特定的想像。

　　話語－歷史研究取向批判話語分析基於這些想像及其背後的世界觀和意識型態，認為世界觀和意識型態就是透過話語實踐，創造、分享、維繫某種社會認同、不平等的權力關係，時時刻刻指導人們如何說話、書寫，甚至思考或與人互動，所以話語－歷史研究取向批判話語分析就是要揭露這種不平等的權力關係及其背後的意識型態。

　　不論傳播行為或社會互動的語文符號實踐或非語文符號社會實踐，都發生在歷史、社會、文化語境框架之內，但是值得注意的是，語文符號實踐並不是發生在社會體系裡，而是發生的時候同時複製了社會體系。換句話說，社會體系或社會體制自身未必擁有特定語文符號，畢竟語文符號乃是人們透過話語實踐在建制社會體系或社會體制的過程，加諸在社會體系或體制的非語文符號社會實踐之上，藉以做為體制運作或體制與體制之間運作的社會互動基礎。社會體系或體制就是在這種情境之下，被語文符號話語實踐和非語文符號社會實踐產製、複製，並且又回溯至語文符號話語

實踐和非語文符號社會實踐的行動情境，不論語文符號話語實踐或非語文符號社會實踐，其實它們都只是語境的再現，它們背後的語境才是話語－歷史取向批判話語分析的重心。

二、微觀語境即鉅觀語境的語境理論

話語－歷史研究取向批判話語分析認為，執行某一話語實踐就等同於體系或體制的複製，說得更具體就是：文本產製等同於體系或體制的複製（text production equals system reproduction）（Weiss & Wodak, 2003: 10），文本產製也就是複製語境所付託的使命、價值觀、世界觀和意識型態。話語－歷史研究取向批判話語分析認為，在特定話語實踐和特定行動場域之間存在著辯證關係，一方面這些行動領域包括情境的、體制的都會影響並形塑日常生活話語實踐，另方面日常生活話語實踐也會影響非話語（non-discursive）的社會、政治過程和行為，亦即話語與非語文符號的社會實踐之間具有辯證關係，兩者相互影響。

渥妲克認為，從本體論觀點而言，微觀語境等同於鉅觀語境（microcontext equals macrocontext）（Weiss & Wodak, 2003: 10）。這正是紀登斯所謂結構二元性（duality of structure）觀點：結構乃是行為的中介和結果（structure as medium and result of behavior），它是一個循環過程而非線性過程（Giddens, 1984）。一般批判話語分析自從費爾克拉夫提出辯證關係取向之後，基本上都接受話語與結構、話語事件與社會結構之間具有辯證關係，但是直接指陳微觀語境等同鉅觀語境的說法，則是渥妲克相當具開創性的見解。

當一般批判話語分析學者在探討意識型態時，傾向於將意識型態定位在鉅觀層次，這種觀點固然無可厚非，但是渥妲克將微觀語境視同鉅觀語境，則是非其他批判話語分析學者所能及，畢竟欲求落實紀登斯結構化理論的結構二元性觀點，既然主張結構就是能動性和行為的中介和結果，那麼微觀語境怎麼會與鉅觀語境徹底劃清界線呢？可見渥妲克將微觀語境視同鉅觀語境的確有其獨到之處，突顯她對微觀語境與鉅觀語境之間辯證關係的卓見。

　　至於意識型態，就是建構並且維繫不平等關係的重要因素，意識型態就是意義的建構，它以各種不同形式在社會情境和各種社會語境（social context）傳遞。話語－歷史研究取向批判話語分析認為，它一定有什麼特定的歷史理由或社會文化因素，讓人們對於特定事物產生特定的認知、理由、欲求和想像，所以話語－歷史研究取向批判話語分析就是致力於解構話語的歷史語境，對歷史語境進行除魅，從話語－歷史視角探究社會權力關係和意識型態。

第二節
話語－歷史取向批判話語分析的研究架構

壹、話語－歷史取向的研究原則

　　對於話語－歷史研究取向批判話語分析，渥姐克曾以奧地利反猶太現象，提出十項重要原則（Wodak, 2001a; Reisigl & Wodak, 2016）：

(1) 它是一個跨領域研究取向，包括理論基礎、研究方法和研究團隊都採取跨領域作為。

(2) 它是實際問題導向，既非憑空想像亦非無的放矢。

(3) 對於研究問題，只要能夠獲得適當理解和詮釋，各種不同的理論和方法都可以納入。

(4) 結合田野法和民族誌法，從問題內部深入分析；話語－歷史研究取向此一研究策略對後來新興的批判話語分析頗具啟發作用，本書第八章也有介紹。

(5) 在理論和方法之間採取迴歸探究策略，除歸納、演繹之外，也採取溯因推理（abductive reasoning）的研究策略，試圖突破傳統歸納和演繹二元做法。

(6) 各種不同的文本、話語類型，和交互文本、交互話語都是重要研究項目。

(7) 任何文本和話語的詮釋，一定要考量歷史語境，歷史語境可以重建文本、話語、交互文本和交互話語過程的語境化和再語境化功能，歷史語境是話語－歷史研究取向的核心，也是話語－歷史研究取向的特色。

(8) 沒有一成不變的研究方法和歸類，端賴研究問題特性而定，話語－歷史研究取向主張批判話語分析應該採取開放策略，沒有制式框架或定型做法，只要能找到問題根源，任何方法都值得一試。

(9) 鉅型理論只適合做為理念根基，中程理論才適合做為研究基礎，這也是一般批判話語分析的共識，所以話語－歷史研究取向遂將中程和鉅型理論層級整合為語境理論層級。

(10) 批判話語分析研究結果的適用性才是研究終極目的，研究結果不僅要適用於學界，也要適合於與社會大眾溝通。

對於上述列舉的渥妲克話語－歷史取向批判話語分析的研究原則當中，有幾點值得再三強調，其一，就是將田野法和民族誌法納入批判話語分析，此乃前所未有的研究策略，不僅突顯話語－歷史取向批判話語分析的特色，同時也對當前諸多新興崛起的批判話語分析新秀發揮重大啟發作用，紛紛效法渥妲克採取相同研究策略，如話語民族誌學取向（discourse ethnographic approach, DEA）批判話語分析（Krzyżanowski, 2010, 2014a, 2014b; Krzyżanowski & Oberhuber, 2007）即是顯例。

其二，渥妲克強調批判話語分析的研究方法不應有既定框架，也沒有一成不變的研究方法，端賴研究問題和研究素材而定，甚至更進一步主張在歸納法和演譯法之外，也可採取溯因推理策略，這種對研究方法採取的開放態度和做法，充分展現批判話語分析採取多元性、開放性、多領域、跨領域以及科際整合的研究策略，因此可擴大批判話語分析的研究範疇和影響範圍。

其三，強調研究結果不應只限適用於學界，更要適合於與社會大眾溝通。雖然多年來批判話語分析都積極期待透過研究分析可以給社會帶來不同的風貌，但坦白說，似猶未有人像渥妲克將批判話語分析的研究目的講得如此直白，不僅適合與社會大眾溝通，更要接地氣，讓廣大民眾感受到批判話語分析的實質好處。

貳、話語─歷史取向的話語策略

渥姐克等人認為，話語實踐至少有四種鉅型社會策略，這也是他們在前述針對奧國 1986 年總統選舉的華德翰事件、1996 至 1997 年自由黨競選和執政採取的「奧地利第一、奧地利優先」政策以及 1998 年奧國政府拒發外籍人士居留證等三項批判話語研究發現，有四種話語實踐的鉅型社會策略：

(1) **建構策略**：建制集體主體，像種族、群族和國家等，並建構國家認同或種族認同。

(2) **維護策略或合理化策略**：複製、維繫、鞏固並理由化現狀，譬如種族認同、族群認同和國族認同等。

(3) **轉型策略**：發揮轉換現狀的工具性功能，像轉型或轉變當前國家認同或種族認同。

(4) **解構策略**：發揮解構現狀的效用，如解構當前國家認同或種族認同（Reisigl & Wodak, 2001）。

從上述四個社會策略可以明顯看到渥姐克對於話語與社會之間的關係，基本上抱持彼此相互影響的辯證關係，一方面話語既可透過維護或合理化策略，複製、維繫、鞏固既有的社會結構，另方面它也可透過轉型策略和解構策略，轉型或改變當前社會結構。可見渥姐克的話語─歷史研究取向批判話語分析與費爾克拉夫的辯證關係研究取向批判話語分析（Fairclough, 1989, 1992, 1995a, 2010），對於話語實踐建構或轉變意識型態和社會結構都抱持相同的辯證關係觀點。這也驗證了前述所言，渥姐克與蘭卡斯特學派淵源頗深的說法。

話語─歷史研究取向批判話語分析為了探討話語實踐與社會結構之間的複雜關係，在研究策略上特地採取三角檢證（triangulation）原則，融合各種不同的跨領域學理、研究方法和資料來源，亦即所謂理論三角驗證、研究方法三角驗證、資料三角驗證等，藉以探討各種獨特話語現象。這種三角檢證研究策略乃是建基於語境觀點及其它諸多考慮，包括：(1) 語言學共文本的文本分析觀點；(2) 話語理論觀點及其互文性與互語性的交互文本

分析觀點；(3) 語境理論涉及的情境語境；以及 (4) 更為寬廣的社會政治與歷史語境等。

話語－歷史研究取向批判話語分析指稱，它關照三個層面做為研究的基本支柱：(1) 針對話語中的某些特定內容或話題；(2) 確認話題的話語策略；(3) 檢證這些話語的語言學手段及其語境的語言學實現（Reisigl & Wodak, 2016），這三個層面基本上都是相互關聯彼此呼應裡應外合的話語實踐與歷史語境之間的辯證關係。

話語－歷史研究取向認為批判話語分析可以從最簡單的問題出發，譬如渥妲克針對奧地利 1992-1993 年選舉期間，以「奧地利第一」做為政黨歧視話語的分析（Wodak, 2001），就以分析類別為例，提出以下五個簡單的研究問題：

(1) 被歧視者到底如何被命名？如何被語言學地指涉？

(2) 被歧視者到底有什麼特質、本質和屬性？

(3) 歧視者或霸權團體到底採取什麼論辯基模？如何合理化和理由化其論點？藉以用來排拒、歧視、壓迫、剝削他者？

(4) 對於上述這些歧視的名類稱謂、特質屬性、論辯系爭，到底被歧視者站在什麼立場？又抱持什麼態度或觀點？

(5) 這些歧視話語，到底是公開鮮明的說？還是曖昧不明的說？是緩和的說？還是聲色俱厲的強調？到底是採取緩和的或強調的策略？（Reisigl & Wodak, 2001, 2016）

然後根據這五個研究問題，話語－歷史研究取向再將它們濃縮為話語－歷史研究取向批判話語分析的五個話語策略（discursive strategies），而且每個話語策略都各有研究目的：

(1) 命名（nomination）策略：對人、事、物、事件、行動、過程、現象的話語建構。

(2) 斷言（predication）策略：對人、事、物、事件、行動、過程、現象屬性的話語評斷。

(3) 論辯（argumentation）策略：對真理和規範的辯解或質疑。

(4) 觀點（perspectivization）策略：行動者所持觀點、所處位置、或與對象之間的距離。

(5) 強調或緩和（intensification or mitigation）策略：語氣的強調或緩和，藉以呈現是基於知識還是道義的（Reisigl & Wodak, 2016）。也有學者將緩和或強調分開來，因而有六個話語策略，但渥妲克多以五個話語策略為主。

　　為了讓這五個話語策略能夠符應具體研究實務操作，渥妲克並特將這五個話語策略的具體研究標的也一併指陳，藉供研究者參考：

(1) **命名策略**：對於類別歸屬，是直證的還是透過人類行為學精密的舉證？是用隱諭、轉諭、還是提諭？用什麼動詞和名詞，指陳這些人、事、物、行動和過程？

(2) **斷言策略**：是否用刻板印象，直接給予正面或負面評斷？直接用鮮明的斷言動詞、斷言名詞、斷言形容詞和斷言代名詞？或是用間接曖昧的動詞、名詞、代名詞或形容詞？這些斷言是如何排列？這些斷言如何比較？這些斷言有什麼暗示、召喚、預想、前提或牽連？

(3) **論辯策略**：論辯主題為何？有無牽扯其它主題？如果有，是什麼交互文本或交互話語？論辯有什麼謬誤或謬論？

(4) **觀點策略**：採取的觀點策略是直接的？還是間接的？或者只是隨意表達？是否引用別人說法？有無引號？使用什麼引諭手法？是生氣盎然、充滿激勵韻味？還是死氣沉沉的？

(5) **緩和或強調的語氣策略**：採取的語氣策略到底是緩和或強調？是否為標籤式問題？是假設語氣或虛擬問題？語氣猶豫或者曖昧不明？修辭誇張？或者使用反敘法（用否定來表示肯定）？間接的表達行動（例如疑問句而非肯定句）？使用什麼動詞來表達感覺和想法？

　　由上述這些架構可以理解話語－歷史研究取向批判話語分析的話語策略，從研究目的、研究策略到研究分析單位，都有相當明確的研究方法和研究程序，這也是話語－歷史研究取向批判話語分析能夠在批判話語分析占一席之地的重要原因。

以下針對上述五個話語策略（命名、斷言、論辯、觀點和語氣），進一步說明話語－歷史研究取向批判話語分析的論辯分析（analysis of argumentation）更細微的執行步驟。畢竟，論辯在批判話語分析是一個重要的焦點，不論是從論辯過程的語言學觀點，或者從論辯認知觀點，它都是一種相當複雜的過程，其中最基本的就是論辯內容的統合性和一致性，至於論辯的立論基礎，只要論辯者能夠講得頭頭是道，再怎麼樣的歪理，似乎都可以表達的冠冕堂皇、義正辭嚴，所以論辯講求的是推理和語言符號的運用技巧，至於是否合乎知識、真理、道德，就需要更高層次的批判功力。

這正是批判話語分析要突破論辯策略和技巧的焦點所在，至於從論辯分析而言，它至少包含以下幾個層面：

(1) 功能性的分類，例如論辯前提、宣稱、結論等。

(2) 形式性的分類，例如形式話題、形式謬誤、基模界定、權威基模、比較基模等。

(3) 與內容相關的分類，例如與話題相關的歧視基模或宰制基模等。

(4) 論辯結構的分類，例如是中觀或鉅觀的論辯結構等。

話語－歷史研究取向批判話語分析更進一步針對話題是否合理或謬誤，提出以下的要求：(1) 尊重論辯的自由；(2) 各方都有說理的義務；(3) 所有引用的資料都要正確；(4) 問題要針對事實；(5) 即使隱含前提，也要資料正確；(6) 要接受論辯的起始點；(7) 論辯基模要依循正確做法；(8) 務求論辯的邏輯與效度；(9) 務必接受論辯的結果；(10) 表達要明確、解釋要正確（Reisigl & Wodak, 2016）。

參、微觀與鉅觀語境辯證的行動場域

話語－歷史研究取向批判話語分析以政治行動為例，說明行動場域（field of action）、類型（genre）和話語話題（discourse topic）三者之間的系統關係，亦即彼此之間具有互文性與互語性的交互關係。

在行動場域方面，目的在探討話語建構的社會真實，不同行動場域各有不同的話語實踐，也就是話語實踐界定了行動場，像新聞、司法、金

融等都分別是不同的話語實踐形式，它們都是不同專業行動場域的話語表達形式，所以不同的話語實踐各自界定它們自己的專業行動場域。行動場域是話語－歷史取向批判話語分析研究架構非常重要的一環，可謂話語－歷史取向的核心，話語－歷史取向強調的微觀語境等同鉅觀語境的觀點，也是藉由行動場域展現微觀語境和鉅觀語境發揮交互文本和交互話語作用的平臺，讓各種社會能動者和能動性在行動場域同時發揮效能，透過交互文本和交互話語作用，不僅匯聚微觀語境和鉅觀語境同在行動場域，而且融合微觀語境和鉅觀語境，讓社會各方能動者和能動性都能透過行動場域融匯在一起，相互建制與辯證。

渥姐克將行動場域、話語類型和話語話題整合在一起，把社會行動與語言學類型結合起來，其實更重要的是將微觀語境和鉅觀語境整合起來，然後再透過各種社會體制實際運作的行動表現緊密組構在一起，譬如她將政治過程細分為八種行動場域，就是將行動場域觀點具體落實在政治體制實務運作過程，所以在政治行動場域就可清楚看到微觀語境和鉅觀語境共處同一個行動場域，不論是立法過程、民意形成、政治行銷或政黨溝通，都是如此。

尤其值得注意的是，渥姐克將行動領域、類型和話語話題三者整合起來，一方面探討話語實踐與社會體制實際運作之間的辯證關係，另方面也為費爾克拉夫的辯證關係取向，尤其是有關符號話語實踐與其它社會單元之間的辯證關係（請參閱本書第六章第三節社會文化實踐單元），做了最佳的註腳，而且也為符號話語實踐與其它社會單元之間的辯證關係，具體提出研究策略和執行方法。

渥姐克強調微觀語境等同鉅觀語境，此一觀點固然吸引批判話語分析學界注目，但是如何落實所謂微觀語境等同鉅觀語境的概念？其實行動場域就是展現渥姐克微觀語境等同鉅觀語境最佳場域，或者說，微觀語境等同鉅觀語境所宣示的意涵是：行動場域就是微觀語境與鉅觀語境展現兩者辯證關係的最佳平臺和場域。微觀語境與鉅觀語境同時並存，彼此相互發揮影響作用和辯證關係，在行動場域這個平臺上，既是話語與語境的最佳交互文本和交互話語平臺，更是微觀語境和鉅觀語境相互作用展現辯證關係最佳場域。

譬如在政治過程方面，渥妲克將政治體制實際運作細分為八種行動場域，並在各個行動場域之下，分別又有以下各種不同政治類型與其相互對應，藉以展現話語與社會實踐之間的綿密關係，茲將各種政治行動場域類型介紹如下：

(1) **立法過程**：制法、修法、（總統、攔揆）政策宣言、國會議員質詢或論辯、法規草案、行政命令、政策方針等。

(2) **民意形成**：發新聞稿、開記者會、新聞訪問、談話節目、開研討會、發表論文、新書發表、紀念會演講、週年慶演說等。

(3) **政黨內意見形成過程**：政黨宣言、政綱、政黨政策會議、黨內初選、（美國）政黨提名大會等。

(4) **政黨間意見形成過程**：同盟合作、同盟計畫、同盟約章、週年慶典宣言等。

(5) **國際關係**：國是訪問演說、高峰會議演說、對戰爭、和平、仇恨的演說等。

(6) **政治行銷**：選舉策略、競選口號、競選活動、競選傳單海報、競選信函等。

(7) **行政執行**：政策宣告、推動或反對某特定政策、節慶演說、（與它黨）聯合宣言、政府首長演說、政府官員的回應等。

(8) **政治控制**：議員質詢、課責詰問、反對黨的抵制、要求公投複決等（Wodak, 2001b; Reisigl & Wodak, 2016）。

　　由此可見，話語－歷史取向的批判話語分析幾乎無所不包，舉凡語言學的和非語言學的文本、話語、行動等，都會包括在其執行過程，譬如僅僅政治行動此一概念，就包括了立法、民意、黨內、政黨之間、州際或國際、政治廣告、政府治理和政治管控等八種行動場域，在這八種行動場域之下，又各包含各種相關的政治類型和政治行動等，可見其細微之程度。由於話語－歷史取向聚焦政治場域，所以它的分析策略也被稱為政治語言學（politolinguistics）。

肆、話語－歷史取向的研究步驟

渥妲克曾經以氣候變遷為例，提出話語－歷史研究取向（DHA）批判話語分析八個研究步驟（Reisigl & Wodak, 2016），認為在研究人力、物力、時間、經費許可情況下，一般具有相當規模的跨領域批判話語分析，具有八個研究步驟和程序，只要依序執行這八個步驟就可完成批判話語分析。茲以氣候變遷為例，簡要說明這八個步驟如下：

步驟一、蒐尋相關理論知識

預先做好理論背景專業知識的蒐集，是批判話語分析第一要務，從文獻探討和理論知識探索問題意識，譬如氣候變遷意何所指？根據目前科學知識，氣候變遷如何界定？氣候變遷的學理指標為何？氣候變遷相關理論文獻有哪些？氣候變遷對人類有何影響？對地球生態環境有何衝擊？即使只是這些基本問題，就牽扯許多專業科學知識和日常生活常識，不同行業對氣候變遷明顯有不同的感受和想法，這也是批判話語分析要瞭解的部分。氣候變遷不只影響日常生活的氣溫而已，它幾乎影響整個人類文明和生活方式，對當代和未來社會的影響不可小覷，具備這些有關氣候變遷的理論知識，才能訂定後續的研究問題。

步驟二、系統性蒐集相關語境和資料

基於上述有關氣候變遷的理論知識，接下來就要訂定研究問題和研究假設，尤其要聚焦與氣候變遷有關的話語實踐，不論是政治面、經濟面、社會面或文化面等，都要廣泛而且有系統的進行蒐集，才能訂定適當的研究問題和研究假設。

有關氣候變遷各種話語實踐相關資料何其廣泛，因此務必要有系統性的蒐集，尤其在蒐集氣候變遷理論背景知識與各種話語實踐相關資料，更應重視與氣候變遷有關的各種語境資料，務求依據研究目的和研究問題審慎篩選，尤其是與氣候變遷有關的語境資料，這些相關語境資料就批判話語分析而言十分重要，譬如在什麼政治行動場域、在什麼語系社會、什

麼時空環境、哪些具影響力的政治人物或科學家、使用什麼特質話語？這些話語通常在哪些媒體出現？具有什麼特有的話語類型？有什麼特定話語策略和目的？所以這些語境資料務必包括話語、話語事件、話語實踐、社會領域、媒體、類型、文本等元素，尤其這些話語背後的語境，不論歷史的、經濟的、政治的、社會的語境，都是至關重要的資料。

步驟三、篩選分析資料

剛開始準備的資料可能相當浩瀚，繁雜龐大到難以駕馭的地步，所以在著手進行研究之時，就要根據研究目的及其判準，降低資料的範疇和數量，否則蒐集的資料數量過於龐大，根本無法進行有效分析。這些判準包括：出現頻率、代表性、顯著性、交互文本、交互話語等，務必依研究目的而定，經過篩選之後，才能掌握分析的素材，否則龐大資料對於一般研究而言，根本難以進行有效解析、評價，對研究者或研究團隊都帶來莫大壓力，即便大型研究計畫也可能浪費許多人力、物力，並非良策。如今有語料庫（corpus）的助力，可以節省研究者蒐集資料和篩選資料的心力和時間。

步驟四、確定研究問題和研究假設

有關氣候變遷的研究問題和研究假設，至少要考量全球暖化是否成為共識的話語，以及氣候變遷是否被視為是人類造成的必然後果？如果是的話，主要是哪些因素造成？媒體對於氣候變遷的報導至關重要，尤其是重要的相關國際會議，各國元首和科學家發表的有關氣候變遷的話語，都頗值關注。至於媒體話語更不容忽視，畢竟氣候變遷是非常專業的知識，而媒體扮演專業知識的轉譯者和溝通者角色，將氣候變遷專業知識轉譯為普通常識，媒體在報導氣候變遷所採取的立場和報導取向，都可能對廣大民眾產生認知、態度和行為層面的影響作用，尤其動見觀瞻的世界強權領袖發表的各種演說或談話所持的基本立場和話語表達形式，都會被拿來與氣候變遷理論知識相互對照，做為研究問題和研究假設的參考重點，畢竟要改善全球氣候變遷並非只是科學家們的事，也非某一個單一國家或某些個國家的事，而是全球要共同面對的重大挑戰，所以這些研究問題和研究假

設都是基於研究文獻和所蒐集的話語資料而定。

步驟五、先進行探索研究

　　質性探索研究（pilot study）需要以實際蒐集的文本資料做為分析基礎，並將五個話語策略（命名、斷言、論辯、觀點、語氣）及其目的都分別列舉，藉以逐一檢視這五個話語策略，譬如在命名話語策略，到底是為了建構話語行動者、話語標的、話語行動，還是為了建構話語過程？及其目的為何？在斷言話語策略，到底為這些話語行動者、話語標的、話語行動和話語過程，賦予什麼特質？又為了什麼目的？在論辯話語策略，到底用什麼論辯技巧來說服社會大眾？其目的為何？在觀點話語策略，這些話語行動者到底站在什麼立場？抱持什麼觀點？在語氣策略上，到底是緩和或強調的話語策略？到底這些話語是以什麼語氣表達出來？尤其在知識和道義層面上，它們的語氣又是如何？它們各自為了什麼目的？

　　至於交互文本和交互話語分析方面，則涉及更細微的各式各樣話語話題和大量素材資料，凡是有關氣候變遷的話語論點都頗值注意，譬如：世界末日、大氣層破洞、極地暖化、海洋暖化、極地海底漏出甲烷、永凍層融解等，都是頗值重視的專業話語論點。在探索研究建議以特定文本進行微型分析（micro-analysis）和語境分析（context analysis），並將這五種話語策略及其目的分別實地拿來檢視，所以在質性探索研究，諸如微型的語言學文本分析、中型的交互文本和交互話語的話語理論層級分析，以及鉅型的語境分析都包含在內，藉以確定檢測分類、最初假設和後續假設等。

步驟六、再做詳細的個案研究

　　在質性探索研究之後，緊接著就是核心的個案研究，詳細的個案研究不僅延續探索研究，而且還要進行微型的語言學文本分析、中型和鉅型的語境分析層次，透過語言學與社會實踐的整合，從歷史、政治、社會、文化等各方面的語境，來詮釋個案分析結果。基本上，詳細個案研究是整個研究的重點，以質性研究為主、量化分析為輔。個案研究結果可提供後續批判分析的重要基礎，也是決定批判話語分析成敗的關鍵步驟。

步驟七、三層次批判分析

　　研究結果的詮釋和因果解釋，務必考量語境知識和前述的話語－歷史取向批判研究三個層次（文本內在批判、社會診斷批判和預後批判），這三個批判層次的分析是整個話語－歷史取向批判話語分析的重心。首先在語言學的文本內在批判層次，針對蒐集的文本資料，就其語言學和詮釋學基礎，進行文本和話語的內在文本批判分析。其次，在社會診斷批判層次，透過互文性和互語性分析，務必在蒐集的文本和話語資料，就其背後潛藏的歷史語境和意識型態，進行除魅的揭露，藉以做為後續詮釋的依據。最後在預後批判層次，則基於崇高的倫理實踐理想，致力於改變當前不公不義現象，力圖建構一個理想未來社會風貌的可能。話語－歷史研究取向批判話語分析並採取多元、跨域、科際的整合研究取向，以及三角檢證的研究策略，從各個不同面向探討問題，尤其聚焦於話語歷時性的組構、重構和變遷。依循上述各種理論層次的理念逐一檢視所蒐集的語境資料，這個階段的批判分析可謂攸關氣候變遷研究標的辯證關係探究的成敗，每個步驟務必按照話語－歷史取向批判話語分析的理論觀點及其研究架構，審慎以對，藉以獲致切合實際的研究結果。

步驟八、批判分析結果的應用

　　話語－歷史研究取向批判話語分析強調實際問題導向（problem-oriented），所以基於上述研究結果，既可用來再語境化氣候變遷的理論、研究方法，也可運用到實際社會情境，對社會大眾進行氣候變遷的機會教育和公眾宣導（public communication campaign），期盼造成廣大社會迴響和效應，引起全人類共同重視氣候變遷的嚴重性，尤其督促世界強權不能置身事外，促進世界強權共同為地球暖化付出應盡的世界公民責任。

第八章
晚近新興批判話語分析研究取向

除了前面第五、六、七章分別介紹：(1) 范迪克的社會認知取向（SCA）批判話語研究；(2) 費爾克拉夫的辯證關係取向（DRA）批判話語分析；以及 (3) 渥姐克的話語－歷史取向（DHA）批判話語分析之外，晚近也有幾種崛起的新興研究取向頗受學界重視。姑不論研究取向為何，各種不同研究取向的批判話語分析，各有其不盡完全相同的理論基礎和關注焦點，殊難指稱孰優孰劣，只能說某一研究取向對某一個特定議題更具解釋力（Wodak, 2001a）。

批判話語分析與時俱進，已經發展出許多各具特色的不同研究取向，根據費爾克拉夫與渥姐克〈批判話語分析〉，在 21 世紀之前即有八種不同的批判話語分析研究取向，包括：(1) 費爾克拉夫的社會文化與話語辯證關係取向的批判話語分析；(2) 范迪克的社會認知取向批判話語研究；(3) 渥姐克的話語－歷史研究取向的批判話語分析；(4) 批判語言學；(5) 法國皮修批判話語分析觀點；(6) 多元社會符號學取向的批判話語分析；(7) 結合話語與民俗誌學研究取向的批判話語分析；以及 (8) 杜伊斯堡學派批判話語分析（Fairclough & Wodak, 1997）。

其中的批判語言學（CL），本書將它視為批判話語分析（CDA）源頭，而非批判話語分析的一種研究取向，在本書第二章已有詳細說明，法國皮修話語觀點在本書第三章也有介紹，其餘的將與其它晚近崛起新興觀點在本章逐一介紹。

第一節
多元符碼模式研究取向批判話語分析

壹、與時俱進　含括各種多元符碼

早在 1991 年就躬逢其盛參與阿姆斯特丹大學群英會的柯瑞斯和范李文，在群英會後就共同發展出多元符碼模式（multimodal）研究取向（Kress, 2010; Kress & van Leeuwen, 1996, 2001, 2006），並有不少新秀追隨（Machin & Mayr, 2012; Jancsary, Hollerer, & Meyer, 2016）。

　　多元符碼模式研究取向反對將批判話語研究範疇侷限在語文符號，主張採取寬廣的多元符號學觀點，應該包含各種不同的文本符號，不僅將各種語文和非語文符號都納入研究對象，而且不斷推陳出新，跟著傳播科技發展步伐，將最新傳播科技的影視、圖像、電腦圖檔、美編和 3D 立體影像等，都含括在研究範疇（Kress, 1996; Kress & van Leeuwen, 2001, 2006）。而且各種不同符碼形式各具不同意義，尤其在社會、文化、歷史和體制淵遠流長的傳統習俗和規範之下，有些意義只能用特定符碼顯示，既難以用語文符號表達，也無法被語文符碼取代（Kress & van Leeuwen, 2006），故不應故步自封於書寫與說話單一語文符碼形式，應該與時俱進含括各種新興符碼，藉以突顯多元符碼模式研究取向批判話語分析與時俱進的獨特性。

　　柯瑞斯與范李文早就主張所有文本，不分語文符碼或非語文符碼，都屬於多元符碼模態形式（Kress & van Leeuwen, 2001），畢竟傳播溝通模式推陳出新，不宜侷限於語言文字符號模式。就符號學（semiotics）而言，一切能指（signifier）、所指（signified）及其意指作用（signification），都透過語文和各種符號產生意義，不論是語文符號或非語文符號，都與符號學密切相關，都是傳達意義的媒材，符號能指並不限於書寫文本，因為一張圖片勝過千言萬語，屢見不鮮，其蘊涵深意常常遠非語言文字所能比擬。

　　對於視覺圖像與語言文字的關係，譬如在報紙的版面構圖方面，至少有幾種可能：(1) 語文為主，圖像只是陪襯；(2) 語文為輔，以視覺圖像為主，甚至畫龍點睛；(3) 視覺圖像和語文一樣重要，圖文並茂兩者等量齊觀；(4) 兩者互補，相互擴展延伸意義；(5) 兩者相互衝突等，可見視覺圖像的重要性。

　　對於多元符碼模式的重視，范李文將馬林諾斯基的再現觀點與韓禮德系統功能語言學結合起來，運用在視覺文本的批判分析。馬林諾斯基認為再現原本就是一種話語實踐活動，如果將語文符號、再現與建構理論構連起來，那麼社會真實就有如被語境兩度重置或雙重語境化（twice recontextualized），先是敘事再現，然後透過再語境化予以新現實建構（Malinowski, 1923, 1935）。范李文認為同一個社會真實卻以不同的符碼模式呈現，表示此一社會真實的不同社會建構。范李文不僅展現如何透過對不同符碼的解析來建構話語，並將它與其最終意義的實踐活動連結起來，

展現話語如何轉換或重置語境的過程。范李文認為，語境重置和再語境化都是重要概念，可以透過語文文本和非語文文本等各種不同符碼模式來進行語境重置或再語境化，據此來運作社會實踐。

范李文從韓禮德系統功能語言學視角，鑽研各種不同的非語文文本，包括影像、圖檔（icon）、電影、電視、新聞閱讀機音調、電視訪問、新聞報導，以及對於流行音樂主持人的非語文文本分析等，都聚焦在多元符碼的話語與社會實踐之間的關係，認為社會實踐包括語言文本的話語和做為行動形式的非語言文本的話語（van Leeuwen, 2005），就如同傅科話語觀點所言，話語就是做為再現社會實踐的方式和做為知識的形式，並無語文與非語文符碼的分別（Foucault, 1980）。

貳、權力與意識型態並不限於語文符碼

柯瑞斯與范李文提出視覺文本對於批判話語分析的重要性（Kress & van Leeuwen, 2001, 2006），他倆合著的《閱讀圖像：影像句法研究》（Kress & van Leeuwen, 2006），從印刷媒介文字與圖像的交互作用，以語言、圖檔和集體符號做為研究對象，針對報紙和雜誌內容對權力宰制進行體制性的歷史根源探索，並將批判話語分析的方法論，整理出有條有理的研究步驟，認為文本除語言文字之外，當前各種新媒體都具有相當成分的圖像，它們的功能都頗值關注，對批判話語分析貢獻不小。

除了話語與權力關係剪不斷理還亂之外，其實視覺文本更經常將權力結構和霸權偽裝再現成為各種非語文形式的客觀事物，譬如圖像、雕刻、服飾、裝置、建築、生產工具等，誤導人們對於宰制和霸權的認知和理解，所以多元符碼模式強調千萬不可輕忽視覺符碼影響力，並且呼籲多元符碼模式的批判話語分析務必關注多元符碼到底建構了什麼宰制霸權？這些宰制霸權如何透過多元符碼建構出來？是誰透過那些特定多元符碼掌握了這些宰制霸權？

與多元符碼模式研究取向類似的研究取向，至少有以下幾種類型：(1) 考古取向的多元符碼模式：以追溯現有視覺文本或其它非語文文本的意義淵源和源頭做為主要研究目的；(2) 實踐取向的多元符碼模式：著重視覺文

本或其它非語文文本在特定場域的實際使用和操弄；(3) 策略取向的多元符碼模式：專注於視覺物件或其它非語文文本對當事人心理層面的認知作用；(4) 對話取向的多元符碼模式：著重如何引發參與者之間的溝通交流，如何透過多元符碼進行對話；以及 (5) 檔案取向的多元符碼模式：將視覺文本或其它非語文文本視為啟動更豐富研究的檔案素材等。

上述這些研究取向也都專注在視覺文本或其它非語文文本的分析，只是重點各有不同，至於多元符碼模式批判話語分析則以揭露視覺文本或其它非語文文本蘊涵或潛藏的宰制霸權、特定利益和意識型態為主要目的（Jancsary, Hollerer, & Meyer, 2016）。

參、多元符碼模式的研究步驟

儘管多元符碼模式取向批判話語分析認為，基於符碼多元性，它難有標準化的研究方法，但還是提出一些足供參考的研究策略和步驟，譬如第一層級在個別符碼模式方面，就要針對視覺或其它非語文文本和語文類型文本的時空語境做出區隔，並分別明確指出它們各自目的，針對文本內容除了進行語言學結構分析，也要關注非語文符碼的符號學分析，譬如報紙的版面設計和各種媒體的美編設計等，對於特地缺席的角色更要細心分析，不能讓它遁逃。在第二層級的整合分析方面，就要針對整體視覺文本或其它非語文文本符碼進行整體性分析，除了對於符碼之間的關係、角色、功能的分析之外，更要針對這些符碼整合成為一體之後的目的和功能，務求仔細剖析。第三層級的批判話語分析方面，就要關注整個視覺文本或其它非語文文本的社會、文化、歷史語境，更要關注這個視覺文本或其它非語文文本所指涉的當時社會議題為何？該視覺文本或其它非語文文本的目的何在？站在誰的利益、權力關係做為出發點？

上述這三個層面分析也可以歸納為以下五個研究步驟：

步驟一為類型區隔，包括：(1) 該視覺圖像或其它非語文文本的時空和社會文化語境為何？(2) 誰是該視覺圖像或其它非語文文本的產製者？誰又是受播者？(3) 該文本的目的為何？該文本是如何體制化的？其體制化目的為何？(4) 該視覺圖像或其它非語文本文，就多元符碼模式而言，其特質為何？

步驟二為內容分析，包括：(1) 它使用什麼特殊語彙？(2) 它使用什麼修辭、風格技巧和話語策略？(3) 該文本的設計和美編，突顯什麼意義和想像？與整體內容是否相襯？

步驟三重建刻意隱晦的單元，包括：(1) 有哪些社會真實單元被融入這個文本？(2) 該社會真實的語境，能否在這個文本彰顯它的特質？(3) 能否在這個文本裡找到那些刻意、可預期和不可預期的缺席者？

步驟四就是組合，包括：(1) 語文單元和非語文的單元，在整個文本裡，彼此是否契合？(2) 每個語文和非語文單元的角色和功能各為何？(3) 將這些語文和非語文單元組合起來，能創造出什麼訊息或敘事？

步驟五就是結論和批判評價，包括：(1) 分析結果不論對當前特定社會議題、文化語境或體制語境，是否有所啟發？什麼啟發？(2) 分析所發現的參與者，不論是在場的或缺席的，是否能夠揭露他們的權力關係和目的？(3) 各個不同符碼模式及其整體模式組合，如何強化、改變或隱瞞權力關係和掌權者？

面對當前網路的崛起，在社群媒體互動已成為新興日常生活方式，在社群媒體互動的螢幕上絕非只有文字符碼，而是多元符碼模式，不僅在社群媒體上互動、產製的文本都是多元符碼，甚至連語境也都是多元符碼模式，像當前媒體新聞不論文本、話語或語境，都是以多元符碼模式再現，所以多元符碼模式取向的批判話語分析自有其優勢位置。

肆、社會行動者研究取向批判話語分析

范李文除了強調多元符碼模式之外，也曾經花費不少心血探討社會實踐的社會意義，並汲取韓禮德系統功能語言學的及物性概念，將社會實踐當中的非語文文本推向極致的「社會行動理論」，認為社會行動系統包括五個重要單元：(1) 行動與反應；(2) 活躍與去活躍；(3) 中介化與去中介化；(4) 抽象化與具體化；(5) 單一決定與多元決定（van Leeuwen, 2008）。因而創建社會行動者取向（social actor approach, SAA）批判話語分析，主張話語實踐的核心意旨並非話語自身，而是透過話語表彰在實際行動的社會實踐。

范李文的社會行動者取向或稱社會行動取向，專注在實際的社會行動或回應，包括與人互動、協調、溝通等都被視為社會實際行動，認為話語既是權力和控制的工具，同時也是建構社會真實的工具（van Leeuwen, 1993: 193）。更明白的說法，話語就是表徵權力及其控制權力的符碼，而且透過成員共同承受或共同想像的社會真實，達到社會結構宰制的目的。他主張批判話語分析應該關注做為權力和控制工具的話語，以及做為社會真實建構的工具話語，最終就是展現實際作為的社會實踐而非話語自身，畢竟話語層面都化約在社會行動者的內在心理動機等面向（van Leeuwen, 2016）。他側重在實際社會互動的行動層面，所以被視為社會行動者取向的批判話語分析，並針對社會實際行動帶來的創新局面，特別另創新詞能動化（agentialization）一詞，藉以彰顯社會行動的效益（van Leeuwen, 2008）。

范李文此一觀點與採取微觀社會學觀點的中介話語分析（mediated discourse analysis）類似，都從社會產製和複製視角關注日常生活形成慣習和長久歷史的社會互動，致力於構連話語與社會互動之間的關係（Scollon, 1998; Scollon & Scollon, 2004）。但由於范李文的社會行動者研究取向繞過傅科話語理論，只強調社會行動和行動者的論述，與一般強調話語理論觀點的批判話語理論大不相同，難與其它批判話語分析研究取向相提並論，卻擴展了批判話語分析的研究範疇，尤其落實在實際社會行動的觀點，與接下來要介紹的成因分析的實體化觀點不謀而合。

第二節
杜伊斯堡學派成因分析研究取向批判話語分析

壹、話語、知識與非語文實踐

一、話語與知識

杜伊斯堡學派（Duisbury School）以德國杜伊斯堡大學的傑格等人為代表，杜伊斯堡大學 2003 年與埃森大學整併為杜伊斯堡－埃森大學，該學派

以傅科話語理論做為理論基礎，從話語最根源的知識著手，同時關注語文實踐和非語文實踐，探究話語與知識有關的各項問題，包括：(1) 在特定時空，有效知識指涉的是什麼？包含什麼內涵？(2) 知識的起源為何？有效知識如何逐步形成？如何傳衍、散布？(3) 在建制主體方面，知識產生什麼功能？(4) 知識建制並形塑社會真實的後續效應為何？（Jager, 2001; Jager & Maier, 2016）

　　杜伊斯堡學派主張，人類一切意識都是話語的，一切發生的事件都源自話語，所以又稱話語事件（discursive event），如果從媒體觀點來看媒體話語，就更能體會它的意旨，畢竟所有新聞事件都是透過媒體話語來呈現，不論是語文符號或非語文符號，如影像、圖片都是媒體話語的表現形式。如果從政治話語視角來看亦復如此，因為一切政治事件主要都是政治人物的話語再現，不論是在國會殿堂論政或在街頭運動示威，政治事件基本上就是以話語和行動表達政治立場和意識型態。如果再擴大來看國際事件，不僅是國際政治，甚至連國際災難和國際人權問題，幾乎都是政治話語的展現。因此一切事件都是話語事件，而且一切話語事件的話語霸權鬥爭過程，都會涉及話語語境（discursive context），話語語境乃是話語事件背後潛藏的權力關係和意識型態的鬥爭場域。所以杜伊斯堡學派的觀點可以整合起來：所有事件都是話語事件，所有話語事件都有其話語語境，所有話語語境都涉及權力關係和意識型態。如此一來，將話語和語境、權力關係、意識型態之間的關係，用最簡單的析論方式，就表達得非常清楚了。

　　傑格指出，所有話語都有其話語位置（discursive position），而且一切話語位置其實都是意識型態位置（ideological position），亦即每個話語事件都有其特定的意識型態位置，因為每個話語都來自主體、或團體、或組織在話語事件中的參與角色及評價，就像媒體話語，新聞記者宣稱是根據新聞價值決定新聞事件，新聞價值就是新聞記者報導新聞的話語位置，也再現了媒體和記者的意識型態。誠如葛蘭西霸權觀點所言，沒有永遠的霸權，只有爭霸才是鐵律，所以意識型態話語也並未能夠雄霸整個意識型態位置。譬如晚近新自由主義崛起，主張自由貿易、政治鬆綁和減稅等，與主張政府善盡治理責任的凱恩斯主義基本上是完全不同的意識型態位置，但是兩者對於如何減少國家預算赤字，卻又難以截然對立，所以霸權意識型

態話語即使各有其霸權的意識型態位置，但不論在大方向或各種細節的話語爭霸則似乎呈現既分歧卻又合謀的現象。

傑格針對批判話語分析的批判概念，認為批判並非只是評論某一話語是好或壞，而是深入評價話語自身的矛盾或它與其它話語之間的矛盾，以及話語受到的限制，包括所說的、所做的和所展現出來的（實體化）。傑格在這裡所指稱的話語的限制，其實就是指涉話語背後的權力和意識型態對話語表現的框架侷限，所以傑格探討批判的意旨，也將人們日常生活實踐的思、言、行三者同時納入批判話語分析的對象和範疇。並且指出，其實批判話語分析所謂的批判，是站在倫理立場檢視話語，譬如人類生而平等，不論身體或心靈都不應受到侵害等所謂普世價值和概念，但是任何知識之所以有效，只是因為在特定時空條件之下才能成為有效，倫理並沒有所謂客觀的或絕對的真理，任何價值或真理都是經過漫長的話語論辯和霸權鬥爭過程，最後才被人們接受。因此傑格主張批判並非處於話語之外，一旦處於話語之外，就脫離特定時空條件，就無法展現價值和真理的真義，批判話語分析所針對的研究對象都應該在話語中進行批判，而非置之於特定時空環境之外，否則無法展現批判話語分析的真諦。

二、話語、集體符徵與社會真實

杜伊斯堡學派認為，知識是一切事物的根源，知識包括日常生活常識，也包括各種專業知識，既包括自然科學知識，也包括歷史文化知識，人類就是藉由知識來瞭解思想和情感，人類的意識無非就是知識。知識構成各種意義的內容，也構成人類意識的內容，因此藉由知識可以瞭解人類思考和情緒的所有單元和成分（Jager & Maier, 2016: 110），知識建構意義，知識也建構人類意識，不論是意義或意識都是用來解釋和形塑周遭環境和社會真實。

傑格認為，任何真實都是有意義的，因為人類透過話語，賦予它某種特定意義。相反地如果沒有賦予意義，就沒有事物，即使它存在，也被視而不見、視若無物，甚至根本就當做不存在，足見知識及其賦予意義的重要性，此即意指作用的重要性所在，凡未經由意指作用賦予意義的事物，

雖然存在，卻缺乏意義，不會被人意識到它的存在，不論自然科學或人文社會現象亦復如是。

既然可以透過話語賦予事物特定的意義，當然也可以透過話語改變它的意義，所以才會彰顯話語與權力的關係，也才會衍生出來無窮無盡的話語權的爭霸。有的權力存在話語裡（power of discourse），有的權力則存在話語之上（power over discourse），所以批判話語分析除了分析話語裡的權力關係和意識型態之外，更要揭露潛藏在話語之上的權力關係和意識型態。

知識必然涉及權力，知識與權力之間的關係極其複雜，務須從傅科的話語理論說起。根據傅科的觀點，所謂話語，就是說話時所受到的規範，因而衍生出來話語背後的權力。並非話語反映真實，而是話語賦予存有（being）某種特定的意義，因而有所謂真實（reality）。並非話語反映真實，而是話語形塑真實、再現真實，若沒有話語就沒有真實。話語不能化約為虛假意識或是被扭曲的真實等錯誤觀點，畢竟一切真實都是透過人類話語創造出來，如果再去區分是否虛假或者扭曲都沒有意義，而且也沒有掌握話語的真諦。

傑格認為，話語除了賦予真實、再現真實和創造真實之外，而且賦予、再現和創造實體真實（material reality），譬如就社會建構論觀點而言，社會體制就是社會成員共同經過長期話語互動建構（socially and discursively constructed）的結果，社會體制就是透過社群成員長久的話語再現和話語互動所創造出來的實體存在的真實。批判話語分析不應抱持只處理文本自身的窄狹觀點，也不應該侷限於語言學文本分析視角，應該同時關注語言學的話語實踐和非語言學的社會實踐行動層面，才符合知識建構真實的全貌。

傑格認為，知識涉及集體符徵（collective symbolism），不論是個人認知或社會互動都與集體符徵有關，集體符徵就是文化刻板印象，而且代代相傳，其中認知屬於心理學層面，社會互動則屬社會學層面，在人類認知的心理學層面或社會互動層面都會涉及它們背後的權力關係。傑格將話語界定為就是知識流動（flow of knowledge），也是社會歷經長久時間所貯存的知識（Jager, 1993, 1999）。這種知識流動既決定個人的言行，也決定集體的言行，並且透過這種言行遂行背後的權力，所以傑格主張，要將人們日常生

活實踐的思、言、行三者同時置入批判話語分析的對象和範疇。傑格對於話語的定義，無疑是罕見的，大大擴展批判話語分析的研究範疇，延伸批判話語分析的關照層面。

固然一般批判話語研究指出，話語建制社會，但是傑格強調，話語符號雖然自成格局，卻未必反映社會真實，話語雖能建制社會，卻未必反映社會真實，可是話語又以它所建制、形塑的社會真實做為人們社會互動的基礎，所以話語與社會真實的構連端賴權力定錨在社會真實的什麼位置而定，既然傑格指稱話語是知識的流動，可見社會真實是可以流動變換的。

傑格認為，社會真實主要取決於話語背後的權力，亦即權力不僅決定話語的表達，也決定透過話語所展現的社會真實，權力更決定話語背後的語境，所以權力決定了一切，權力掌握話語和社會真實的最大處置權。過去社會建構論宣稱，話語建構社會、話語建制社會，但從未觸及知識流動、話語流動所造就的社會真實流動的觀點，傑格主張透過社會成員話語實踐、實際行動和社會互動，共同建構、建制社會，傑格此一觀點顯然又將批判話語分析向前推進一步。

三、非語文實踐也是知識權力表達的形式

杜伊斯堡學派關注非語言學行動實踐層面，主張知識決定人們的話語，但除了可以用語言和公式表達的明確知識之外，還有默會知識（tacit knowledge）是難以用語言表達卻主導人們的日常生活實踐，它們可能是社會文化的傳統規範，也可能從做中學（learning by doing）卻難以用語言表達的技巧或行為模式，對於傅科知識考古學有關話語與客體的關係探討，傑格以默會知識和默會行為（tacit behavior）來指涉非語文符號實踐層面和實體化（materialization）層面，這些默會知識和默會行為都不需要使用任何語文符號表達，人們就能彼此進行社會互動，而且是妥適的社會互動，不致於造成雙方的困擾。

傑格認為，話語的真正目的絕非只是意義的表達或社會實踐的表達而已，話語的真正目的其實就是要執行話語背後的權力，所以話語、行動和權力三者就被體制化（institutionalized）和被規範、正規化（normalize）成為

特定的社會實踐，語境遂成為構連話語與權力的最佳平臺（Jager, 2001）。過去批判話語分析雖然談論許多語境的概念，但是只探討文本與語境之間的關係，而今傑格將語境與行動、權力連結起來，不僅直接構連語境與權力之間的關係，是過去批判話語分析學者所未觸及，尤其傑格將語境與行動連結起來，直接指出人們日常生活非話語的實際行動其實也是背後權力透過語境的指揮所致，此一觀點更是過去批判話語分析從未點破的話語與行動、權力之間的癥結。換句話說，過去批判話語分析只探討文本與語境之間的關係，傑格則直接指出，文本、語境與權力三者之間的緊密構連，也是文本、行動與權力三者的構連，更是話語實踐、非話語實踐與權力三者的構連。

傑格等人承續傅科觀點，認為話語建構主體，主體是話語對於個體或集體的社會建構，並且讓主體循著特定方向去思考和行動。因此主體具有兩種意義，其一是：主體說話或主體產製話語；其二是：主體是被話語創造、形塑。所以第二種意義就是：話語在說主體或者主體依附在話語（subjected to discourse）（Jager & Maier, 2016）。（有關傅科的話語理論，請參閱本書第三章和第六章）

他們認為，知識提供主體三種功能：思考、說話和行動，亦即思、言、行三者，其中說話就是語言學的話語實踐，行動則是非語言學的行動實踐，思考則是決定話語和行動。他們主張批判話語分析不應侷限於語言學話語層面，也應重視非語言學的默識行動層面，更應該重視決定話語和默識行動的思想層面，應該把思、言、行三者同時納入考量，不應只是探究話語賦予文本什麼意義，也應該關注積極主動的主體在思考什麼，未來除了話語之外，還可能會採取什麼行動，會賦予什麼嶄新意義給它們可能創造出來的嶄新真實？

貳、重視非語文符號的成因分析

一、何謂成因分析

杜伊斯堡學派以傅科話語理論做為理論基礎，並選用傅科原先所使用的字眼 dispositive（Foucault, 1980），因而提出成因分析（dispositive analysis）（Jager, 2001; Jager & Maier, 2016），此一觀點與其它批判話語分析僅關注話語實踐的焦點大不相同。dispositive 這個字眼不容易翻譯，主要指涉話語背後的權力對於話語的使用頗具影響力和決定作用，就像所有權人對於所屬財產的處置或處分，具有絕對的決定權，所以傑格認為日常生活話語實踐的範疇，非僅止於語文符號的話語而已，而且一切日常生活實踐的影響力也非來自單一因緣，而是來自語文、非語文和實體化等各種來源，所以務必細心找出日常生活實踐背後真正的成因或各種促成因素，dispositive 就是背後配置促成的權力來源，所以本書將 dispositive analysis 譯為成因分析。

傑格強調，針對話語賦予再現和創造社會真實的論點，批判話語分析不應只是對於既存事物的詮釋，也不應只是事後對意義和真實配置的分析，而應該重視話語產製真實的分析，到底權力來源為何？權力如何配置促成話語產製社會真實？產製社會真實背後的權力意圖為何？這些都是批判話語分析不能忽略的重大課題，都涉及權力對話語和社會真實的配置和促成，所以話語與其成因（discourse and dispositives）遂成為杜伊斯堡學派的重點所在。

傑格指出，人們都是從他們所處的話語環境中衍生出知識，所以知識是有條件的，亦即知識效度端賴它們所面對的歷史、地理、社會、文化、階級關係等各種情境、條件或成因而定。知識既然是從話語內容衍生出來，所以話語分析就是為了區辨話語和成因（discourses and/or dispositives）的知識在特定時空是否為有效知識，也是為了探討個別具體的知識／權力背後的語境（context of knowledge/power），以及批判它所建制的主體，因此批判話語分析包含成因分析在內，乃是必然的邏輯思維（Jager, 2001: 33）。杜伊斯堡學派認為，批判話語分析和成因分析都是要確認包含在話語裡面的知識為何？話語藉由知識支配了什麼權力關係？在知識與權力錯綜複雜權力關係網絡，知識到底如何構連權力關係？

杜伊斯堡學派認為，知識至少可分為三個層面，亦即知識建構人類三個層面：思維、說話和行動，並且透過思想、話語和行動三個層面來創造社會真實，就傅科話語理論觀點而言，社會真實就是話語形構而成的實體化（materialization）對象（Foucault, 1980），因為有了實體化的事物，話

語才有指涉的對象，不論是具體存在的物體或抽象的概念，譬如社會體制就屬於抽象存在概念，但是所有人文社會科學領域都將社會體制視為實體化存在的真實實體（reality），因此話語與抽象的真實概念和實體化事物之間都具有話語關係（discursive relation），都能發揮意指作用。所以傑格從三個面向來界定成因（dispositives），其一是語文符號實踐包括思考、說話和書寫；其二是非語文符號實踐，指實際行動或社會實踐；其三是實體化（Jager & Maier, 2016: 113）。

　　首先，在語文符號實踐方面，傑格將思考與話語兩者同時納入，認為知識主宰一切，所以知識必然主宰一個人的思考和話語，而非其他批判話語分析學者只關照到話語而置思考於不顧，畢竟任何人的說話和書寫都是經過思考，只是思考深入與否的差異。其次，對於非語文符號實踐，杜伊斯堡學派強調諸多默會知識和默會行為都以非語文形式表現，都在日常生活社會實踐和社會互動扮演極其重要角色，不能將它們排除在批判話語分析門外，務必將非語文符號的實際社會行動納入，此與其他關注非語文實踐的學者抱持相同的觀點，譬如費爾克拉夫對於話語實踐與其它社會單元之間的辯證關係就有深入探討（Fairclough, 1992, 1995a, 2010），以及上述范李文提出的社會行動取向批判話語分析（van Leeuwen, 2008, 2016），當然也著重社會行動，自不在話下。第三個面向的實體化，則是杜伊斯堡學派的獨創見解，其他批判話語分析學者並未在語文符號實踐和非語文符號實踐之外，還有所謂實體化見解。

　　傑格認為，知識是人們思考、說話和行動三個層面的基礎，知識乃是思、言、行三者的共同基礎，藉由知識把思考、話語、行動三者連結起來，傅科話語理論就是在探討話語和客體的關係（Foucault, 1972），其實傅科指稱的話語，並不限於語文符號實踐層面而已，它也含括非語文符號實踐層面，而傅科指稱的客體包括實體客體，也就是傑格所謂的實體化，所以傑格指稱，實體化就是話語關係（Jager & Maier, 2016: 114）。知識存在於實體化行動當中，畢竟知識建構人們意識，有些意識可以用話語明確表達，有些意識卻難以甚至無法用話語表達，但不能排除難以用話語表達的就是沒有知識，同樣地，諸多社會真實和社會體制的實體化也是知識日積月累而成，也都非以話語形式呈現，可是其它批判話語分析似乎忽略了思考、行動和實體化這些層面。

　　傑格強調，知識構連思、言、行三者，才有所謂實體化（materialization）觀點，可是頗值注意的是，傑格也指稱，知識並非單獨構連思、言、行三者，而是伴隨著權力共同構連思、言、行三者，因此提出知識權力複合體（power/knowledge complex）概念，意指知識並非單純存在，知識永遠伴隨某種權力關係，所以實體化也伴隨著知識和權力關係，知識與權力之間的關係極其錯綜複雜，絕非三言兩語能夠說清楚講明白，這也正是傅科在知識考古學和系譜學所探討的知識／權力關係（Foucault, 1970, 1971, 1972, 1979）。所以當杜伊斯堡學派援引傅科話語理論做為最根本的理論基礎，就會碰觸傅科話語理論最棘手的知識／權力課題，而傑格願意直接面對，則是批判話語分析領域的孤鳥，值得肯定。

　　綜上所述，傑格認為成因應該包括思、言、行、物等全面性的關照，藉以符應上述語文符號實踐、非語文符號實踐和實體化三個面向。其實也可以從另外的角度來理解成因，就更容易理解成因的概念，回顧語文符號意義的三角形概念：能指（signifier 或稱符徵）、所指（signified 或稱符旨）與參考義或參考物（reference/referent），其中的參考物則近乎傑格所指稱的實體化（materialization），亦即在語文符號一定有其指涉的對象，可能是實體的參考物，也可能是抽象的參考義，姑不論具體或抽象，傑格都統稱之為實體化。至於能指和所指則未必充分對應語文符號實踐和非語文符號實踐，此處以語文符號意義三角形概念純係為了理解傑格的實體化概念，所以實在難以盡善盡美，特此聲明，以免誤讀。

二、成因分析的三個面向：語文、非語文、實體化

　　有鑑於此，杜伊斯堡學派成因分析（dispositive analysis），主張批判話語分析不應侷限在話語，也應該含括非話語層面和實體化層面，亦即言、行、物三層面：語言學話語實踐（linguistically performed discursive practice）、非語言學實踐（non-linguistically performed practice）和實體化（materialization）三層面，或稱語文話語實踐、非語文社會實踐和實體化三層面。

　　一般人對於杜伊斯堡學派批判話語分析涵蓋這三個層面，可能一時難以理解，所以他們經常提供圖示藉供參考，在此亦可舉一實例提供讀者理解，譬如交通規則禁止在路邊防火栓旁停車，此一明文規定就是語言學話語實踐，但是偏偏還是有人白目，貪圖一時方便，把車違停在消防栓旁，這就是非語言學實踐的社會實際停車行為，至於違停車輛被拖吊，則此一拖吊行為就是維護公共安全的實體化作為。其實杜伊斯堡學派觀點也可以更進一步舉例說明，譬如去麵包店買麵包，顧客拿了麵包並將鈔票遞給服務員，這種以錢易物的交易行為就是非語言學的行動實踐，去麵包店買麵包則是實體化社會現象，有趣的是顧客與店員之間可能不需要任何語言學話語實踐，就能完成交易行為。這是杜伊斯堡學派超越其它批判話語分析之處，特別關照非語言學的行動實踐和實體化的社會常規行為。其實人類許多社會互動都是以非語文符號實踐，都默默遵守共享的社會規範，所以彼此溝通無礙，說得更白話一點，就是大家都遵守交通規則，所以不會發生交通事故，這其中的交通規則是語文符號實踐，遵守號誌開車或減速慢行則是非語文符號實踐，不遵守交通規則被開罰單就是實體化。

　　與其它各種研究取向的批判話語分析比較起來，杜伊斯堡學派將非語言學的行動實踐納入分析範疇是它的特色。嚴格說來，杜伊斯堡學派不僅將非語言學的行動實踐納入，而且也把主體的思考也納入，所以 dispositive analysis 似乎也可叫做「思言行分析」，只是如此譯名似嫌聱牙拗口，因而本書採用「成因分析」。

　　杜伊斯學派不僅兼顧語言學層面的話語實踐和非語言學的實踐行動，而且還含括主體思考層面，該學派認為知識建構主體及其意識，主體既清楚什麼可以說、怎麼說，也明白什麼可以做、該做什麼，所以除了語言學話語實踐和非語言學行動實踐之外，當然也涵蓋主體內心的思考。純就這一部分而言，似乎接近范迪克的社會認知觀點，主體知道該說些什麼或做些什麼合乎社會共享的認知，但杜伊斯學派卻又比范迪克社會認知層次更高，強調知識建構的意識，包括個體意識和集體意識，也就是包括個別主體意識和社會共享認知價值，將社會成員共享的社會認知提升到知識層級。

　　就一般批判話語分析而言，對於話語較有概念，但是對於思、言、行

或成因則似未曾聽聞。杜伊斯堡學派認為，話語無非就是依循體制或結構的方式說話或書寫，再加上非語言學的實際社會行動，藉以管制和強化權力施加的行為。至於言行，則將它界定為：透過語言表達形式、非語言實踐形式和實體化三者交互作用構成蘊涵權力的知識綜效。其中，語言表達形式包括說話、書寫和思考，非語言實踐形式則指涉實際行動，而實體化則是具體體現的社會現象（Jager & Maier, 2016）。杜伊斯堡學派不僅區分話語實踐與非話語實踐兩者的差異，也對於話語實踐與非話語實踐兩者之間的交互作用，做出貢獻（Jager & Maier, 2016）。

參、成因分析的研究步驟

　　杜伊斯堡學派也針對研究方法提出建議，主要是先分為語言學話語實踐、非語言學行動實踐和實體化三個區塊。在語言學話語實踐方面，基本上與其它批判話語分析大同小異，除了文本自身的語言學結構分析之外，也強調語境分析的重要性，以及語境所涉及的權力關係和意識型態，只是文本分析還特別重視論辯的修辭語意分析。在非語言學實踐和實體化層面，它也援引范李文（van Leeuwen, 2005）多元符碼模式概念，探究具體事物如何轉化成為文本，和涉及諸多組構的新知識（bricolage）（Foucault, 1979）。

　　杜伊斯堡學派認為，社會話語經緯萬端，絕非來自單一來源，一切話語線索（discourse strands）千絲萬縷糾纏難解，根據傅科知識考古學和系譜學觀點，每個話語線索都有其歷史、現在和未來，每個話語線索固然會有所轉變，卻難倏爾煙滅或完全消失殆盡，所以批判話語分析宜先專注於某一話語層面（discourse plane or sector）著手，俟取得基本話語線索和意識型態話語位置之後，再逐步擴及其它話語層面，才不致於面對龐大話語資料難於應付。

　　杜伊斯堡學派提出批判話語分析成因分析取向的幾項研究步驟建議，第一階段決定研究主題，確定研究問題。第二階段選擇適當的話語層面，集中力量專注某一話語層面，每一話語層面又涉及不少次層面，都要審慎選擇才能集中研究資源和人力，譬如以新聞傳媒為話語層面，又會面臨各種不同

傳媒包括廣播、電視、報紙、網路等各種次話語層面，都要先做好抉擇才能聚焦。第三階段評估並準備研究素材，譬如選擇了報紙做為話語層面，那麼要以報紙語料庫做為研究素材？還是自己蒐集報紙相關報導？目前語料庫已愈來愈豐富，能利用語料庫做為研究素材，當然可以節省許多研究精力和資源。第四階段才進入批判話語分析階段，先要進行話語線索的結構分析，找出各種與語言學和符號學有關的特質，譬如在語言學特質方面包括語彙、語義、論辯等，在符號學方面的特質包括美編處理和集體符號使用等。如果是政治話語的結構分析，還可藉此找出各種次話題，因為話語線索包含各種不同的次話題以及話題之間的論辯爭霸過程，甚至也可透過話語線索的結構分析進行量化分析，包括各種次話題的頻數、各種政治人物或社團出現的頻數。因為話語線索通常是依照時間序列出現，所以透過結構分析可以找出話題爭霸過程和在不同時間點各種次話題的變化。

傑格進一步提出話語碎片（discourse fragment）概念，因為在話語層面裡，每個話語都可能只是零零碎碎的包含某個話題的一小部分，姑且稱之為話語碎片。至於話語碎片分析的方法，傑格提出幾項基本概念，首先針對話語碎片的語境，為何選擇這篇報導？其特點為何？它涉及的主要話題為何？消息來源和報紙的立場各為何？是在什麼情景而有這篇報導？它被編排在什麼版面？其次，就這篇報導的文本而言，這篇報導的美編如何？有無圖像照片或統計報表？它的標題和副標題各有何意義指涉？新聞文本自身主要意義為何？這則新聞與其它什麼話題有何相干？彼此之間糾纏的話語線索為何？至於這則新聞報導的修辭方面，這篇新聞有什麼論辯形式和論辯策略？其論辯邏輯為何？有無使用集體符號相襯托？像圖像、表格、照片等？有無使用諺語、成語等？其措辭的風格為何？最後則涉及意識型態指涉，這篇報導所預設的觀點為何？它所涉及的社會概念為何？它對未來的看法為何？

總結上述所言，傑格認為批判話語分析無非就是重構已經被植入話語實踐、非話語實踐和實體化的知識，所以成因分析就是以此為宗旨，找出話語實踐、非話語實踐和實體化背後的知識及其與權力和意識型態之間的複雜關係，如果只是光從話語實踐層面，猶難全面關照知識和話語的整體關係，所以務必將語言學實踐、非語言學實踐和實體化三者全都關照，才能揭露知識

權力關係，也才符合傅科話語理論和成因觀點。所以杜伊斯堡學派為晚近批判話語分析開了一扇新窗，得以從嶄新視角觀察並檢視批判話語分析的話語實踐、非話語實踐與實體化三個未曾匯聚一起思考的新局面。

第三節
話語民族誌學研究取向批判話語分析

　　話語民族誌學研究取向（discourse ethnographic approach, DEA）以葵禪諾斯基（Krzyżanowski）為代表，他目前擔任英國利物浦大學傳播與媒介學系主任，並負責帶領該校話語與社會研究團隊，也曾到瑞典斯德哥爾摩大學新聞傳播媒體學系客座，專注新聞媒體的政治話語研究，尤其關注自由民主國家在政治民主化社會轉型過程的右翼民粹、排外政治、反移民修辭和新自由主義話語等議題的批判話語分析研究，原本追隨渥妲克的話語－歷史研究取向（DHA）批判話語研究，兩人也共同合著或合編有關批判話語分析論著（Forchtner, Krzyżanowski, & Wodak, 2013; Krzyżanowski, Machin, & Wodak, 2014; Krzyżanowski & Wodak, 2016; Krzyżanowski, Triandafyllidou, & Wodak, 2018; Wodak & Krzyżanowski, 2017）。

　　後來，葵禪諾斯基結合民族誌學與批判話語分析，將民族誌學田野場域研究（field study）觀點引進批判話語分析，對批判話語分析的理論架構和研究策略都有重大啟發作用，開擴批判話語分析理論和研究範疇，跳脫多年來批判話語分析侷限於語言學文本分析的窠臼，因而以話語民族誌學研究取向（DEA）在批判話語分析領域享有盛名。他主編《語言與政治》期刊和《進階批判話語研究》（*Bloomsbury Advances in Critical Discourse Studies*）叢書，並參與編輯《批判話語研究》和《社會符號學》等期刊。

壹、民族誌學與批判話語分析可以互補

　　葵禪諾斯基關注政治話語，特別重視媒體新聞對於政治領域的政治議題和政策形成的組織溝通，由於多年關注組織溝通研究，引起他對社會體

制採取田野研究的興趣，因而致力將民族誌學場域觀察的田野研究引進批判話語分析，並以社會政治（socio-political）轉型做為語境脈絡，深化政治話語的語境研析，透過對於社會政治體制的民族誌學田野場域的深入研究，發掘並詮釋政治體制結構的語境化和再語境化過程，因而創建話語民族誌學研究取向（DEA）批判話語分析。

葵禪諾斯基認為批判話語分析與民族誌學可以互補，透過田野研究、批判分析與語境化三者的結合，可以讓批判話語分析研究過程更為清澈透明，切實掌握話語與結構的辯證過程，因而擴大批判話語分析領域的研究範疇並深化社會體制結構語境化及再語境化歷程的探析（Krzyżanowski, 2010, 2014a, 2014b; Krzyżanowski & Oberhuber, 2007）。

他強調，傳統民族誌學著重誰（who）做了什麼（what），但是若想要瞭解社會體制語境在特定場域和情境的影響作用，就必須提升至反思民族誌學如何（how）的層次，深入觀察檢視社會體制場域內部到底如何運作，才能精準掌握體制結構的語境化和再語境化過程，尤其是長期在社會政治體制組織內的場域觀察，更是批判話語分析未曾採取的研究策略或手段，過去只是專注在語言學文本層次的批判分析，或者只是從文本自身詮釋抽象層次的結構語境化，卻從未針對特定實際體制結構運作的語境化和再語境化過程，進行民族誌學的田野場域觀察研究，所以主張結合民族誌學的田野場域觀察研究策略，藉由社會政治體制的實際場域觀察進而構連鉅觀、中觀和微觀三個批判話語分析層次。

葵禪諾斯基關注媒體與政治領域之間的關係，不僅專注於晚近崛起的右翼民粹和移民議題，同時也對政治媒介化有所專研（Krzyżanowski, 2018; Krzyżanowski, Triandafyllidou, & Wodak, 2018），並嘗試將民族誌學的場域理論觀點引入媒體實務運作過程，比塔克嫚（Tuchman, 1972, 1973, 1978）的媒體編輯室例行常規更為深入，其實塔克嫚已經採取質性研究方法探究媒體編輯部門的運作，如果能夠引進民族誌學場域理論觀點，實地觀察檢視媒體編輯部門對於新聞事件的語境化和再語境化實務運作過程，相信對未來新聞傳播理論會有重大啟示。

葵禪諾斯基的話語民族誌學研究取向（DEA）批判話語分析，提出四個批判話語分析層次：(1) 話語或文本的內在共文本（co-text）分析層

次；(2) 交互文本或交互話語關係的互文性與互語性層次；(3) 體制框架層次；以及 (4) 更為寬廣的社會、政治、歷史框架層次（Krzyżanowski, 2014a; Richardson & Wodak, 2014）。這四個層次與一般批判話語分析的研究策略相仿，尤其與渥妲克的話語－歷史取向（DHA）批判話語研究十分接近，只是特別強調體制框架層次，藉以突顯話語民族誌學研究取向的田野場域觀察研究特色。

葵禪諾斯基認為，結合批判話語分析與民族誌學方法，在特定場域觀察體制語境的轉變，可以檢視交互文本和交互話語的語境化和再語境化過程，觀察體制話語或政策話話在不同層次之間的交互文本和交互話語現象，尤其對於中觀（messo）和微觀層級的語境化和再語境化轉變過程最為清晰明白。但是這種主張也有缺點，畢竟民族誌學的田野場域觀察只限於當前正在進行中的特定體制語境化和再語境化過程的瞭解，對於已經發生的體制運作語境化或再語境化過程，卻難再進行親身實地場域觀察。

貳、藉由權變話語掌握體制語境化過程

葵禪諾斯基所提話語民族誌學取向（DEA）非常重視體制的權變（contingency）觀點，認為批判話語分析研究各種歷史、文化、政治、經濟和社會等語境化和再語境化過程，只要其中任何一項單元有所變動，就會牽引其它單元連動造成連鎖效應，所以如何發掘和詮釋這些語境權變的可能性，遂成為批判話語分析的重要工作，甚至要把握造成連鎖效應的權變源頭，切實掌握到底是哪一個單元啟動權變機制？因而造成整個社會體制的連動轉變？葵禪諾斯基的權變觀點似與紀登斯結構化理論（Giddens, 1984）和拉克勞與墨菲的權變話語觀點（Laclau & Mouffe, 1985）異曲同工，亦即在結構與能動性之間具有某種權變關係，誠難預測或斷定社會或體制必然或應然的發展取向，一切都取決於在特定時空的權變關係而定，因此如何揭露體制結構語境甚至歷史文化語境及其語境化和再語境化過程，乃是批判話語分析重要職責。

他認為，社會體制原先制定的框架意義之所以轉變，意謂著該體制具有掌控與合法化的機制，只要結構體制對於既有意識型態語境想要做任何

轉變，或者想要重新再語境化既有的意識型態或權力關係，都可以隨時藉由它所掌控的合理化機制予以轉變，讓既存意識型態或權力關係做出各種必要的轉型和改變，所以不論語境化、再語境化及其權變，根本就是掌握在統治者手裡，做為權力宰制的機制和工具。至於構連，就是將某些特定實踐當下的意義重新組合起來，這些交互文本或交互話語的構連，最重要的是要將這些實踐當下意義，權變組構成為特定意識型態或權力關係，藉以遂行統治者的特定意圖，姑不論這些實踐當下的意義是否具有異質或不一致的意義，但只要權變得宜、構連成功，這些構連起來的話語、語境、語境化和再語境化、意識型態或權力關係，都可能成為宰制霸權者利器。

　　譬如像集體記憶，究其根源，根本就是語境化和再語境化所造就的結果，宰制結構為了推行特定意識型態或權力關係，對某些特定事件進行語境化或再語境化，讓它成為眾人的集體記憶，並且世世代代為人追憶緬懷甚至景仰的集體記憶。每逢國家社會遭逢重大創傷，統治者也會依照其統治意志和目的，將創傷事件語境化或再語境化成為眾人團結一致的合理化敘事，讓國人團結一致，所以遭受外來侵略或攻擊時，總會冒出許多團結對外的熱情話語、語境、語境化和再語境化。此一現象與政治媒介化的儀式性三種媒體事件：競賽、征服和加冕（contest, conquest, coronation）（Dayan & Katz, 1992; Hepp & Krotz, 2008; 林東泰，2017），頗有異曲同工之妙，都是透過語境化和再語境化的敘事過程，造就特定的權力關係和意識型態效益，並且讓被宰制者耐心地或者忠心耿耿地追隨各種儀式，歸順、馴化並自然化在這種儀式性場域的氛圍，卻毫無被宰制的自覺，甚至於以親臨現場領略臨場氣氛而自豪。

　　意識型態的再現，其實就是一種歸順、自然化的表現，費爾克拉夫認為之所以稱之為歸順或自然化（Fairclough, 2010），就是意謂社會主體已經接受該特定意識型態的宰制，而這些意識型態的再現會藉由動員社會階級進行社會鬥爭。意識型態再現可以從語言結構，尤其是系統功能語言學觀點，充分展現出來，意即意識型態再現與系統功能語言學具有密切關係，費爾克拉夫運用系統功能語言學揭露意識型態的再現。而今葵禪諾斯基的話語民族誌學研究取向（DEA）批判話語分析，則透過體制的實地民族誌學觀察研究，確認意識型態再現在整個體制的語境化和再語境化的綿密運

作過程展露無遺，這種民族誌學結合語言學的研究走向，相信對未來批判話語分析的進展會有莫大的裨益。

葵禪諾斯基的話語民族誌學研究取向（DEA）批判話語分析，主要在理論架構和研究方法添加對於體制語境轉換過程的民族誌學場域實際運作觀察，讓研究者不僅只是經由檔案文件或特定文本的語言學詮釋，而是透過實地民族誌學運作場域田野實境觀察，此一研究取向勢必擴增批判話語分析的務實性和親近性。

此外，葵禪諾斯基也致力於從研究方法角度結合質性分析與量化研究（Wodak & Krzyżanowski, 2008），並結合批判話語分析與語料庫語言學，以歐洲晚近出現的難民、政治庇護、移民（refugees, asylum seekers, immigrants and migrants, RASIM）熱門議題做為研究焦點（Baker et al., 2008），對於批判話語分析的研究法走向也有重大啟發作用，有關語料庫語言學研究在下節有所介紹。

第四節
語料庫語言學研究

首先必須聲明的是，語料庫語言學（corpus linguistics）研究並非批判話語分析的嶄新理論，而是提供數量龐大的語料庫資料，協助批判話語分析得以更精準地進行詮釋和批判分析的一種研究策略和分析助力。尤其隨著資訊傳播科技的進步，透過語料庫協助的話語研究（corpus-assisted discourse analysis）日漸受到重視，因而走向語料庫語言學發展方向，其主要目的無非就是擴展傳統語言學話語研究能夠在既有的質性分析方法之外，也能透過語料庫大量資料採取量化研究取徑，提升批判話語分析的信度，能夠更為客觀地找到話語背後隱藏的意識型態（Baker, 2006; Baker & McEnery, 2005, 2015; Hardt-Mautner, 1995; Stubbs, 1996, 2001）。

在語料庫語言學發展過程，英國蘭卡斯特大學尤其是語言學系（即費爾克拉夫任教和渥姐克曾客座的學系）貢獻極大，將語料庫進一步運用在批判話語分析（Baker, 2006; Baker & McEnery, 2005, 2015; Hardt-Mautner,

1995; Baker et al., 2008），這些學者也包括了渥妲克和葵禪諾斯基等人。

壹、大量資料提升批判話語分析的客觀性

晚近批判話語分析已經逐漸運用語料庫，採用電腦輔助的索引程序軟體（concordance software），對大量文本資料進行分析。目前許多學者紛紛利用語料庫進行批判話語分析，尤其隨著大數據的普及應用，將來勢必大量採用，像范迪克和費爾克拉夫等人經常以媒體話語做為研究素材，如果只是依靠個人或研究助理的辛苦蒐集，不僅費力費時，而且闕漏在所難免，傳統這種純粹依靠人力蒐集的做法已經過時，目前許多國內外媒體機構都提供新聞語料庫，所以語料庫語言學研究勢將蔚為研究風潮（Mautner, 2016）。

基本上，批判話語分析不僅重視文本表象的意義，而且更重視文本背後隱晦曖昧的權力關係和意識型態，所以語料庫軟體務須能夠實現批判話語分析核心目的，才能成為未來研究的助力，對批判話語分析有所裨益。依據大數據和知識探勘（knowledge mining）和資料探勘（data mining）功能，透過資料分析（data analysis）專業，既可提供大規模量化研究素材，也可提升質性分析的客觀性，對各種歷史、政治、社會、文化語境分析貢獻匪淺，所以語料庫軟體勢必成為未來批判話語分析重要研究策略和手段，可精進批判話語分析的量化研究能量，提升批判話語分析量化實證的影響力道。

目前語料庫種類繁多，主要依據語料庫規模大小可分為大規模語料庫和小規模語料庫兩種不同類型。第一類大規模的參考語料庫（reference corpora），像英國國家語料庫（British National Corpus, BNC）就擁有超過 1 億個以上的詞語，而當代美國英語語料庫（Corpus of Contemporary American English, COCA）擁有超過 4.5 億個詞語，至於在線詞語銀行（WordBanks Online）也擁有超過 5 億個詞語。這些大型語料庫都有助於批判話語分析研究社會問題如何呈現在話語和語料當中，而且已經有學者利用這些大型語料庫進行種族歧視和老人歧視研究。

第二類規模較小的語料庫又叫自助型或自己動手做語料庫（do-it-yourself, DIY corpora），這類型語料庫由研究者根據自己研究需求和研究目

的，自己製作的語料庫，比較適合於小規模、小範圍的話語分析，或者運用類似詞語工具語料庫（WordSmith Tools、MonoConc Pro、SketchEngine、AntConc）等這類小規模語料庫分析，而且也有專書介紹如何運用語料庫（McEnery et al., 2006），這些語料庫數量與日俱增，對有興趣從事批判話語分析的學者大有助益。有些研究因為它所運用的語料庫規模太小，所以在完成批判話語分析之後，還會再拿去大規模語料庫進行確認，畢竟小規模語料庫可能無法肩負涵蓋面較大的研究問題，這種做法就是站在三角檢證的研究策略，避免過度詮釋（over-interpretation）或詮釋不足（under-interpretation）的問題。

隨著語料庫日益蓬勃發展，除上述規模大小的區分之外，也有其它不同分類，譬如共時語料庫（synchronic corpora）和歷時語料庫（diachronic corpora）、一般題材語料庫和特殊題材語料庫、語料庫標記（corpus mark-up）和語料庫標註（corpus annotation）之分。其中，共時語料庫就是針對同一時代的話語，歷時語料庫則針對語言的歷史變化；一般題材語料庫包含像大眾傳媒新聞話題，特殊題材語料庫則限定特殊媒材或特殊題材的話語；標記語料庫只是標記特定話語，標註語料庫還提供註釋。

茅納指出，語料庫索引軟體、語料庫設計和語料庫數據撈取等電腦科技，其實並非直接進行文本分析，而是對文本進行大規模資料的操作，以便研究者後續的文本分析（Mautner, 2016）。一般而言，語料庫軟體透過量化統計分析，可以提供那些詞類出現頻數，並統計分析它們所代表的統計意義。除此之外，更重要的是在選定研究問題之後，透過語料的蒐集、彙編和編輯，可以量化分析關鍵字出現的頻數及其共文本（co-text）的相關主要話語，甚至更進一步藉由初步發現來修訂既有研究問題，並且再度蒐集更核心的關鍵字語料，因而促進話語研究對於話語背後隱藏的意識型態探討更為客觀（Baker & McEnery, 2005, 2015）。也有學者將語料庫引進媒體研究領域進行媒體語料庫分析（media corpus analysis）（郭文平，2015），針對大量媒體文本進行批判話語分析。

目前國內新聞媒體也紛紛建置資料庫，聯合報系有聯合知識庫，中時有知識贏家，自由和蘋果的資料庫不對外開放，但能透過慧科資料庫下載。中央研究院和臺大各分別建立數位人文中心，提供數位服務，臺大的情緒詞典（NTUSD）提供詞彙情緒辨識功能，而政大設立的資料機器智能

實驗室，則提供相當實用的資料庫分析，包括：(1) 關鍵詞彙時序分析；(2) 關鍵詞彙語境分析；(3) 關鍵詞組頻率統計分析；(4) 關鍵詞組時序與語境分析。研究者首先要建立關鍵字詞，可利用關鍵詞叢擷取技術並配合人工篩選，建立適當的關鍵字詞，然後運用資料庫的叢集（clustering）分析、分類（classification）分析和關聯法則（association rule）分析等方法，統計詞彙出現頻數及其比例，也可進一步利用併置詞（collocation）分析和共詞句（concordance）分析等方法，找到那些詞彙經常共同出現以及它們在文本中的意義。

　　基於資料庫和大數據應用已經愈來愈方便，對於需要大量話語文本資料的批判話語分析而言，必然蔚為風潮。

貳、語料庫有助於語境脈絡的掌握

　　在運用語料庫進行批判話語分析時，不論何種類型語料庫，最重要的是語料庫與研究問題之間的合宜性，從上述各種語料庫類型看來，並非每一種語料庫都適合所有的研究問題，所以研究者務先做正確抉擇。語料庫的運用，既適合量化分析，也適合質性研究，所以結合語料庫語言學研究與批判話語分析，對於未來批判話語分析的發展必大有所用。

　　晚近已有一些學者結合語料庫進行批判話語分析，譬如葵禪諾斯基等人就是明顯例子，他們結合語料庫語言學進行批判話語分析，並提出以下幾點結論：

(1) 透過歷史、政治、文化和字源等各種語境為基底的語料庫語言學分析，可以找到話語和話題背後的話語策略。

(2) 透過語料庫可以建立批判話語分析研究問題的研究程序。

(3) 語料庫的頻數、關鍵字和叢集等各種量化分析，有助於掌握話題及其話語策略。

(4) 較小規模的質性分析也可透過語料庫語言學分析，掌握話語－歷史研究取向（DHA）的話題及其話語策略。

(5) 可以藉由語料庫分析，形成新的研究問題或研究假設。

(6) 基於這些新的研究問題，又可找到更多的話題及其話語策略。

(7) 可以從語料庫語言學分析，獲致交互文本和交互話語分析更具客觀的研究結果。

(8) 再從這些交互文本和交互話語分析結果，更深一層探究新的研究問題和研究假設，尤其是對於語境脈絡的掌握。

(9) 所以結合語料庫語言學分析，可以進行更多、更深入的批判話語分析（Baker, Gabrielatos, Khosravnik, Krzyżanowski, McEnery, & Wodak, 2008）。

　　整體而言，語料庫提供批判話語分析研究者大規模話語文本，其分析結果當然可以降低研究者詮釋的主觀成分，因而提升分析結果的可信度和效度。即便如此，當前語料庫的運用，仍然存在幾項缺失，猶待未來持續精進：

(1) 不論大規模或小規模語料庫，似乎尚乏一致性語料蒐集的標準化。

(2) 語料庫建制與批判話語分析研究者之間缺乏對話，因而有體制性障礙，導致語料庫分析難以順暢進行。

(3) 語料庫的代表性是根本性問題，各個語料庫所蒐集的內容是否具有適當代表性？遂成為利用語料庫研究的根本問題，它當然涉及分析結果能否確切回應研究問題的質疑。

(4) 語料庫索引軟體經常是去語境化，可能因而喪失原始文本的真純性。

(5) 話語不斷創新，語料庫蒐集的內容能否趕得上時代變化，也是頗受關注的問題。

(6) 語料庫只是協助分析龐大資料，至於分析結果及其詮釋，端賴研究者的學養。

(7) 語料庫分析結果，可能只是暫時性的，應該開放接受評論和檢驗（Mautner, 2016）。

第五節
對於社群媒體的批判話語分析

　　社群媒體（social media）之所以被獨立拿出來探討它與批判話語分析
的關係，主要因為社群媒體與傳統媒體的產製體制完全不同，過去批判話
語分析都以傳統主流媒體為主要對象，包括報紙和廣電等實體媒體，都是
菁英宰制的專業新聞產製機制，主要由受過新聞專業訓練的記者和編輯依
照新聞價值的專業判準，決定什麼是新聞，以及如何報導和刊播新聞，廣
大的閱聽大眾只是被動的接受菁英產製的新聞內容，正如費爾克拉夫的辯
證關係取向批判話語分析特別強調文本產製和文本詮釋兩個層面，其中文
本詮釋就是針對被動的閱聽大眾消費媒體內容的理解，認為閱聽大眾只是
被動的消費者（Fairclough, 1995b, 2010）。范迪克的社會認知取向批判話語
研究，從《種族主義與報業》、《菁英話語與種族主義》到《話語與權力》、
《話語與語境》、《話語與知識》等論著，數十年的研究心血也都抱持著消
費者只能被動接收菁英新聞話語的立場（van Dijk, 1991, 1993a, 2008a, 2008b,
2014a）。

壹、網路社群帶來前所未有的產消社會

　　但是網路社會將社群媒體帶進一個前所未有的產消社會（prosumption
society）景況，任何使用社群媒體的人既是消費者（consumer）同時也是產
製者（producer），可謂集產製與消費於一身的產消者（prosumer），創造前
所未有的自媒體時代，此景況與過去媒體生態消費社會呈現截然不同的樣
態。

　　傳統新聞傳播理論針對閱聽大眾有兩種重要理論觀點，第一個就是大
眾傳播理論的使用與滿足（uses and gratifications）觀點（Katz, Blumler, &
Gurevitch, 1974; Blumler & Katz, 1974），認為閱聽人是主動的，對於媒體使用
是目標導向，閱聽人的媒體使用就是為了滿足社會或心理需求，而且會把需
求滿足與媒體使用連結起來，成為後續媒體使用的依據。因此媒體使用與滿
足觀點遂將閱聽人從傳統完全被動消費者的位置躍升至主動閱聽人，此一觀

點扭轉過去新聞傳播理論對於媒體消費者的陳舊見解，堪稱是大眾傳播理論演進的小典範轉移。可是即便如此，閱聽人依舊是媒體內容的消費者，只是主動選擇他們自己想要的不同內容來滿足自己的需求而已；但是到了網路時代，閱聽人的主體位置就完全轉變，既不再只是被動消費者，也不再侷限於媒體內容的選擇，而是可以自我產製訊息，即網路社會前所未有的所謂自我大眾傳播（Castells, 2010），任何網路使用者都可以直接將訊息或意見透過社群媒體廣為流傳，網民這種媒體內容產消者（prosumer）角色完全翻轉傳統大眾傳播理論對於閱聽人角色的界定，而且不只是傳播理論小典範轉移可以形容，根本就是媒介生態資訊產製體制翻天覆地的革命。社群媒體的誕生就是道道地地的媒介生態革命，若以工業革命四個階段來比喻，社群媒體堪稱媒介生態 3.0，直追工業革命第三階段，即將與工業革命第四階段同步攜手共進智慧管理新時代的媒介生態 4.0。

第二個傳統新聞傳播理論，就是新聞傳播學界籲求主流媒體提供閱聽人某種程度的媒體進用權（access right）（或譯近用權）。誠如上述所言，媒體內容過去都是專業菁英決定，一般社會大眾只是媒體內容消費者，對於媒體內容完全無權置喙，也無緣進入媒體做為消息來源，除非是新聞事件的受難者或加害人，或者湊巧在新聞事件現場成為記者詢問對象，否則社會大眾只是新聞內容的消費者，所以新聞傳播學者呼籲新聞媒體應該提供些微的版面，供做閱聽人表達意見的園地。國內在報禁開放後，各報都設有意見版或讀者投書，就是閱聽大眾媒體進用權的展現。而今在網路時代，網民和鄉民個個都是資訊和意見的產消者，隨時隨地都可以對各種議題和媒體表現說三道四，甚至根本不用透過讀者投書園地就可直接在網路平臺表達意見，主流媒體還會小心翼翼地應付廣大網民的各種意見和資訊。

傳統媒體內容的產製體制，在網路時代已經崩解，閱聽大眾已經不再只是被動的消費者，而是資訊和意見的主動提供者，既可對主流媒體報導的新聞內容發表不同看法，也可對主流媒體疏於關注的議題提供重要資訊，甚至站在公民角色提供主流媒體所輕忽議題的充分資訊，而且網民提供的意見和資訊經常備受主流媒體重視，主流媒體絕對不敢輕忽以對，所以針對當前網路社會閱聽大眾已經從被動消費者轉變成為媒體話語產消者角色，過去批判話語分析的基本理論架構只把公民視為被動的媒體話語消

費者觀點已經過時，面對網路社會資訊和意見產消者龐大的網路力量，恐怕費爾克拉夫和范迪克都必須嚴肅思考網民的產製和消費詮釋特質的重大變革，重新思考既有批判話語分析的理論架構。

光是晚期現代社會的消費社會（consumption society）觀點，就已經改變現代社會資本主義的宰制策略和風貌，資本主義不再侷限於宰制勞動階級生產工具的單一面向，而是廣泛透過吸引消費者的各種美學設計和修辭行銷手法，貼近社會各個階層的消費想像和想要（wants），讓消費者浸淫在消費想像欲望深淵，恣意享受追求時尚的愉悅，卻毫無被資本主義宰制的感受。

而今隨著網路科技又進入另一個社會景況：產消社會（prosumption society），它更進一步讓資訊消費者利用無所不在的互動網路社會（ubiquitous mobile society）的社會溝通豐饒特性（affordance），每個網路使用者搖身一變成為訊息和意見產製者，隨時隨地可以自由自在參與各種公共事務的論辯，充分展現網路社群的即時參與和即時互動的網路社群特質，完全不再受傳統菁英媒體產製體制的宰制，儼然就是網路民主（cyber democracy）和網民做主的美麗新世界，可是這種即時論壇和即時公共領域的景況，是否會淪為資本主義宰制的即時殖民化現象，則成為網路社會的新課題。

貳、網路玩工無薪為資本科技累積大數據

在當前網路時代的產消社會，當網民高高興興主動參與並提供各種資訊和意見之際，就傳播科技而言，凡走過必留痕跡，資本家可以不費吹灰之力就可以從網路軌跡輕易撈取網民全面性剖繪（profile）資料，並藉由大數據、物聯網和智慧管理，進一步掌握網民的位址以及一切言行甚至內心世界，這些在社群媒體主動提供資訊或參與互動的網民，遂成為網路時代無薪、無領（non-collar）階級的數位勞工（digital labour）（蕭宏祺，2014），對資本主義而言有如天上掉下來的禮物，網路科技和社群媒體既可添增資本主義無窮力量，卻又不必花費人力薪資成本，真可謂一石數鳥。

尤有甚者，網路數位勞工完全翻轉傳統勞工的根本概念，將從前資本主義只是宰制勞動階級生產工具的掌控力量，如今擴大到全面宰制勞動階級公領域的勞動和私領域的休閒，不僅宰制勞動階級的勞動生產，也完全宰制勞動階級的私密生活，尤其透過網路科技提供各種網路休閒、趣味遊戲、交友互動、網購交易等社群媒體新鮮玩意，讓網路使用者自以為浸淫在令人陶醉愉悅的網路活動當中，卻已經完全將傳統的勞工（labour）轉變成為玩工（playbour），一面陶醉在社群網路各種類型的遊戲、互動和交易，一面主動提供科技資本家各種寶貴資訊，於是網路數位勞工變成玩工和網工，一面玩一面工作，將網路變成新的勞動場域和新的勞動體系。

網民在網路上線的各種活動，表面看來是在遊戲，只是沉迷在網路休閒遊戲、交友互動或網購交易等各種行為，其實網民在網路上的一言一行和一切活動，都充分展現網路勞工特質，都是在為資本家累積各種寶貴的資訊和商機，只是網民只顧沉迷在自己的網路活動，完全無視背後虎視耽耽的資本家透過網路科技伺服器監控、探勘、萃取網民的一舉一動、一言一行，甚至內心世界和意識型態，於是一切網路活動都成為既是遊戲場也是工廠（internet as playground and factory），對網民而言，社群網路是令人沉迷的趣味遊戲場，對資本主義而言，是人們主動產製、免費提供各種寶貴資訊和意見的無薪工廠，於是傳統勞工變成網路玩工和數位網工，成為提供資本家大數據的無薪、無領的網工和玩工（Scholz, 2012），讓網民的參與勞動（participatory labor）成為資本家無薪的剝削，可是網民卻自得其樂，毫無被剝削的自覺。

社群媒體網民在產消社會裡的網工和玩工角色，絕非像網民所說，在社群媒體愛說什麼就說什麼、愛做什麼就做什麼那般自由自在，網民在社群媒體的主體性表象上來看，與傳統主流媒體時代的被動受播者比較起來，固然自我身分認同大為提升，但是螳螂捕蟬麻雀在後，社群媒體裡的網民固然暫時擺脫了傳統主流媒體菁英產製結構的束縛，但到底能否擺脫網路科技背後勢力更為龐大的跨國資本家的宰制，則恐怕未必能夠太過樂觀，因此面對社群媒體相關的批判話語分析就務須審慎以對，千萬不能忽視網路傳播科技背後無所不在的宰制者。

第九章

批判話語分析的回顧與前瞻

第一節
批判話語分析的回顧

壹、批判話語分析各種研究取向的比較

批判話語分析起源自 1980 年代英國東英格蘭大學的批判語言學，所以有學者將批判語言學歸類為批判話語分析的一支，這種分類方法固然可以將批判話語分析的起始點再往前推十餘年，但批判語言學基本上侷限於文本內的語境批判為主，雖然後來有些東英格蘭大學教授對原本觀點有所修正（Hodge & Kress, 1993, 1996），卻也難挽批判語言學既定形象，它與批判話語分析的確有所區隔。以下就批判話語分析數十年來的發展歷程，做一簡要回顧。

根據前述各章介紹的批判話語分析各種研究取向，包括范迪克社會認知取向（sociocognitive approach, SCA）批判話語研究、費爾克拉夫辯證關係取向（dialectical-relational approach, DRA）批判話語分析和渥妲克話語－歷史研究取向（discourse-historical approach, DHA）批判話語分析三大門派，以及晚近新興的幾個研究取向，包括范李文的社會行動者研究取向（social actors approach, SAA）、杜伊斯堡學派傑格的成因分析研究取向（dispositive analysis approach, DAA）、葵禪諾斯基的話語民族誌學研究取向（discourse ethnographic approach, DEA）等，基本上可以依據各個研究取向對於語言學涉入程度和對於社會結構的運作化程度，就可清楚分辨它們之間的差異，茲將它們以座標形式分別定位如下圖所示：

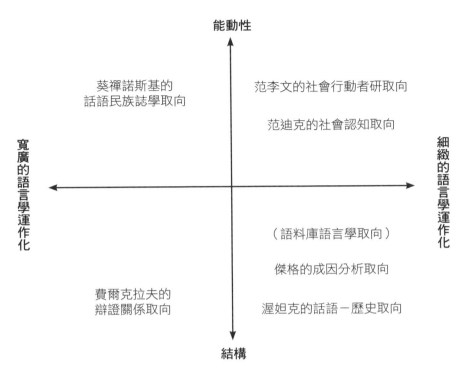

▲ 圖 9-1　各種批判話語分析研究取向的語言學和社會結構涉入與運作程度比較

資料來源：參考並修訂自 Wodak 與 Meryer（2009: 22, 2016: 20）

　　但有幾點必須說明：(1) 原本渥妲克等人將語料庫語言學納入上圖的比較（Wodak & Meryer, 2009），後來把它刪除（Wodak & Meryer, 2016b），主要考量語料庫語言學算不上是批判話語分析的一種研究取向，頂多只是促進批判話語分析更為精進的一種研究手段、資料分析策略而已，所以在這裡將它括弧起來，留供讀者回顧文獻的跡痕；(2) 渥妲克未將葵禪諾斯基話語民族誌學研究取向和傑格的成因分析取向納入，筆者認為是一大憾事，因為批判話語分析結合民族誌學是很好的構想，對未來批判話語分析必有重大貢獻。而傑格的成因分析取向同時考量語文符號的話語實踐、非語文符號的社會實踐以及實體化，也為批判話語分析開拓新領域；(3) 渥妲克可能認為范迪克的認知取向對於語言學分析還不像話語－歷史取向那麼細緻，所以將范迪克的社會認知取向置放在寬廣的語言學類別，但此與范迪克數十年話語研究所付出的心血似乎未盡相符，本書故特將它改放在細緻的語言學類別。

自從 20 世紀中葉以降的語言學研究所造就的轉向語言（linguistic turn）風潮，一直延續至 21 世紀迄今猶未衰退，批判話語分析延續轉向語言的學術風潮，在人文社會科學領域掀起轉向批判（critical turn）和轉向反思（reflective turn）的新興學術浪潮（Graham, 1999），不論是對於知識的產製或對宰制者的話語產製，都能更具批判性和反思性，此對人類知識界絕對是值得標誌的大事。

貳、回顧范迪克的社會認知研究取向批判話語研究

批判話語分析淵源自批判語言學，而且兩者密不可分，主要因為當前主要的幾個批判話語分析研究取向，都立基於東英格蘭大學批判語言學理論基礎，尤其在語言學理論方面，幾乎都採取韓禮德系統功能語言學的社會語言學觀點（Halliday, 1985, 1994, 2004），只有范迪克採取不同研究取向，獨尊認知心理學，從社會認知取向著手探討批判話語研究（van Dijk, 1993a, 1998, 2008b, 2009, 2014a, 2016）。

雖然范迪克與其他批判話語分析學者都出身自語言學界，而且在尚未進入批判話語分析領域之前，范迪克早就埋首於傳統的語言學文本分析和話語分析並著有聲望，才能於 1991 年在荷蘭阿姆斯特丹大學召集有志於批判話語分析的學者共聚一堂，共同研討批判話語分析的整合工作，誠如本書第二章的介紹，這場群英會的結局固然有共識卻也保留歧異，其主要原因就是各個學者對於批判話語分析的理論基礎和研究取向都各有不同的看法和堅持。但是參與群英會的學者幾乎都主張以韓禮德系統功能語言學做為批判話語分析的語言學基礎，范迪克目睹學界同僚簇擁韓禮德的系統功能語言學，偏重社會語言學視角，完全拋棄心理語言學對日常話語實踐的影響作用，相當不以為然，遂另起爐灶，從社會認知視角，鎖定種族歧視課題，鑽研種族主義和種族歧視的批判話語研究，經過數十年研究經驗，終於創建獨樹一幟的社會認知取向（SCA）的批判話語研究，而且屢見他在論著中批判韓禮德的系統功能語言學。

對於韓禮德系統功能語言學觀點，范迪克頗不以為然，認為語言使用除了社會取向，還有心理取向，光憑社會語言學觀點難以全面掌握語言與社會、語言使用與社會結構之間的複雜關係，尤其是權力關係和意識型態

如何成為社群成員共享的信念或信仰，還必須透過認知心理學的探討，才能確切瞭解語言與社會的關係。所以范迪克對於韓禮德系統功能語言學一直抱持不予苟同態度，而且在其論著中，經常批判系統功能語言學缺乏對心理語言學的瞭解。范迪克並非主張批判話語研究再走回頭路，重拾喬姆斯基的轉換生成語言學的觀點，而是試圖在批判話語研究領域，除了社會語言學觀點的系統功能語言學之外，也希望重視認知心理學或心理語言學的重要性（van Dijk, 2008a），好讓批判話語分析或批判話語研究可以同時兼顧社會語言學和心理語言學，不致於侷限在社會語言學的框架。

范迪克也批評韓禮德三位一體的系統功能語境脈絡定義，似嫌凌亂且過於簡單，對於語境脈絡缺乏一致性的理論界定（van Dijk, 2008b: 38）。范迪克認為，語域（field）的主題，應該是說話者想說的，或者計畫要說的，所以一定涉及說話者的認知層面，當然與心理學或認知心理學有關，而非韓禮德所宣稱的與心理學毫無干係。他認為系統功能語言學基本上是反認知、反心理的，可是不論三位一體的系統功能概念或者三個語言元功能，除了社會互動的社會學觀點，也都明顯涉及認知和心理層面。譬如概念功能，一定要說話者清楚瞭解特定語詞的意義潛勢語義，才會正確使用它來表達他內心的想法或意圖。至於在人際功能方面，說話者要展現立場一致的說詞，就要說話者確認自己與溝通對象的人際關係和社會關係，而前後說詞一致，也顯現說話者對自己說話內容的認知。所以，並非如系統功能語言學堅稱的語言使用完全與認知、心理無干，其實只要觀察語言使用者能夠自然而然說出得體、適當的話語，就可明白語言使用必然與心理認知有所關聯，絕不能完全排除認知、心理對語言使用所產生的作用。

綜觀整個批判話語分析學界，只有范迪克獨排眾議，採取認知心理學和社會認知做為批判話語研究的理論核心架構，從個人心智模式、社會知識和語境模式等做為社會認知取向的理論基礎，探討社會認知在話語和社會結構之間扮演的中介角色，這種理論觀點和研究策略就是宣告他與其他批判話語分析研究取向分道揚鑣，採取不同研究取向和理論基礎，所以回顧范迪克社會認知取向批判話語研究，務必先掌握此一基本立場和觀念。至於各個不同研究取向各有優點，自不在話下，但是范迪克從認知心理學著手，堅持走人煙稀少的路徑，其學術態度頗值敬佩。

　　不過范迪克自承，獨創的社會認知批判話語研究取向只是針對社會問題（problems）或政治議題（issues）的不公不義社會現象，和當時歐洲各國在國會和媒體出現的各種種族歧視話語及其背後權力關係與意識型態，試圖提出解釋之道（van Dijk, 1993, 1998, 2015, 2016），基本上只是從問題導向（problem-oriented）而非科學取向探究批判話語分析課題，更無創建批判話語分析理論架構的雄心壯志，自始至終未曾宣稱創建批判話語分析整體性的理論架構，毫無費爾克拉夫試圖建構批判話語分析理論架構的野心和企圖，所以回顧范迪克批判話語研究歷程，不論是《新聞話語》（1988a）、《種族主義與報業》（1991）、《菁英話語與種族主義》（1993）、《話語結構與過程》（1997a）、《社會互動與話語》（1997b）、《意識型態：多元學科取向》（1998a）、《新聞分析》（1998b）等諸多論著，都可看到他一再強調只是針對當前各種不公不義社會權力關係和意識型態所展現的社會現象的批判研究，卻似無建構批判話語分析領域的整體理論架構的意圖。

　　所以回顧范迪克在批判話語研究的歷程，基本上不像費爾克拉夫一開始就設定辯證關係的理論架構，並從各種社會現象進行理論性的演繹（Fairclough, 1989, 1992, 1995b, 2000, 2006, 2010），而只是基於問題導向，針對種族歧視與偏見，不斷從媒體和社會菁英去蒐尋話語實踐的日常生活證據，所以渥妲克將范迪克歸類為歸納式批判話語分析，費爾克拉夫則屬演繹式批判話語分析（Wodak & Meyer, 2016b）。

　　即便如此，范迪克還是與時俱進，不僅彙整自己幾十年的研究心得，並且汲取批判話語分析學界同僚的見解，逐漸將自己的研究經驗和心得建構成更為完善的理論架構，譬如他在《話語與權力》（van Dijk, 2008a）序言，開宗明義指陳話語與權力乃是批判話語研究的兩個核心概念，但是在此之前，尤其是 1991 年的《種族主義與報業》和 1993 年的《菁英話語與種族主義》，雖然這兩本著作是范迪克社會認知取向的批判話語研究的重要研究著作，卻都從未聚焦於話語與權力關係，可見後來他汲取了當時其他學術同儕對於話語與權力之間的論點（Fairclough, 1992; Fairclough & Wodak, 1997; Wodak, 1989）。

　　另外在《話語與語境》（van Dijk, 2008b）亦復如此，回顧 21 世紀之前范迪克的論著，似乎從未論析語境理論或探討話語與語境的關係，雖然他

深入析論媒體和菁英的政治話語背後的社會淵源，或一般日常交談互動背後的意識型態和社會文化底蘊，但都未曾直接明講文本與語境或話語與語境之間具有辯證關係。雖然早年也曾討論《文本與語境》（van Dijk, 1977），但那是傳統語言學觀點的文本分析，與後來崛起的批判話語分析探討的文本與語境不可同日而語，根本不能相提並論。當然也可以說是范迪克在彙整過去多年有關種族主義與媒體話語的研究之後，發現並深刻體會話語與權力之間和話語與語境之間的辯證關係，但是話語與社會語境之間的辯證關係，其他學者早就析論甚多矣，譬如費爾克拉夫早在十幾二十年前就確立話語與語境之間辯證關係取向（DRA）的理論架構（Fairclough, 1989, 1992, 1995a）。

直到 21 世紀以後，范迪克汲取批判話語分析領域其他學者的論點，尤其是來自費爾克拉夫的辯證關係研究取向（DRA）和其他學者對於話語與語境理論的探討，才將他多年來踟躕徘徊於話語分析的種族歧視話語結構研究觀點，擴大到整個社會層面，所以《話語與權力》（van Dijk, 2008a）、《話語與語境》（van Dijk, 2008b）、《社會與話語》（van Dijk, 2009）和《話語與知識》（van Dijk, 2014）等論著，都可清楚看到它們與 21 世紀以前論著格局大不相同，明顯將昔日話語結構研究焦點擴大到它背後的語境和權力關係，尤其是《話語與知識》無庸置疑，更是范迪克嘔心瀝血的傑作，理論性地整理知識與社會認知的關係，藉以堅實他所創建的社會認知取向（SCA）批判話語研究的重要理論基礎。所以綜觀 21 世紀後的觀點，范迪克不僅在其論著附加副標題：社會認知研究取向（sociocognitive approach, SCA），更重要的是，范迪克已經從原有的話語分析脫胎換骨，躍升成為批判話語分析的獨門獨派宗師，自創社會認知取向（SCA）的批判話語研究。

無可否認，范迪克以社會認知做為話語與社會結構之間的中介角色，有如費爾克拉夫以話語實踐做為文本與社會文化實踐之間的中介平臺，但是兩人不同的地方在於費爾克拉夫進一步探討文本與社會文化實踐之間的辯證關係，但是范迪克卻付之闕如，只探討社會認知扮演的中介角色，隨即戛然而止，殊為可惜。雖然范迪克在 21 世紀之後的著作，曾經觸及話語與語境、話語與權力、話話與社會之間的辯證關係，但都只是點到即止，並未深入探討彼此之間的交互作用辯證關係，可謂美中不足。與費爾克拉

夫的辯證關係取向相較之下，似乎只在話語與社會之間理析出一個中介角色的社會認知研究取向而已，如果范迪克能夠繼續朝話語與社會之間的辯證關係走下去，相信他獨創的社會認知取向批判話語研究模式，將會更具學術價值和地位。

回顧范迪克的社會認知取向（SCA）批判話語研究，一般只是關注他與其他學者採取不同研究取向的差異，誤以為他只重視認知心理學或心理語言學，其實范迪克並非否定社會語言學對批判話語分析的重要性，而是強調不應排除心理語言學也在批判話語分析領域具有同樣的重要性，所以他後來也探討語境理論（van Dijk, 2008b），只是他把社會情景語境和文化語境等語境都歸諸於主觀的心智語境模式，並未完全採納社會語言學的觀點。

但是筆者反思：除了范迪克之外，其他批判話語分析學者為何獨尊韓禮德社會語言學觀點的系統功能語言學？為何排除心理語言學？難道心理語言學、認知心理學或社會心理學都與批判話語分析毫無干係？既然批判話語分析強調多元、跨域和科際整合，為何獨漏心理語言學？為何背離自己宣稱的多元領域、跨領域、科際整合的研究特色？

最後，猶須一提的是，范迪克固然獨排眾議，強調認知心理學對話語和溝通事件的影響作用，舉凡個人理解的社會價值、社會規範和意識型態，無不透過社會認知而表達呈現在日常溝通事件和話語實踐，充分展現他在批判話語分析領域獨樹一幟的見解，固值稱許，但是他對社會語言學的關注猶嫌不足，遠不如他對社會認知的重視，即使後來也發展語境理論，闡釋情景語境和文化語境的重要性，但都使勁將它們導入社會認知取向，范迪克這種做法與其他學者完全不理會認知心理學對話語產製和理解詮釋的重要性，又有何差異？就像五十步笑百步，都是各自主張自己的優點，卻未將對方優點納入自己的研究架構當中，殊為憾事，因此殷切期盼未來能夠更加融匯社會語言學與心理語言學，充實並擴大批判話語分析的範疇。

回顧范迪克對心理語言學的堅持，固然可以看到他在批判話語分析領域獨樹一幟的學術風範，尤其前瞻批判話語分析的未來走向，就更加欽佩范迪克的遠見，因為未來批判話語分析勢必重視心理學層面對話語實踐的影響作用。有關這個論點，下文討論批判話語分析的未來走向，將會有所說明。

參、回顧費爾克拉夫的辯證關係取向批判話語分析

在費爾克拉夫出版《語言與權力》（Fairclough, 1989）之前，范迪克在 1985 年編著的《話語分析指南》四冊（van Dijk, 1985），就已經嘗試將批判語言學觀點導入新興批判話語分析研究走向，但是學界咸認真正奠定批判話語分析基礎的是費爾克拉夫，因為他在《語言與權力》（Fairclough, 1989）就揭櫫批判話語分析理論架構的大纛，緊接著《話語與社會變遷》（Fairclough, 1992），更加堅實批判話語分析的理論基礎和研究架構，咸認費爾克拉夫這兩本著作是奠定批判話語分析的里程碑。

不論是批判語言學者或費爾克拉夫之前的其他學者，對於語言與社會之間的關係，基本上只是依循規範性思維，認為語言使用或日常話語實踐都被社會結構宰制，乃是不容置疑的理所當然事實，直到費爾克拉夫將傅科的話語理論運用到批判話語分析，才奠定批判話語分析的話語理論基礎，尤其他深入探究文本與社會、話語與社會文化實踐之間的辯證關係，更創建批判話語分析的理論架構標竿（Fairclough, 1989, 1992, 1995a, 2003, 2010）。

費爾克拉夫不僅將傅科話語觀點（Foucault, 1970, 1971, 1972, 1979, 1980）運用到批判話語分析，更重要的是費爾克拉夫將文本語言學分析結合交互文本分析和交互話語分析（Fairclough, 1989, 1992, 1995a, 2003, 2010），致力於揭露日常話語實踐更為根深底蘊的話語秩序（order of discourse），完全契合傅科話語觀點的核心思維，因而將批判語言學只關注文本內或共文本（co-text）的語境分析及其批判層次，進而提升至名副其實的批判話語分析。上述所謂費爾克拉夫奠定批判話語分析的里程碑，主要就是因為費爾克拉夫建構批判話語分析的理論基礎和實務操作策略，尤其是將傅科的話語觀點成功轉化成為批判話語分析的話語理論根基，費爾克拉夫更是批判話語分析的功臣。

費爾克拉夫在批判話語分析領域，將傅科話語理論發揚光大，尤其是將傅科的話語秩序觀點發揮得淋漓盡致，不僅透過交互文本和交互話語分析解析話語秩序對日常生活話語實踐的宰制權力，而且透過話語秩序將日常話語實踐和權力關係與意識型態構連起來，建構了辯證關係取向的批判話語分析理論架構。費爾克拉夫以話語秩序引論社會秩序，做為日常話語

實踐的指揮者，就好比一般人依循社會秩序和社會規範做為與他人進行社會互動的基礎和依據。費爾克拉夫更進一步構連傅科話語秩序和紀登斯結構二元性觀點，以話語秩序做為批判話語分析辯證關係的平臺和結果，話語秩序既是各方話語霸權爭霸的場域和平臺，也是話語爭霸的結果，所以話語秩序匯聚權力關係和意識型態，指揮各種語文符號話語實踐和非語文符號社會實踐，儼然有如社會秩序，共同執行以取得霸權位置的意識型態的旨意。在批判話語分析領域援引傅科的話語觀點做為理論基礎的學者不知凡幾，卻只有費爾克拉夫能夠將傅科的話語理論包括話語、交互文本、交互話語、話語秩序之間的關係釐析得如此清明透徹，並且藉以創建辯證關係取向批判話語分析的理論架構。

費爾克拉夫的辯證關係取向批判話語分析的三層次理論架構，被尊奉為批判話語分析的典範和範式，它含括微觀（micro）、中觀（messo）與鉅觀（macro）三個層次，在微觀層次是語言學文本分析，以韓禮德的系統功能語言學做為分析基礎，也就是所謂描述的文本分析。在中觀層次的話語實踐，主要是以傅科的話語理論做為交互文本和交互話語分析的理論架構，並以巴赫汀的對話理論做為話語實踐的理論基礎，針對文本的動態產製過程和詮釋過程進行交互文本和交互話語的詮釋分析。在鉅觀的社會文化實踐，則以馬克思主義、葛蘭西的霸權理論做為文本與社會結構之間辯證關係的理論基礎。這三個分析層次環環相扣、緊密結合，被稱為批判話語分析的理論架構。

費爾克拉夫提出話語與社會結構之間的辯證關係，不僅樹立費爾克拉夫辯證關係研究取向（DRA）的標竿，而且也讓整個批判話語分析學界對於話語與社會結構之間的辯證關係，有更深一層的思考。費爾克拉夫指出，過去批判語言學對於話語與社會結構之間的關係，太過簡化而且單向思考，只看到社會結構對話語實踐的單向片面影響，卻無視於話語實踐可能帶來社會結構的轉換和改變可能，基本上不符紀登斯結構化理論的結構二元性（Giddens, 1984）概念。而這也正是費爾克拉夫的辯證關係取向（DRA）批判話語分析的核心意旨，也就是強調話語與結構之間、話語實踐與社會文化結構之間具有交互辯證關係，社會結構固然形塑日常生活實踐，相對地，日常生活話語實踐也日積月累地建制社會結構（socially shaped and socially shaping or socially constitutive）（Fairclough, 2003, 2010; Fairclough & Wodak, 1997），這種話語與社會之間或話語實踐與社會文化實踐之間的交互辯證關係，就是費爾克拉夫辯證關係取向（DRA）的核心思想，也是整個批判話語分析的新指標。

批判話語分析（CDA）源自批判語言學（CL），批判語言學（CL）就是抱持社會結構建制日常話語實踐的建構觀點，卻未深入探究日常話語實踐與社會結構之間的辯證關係，直到費爾克拉夫提出辯證關係取向批判話語分析觀點，指稱日常話語實踐也會建制社會結構的嶄新論點，不僅驚艷批判話語分析學界，甚至連整個社會學界都頗為重視，將知識社會學和社會建構論觀點（Berger & Luckmann, 1967; Schutz & Luckmann, 1973）更加理論化，突顯話語與社會結構之間的辯證關係，所以費爾克拉夫辯證關係取向不僅只是在批判話語分析領域標誌嶄新研究階段的里程碑，而且也為整個社會學領域開啟一扇窗，迎向嶄新理論境界。

必須提醒的是，費爾克拉夫所主張的辯證關係，絕非僅止於語文符號層面的話語與社會之間的辯證關係，他同時強調話語實踐與非語文符號層面的其它社會單元之間的辯證關係，畢竟社會體制的建構並非單靠語言或話語實踐，社會體制的結構功能還有一大部分是倚靠非語文符號成分，譬如婚喪喜慶儀式，除了口說或書寫的祝禱詞之外，還有一大部分是透過服飾、肢體動作和排位順序等各種非語文符號來表達，可見社會體制的建構是語文符號和非語文符號共同建構而成，因此在談論話語實踐與社會體制之間的辯證關係，自當含括語文符號和非語文符號兩個不同層面。費爾克拉夫辯證關係取向（DRA）就有兩個辯證關係，其一是話語實踐的社會建制，另一個則是非語文符號的社會建制，而且話語實踐與非語文符號社會實踐之間亦具辯證關係，如此層層綿密的辯證關係才具體組構了費爾克拉夫的辯證關係取向（DRA）批判話語分析的理論體系。

在回顧費爾克拉夫辯證關係取向（DRA）批判話語分析之際，必須指出在他之前，整個批判話語分析領域從未注意話語實踐與其它非語言符號層面的其它社會單元之間的關係，其實這些觀點乃是批判話語分析非常根基的理念，只是都未充分注意到日常生活實踐除了語言符號層面的話語實踐之外，還包括極大部分是屬於非語言符號層面的社會實踐，也就是所謂

默會知識（tacit knowledge）和默會行為（tacit behavior），所以整個社會體制除了語文符號所擘劃的層面之外，還有屬於透過非語文符號所履行日常生活實踐面，芸芸眾生日日夜夜、時時刻刻可以完全不使用任何語文符號，卻都按照社會結構蘊涵的權力關係和意識型態在運作。

有關非語文符號層面的社會實踐，晚近崛起的成因分析取向（DAA）有更深入的剖析。傑格等人不僅區分語文符號的話語實踐與非語文符號的社會實踐兩者之間的差別，更添加實體化概念，誠可謂在非語言學社會實踐層面為批判話語分析打開一扇新窗。

但是話語到底如何建制社會？綜觀批判話語分析各種學說，似乎未曾論析話語建制社會的過程，只是提出話語除了被社會結構建制之外，話語也會建制社會結構的基本論調。晚近北歐學者在探討政治媒介化（mediatization of politics）（Hepp & Krotz, 2014; Esser & Stromback, 2014），就強調媒體務必自身先成為社會體制，才能進而影響其它社會體制，造就其它社會體制的媒介化現象，所以體制化（institutionalization）遂成為政治媒介化理論的重要基礎和必備過程，有關體制化課題，猶待批判話語分析未來努力以赴。下文有關批判話語分析的未來發展，會有進一步說明。

但是在回顧費爾克拉夫辯證關係研究取向（DRA）批判話語分析之際，也不能不務實指陳，對於才剛入門的初學者而言，話語與社會結構之間或話語實踐與社會文化實踐之間的交互辯證關係，誠非易與，實非可以輕易上手，務須一步一腳印踏踏實實針對研究對象進行語言學文本分析，才有可能析理出交互文本和交互話語背後的話語秩序，然後再分別從語言符號話語實踐與非語言符號實踐兩個層面分別探討話語文本與社會結構或社會體制之間的辯證關係。在此勸慰初學者不要眼高手低、好高騖遠，一步一步慢慢來。

肆、回顧渥妲克的話語－歷史取向批判話語分析

雖然渥妲克比范迪克和費爾克拉夫晚生幾年（渥妲克 1950 年生，范迪克 1943 年生，費爾克拉夫 1941 年生），但是她在批判話語分析領域的成就，並不亞於范迪克或費爾克拉夫。回顧渥妲克有關批判話語分析的論著，她第一本與批判話語分析有關的著作，就是編著《語言，權力，意識型態》（Wodak, 1989），與范迪克出版《傳播種族主義》（van Dijk, 1987）、《新聞話語》（van Dijk, 1988a）、《種族主義與報業》（van Dijk, 1991）等，或者與費爾克拉夫出版《語言與權力》（Fairclough, 1989）、《話語與社會變遷》（Fairclough, 1992）等，幾乎都在同一個時期，相去沒幾年光景。

從渥妲克編著的第一本書《語言，權力，意識型態》（Wodak, 1989），就已經看到她直接點出批判話語分析的三個核心課題：話語、權力、意識型態，雖然她在該書所寫的論文是有關奧地利 1968 年學運所使用的政治口號 Club-2，並未在批判話語分析學界引起多大迴響，但是她在該書概論引言卻提出一些經典名句，像「語言自身並無權力，只有在掌權者手中，語言才獲得權力」（Language gains power in the hands of the powerful; language is not powerful "per se".）（Wodak, 1989: xv），以及「先診斷，再詮釋和治療」（Diagnosis first, interpretation and therapy to follow.）（Wodak, 1989: xvi），意即務必切實做好社會問題或社會現象的診斷之後，才能做為後續詮釋和治療的依據，這些都是批判話語分析領域耳熟能詳的經典名句。

渥妲克祖籍奧地利，在英倫出生，與英國蘭卡斯特學派（Lancaster School）素有淵源，不僅與費爾克拉夫都在蘭卡斯特大學語言學系任教，而且還當上榮譽教授，可見她受英國蘭卡斯特學派的尊崇，綜觀渥妲克不論在語言學基礎或話語理論觀點，基本上都與費爾克拉夫的辯證關係取向批判話語分析幾無二致，可謂與費爾克拉夫系出同門。

有趣的是，早在渥妲克探討批判話語分析的文獻時，就將范迪克的社會認知取向批判話語研究做為四種不同話語分析取向的一個類別，足見渥妲克對范迪克社會認知取向（SCA）批判話語研究的重視程度（Reisigl & Wodak, 2001），及至後來發展話語－歷史取向批判話語分析過程，渥妲克都一直將心理學取向與歷史、政治、社會等各個層面並置，一方面顯示渥

姐克話語－歷史取向（DHA）批判話語分析對社會認知或心理語言學的重視，另方面也展現她雖然出身蘭卡斯特學派，並與費爾克拉夫共事多年情誼下，依然尊重范迪克的理論觀點，充分展現能納百川的恢宏氣度。她也和范迪克一樣，經常使用批判話語研究（critical discourse studies, CDS）而非批判話語分析（critical discourse analysis, CDA）的字眼（Wodak & Meyer, 2016a, 2016b），甚至將她編著的《批判話語分析方法》（Wodak & Meyer, 2001, 2009），到了第三版就改名為《批判話語研究方法》（Wodak & Meyer, 2016a）。

光從話語－歷史取向（DHA）批判話語分析的頭銜看來，就可看出渥姐克特別強調歷史語境，而且比范迪克社會認知取向（SCA）批判話語研究聚焦社會知識和社會情境更為寬廣，雖然范迪克的語境理論也強調文化語境，但仍舊以社會情境理論所建構的社會認知做為意識型態的中介平臺（van Dijk, 2008a, 2008b, 2009, 2014a, 2014b, 2016），范迪克探討語境理論時，不論從個人語境模式、個人情境模式到溝通情境的解析，或者對於意識型態語境的構連，主要都是從個人主觀界定做為起點，以個人主觀認知超越客觀事實，誠可謂過猶不及。范迪克在批評韓禮德系統功能語言學時，也曾觸及韓禮德所源自的弗斯的語境觀點（Firth, 1930），可惜並未將個人語境模式和社會情境語境擴展到更為深遠的歷史語境（van Dijk, 2008b: 34-35）。

至於費爾克拉夫雖然後來也強調情境的、體制的與社會的社會文化實踐（Fairclough, 2010），但並未明確指陳情境的、體制的、社會的語境到底如何與話語實踐連結起來，他向來一貫聚焦在動態的文本產製與文本詮釋背後的話語秩序（order of discourse）以及文本與社會之間的辯證關係，此乃辯證關係取向（DRA）批判話語分析的特色（Fairclough, 1989, 1992, 1995a, 2009, 2010, 2016），卻從未闡釋話語秩序與歷史、文化語境之間的關係，也未曾構連話語秩序與語境理論，所以語境理論及其觀點似未受到費爾克拉夫的充分關注。純就語境觀點和歷史、文化語境而言，渥姐克的話語－歷史取向（DHA）批判話語分析無疑都比范迪克的社會認知取向（SCA）批判話語研究和費爾克拉夫的辯證關係取向（DRA）批判話語分析更為深入。

　　由於范迪克聚焦在媒體話語，而且也整理新聞基模（news schema），所以國內學者好以范迪克的新聞基模做為研究模型，問題是范迪克的新聞基模只堪當做批判話語分析在語言學文本分析的起點，根本尚未連結文本背後的語境，更遑論互文性和互語性的交互文本分析。相對地，渥妲克的五個話語策略（discursive strategies）包括命名、斷言、論辯、觀點和語氣等策略，以及行動場域各種類型等，都比范迪克基模概念更適合做進一步的後續語境分析，但是由於國內有關批判話語分析的論著很少討論渥妲克的理論觀點或研究方法，甚至幾乎都未曾提過，所以國人對她比較陌生，因而忽略渥妲克話語策略和行動場域類型對批判話語分析的重要性和參考價值。

　　無可諱言，話語實踐隨其語域（Halliday, 1985, 1994, 2004）和行動領域的不同，各有不同的行動領域類型（Wodak, 2001b; Wodak & Meyer, 2016b），而渥妲克所提的行動領域類型基本上是從政治話語出發，當然最適合於政治行動領域的批判話語分析，至於是否適合其它場域和行動場域，則難免令人存疑。但俗話說觸類旁通，既然渥妲克已經提出政治話語實踐的話語策略和政治行動領域類型，學者們當可依據渥妲克政治話語的話語策略和行動場域論點，開發其它適合自己研究題材的話語策略和行動場域類型。

　　正因為不同的行動場域各有其獨特的話語類型，所以批判話語分析學界不宜自我設限，將話語分析侷限在早期語言學的類型分析，應該將語言學類型分析概念運用到整體社會所有行動場域，並且透過各個行動場域之間的交互文本和交互話語分析，剖析隱晦躲藏在社會各個行動場域的權力關係和意識型態。這是渥妲克對於類型分析的獨到見解，不僅結合了語言學觀點，更重要的是將語言學類型分析觀點，充分運用在批判話語分析實際操作的行動領域，不論是范迪克或費爾克拉夫都沒有渥妲克對此觀點闡述得如此清晰透徹（Wodak, 2012b; Wodak & Chilton, 2015; Wodak & Meyer, 2016b）。

　　渥妲克提出三角檢證的研究策略，包括理論三角檢證、方法三角檢證和資料三角檢證的研究策略，可謂完全符應批判話語分析宣稱的多元領域、跨領域、科際整合的理論架構和研究設計的包容性，既非獨尊一家，也不執著於某一特定研究方法，尤其渥妲克在解析話語策略和行動場域類型，更提供許多批判話語分析在研究方法實務操作的策略和技巧，對有志

從事批判話語分析者裨益匪淺，就批判話語分析的研究方法而言，渥妲克的話語－歷史取向（DHA）都比范迪克或費爾克拉夫兩人的研究取向，更較具研究方法上的參考作用。

在研究方法方面，范迪克基本上並未明確指陳批判話語研究的步驟，費爾克拉夫固然提出四個研究階段，並在每個階段之下還有更細的研究步驟，看似提供許多指引性參考方向，但坦白說，費爾克拉夫所提的四個研究階段和一些研究步驟，聽來實在深奧難懂，譬如：第一階段要從符號學視角，專注於某一特定社會問題或弊端；第二階段要確認該社會現象、問題或弊端所遭遇到的障礙；第三階段要思考既有社會秩序是否需要此一社會現象、問題或弊端；第四階段要確認跨越這些障礙的可能途徑等。相信一般人除非對費爾克拉夫辯證關係取向批判話語分析瞭如指掌，否則聽了費爾克拉夫這番研究階段說法，還是一頭霧水，真難掌握其中意旨。（有關這部分難題，請參閱本書第十章實例解析，希望可以為讀者解惑）

渥妲克提出話語－歷史研究取向（DHA）的三個研究層次：文本內在批判、社會診斷批判和預後批判，這三個研究階段相當程度簡化了批判話語研究的研究過程，讓初學者聽起來覺得頓感輕鬆許多，畢竟這三個研究層次遠比上述費爾克拉夫所提的四個研究階段，聽起來容易理解多了，渥妲克的第一個研究層次即語言學的文本分析，第二個層次即話語實踐的社會診斷，誠如渥妲克強調務必先做好社會診斷，才能繼續的詮釋和診療（Wodak, 1989）。第三個研究層次的預後批判，就是立基於社會診斷批判及其後續詮釋，所要進行的轉換或改變當前不當話語實踐的最高層次倫理實踐（Wodak, 2001b; Reisigl & Wodak, 2001），所以渥妲克簡化批判話語分析過程的這三個研究層次，對一般批判話語學習者而言，至少可以輕鬆掌握整個研究過程，至於實務的研究方法操作，當然端賴每個研究的特定主題和素材而定，渥妲克至少提供一個研究過程的藍圖藉供初學者參考並降低學習心理壓力。

至於渥妲克提供的八個研究步驟，提供初學者很好的思維邏輯和研究範例，與范迪克的社會認知取向批判話語研究和費爾克拉夫的辯證關係取向批判話語分析比較起來，清楚明白許多（Reisigl & Wodak, 2016），可以說渥妲克講的是白話文，費爾克拉夫說的是文言文，范迪克則太過文青浪

漫，筆者認為渥妲克的八個研究步驟頗值參考，雖然渥妲克這八個研究步驟主要係針對她一向關注的政治話語批判研究，但基本上可以適用於一般批判話語分析的研究課題，應該沒問題。

第二節
回顧國內批判話語分析研究

國內有關批判話語分析的論著大約在 20 世紀即將結束之前才開始，問題倒不是晚了歐洲多少年，而是截至目前為止，國內有關批判話語分析的介紹都相當不足，從國內教育和新聞傳播等對批判話語分析頗感興趣的領域來看，教師們主要並非有系統地介紹批判話語分析的理論建構及其研究實務操作，而是將它拆解成某些特定單元藉以配合自己的研究主軸，綜觀教育領域除了王雅玄（2005）之外，對於批判話語分析的引介，大多屬於這種現象（歐用生，2006），至於新聞傳播學界則有較深入的介紹（翁秀琪，1998；王孝勇，2011；李美華，2010；黃靖惠，2011；倪炎元，2012，2013），但猶未有體系地引介批判話語分析各個不同研究取向。

至於援引批判話語分析理論觀點進行個案分析的博碩士論文，則遍及諸多人文社會科學領域，但基本上都只是蜻蜓點水，只是拿來充實自己論文的部分理論基礎，卻未曾深入析論批判話語分析的理論架構層次。其中，因為范迪克對新聞文本提出許多範例和操作示範，所以新聞傳播領域論文傾向援引范迪克新聞基模做為藍本，殊不知那只是范迪克批判話語研究社會認知取向的起點而已，只是新聞文本在語言學文本分析最基本的層級。至於費爾克拉夫的辯證關係取向批判話語分析，雖然極多論文都被它的批判理論觀點吸引，但似乎從未見過具體析論費爾克拉夫的話語與結構之間的辯證關係。套句倪炎元（2012: 4）的說法，對理論引述不完整，難免出現誤讀或誤用情況，碩士研究生的情況最為嚴重。

國內最早討論批判話語分析可能要數倪炎元（1996）和翁秀琪（1998），雖然前者只觸及當年國民黨黨內主流與非主流政爭新聞的話語分析（discourse analysis），而後者係針對宋楚瑜省長因為李登輝凍省而辭官的

新聞的批判語言學（CL）分析，兩者都與批判話語分析（CDA）尚有一段距離，但兩人已經是國內最早引進話語分析和批判語言學的先行者，尤其翁秀琪雖然從批判語言學視角進行分析，卻已對政治權力關係和意識型態的構連分析略具批判話語分析的雛型。

國內在 20 紀末開始引進有關批判話語分析，但最初主要是引進批判語言學觀點（翁秀琪，1998），而且對於批判語言學和批判話語分析之間的差異，似乎猶未分辨清楚（王孝勇，2011；翁秀琪，1998），主要聚焦在語言學文本分析層次（黃靖惠，2011；張錦華，2011），張錦華（2011）直接援引范迪克有關操控話語（manipulation discourse）（van Dijk, 2006）概念並做為論文題目，探討新聞置入，但也未觸及范迪克其它論點，可見國內對於批判話語分析的引介相當有限，主要侷限在批判話語分析第一層次的語言學文本分析為主，甚至從未觸及渥妲克話語－歷史取向，更遑論晚近新興的幾個批判話語分析研究取向。

綜觀國內有關批判話語分析介紹最為詳細的首推倪炎元（2012，2013），但主要是以評論為主，而非介紹或引領讀者如何操作批判話語研究實務分析，所以讀者除非對批判話語分析已有相當程度瞭解，否則仍難理解各門各派理論架構及其操作手法。其實倪炎元多年致力於批判話語分析的引介和探究（1999a，1999b，2003，2011，2012，2013，2018），只是這兩篇論文著重批評而非引介。

倪炎元（2012）對費爾克拉夫辯證關係取向批判話語分析的評論，可謂國內對費爾克拉夫辯證關係取向批判話語分析最深入的析論，不論對費爾克拉夫的理論基礎和研究策略都有極其清晰的探討，並引述幾個學者對於費爾克拉夫的批評，譬如韋多森（Widdowson）批評費爾克拉夫辯證關係取向批判話語分析根本就不是用來分析的理論，而是用來支撐既定理念的詮釋理論，史特柏（Stubbs）則批評費爾克拉夫的辯證關係研究取向是一種互為因果、互為解釋關係，並進而指摘這種辯證關係有違社會建構論觀點（Berger & Luckmann, 1967）云云，其實類似韋多森和史特柏的批評，不僅對於費爾克拉夫的辯證關係取向有所誤解，而且根本就是對整個批判話語分析都有所誤解，殊不知話語與社會的關係根本就不是線性關係，也非客觀的整體，而是偶發權變（contingency）話語當下的構連與去構連循迴不已

的爭霸（Laclau & Mouffe, 1985）所造就的循環不已的辯證關係，每個話語爭霸都是前所未有完全嶄新無可重複的對話和爭霸（Bakhtin, 1986）。所以這些批評意見，似未充分掌握費爾克拉夫辯證關係批判話語分析的核心意旨，倒是倪炎元對於費爾克拉夫辯證關係研究取向的理論定位，到底是屬於實在論或建構論的本體定位爭議，則是語言學和話語理論對未來批判話語分析在理論發展必須更進一步交代的課題。對於國內援引費爾克拉夫辯證關係批判話語分析研究取向的論著何其多，但似乎都未注意到費爾克拉夫強調的語文符號與其它社會單元之間的辯證關係（Fairclough, 2010），即便像倪炎元多年專研費爾克拉夫的理論層次探討（倪炎元，1999b，2011，2012，2018），也未深入觸及此一課題，更遑論其他學者了。

國內對范迪克社會認知取向批判話語研究解析最清楚的，首推倪炎元（2013），不論對范迪克的理論基礎、理論架構和研究策略等，都有相當清晰的析論，尤其對於范迪克從早期文本話語分析到後來對於語境理論的涉入歷程，也都有詳細解析，但是倪文提及范迪克乃是道道地地語言學者出身，所以才有如此這般學術發展歷程云云，其實批判語言學（CL）和批判話語分析（CDA）學者都是出自語言學界，包括范迪克、費爾克拉夫、渥姐克和諸多後起之秀，甚至即使批評批判話語分析的學者，也幾乎都來自語言學界。

第三節
前瞻未來批判話語分析的發展走向

在前瞻批判話語分析的未來可能發展走向之前，有必要先就批判話語分析遭受質疑的幾個重大議題，先提出來釋疑。

首先，因為批判話語分析抱持開放性、多元性的研究取向特色，因而被批評無法當做一個全面關照的整體性或封閉性（total or closed）學術理論典範（Weiss & Wodak, 2003: 12）。理由是，相對於整體的或封閉的學術理論體系，批判話語分析卻強調多元、跨域、科際整合的研究取向，匯聚人文社會科學多種學科於一爐，根本就是一個開放而非閉鎖的研究取向，無

法擁有具體且固定的理論體系，放任各種不同研究取向不斷延伸擴展，缺乏穩固一統的理論體系或研究方法，因而遭到這類批評。其實話語與社會的關係，與過去社會學所關照的社會組織、社會分工或社會互動都有極大的差異，畢竟話語爭霸的本質就是開放而非封閉、片斷而非完整、暫時而非亙久、權變而非鐵律，在各種行動場域時時刻刻透過交互文本和交互話語，永遠在為權力關係和意識型態的穩固和轉換，進行永不歇止的爭鬥，所以建基於話語理論的批判話語分析展現出來的開放性，與傳統社會學理論大不相同。再者，從另個角度思考，也正因為批判話語分析並非一個整體性或封閉性的理論體系，既不限於特定的語言學觀點，也不限於任何一個話語社會理論觀點，根本就是完完全全的開放性的各種理論與方法的匯聚，反而成就批判話語分析絕非一個學派或學閥（Weiss & Wodak, 2003: 13），而抱持這種開放性格的研究取向，也正是批判話語分析能夠吸引諸多人文社會科學菁英共同參與的主要原因。

其次，固然批判話語分析數十年來引領人文社科領域風騷，造成人文社會科學相關的多元、跨域、科際整合的研究風潮，但迭遭質疑：批判話語分析真的可以促進公平正義？實現社會正義？如果可以的話，經過批判話語分析數十年的努力，為何當前社會各種場域仍然充滿形形色色不公不義權力關係和意識型態？像范迪克和渥妲克數十年來針對種族歧視進行批判話語研究，成績斐然著有聲望，但是歐洲種族歧視並未因此消失，甚至最近幾年歐美各國抱持種族歧視和拒絕難民的右翼政黨紛紛崛起，似乎說明批判話語分析並不會因為學術研究而完全消弭社會各種不公不義的權力關係或意識型態，至少還有批判話語分析持續努力不懈之處，持續不斷向各種新興不公不義的權力關係和意識型態宣戰才行。

質疑批判話語分析的另一種聲音，就是為何只有學者才看得懂、聽得出來日常話語實踐裡潛藏的權力關係和意識型態？為何一般庶民看不懂、聽不出來？其實這種質疑並非否定批判話語分析的貢獻，而是更期盼批判話語分析的理論觀點和批判能力，可以普及化、通識化，就好比多年來不少學者致力於媒體素養教育推廣，讓深奧難懂的媒體運作和媒體表現，化做簡單易懂的常識，讓一般庶民也可以一看就懂，共同致力於批判各種不公不義的權力關係和意識型態。

此外，批判話語分析固然掀起人文社會科學的高度關注，但是基本上是以語言學做為探究話語與社會結構做為研究焦點，至於如何引進社會學理論或者創建新興社會學理論則嫌不足，畢竟批判話語分析背後有極其深厚的社會學理論背景和基礎，但是批判話語分析學者引用各種話語相關理論，包括傅科、阿圖塞、葛蘭西、巴赫汀、布迪厄、紀登斯等人，卻只聚焦於詮釋或解析話語與社會結構之間的關係，而非話語與社會學理論之間的關係，所以未來猶待批判話語分析更向社會學理論推進，藉以提升批判話語分析的哲學和社會學理論高度。

批判話語分析主張包容性的研究取向，採取多元領域跨領域科際整合的研究策略，但是回顧整個批判話語分析的各種不同研究取向，可以發現它們都以語言學文本分析做為基底，竭盡洪荒之力分辨語言學各種單元之間的差異，對於話語與社會理論之間的關係欠缺足夠的關注，畢竟話語實踐或符徵實踐無法取代整體社會實踐，話語實踐只是社會實踐的一個面向和一個部分，無法完全代表或取代社會結構或社會體系的整體運作，這些微觀的文本產製、文本詮釋、話語實踐等都只能做為掌握微觀語境（micro-context）素材和做為探究鉅觀語境（macrocontext）的基礎（Weiss & Wodak, 2003），所以語言學文本分析或話語實踐分析都只是探究語言與社會的手段，建構話語與社會學理論的關係才是目的，回顧批判話語分析數十年的成就，似乎還停留在手段層次，還未達到建構社會學理論層次。

儘管批判話語分析遭受某些批評，但是這些批評不減批判話語分析備受推崇的熱潮，而且它還持續擴展，像本書第八章介紹的幾個新興研究取向，都將批判話語分析推向更深遠的研究範疇，所以對於批判話語分析未來走向，不少學者也紛紛提出一些看法（Wodak & Chilton, 2005）。

最早被提出的未來走向，就是建議批判話語分析要結合敘事學或敘事理論，因為掌權者無不致力於維繫、穩固、永續既有的社會權力關係和意識型態，更要讓這些權力關係和意識型態可以綿延不絕永世相傳，尤其面對災難或危機之際，都要透過巧妙敘事策略和技巧，藉以團結人民和支持者，對抗反對力量，共渡難關，所以敘說故事的能力是掌權者不可或缺的本事。另方面，任何有意競逐話語權的爭霸者，當然也會利用各種美麗動人的話語技術或俗稱話語術，絕不甘落後掌權者，藉以與宰制者進行話語

爭霸，博取廣大庶民的支持。既然話語爭霸是永無歇止的社會爭鬥，不論宰制者或爭霸者都會力求充分運用話語技術和敘事手法，敘說未來美好願景，競逐話語權並奪取話語霸權。所以研究者如果充分掌握敘事理論和修辭技法，對於掌權者和爭霸者雙方的話語爭霸，也就能夠透過敘事學和修辭學觀點，更徹底透析雙方話語爭霸的策略和手段，也有助於批判話語分析的實務解析。

其次，批判話語分析未來有必要將語言學（linguistics）結合符號學（semiotics），畢竟語言學原本就是批判話語分析的文本分析理論基礎，但是隨著批判話語分析領域不斷擴充，已經從傳統的書寫或口說的語文符碼，擴及到影音、圖像等多元符碼模式，語言學已經不符批判話語分析現況的需求，何況語言只是一種特殊的符號，符徵互動（symbolic interaction）或符號資源（symbolic resources）都不限於語文符號，所以批判話語分析亟待結合更為寬廣的符號學，藉以開拓未來批判話語分析更大的研究範疇和解析視野。

晚近也有學者提出批判話語分析應該擴及到批判隱喻分析（critical metaphor analysis）的觀點（Chilton, 2005），主張結合認知語言學與認知心理學，因為在認知科學浪潮下，認知心理學隨著認知和神經科學的進步，已經成為心理學領域的顯學，並影響整個人文社會科學領域，所以結合認知心理學與認知語言學乃是時勢所趨，將批判話語分析擴及批判隱喻分析，除了迎合認知科學浪潮之外，也將批判話語分析更向前推進，開啟新的篇章。但是如果隱喻分析仍然謹守傳統語言學老路，就可能還是侷限在語言學範疇，難以裨益批判話語分析未來發展，務必藉由結合認知心理學和認知語言學，在認知科學的浪潮下，堅持批判立場和原則，開展批判話語分析的未來新境界。誠如本書所述，批判話語分析（CDA）從批判語言學（CL）伊始，就一路依循韓禮德系統功能語言學的社會語言學觀點，完全摒棄心理語言學見解，只有范迪克在創建社會認知研究取向（SCA）批判話語研究歷程上，獨自強調認知心理學的重要性，從心智模式到語境理論，都可以看到他對認知心理學獨有所鍾，也可以說范迪克是當前整個批判話語分析領域獨尊認知心理學的學者（van Dijk, 1993a, 1998, 2008b, 2009, 2014a, 2016），所以未來批判話語分析要結合認知科學、認知心理學與認知

語言學，相信范迪克一定滿心歡喜。但不應侷限在認知心理學或認知語言學，應擴及整個認知科學。

批判話語分析有一個非常重要的理論觀點，就是話語與社會結構之間具有辯證關係，也就是說社會結構建制話語，相對地話語也建制社會結構（Fairclough, 1992, 2003, 2010; Wodak, 2001a; Wodak & Meyer, 2016b）。一般而言，社會結構建制日常生活話語實踐比較容易理解，至於日常生活話語實踐到底如何建制社會結構，似乎欠缺明確的理論概念解析和實務研究操作程序，雖然費爾克拉夫透過話語實踐與非話語實踐雙重途徑，析論話語與社會結構之間的辯證關係（Fairclough, 2010, 2016）。但對於日常話語實踐如何建制社會結構，整個批判話語分析學界似乎猶未有明確的理論體系與實踐操作方法，尤其透過日常話語實踐，如何建制特定的社會體制，並促其體制化，更是讓一般學子難以充分理解。幸好晚近社會科學領域對於社會體系的各個社會體制的體制化（institutionalization）過程相當重視，尤其是對於各個體制與體制之間的互動和相互影響，也成為理論建構的重要核心，並將體制化過程落實到具體話語實踐與非話語實踐，所以這種體制化理論似可做為批判話語分析的他山之石。譬如有關媒體表現影響政治體制運作的理論性探討，晚近就有相當多有關政治媒介化（mediatization of politics）（Hepp & Krotz, 2014; Esser & Stromback, 2014; 林東泰，2017）的探討，尤其對於媒介化過程，到底新聞媒體如何影響社會和文化，並進而影響整個社會體制，都透過體制化過程有相當深入的理析（Hjarvard, 2013; Stromback & Esser, 2015），這些有關體制化過程的諸多觀點都可供批判話語分析借鏡。

吾人樂見晚近崛起的杜伊斯堡學派也提出體制化觀點，傑格認為話語的真正目的絕非只是社會實踐的表達而已，話語的真正目的其實就是要執行話語背後的權力，所以話語、行動和權力三者就被體制化（institutionalized）和被規範、正規化成為特定的社會實踐，而語境遂成為構連話語與權力最佳平臺（Jager, 2001; Jager & Maier, 2016），話語則是真正落實體制化的文本。畢竟話語實踐的目的無非就是執行話語背後的權力，語境就是指揮話語的最佳角色，隱隱約約躲藏在歷史、文化、社會陰暗角落，卻對話語發揮極大指揮作用和影響力，透過日常生活話語實踐的累

積，終究形成特定體制的建制工程，所以批判話語分析對於體制化過程，
務必將權力、意識型態和語境同時納入考量。

另方面，話語民族誌學研究取向（DEA）批判話語分析結合民族誌學
田野場域研究與批判話語分析，進一步貼近社會體制實際運作的語境化和
再語境化過程，實地觀察體制結構的話語爭霸權鬥過程，更清晰透明呈現
社會體制結構的權力關係和意識型態的權變和鬥爭過程，對於未來體制化
研究也大有裨益。

針對 21 世紀全球化現象，當前批判話語分析至少有以下幾個重要研究
焦點：

(1) **新自由主義和知識經濟**：它們都以知識為基礎，語境化和再語境化全球
社會政經情境，提供意識型態滲透整個社會體制的途徑，包括高教體制
更是如此。一如傅科所言，知識即權力，以知識為基礎的語境化和再語
境化最具影響力。

(2) **全球化**：以知識經濟主導世界新秩序，造就同質性世界生活景況，各種
日常生活實踐包括全天候相同內容的新聞報導，世界宛如地球村，卻都
被少數跨國資本家掌控，已然進入後殖民主義時代。

(3) **氣候變遷**：地球生態無法負荷人類無盡的貪慾和破壞，氣候急劇變遷是
數十年來最鮮明的案例，但它並非一天造成，世界強權罔顧自己破壞地
球的罪行，還若無其事雙手抱胸不願投入救贖行列。至於替代能源則論
爭不休，卻已幫資本家大賺一筆。

(4) **數位傳播**：它已經徹底改變人類生活方式和社會互動形式，尤其數位化
和資料化連結大數據、人工智慧和物聯網（俗稱大人物），推向無止境
的自動化社會景況，終極發展到底是福是禍？猶未定論。

批判話語分析的特色之一就是多元領域、跨領域、科際整合的研究
策略，但過去似乎比較侷限於語言學、政治學、敘事學、心理學、認知心
理學、社會理論和媒體研究等幾個有限領域，如今面對 21 世紀各種棘手
問題，包括氣候變遷、海洋污染、跨國組織、貿易戰爭、文明衝突、恐怖
攻擊、國族主義、民粹主義、仇視移民移工等議題，都超乎過去這些領域
能夠涵蓋的範疇。回顧批判話語分析的成就，基本上要歸功於傅科兼容並

蓄歷史、哲學、社會學和語言學的話語理論，今天批判話語分析亟待引進像傅科話語理論這種海納百川的宏偉觀點，站在更高的視界檢視話語與權力、意識型態之間的關係，引導人類走出當前困局。

至於批判話語分析的研究方法，由於各種不同研究取向各有不同的研究架構和焦點，所以各擁不同的研究方法，而且彼此歧異頗大，常令有志從事批判話語分析的新進學者躊躇不前，以致影響批判話語分析的推動和擴展，有鑑於此，批判話語分析似應整合或匯整出共同的研究設計與執行步驟，好讓後進者有所依循，藉以擴大批判話語分析的影響力，也可促進整個人類社會走向更和諧美好的境地。

費爾克拉夫對新自由主義的批判提出不少嶄新論點，認為不論是新自由主義也好，或者全球化也罷，有一個非常重要的特質就是它們對既有社會生活規模（scale）的重構，也就是試圖將既有的在地社會生活規模，重構或擴大為區域的，甚至全球的規模，如此全球化才有實踐的可能，所以規模的重構，或者說，規模的全球化乃是落實新自由主義的必要手段。但是費爾克拉夫憂心指出，正因為各種既有體制規模都要重構，包括經濟的、政治的、法律的、社會的既有規模都有重構必要，甚至連大學教育的規模及其評鑑指標也都跟著全球化腳步徹底重構，導致整個政經社會文化結構的根本改變。費爾克拉夫對於新自由主義的批判與反思，似乎企圖將批判話語分析的研究領域擴大到整個全球規模的局面，並試圖從各個社會體制結構規模的轉變，另起批判話語分析的新標竿，吾人且拭目以待。

費爾克拉夫在《批判話語分析》（Fairclough, 2010）的再版序言，針對新自由主義造就的全球化所帶來的全球困境，提出批判話語分析宣言，主張批判話語分析的目標至少有兩項，其一就是要從既有的結構性批判轉向策略性的批判，其二則是從既有偏重現有結構的負面批判轉向未來可能性的正面批判。

費爾克拉夫提出的第一項批判話語分析宣言，主要因為過去批判話語分析都是指責當前社會現象的結構性問題，但是社會結構既然已經形成，並非一夕之間即可改變，不如轉向策略的批判，針對當前正在發展中的政策方向，提出策略性批判，藉以引導未來較好的發展方向，而且不僅只是

描述性分析，更要重視規範性的評斷，也就是不僅只是各種策略之間的比較或論辯，更要注意防止陷入不公、不義、不平等的困境。

　　至於第二項宣言，主要因為過去批判話語分析給人只是負面批評現況的刻板印象，既然採用「批判」做為標籤，一定是對於分析現象採取負面態度，因此常被誤解只是唱反調、吹毛求疵、站在當權者對立面，其實這些都是對它不盡瞭解所產生的誤解，因為批判話語分析立基於批判精神，並非只是消極對各種不平等社會現象進行負面性批評而已，也要積極透過對深沉社會結構的揭露，解放被各種不當權力關係宰制的人們，讓政治、社會、文化的進程和發展，更趨公平、正義、理性。綜觀過去數十年來批判話語分析研究文獻，雖然基本上都是站在批判視角，對各種當前權力關係和意識型態的社會結構，提出嚴厲批判，也有學者為此緩頰，企盼也能進行積極正面的批判，對於過錯固應指責，對於正確的決策和作為，也應給予正面評價，因而提出所謂正面分析的概念，問題是：要從批判話語分析（critical discourse analysis）走向正面或稱建設性話語分析（positive discourse analysis）（Fairclough, 2010），到底要如何改弦易張？若只是換個字眼或者摒除批判立場，當然無法延續批判話語分析所強調批判精神的優良傳統，應兼顧批判與鼓勵兩種面向的社會話語實踐，並非只是一面倒強調正面建設性話語實踐與社會結構的影響，所以對正面話語分析的訴求到底如何實現，猶待觀察。

第三篇

批判話語分析實例解析

第十章　批判新聞話語分析實例探討

第十章

批判新聞話語分析實例探討

　　前面各章對於各個不同研究取向批判話語分析的理論架構和研究設計都已有相當程度的介紹，在解說過程對於各種不同研究取向所採取的研究策略和研究標的，雖然都有所交代，但是就研究方法層面而言，各種不同研究取向到底如何運作？它們的研究步驟如何有序進行？尤其對於文本與語境、微觀的文本與鉅觀的結構之間的辯證關係，到底如何構連？都是有志於從事批判話語分析者所面對的挑戰，所以特闢專章討論批判話語分析的實例探討。

　　社會科學各個不同學科領域對於批判話語分析都有極大興趣，其中，不論范迪克或費爾克拉夫等人都常以媒體話語做為研究對象，所以本章特將有關新聞話語的理論概念及其實務研究步驟與方法，統合起來一併介紹。

第一節
當代新聞話語特質

壹、新聞價值即意識型態？

　　自從新聞事業崛起，大眾傳媒就扮演資訊和意見的溝通平臺，可是大眾傳媒具有迥異於其它社會體制的特質，譬如新聞報導基本上是以公共領域的公共事務為對象，但是消費新聞的場域通常是在個人私領域的家裡，所以新聞事件在公領域與私領域之間扮演錯綜複雜的角色，更何況有許多媒體主打私密八卦為內容。

　　就話語理論而言，新聞事件是由新聞事件鏈（chain of news events）（Fairclough, 1995b: 37）組成，從新聞來源、當事人、事件狀態改變等視角，各依新聞價值組構成為新聞事件。不同的新聞類型，各有不同的參與者，各類新聞各有其相當程度固定的新聞人物類型。

　　新聞媒體編輯室的專業例行常規，就是在眾多新聞事件當中，選擇最具新聞價值的事件，所謂新聞價值就是新聞實務界和新聞學界數十年信奉的基本概念，包括：

(1) 即時性（timeliness）：最新發生的事件。

(2) 鄰近性（relevance）：主要是地理鄰近性，或者發生在遙遠地方卻與閱聽人有所關聯。

(3) 突發性／非預期性（unexpectedness）：如天災人禍和異於尋常的新奇事物。

(4) 衝突（conflict）：任何論辯、任何事件都有正反兩方，衝突性愈高愈具吸引力。

(5) 負面性（negativity）：有違常理的各種負面情事。

(6) 連續性（continuity）：重大事件的後續發展。

(7) 組合性（composition）：媒體對每天新聞的組合類型，像國內、國際、競技、影劇等類型。

(8) 強權國家（reference to elite nations）：世界強國發生的事件。

(9) 菁英人士（reference to elite persons）：菁英或知名人士發生的事件。

(10) 個人化（personalization）：吸引閱聽人的人情趣味軟性新聞。

(11) 簡單化（simplification）：公民關心的事務何其多，媒體將複雜難懂的重大事件簡單化。

(12) 文化殊異性（cultural specificity）：異國風味和不同文化的特殊性等（Galtung & Ruge, 1965; Alan, 2004）。

　　這些新聞價值的判準，只是理論性原則，新聞媒體編輯室通常也有以下幾個面向的考量：(1) 成本效益的經濟考量；(2) 符合媒體產製新聞的截稿時間；(3) 符合各種類型新聞合理的配置（如版面）；(4) 即時現場新聞與後續發展中新聞等的合理配置；以及 (5) 符合傳播科技的特性等。

　　新聞價值與新聞編輯室專業例行常規運作，兩者可謂新聞專業意理的一體兩面，也是新聞媒體產製新聞文本和新聞話語的核心機制，更是新聞媒體透過新聞文本和新聞話語的產製，做為整個自由民主社會體制監督其它社會體制不公、不義、不平等行徑的重要一環。

不論是范迪克致力於新聞媒體有關種族歧視的研究也好，或者費爾克拉夫對於各種見諸媒體話語的批判也罷，都有賴新聞媒體在編輯室透過專業例行常規，對新聞話語的產製和詮釋，因為它攸關自由民主社會公共領域的理性溝通，也就是哈伯瑪斯指稱對於各種公共事務理性對話、溝通和論辯的重要平臺和論壇。簡而言之，新聞媒體編輯室專業例行常規的新聞價值實踐運作，就是自由民主社會公領域理性溝通的話語實踐過程，也是新聞媒體透過新聞話語的產製和詮釋，帶引整個社會朝向理性溝通的推動力，套句紀登斯結構化理論觀點，新聞媒體編輯室對於新聞價值的專業例行常規運作，就是帶引整個社會體系持續邁向自由、民主、平等、博愛極其重要的能動性（agency），而新聞記者和媒體則是扮演促進整個社會體系追求自由、民主、平等、博愛的能動者（agent）。

新聞媒體雖被尊奉為公共論壇，但就話語理論觀點而言，新聞基本上是獨白（monologue）而非對話（Fairclough, 1995b: 40），因為閱聽大眾幾乎毫無機會參與新聞產製，雖然有學者嘗試為媒體獨白尋找解套，像巴赫汀的對話理論和湯普森的中介互動觀點（Bakhtin, 1981; Thompson, 1994）都試圖為新聞對話找出口，但基本上新聞是由媒體單方面建構社會認知和意識型態，直到晚近網路崛起，新聞媒體才逐漸步入對話階段。畢竟網路時代的使用者，既是資訊和意見的消費者（consumer），同時也是資訊產製者（producer），所以人們已經搖身一變成為網路時代的產消者（prosumer），並且造就新聞對話的網路新聞新時代。

新聞媒體絕對是捍衛自由民主社會的尖兵，藉由新聞媒體的專業意理督促整個社會各種體制必須排除各種不公、不義、不平等的陋習和窠臼，不斷朝向理想的美好未來邁進，但是無可否認，當前整個媒介生態面對生存競爭壓力，尤其網路崛起之後，既有傳統媒體生存愈加困難，遭逢前所未有的生死存亡挑戰，不論銷售量、收視率或廣告量，一日不如一日，年年跳涯式的損益難平，既有的崇高媒體專業意理終究敵不過講求利潤的市場邏輯的挑戰和侵蝕，於是乎各種媒體表現日趨世俗、低俗和媚俗，莫不令人擔憂。

尤其商業電視媒體的高度商業化，讓許多學者憂心，但無論如何，媒體中介的政治公共服務並沒有消失，只是在演變、進化（Garnham, 1986;

Scannell, 1992），過去是父權式的公共服務，如今則轉變為民粹式的公共服務，而且處在各種矛盾對立的角色：公領域 vs. 私領域、公共事務 vs. 隱私話題、資訊 vs. 娛樂、理性論壇 vs. 娛樂平臺、公民 vs. 消費者、參與者 vs. 旁觀者、公民社會 vs. 消費市場等。

於是不禁要問：新聞再現了什麼？新聞價值是不是也是一種迷思？一種資本主義市場邏輯的新聞價值迷思？而這種新聞價值迷思不僅隱藏它創造利潤的市場邏輯，更隱藏了它對於社會結構和話語秩序的既定意識型態。正如巴赫汀所言，說話者利用他們自己的意識型態話語（ideological discourse）（Bakhtin, 1935/1981: 332），表達他們自己的聲音，而這種聲音就是再現說話者的意識型態和利益。就好比新聞記者報導新聞，到底是為誰？主持社會正義抑或複製媒體利益？實踐新聞價值滿足人民知的權利？抑或實踐市場邏輯賺取媒體利潤？即便新聞媒體生產新聞，也都選擇具有市場價值的新聞事件，好為媒體賺取生存所必須的利潤，那麼市場利益就是媒體利益？而媒體利益就是記者的利益？

維根斯坦（Wittgenstein, 1953）說，通常最重要的事物之所以被隱藏起來，就是因為它們既簡單又熟悉（simplicity and familiarity），難以被人察覺。人們天天都在看新聞，習以為常，而潛藏在新聞話語裡的權力關係和意識型態也都光明正大擺在眼前，閱聽大眾反而不會注意它、也不會在意它，根本不會察覺它的存在或影響力。這也正是所謂，意識型態話語早已成為吾人日常生活習以為常的字眼和普通常識，人們根本視而不見（seen but unnoticed）（Garfinkel, 1967: 36）。

媒體文本和話語，不論是報紙、電視或網路媒體，都是經過媒體組織專業例行常規篩選的再現，但是媒體文本和話語難免蘊涵著意識型態，不論是明目張膽的或隱晦不明的。意識型態無非就是追求特定利益的掌控，再現特定團體的某種特定觀點、價值和目標，所以媒體話語通常只被當成該觀點、價值和目標的背景或前景而已，媒體話語隨著時代的步伐展現共同發展趨勢：(1) 新聞與娛樂之間界線愈趨模糊；(2) 公共領域與個人隱私之間的交相滲透；(3) 公共議題走向談話化，力求取悅選民；(4) 公共事務日趨市場化和民粹化；(5) 如果談話化又與市場化結合，則情況更糟。

新聞就是媒體編輯部門的專業記者和編輯基於新聞價值，經過專業例行常規的選取與排除（inclusion and exclusion）過程再現真實（representation of reality），塔克嫚發現媒體組織每天面對數量龐大、前所未有、無可預期（unexpected）的各種新聞事件，透過例行常規程序（routine process），如期地將新聞文本展現在閱聽大眾面前（Tuchman, 1978），可惜她只注意新聞媒體對各種突發事件的專業例行常規（routinizing the unexpected）（Tuchman, 1972, 1973），卻未警覺新聞媒體就在專業例行常規選取與排除新聞素材之際，再現或中介了霸權和意識型態框架的窘境。換言之，塔克嫚只看到微觀的新聞產製過程，卻忽略微觀日常媒體話語實踐被鉅觀社會結構、霸權和意識型態框架的事實，所以對於媒體專業例行常規運作，不應只是著眼於微觀，而應該鉅觀和微觀兩者兼具。

貳、新聞文本的語境化和再語境化

費爾克拉夫認為，新聞就是對於社會事件的語境化（contextualization）或再語境化（recontextualization），至於新聞話語如何語境化或再語境化客觀社會真實，則取決於新聞價值（Fairclough, 2010）。問題是：新聞價值並非絕對客觀的事實反映，而是新聞界依據所謂新聞價值專業判斷，新聞價值判準其實蘊涵資本主義和西方霸權意識。

新聞學界和實務界論及新聞價值，都會引述數十年來承襲不變的定義（Galtung & Ruge, 1965），但是根據這兩位學者對新聞價值的界定，譬如異常和衝突這兩項新聞價值就是以資本主義市場營收為主要考量，而強權國家和菁英人士比其它開發中國家和弱勢族群更具新聞價值，也顯示站在西方國家或霸權觀點建構的新聞價值判準。簡言之，新聞價值就是站在資本主義市場觀點和西方菁英霸權的意識型態和文化框架。

就批判話語分析觀點而言，鉅觀的社會結構包括歷史、社會、文化等語境，決定新聞媒體應該關注什麼（what）題材，新聞媒體則是決定如何（how）中介、再現、解釋和詮釋這些題材，讓它們成為閱聽大眾接觸到的微觀新聞報導文本，所以即便新聞學界和實務界強調新聞報導如何公正客觀，其實都只侷限在「如何」層面，至於「什麼」層面早就被鉅觀社會結

構預為決定和框架，批判話語分析就是探究這些鉅觀社會結構與微觀新聞話語之間微妙的構連關係。

新聞文本產製是一種選擇過程，選擇就是取與捨，同時決定選取和排除，兩者只能取捨、無法並存，而且此一選擇行為普遍存在於整個新聞產製過程，從編輯會議到記者採訪、撰稿、分稿、編輯、排版等階段，都涉及某種特定意識型態、價值判準、目標取向的選擇和取捨。

重要的是每個階段的新聞建構，都是既有鉅型社會結構觀點的語境化和再語境化，新聞產製過程就是一連串的溝通事件鏈，也就是一連串新聞事件在既有觀點之下的語境化和再語境化過程，而且把這些語境化和再語境化過程都鑲嵌在媒體文本當中，不論是訪問、採寫、標題等都是如此，這些選擇取捨也與媒體所有權和利潤考量有直接或間接關係，更與鉅型社會結構具有密切關係。

批判語言學者佛勒認為，語言並非中性，而是具有高度建構力量的中介（Fowler, 1991: 1），新聞就是以語言再現外在世界，新聞乃是社會共同建構出來的，不僅只是新聞媒體和新聞記者依據新聞價值透過語言符碼來選擇新聞而已，而且也是新聞媒體和新聞記者透過新聞文本，再現社會共同建構的社會價值，所以新聞是社會建構的再現，再現特定社群的價值和利益，而非僅僅只是價值中立的事實反映。

佛勒認為，新聞經過所謂新聞專業價值的選擇，但是新聞價值乃是社群共同建構出來的政治的、經濟的、社會文化的語境再現，所以新聞學界和業界數十年奉為圭臬的新聞價值判準，都是西方資本主義社會建構出來的價值觀點，甚至是西方社會的刻板印象，但是閱聽大眾卻與新聞媒體分享這些價值觀點。佛勒以基模（schema）來說明再現概念，認為基模就是默會知識（tacit knowledge）單元，並且受到社群成員相互主體性共享，新聞基模也是如此，新聞編輯室每天面對成千上萬無數的新聞事件，就是根據新聞專業價值的基模來處理。

佛勒指出，語言基本上就是屬於社會語言學，話語建構有系統地對應於話語的語境，與其所處的社會、政治、經濟、文化等各種語境息息相關。連它所使用的語彙、語法、語用、發音和語調，都意指特定的社會功

能，甚至將社會和體制的意識型態有意或無意地符碼化成為語言的一部分，而新聞話語就是透過新聞專業例行常規過程，再現媒體所處社群共享的意識型態和世界觀。新聞透過所謂新聞價值的專業選擇和取捨，選取與其社會、文化、政治、經濟等各種語境相符的新聞事件，卻輕忽或排除與其語境不符或不盡相符的新聞事件，於是新聞報導就是在產製、複製、維護、鞏固既有的社會價值和意識型態。新聞報導對於外在世界的再現，本質上就是新聞媒體對於外在真實的語境化和再語境化的結果。

對於媒體話語再現和新聞文本的批判話語分析，似乎比其它話語類型更為複雜，因為媒體基本上日復一日持續不斷再現社會真實，但是媒體批判話語分析面對最麻煩的挑戰，就是媒體的霸權關係和意識型態如影隨形地鑲嵌在新聞話語，而且媒體組織會隨著時空環境與時俱進，隨時調整、權變或轉換它所依附的霸權關係和意識型態，它們不時自我調整，藉以契合正在轉換中或已經轉換過的時空環境，譬如 20 世紀末期以來的全球化潮流，宰制的霸權關係和意識型態從未消退，反而隨著大數據、數位化和人工智慧的腳步，更強化對人們日常生活的宰制和控管，新聞媒體和新聞話語一直促使著廣大閱聽大眾緊密跟隨著全球化和 AI 智慧管理的霸權關係和意識型態。

所以對於媒體話語批判話語分析，務必深入剖析新聞媒體日復一日的專業例行常規運作過程。權力關係和意識型態在新聞產製過程，到底如何嵌入成為新聞話語的一部分？甚至成為整個新聞話語的框架？這絕非從表象文本分析即可洞察的真相，務必極其細緻、抽絲剝繭、解析文本與語境之間的交織網絡，否則只看到媒體光鮮亮麗外表，對它如何宰制閱聽大眾卻束手無策。

新聞傳播學者認為，新聞媒體不僅設定議題，而且框架如何看待這些議題。亦即，新聞媒體不僅告訴閱聽大眾應該關心外在世界哪些重要議題，而且框架人們如何看待這些議題的觀點，也就是議題設定功能連結框架作用的大眾傳播理論（Entman, 1993, 2007; Van Gorp, 2007; 林東泰，2008）。

但是批判話語分析理論指出，其實並非新聞媒體框架閱聽大眾看待外在世界的觀點，而是更為鉅觀的社會結構框架新聞媒體的社會價值、新聞

價值和意識型態，媒體只是扮演中介或再現的角色，媒體框架其實都已經被社會結構決定，包括新聞媒體選擇什麼題材（what）以及如何解釋或詮釋這些題材（how），媒體充其量只是中介和再現社會文化結構的價值和意識型態，媒體只是對各種新聞事件進行語境化或再語境化，用媒體話語解釋和詮釋各個社會事件，也就說媒體扮演社會結構及其價值和意識型態的代理人角色，卻被誤以為就是媒體自主性的設定議題和框架作用。

新聞記者選擇特定時空做為最有利的新聞話語和語境，來報導和詮釋特定新聞事件，藉以契合既有或正在轉換中的權力關係和意識型態，雖然社會事件乃是生活世界自然發生的事件，但是只有符合新聞價值和鉅觀社會結構的權力關係和意識型態的新聞事件，才有可能被刊播成為新聞並廣為人知，從話語理論觀點而言，新聞本質上是由特定社會的政治、經濟、社會文化等語境所決定，透過專業新聞機構的專業判準反映和投射出來，所以新聞並非真正的客觀事實，而是媒體所屬的社會結構權力關係和意識型態框架的再現，尤其國際新聞更是如此（Caldas-Coulthard, 2003）。

新聞是對某一個特定社會實踐的再現，而一則新聞所使用的話語，卻是屬於該社會實踐的語境，也就是不論是新聞價值、新聞內容或新聞話語，都被特定語境框架。值得注意的是，每則新聞所屬的社會文化語境又可能屬於其它特定語境，所以透過層層疊疊、相互交錯的交互文本和交互話語，每則新聞的再現都根植於特定的權力關係或意識型態，每則新聞都以某種特定權力關係或意識型態視角和語境，在看待這個生活世界所發生的每個事件，此乃所謂新聞事件再語境化真意（Bernstein, 1990）。

就話語理論而言，再現話語的語境化，可以採取多種不同形式，而再語境化通常具有兩個附加的物件：評價與目標。這兩個物件互為因果，彼此交互作用，它們深刻影響再語境化的文本產製，但是施作再語境化的掌權者，通常不會透明、公開表白他們的評價和目標，也就是不會公開透明表白他們的權力關係和意識型態。

總而言之，新聞是經過媒體組織和新聞記者語境化和再語境化的產物。令人關切的是，新聞透過語境化和再語境化，再現了什麼？根據批判話語分析學者的看法，新聞無非就是再現了特定社會價值、意識型態和霸

權關係。至於媒體如何再現呢？就是透過隱晦、不透明、曖昧的話語再現手法。

參、政客利用媒體的話語技術化

費爾克拉夫認為，當代社會文化變遷主要就是民主化和消費化，在這兩大社會文化變遷軸線，都看到媒體話語對政治民主化和消費社會如影隨形的影響作用，這些影響作用以話語技術化（technologization of discourse），也就是俗稱的話術，最受矚目（Fairclough, 1995b, 1996, 2010），潛移默化地改變社會文化的本質。

隨著時代進步，各種社會體制，尤其政治和經濟行銷體制，更講究吸睛、誘人、說服、動聽的話語技術，因此聘請專業策士（spin-doctor）（林東泰，2017），針對各種社會體制和組織的需求與目標，量身訂做特定話語策略並執行話語操作，甚至包括如何表演，藉以滿足選民和消費者的味口，讓選民樂意接納政客的說詞，讓消費者樂意購買行銷的商品。所以費爾克拉夫也常以企業話語或企業文化，來指涉專業媒體話語策士造就的政經文化。

費爾克拉夫認為，在政治領域，話語技術化就是政客的政治話語行銷術，試圖運用各種話語形式和內容，說服選民接納並信任政客的說詞與訴求，讓政客可以擁有權位，占有宰制人民的霸權位置。話語技術化就是透過新的話語秩序，在特定社會體制或組織系統啟動權力爭霸，而且這種霸權鬥爭會在文本、話語實踐和社會文化實踐各個層面全面展開，這正是傅科所謂的權力結構結盟社會科學，建制新的生物權力（bio-power），精準算計話語技術化的權力爭霸。為迎合選民和消費者味口的話語技倆，原本無可厚非，各行各業莫非如此，可是在政治領域，政客有求於媒體，為的就是能夠在媒體上曝光露臉，藉以爭取選民的好感和認同，最後達到換取選票的終極目的，所以政客使出渾身解數，無所不用其極地將政治話語技術化。

費爾克拉夫認為話語技術化具有幾項特質：(1) 造就話語技術專家的崛起，成為新興行業；(2) 宰制霸權加強監視庶民話語實踐，以防微杜漸新興

勢力的爭霸；(3) 競相設計無語境、去語境脈絡的話語技術，跳脫既有傳統語境脈絡和話語秩序的羈絆；(4) 激發策略性話語的模擬和偽裝，強化話語技術能力；(5) 迫使人們轉向標準化話語，接受權力結構的宰制；(6) 將霸權和意識型態自然化成為人們誤以為是理所當然的普通常識（Fairclough, 1995b: 103）。

費爾克拉夫認為，無語境、去語境脈絡的話語技術，就是訓練話語技術轉換能力，藉以轉換到宰制者所設計的語境，既可適用在各種社會體制或組織的霸權運作，又能達到各個社會體制的話語秩序殖民化目的。尤其現代社會像廣告行銷、政令宣導、官方發言、管理話語、諮詢話語等，都致力於殖民化人們日常生活實踐的話語秩序，造就新霸權關係。

費爾克拉夫指出，話語技術化旨在提升溝通技巧，現代消費社會的服務業更是如此，就文化霸權而言，它無比精緻地從文化建設到文化重構，都極其講究話語技術，一方面以無語境、去語境策略重構新語境和新認同，另方面在新框架與舊框架之間謀求妥協，目的就是要注入新的、異質的話語秩序，在文本、話語實踐和社會文化實踐各個層面，建構新社會認同、新文化霸權。話語技術化最終目的，就是要造就話語實踐的標準化和常規化，各種社會體制或職場都要擁有常態化和標準化的話語實踐，就是殖民化既有體制的話語秩序，以迷人的話語技術和華麗辭藻取代舊有話語秩序，拿嶄新指標迫使大家追求共同目標。於是大家都在追求相同、至少類似的指標性成績，像大學追求共同的世界排名和評鑑指標就是鮮明例子。

肆、公共話語談話化與新聞娛樂化

一、公共話語談話化與虛偽個人化

就政治民主化而言，最能彰顯話語技術化就是政治話語談話化（conversationization）的形式轉變（Fairclough, 1995b, 1996, 2010），亦即將傳統政治轉變成為當前談話化形式的政治話語技術化策略，讓被宰制的民眾誤以為政治人物貼近人民的談話，就是政治民主化進步的象徵，反而忽略談話內容其實缺乏實質意涵，造就從政者不再思考如何致力施政造福人民，只是耗費心機

如何創造美麗動聽的詞藻，像「人民發大財」、「勞工就是總統內心最軟的那一塊」，哇！多麼感人肺腑的話語，哪個人民不想發財？雖然勞工並不因此獲得實質利益，可是在選舉期間卻十足動聽，常令選民難以抗拒，不僅臺灣，全球都是如此，像川普喊出「美國優先、美國第一」亦復如是。

費爾克拉夫認為，固然有人把話語技術視同溝通技巧，但是溝通技巧目的在促進政策或施政的溝通，可是話語技術旨在以美麗話語擦脂抹粉，轉移政治焦點，其影響所及，不僅改變政治民主化形式，也延伸擴大到各個社會層面，改變職場文化。尤其是政治競選，更是政治話語技術最佳表演場域。

費爾克拉夫冷眼觀察媒體專業例行常規運作，提出幾項當代媒體表現形式和內容，最值得關切的媒體話語課題，就是公共話語的談話化和話語談話化所顯現的虛偽個人化，兩者共同營造當前政治民主體制的膚淺務虛特質。

對於公共話語談話化方面，費爾克拉夫認為當代民主政治公共話語的談話化現象與影視媒體普及有密切關係，包括晚近崛起的網路社群媒體，政府竭盡洪荒之力透過公共話語談話化，甚至誤以為施政就是要搞「網紅」才能接地氣，公共話語談話化就是模糊了公領域與私領域之間既有的界線，透過談話節目的親切談話形式，讓市井小民可以和政治人物近身接觸、隨性互動、談笑風生，卻拋棄身為社會公器的媒體對公眾人物在公領域、公共政策、公共議題應有的嚴肅問責天職。

費爾克拉夫對於公共領域公共話語的形式轉變，嚴厲指責政治人物公共話語已淪為談話化現象，都是配合媒體事先安排的腳本，以提高收視率或點閱率的趣味話題為談話重點，甚至包括如何開場、結尾、穿插笑點等，都早就事先規劃，現場參與的政治人物和來賓都只是照本宣科，按照預為安排的劇本回應即可。費爾克拉夫對於媒體話語談話化的觀察，與北歐學者所提政治媒介化（mediatization of politics）觀點幾無二致（Hepp, 2013; Hjarvard, 2013; 林東泰，2017）。事實上，費爾克拉夫針對媒體這種話語表現形式，也曾使用媒介化一詞，直指就是媒體宰制、剝削政治人物的媒介化政治話語（mediatized political discourse）現象（Fairclough, 1995a: 178, 1995b; Fairclough & Wodak, 1997）。

　　費爾克拉夫認為，這種公共話語談話化不僅是媒體專業意理墮落的表徵，更令人擔憂的是，政治話語的媒介化和談話化，將造就新霸權，這種新霸權充分利用談話節目類型混搭政治、閒聊、娛樂等多種類型話語，講究的是光鮮亮麗的外表、伶牙利嘴的口條、偶爾冒出幾句有如藝人的笑梗，這種媒體話語走向打破傳統既有民主政治模式和政治話語實踐，帶領整個民主政治走向務虛而非務實的道路。

　　電視談話節目和網路社群媒體直播，都是有創意的交互話語節目類型，它們綜合了幾項元素：傳統政治訪談、模擬訪談、娛樂表演，甚至還包含了喜劇套式。政治談話節目主要就是透過來賓的閒聊，將體制化公共事務的對話以娛樂形式呈現，因而重構民主政治既有的話語秩序，並且重劃政治公領域、人們生活世界私領域與娛樂媒體三者之間的原初界線。

　　跨越政治公領域和家庭娛樂私領域的現象，正是哈伯瑪斯所謂公領域的結構轉變（Habermas, 1989），原本應該嚴肅對待的政治課題和政治課責，卻被輕鬆的、詼諧的、娛樂的談話化取代，讓原本應該嚴肅的政治思辯，變成娛樂取向的政治遊戲。電視政治談話節目和網路直播，不僅造就新霸權，而且改變民主政治既有運作結構型態，正如哈伯瑪斯所謂政治公領域結構性轉變，它讓傳統民主政治已經完全迥異於過去，取而代之的，不知是公領域、還是私領域？不知是公共論壇、還是娛樂戲劇？一切既有的政治公領域藩籬，已經被電視政治談話節目和網路直播徹底搗毀，於是乎，公民變成了消費者，選民變成了觀眾，而政客變成了表演者、弄臣，政治媒介化讓民主政治愈來愈低俗、世俗，喪失了民主政治的本質，就是新聞媒體媒介化公共領域的再封建化（refeudalization of the mediatized public sphere）的窘境。

　　除了公共議題談話化之外，另一個令人擔憂的媒體話語現象就是虛偽個人化（synthetic personalization）（Fairclough, 1995a, 1995b, 2010）。費爾克拉夫認為新聞媒體面對政治民主化發展趨勢，採取一種裂解公領域與私領域的經營策略，根本不正面嚴肅討論公共政策和公共議題，反而輕鬆閒聊一些與國計民生毫不相干的有的沒的，政治人物的一切表現都純為應付媒體，是為了滿足媒體的需求，而非滿足人民的需求；政治人物在媒體上的回應，是為了回應媒體的質問，而非回應人民的問責。政客常常為了回應

媒體，甚至陝隘到只為了回應媒體版面、新聞畫面的需求，根本無視人民的存在，更遑論民主政治的真諦，費爾克拉夫批判這種虛偽的政客作為叫做虛偽個人化。

網路直播更是等而下之的虛偽個人化現象，因為網路直播完全由政客自己操弄，從形式、內容到背景、前景，從情節安排到獨白或對話，都由網路直播者完全自我掌控，徹底逃避媒體的監督和質問，所以網路直播並非民主政治應有的形式，網紅更非民主政治追求的目標，其理自明。綜觀川普當選美國總統之後，即天天不斷利用推特，就是政治獨白，完全不受媒體監督，甚至利用推特斥責媒體都是假新聞、人民公敵，誠可謂民主政治前所未有奇觀。而國內最近的網紅現象，也都是政客追求政治獨白的寫照，與民主政治本質背道而馳。

政治公領域與庶民私領域之間既有的界線，在當代媒體話語實踐之下，讓嚴肅的政治議題轉變成為娛樂性的個人化閒談，這種公領域政治話語轉變成為私領域的娛樂，表面看來只是嚴肅與娛樂的區別，卻是對民主政治的一大危機，畢竟娛樂事業歸娛樂事業，民主政治歸民主政治，兩者涇渭分明，如今媒體經營者只顧市場營利，置政治公領域的嚴肅畛域於不顧。尤其是電視媒體將民主政治轉化成為媒體話語技術，將公共政治話語轉化成為競逐收視率的娛樂話語工具，誤將政治民主化轉化成為虛偽的個人化，是當前民主政治一大危機。

除了政治話語的虛偽個人化之外，費爾克拉夫也強調，現代社會的廣告就是意識型態的溫床，各種宰制的權力關係和意識型態很容易藉由各種五光十色的聲光、影像和扣人心弦的美麗話語，渲染擴大某種特定意識型態霸權關係，尤其透過消費社會追逐時尚潮流，日夜不停的訊息轟炸，一再播放迷人的畫面，長驅直入個人家庭私領域生活空間，更讓意識型態霸權關係肆無忌憚以時尚和消費掩飾意識型態話語形構，滲透到人們日常生活私領域，再從日常生活私領域擴散到公領域，甚至在時尚消費浪潮中迷失了主體自由意志和自主意識。

二、新聞娛樂化

20 世紀末期迄今，短短二、三十年之間，隨著傳播科技推陳出新、全球化和網路崛起，並夾雜 20 世紀末期以來諸多社會改變元素，造成媒介生態空前重大變化，至少產生以下幾項重大質變：

(1) 更徹底落實媒體邏輯（media logic）追逐市場邏輯的經營取向（Altheide & Snow, 1979; 林東泰，2017），昔日媒體事業崇高理想難敵市場邏輯。

(2) 附和消費社會（consumption society）發展趨勢，導致媒體話語與消費社會密切合流，甚至將公民質變成為消費者。

(3) 結合景觀世代與消費社會，爭取年輕族群，圖像和景觀成為新聞必要條件，思想和深度淪為次要項目，媒體內容愈趨淺薄，尤以電視內容為甚。

(4) 追逐娛樂化效益，任何新聞事件如果添加娛樂效果，更添外溢效益。

於是早期被詬病的市場駕馭新聞（market-driven journalism）（McManus, 1994）變本加厲，除了配合消費市場需求，任何新聞畫面都得講究景觀視覺效果，藉以吸引閱聽大眾目光，只有景觀效果才能提高收視率和點閱率，沒有景觀畫面就不是新聞，於是不論主流媒體或非主流媒體都沉陷在媒體景觀的泥淖。

資本主義消費社會為了追求利潤，一方面針對高消費群講求客製化行銷，另方面針對底層消費大眾卻走世俗化（secularization）路線，媒體內容遂愈來愈世俗化和庸俗化。尤其面對網路崛起和全球化浪潮，全球媒體愈將媒體市場邏輯發揮到極致，結合媒體景觀和娛樂效果，藉以吸引年輕世代強勁消費力道，因而造就新聞景觀化（spectacularization），媒體景觀結合娛樂效果，已經成為新聞呈現方式的重要考量（Couldry, Hepp, & Krotz, 2010），因而有所謂新聞娛樂化（infotainment）和衝突娛樂化（confrontainment）等各種有違媒體傳統專業意理的效應（Hallin & Mancini, 2004, 2010; Mazazoleni, 2008; 林東泰，2017）。

譬如國內 2018 年九合一選舉新聞當中最受注目的，就是回顧韓國瑜擔任北農總經理期間接受臺北市議會王世堅議員質詢時的尖銳對話，咸認

是「韓流」竄起的源頭，新聞媒體和多數選民對於韓國瑜與王世堅尖銳衝突的答詢對話景象，幾乎皆以娛樂化效果看待，更可謂衝突娛樂化的經典畫面，而且許多電視臺或網路媒體一播再播，點閱數高達一千四百萬次以上，足見選舉新聞遊戲化和衝突娛樂化的確有其賣點，怎不令人擔憂民主政治的未來走向。

伍、民粹、大數據和假新聞盛行

一、全球化與民粹主義反撲

　　21 世紀以降，世界各國普遍出現民粹政黨崛起現象，其主要原因乃是在新資本主義和全球化浪潮之下，各種跨國大企業，尤其是被稱為尖牙（FAANG）新興跨國網路科技企業，如臉書、蘋果、亞馬遜、Netflix 和谷歌等，年年獲利不斐，不少公司甚至 EPS 賺逾股本，可是世界各地藍領階級並未因此獲益，若非毫無加薪就是只有微幅調升薪資，與各大企業盈餘不成比例，於是反全球化意識逐漸蔓延。當 2016 年川普當選美國總統之後，在其行事領導風格之下，高舉對抗全球化的保護主義大纛，遂一發不可收拾，甚至不顧美國泱泱大國顏面，相繼撤出已簽訂的各種跨國盟約，恣意採取美國優先、美國第一的保護政策。

　　除了國際經貿紛採保護主義之外，世界各國同時對中東和世界各地難民採取抵制政策，擔心移民會搶了他們的就業機會和社會福利，而且更令人憂慮的是：不僅反對移民政策，甚至對移民和移工採取仇視態度。歐洲原本對難民相當友善的許多國家，包括德國、瑞典、法國、比利時和奧地利諸國，幾乎所有反移民的右翼政黨都乘勢崛起，執政黨在選票的威逼之下，只能向民粹主義低頭，其中又以德國梅克爾下臺和瑞典棄守友善移民政策最具指標性，這些反移民作為可謂人類世界近數十年來最缺乏人文精神的舉措。

二、政治行銷利用大數據和網紅

　　美國 2016 年總統大選，到底蘇俄有無利用網路涉入、干預美國大選？美國國會特別調查委員會已於 2019 年春季公布調查結果。但是除了俄國有

無涉入美國總統大選之外，更重要的課題是世界各地的選舉和平日的政治競爭，已利用網路大數據、演算法等各種新興科技手段，試圖改變人民的意見、態度和輿論方向。

2008 年歐巴馬競選美國總統，就運用社群媒體的大數據分析，一舉成功，成為美國首位非裔總統。2014 年無黨籍的柯 P 參選臺北市長，除了民進黨禮遇未提名人選之外，他也運用大數據分析網路輿情，因而擊敗國民黨提名的連勝文，當選臺北市長。

晚近臺灣選民透過網路獲得新聞資訊已是一般大眾的日常（鄭宇君、施旭峰，2015）。2018 年九合一地方選舉，民進黨執政才兩年，卻在一夕之間失去十五個地方縣市，兵敗如山倒，其中最令人驚嘆，尤其更令民進黨難以置信的，就是韓國瑜在短短半年左右時間，竟然可以掀起「韓流」波濤，不僅大敗經營長達近二十年的陳其邁，奪下民進黨執政二、三十年歷史的高雄市長寶座，而且「韓流」所及，也造成民進黨的大敗，甚至執政表現不錯的臺中市長林佳龍也大輸二十餘萬票。

綜觀韓國瑜這次選戰，最大特色就是充分利用網路社群媒體，先是搭「館長」網紅的便車，一夕之間，從沒沒無聞到網路聲量竄升全國之冠，超過原本網路最紅的臺北市長柯 P，轟動全國，創造全國九合一選舉獨一無二的網紅現象，只要韓總網路直播，即時線上觀看人數高達數十萬，甚至百萬，造就「韓流」網軍和空軍，氣勢如虹，即便執政的民進黨眼見情勢不對，趕緊回防高雄，布下重兵和糧草輜重，包括高升總統府祕書長的前高雄市長陳菊，都擱置國家政務，在投票日前兩週坐鎮高雄，但仍無法挽回頹勢，眼看著長期深耕高雄口啤不錯的陳其邁竟然大輸十五萬票，失去綠營執政二、三十年的高雄市長寶座。國內各界咸認 2018 年九合一選舉，韓國瑜異軍突起，並獲大勝，主要歸功於網路直播的網紅效益，所以陳其邁在敗選之後，痛定思痛，甩開過去多年來正經八百的形象，也開始在網路上直播裝萌學網紅，並獲得不少人按讚稱許。

無可否認，世界各國政治已經逐步進入大數據和網軍時代，殆無疑義。不僅政治選舉，即使商業行銷，也都隨著傳播科技進步，採取大數據資料分析策略，藉以提高網路聲量和知名度，甚至營造或改變選民和消費

者的態度和行為（Ross & Rivers, 2017; Shifman, 2014），透過網路科技，每個網路軌跡都可藉由伺服器監控行蹤和內容，未來大數據競選和行銷必然更加投入政治和市場運作。

像九合一選舉從雙北到高雄都有「小編」操刀，負責網軍，所以透過大數據、演算法、資料分析等各種新興科技手法，勢必改變傳統政治行銷、競選策略和商業行銷的策略和手段，符應傅科所謂生物權力（bio-power）的政治算計和無孔不入的商業行銷，以致對於未來大數據和人工智慧時代的美麗願景，難免讓人參雜幾分隱憂。

三、假新聞戕害新聞自由

大量製造假新聞，並運用大數據、資料分析和演算法等科技，針對特定意識型態的團體或選民，不斷提供各種似是而非的假新聞，可能產生難以估量的後續效應，像英國倫敦大數據公司劍橋分析（Cambridge Analytica）被質疑曾經介入英國脫歐公投，也暗助川普當選，凡此種種利用假新聞和新興科技的做法，都勢將改變傳統政治傳播的競選策略和操作模式，也可能影響選民對各個政黨和政治人物的觀感及其支持度。透過網軍傳播假新聞和假資訊，已經是當前網路社會必須嚴肅面對的課題（傅文成、陶聖屏，2018）。利用網軍，將假新聞衍生並擴大成為輿論戰，則是網路時代難以逃避的課題，社群媒體更是成為假消息和假新聞的溫床。

譬如缺乏民主素養的川普從競選期間到當選後，一直頑頇對抗媒體，甚至直接點名美國極富專業美譽的媒體是人民公敵，都在製造假新聞，川普這種荒誕無稽舉措震驚全球自由民主社會。反諷的是，美國幾個指標性媒體針對川普上任兩年期間，不論在推特或公開演講內容，所提供的假新聞，分析結果竟高達數千則，實在令人難以置信。包括 2019 年 2 月初的國情諮文，都被抓包摻雜不少假數據，但是川普依然故我，大放厥辭，足見假新聞已非偶發事件，恐將成為常態，令人憂心悚悚。

根據無國界記者組織（Reporters without Borders, RSF）2019 年的研究報告指出，亞洲許多國家面臨嚴重假新聞問題。如果網民將假新聞視為只是政治娛樂化或政治遊戲，後果可能更加嚴峻，因為一般網民不僅樂在其

中，而且樂於廣為流傳以饗親朋好友，尤其臺灣網路早已進入後現代景況，一些網友難免會加油添醋，把各種話題加以 KUSO 一番，添加有的沒的個人看法和想像，雖然目的都可能只在博君一笑，但是當政治娛樂化和遊戲化，政治真實與政治遊戲難分真假之際，不僅造就假新聞的流竄空間，而且勢將帶來難以想像的政治後果。

網軍結合假新聞，勢必成為 21 世紀新興傳播問題，不僅錯誤消息（misinformation）不斷，甚至刻意移花接木，惡意串接真實畫面，以假亂真，製造假新聞（disinformation），讓是非真假莫辨，而且更讓新聞公信度含冤。要求新聞媒體對於任何新聞報導，都務必善盡事實查核（fact-checking）責任，誠屬新聞媒體應盡的專業自律要項，原本就是新聞媒體該做的事，而且可以運用雲端科技，設置事實查核平臺，及時防堵假新聞和假資訊到處流竄。

臺灣多年來，不論府院黨、政治名嘴、不甘寂寞的學者，甚至抱持特定立場的媒體，隨時提出各種充滿敘事想像的政治陰謀論，刺激收視率和點閱率，如今政府恣意打擊假新聞，對臺灣多年來政治假新聞未必不是好事一樁，但是如果政府窮盡各種政策工具和行政手段，對於凡是不滿施政的批評、質疑和怨言，都以假新聞視之，甚至要繩之以法，勢將戕害人民言論自由和媒體新聞自由的憲法基本人權，對民主政治造成禍害更不堪設想。

第二節
批判話語分析的方法論與研究方法

壹、批判話語分析是一種研究取向

批判話語分析是新興學術領域，但它並非某一特定研究方法或是採取哪一種特定方法的研究領域，而是一種研究取向，也是一套方法論，同時關照話語與社會之間的關係，它擁有獨特哲學觀點，與其他研究取向的形式大異其趣，但在實際研究的操作過程，與諸多質性研究類似，因此過去有不少研究者援引許多質性研究取向，從個人說話的微觀分析到鉅觀的

意識型態的分析，包括談話分析、話語心理學、互動語言學、說話民族誌學、傅科式系譜學研究、巴赫汀對話研究、話語與權力關係、話語與意識型態等，不一而足。至於批判話語分析的資料取得路徑，則包括訪談、焦點團體、文件紀錄、政治演說、新聞文本、新聞照片、廣告、卡通和小說等，晚近隨著傳播科技的進步，影音圖檔也被納入分析對象。

　　無可否認，由於批判話語分析廣納各路門派觀點，難免造成理論架構和研究取向各擁其主或者各走自己的路，儘管如此，數十年發展下來，批判話語分析也為學術界提供了許多方法論和研究方法上的精闢見解，以下整理幾項足供參考的重要見解：

(1) 對於理解外在事物的各種理論觀點，從認識論角度，剖析它們涉及的條件、情境和侷限。

(2) 就鉅型社會理論而言，對於社會結構和社會互動之間的關係，給予運作化定義，藉以做為實務探究的基礎，構連鉅觀結構與微觀事件。

(3) 中程理論關照特定社會體制的特定社會現象，供批判話語分析做為研究策略參考。

(4) 微觀社會學理論解釋社會互動或日常生活建構的社會秩序，是民族誌方法論的研究策略。

(5) 社會心理學專注在認知、情緒的社會情境，也就是對於意義詮釋的理解。

(6) 話語理論專注話語做為社會實踐和社會現象的概念化基礎，然後深化到社會結構底蘊。

(7) 至於語言學理論，則主要關注特定語言系統與語文傳播之間的關係（Wodak, 2016）。

貳、批判話語分析的研究步驟

　　批判話語分析既以分析為名，難免被誤解它只是社會科學研究當中針對話語的一種分析方法，尤有甚者，因為它以單數為名，被誤解為就是分析話語的一種獨特方法而已。即使對批判話語分析沒有任何誤解，就研究

方法而言，一般人對批判話語分析至少有以下幾項疑惑：

(1) 應該援引何種批判話語分析研究取向？

批判話語分析截至目前至少有范迪克認知取向（SCA）、費爾克拉夫辯證關係取向（DRA）和渥妲克話語－歷史取向（DHA）等三大主流及其它許多發展中的嶄新研究取向，到底援引何種取向做為理論架構比較合宜？

(2) 應該運用何種人文、社會科學理論？

各個不同批判話語分析研究取向各有其相關人文、社會科學理論基礎，譬如費爾克拉夫的辯證關係研究取向就將馬克思主義、阿圖塞意識型態、葛蘭西霸權、傅科話語理論、巴赫汀對話理論、拉克勞與墨菲話語觀點等融匯於一爐，到底應該運用哪一個或哪些個理論做為個別研究的理論架構？

(3) 理論如何運作化定義？

對於這些人文、社會科學理論如何運作化定義，似乏共識，畢竟每個研究取向及其理論依據都有其個別研究旨趣與標的，但若欠缺一致性操作型定義，難免令人裹足不前。

(4) 如何運用語言學理論？

批判話語分析各種研究取向在語言學方面，都相當程度運用韓禮德系統功能語言學做為文本分析的理論基礎，但是個別研究的文本分析，到底要運用什麼語言學理論？語言學文本分析又應該分析到什麼程度？

(5) 如何確認語境？

語境是構連微觀話語與鉅觀結構分析的核心焦點，但如何確認每個文本的語境？語境有多少資訊可供微觀文本、話語分析？又可溯源至什麼歷史、政治、經濟、社會、文化語境源頭？

(6) 如何解讀、詮釋文本和話語？

批判話語分析強調公正客觀，要與分析資料保持一臂距離，但如何公正、客觀解讀話語文本，才不偏離原意？又如何確認這些解讀、詮釋的信度和效度？

(7) 如何進行跨領域、跨學科、科際整合？

批判話語分析呼籲要多元、跨域、跨學科、科際整合，但批判話語分析猶未成功整合足供後續研究的跨域藍圖，任何個別研究如何確認它應該跨域的範圍？

上述疑惑都涉及諸多方法論的難題，誠難一時三刻迎刃而解，似乎只能說取決於研究者的研究功力和研究經驗而定，資深研究者較有定見，至於初始學習者就只能慢慢來。

費爾克拉夫認為，批判話語分析的實務操作可以分為四個主要階段，多年來在不同時間、不同的論著，都提及這四個研究階段，包括針對柴契爾主義（Thatcherism）、布萊爾新工黨政府（Fairclough, 1995b, 2000）、後現代性（Chouliaraki & Fairclough, 1999）、全球化（Fairclough, 2006, 2010）或對英國高教或媒體話語（Fairclough, 1995a, 1995b, 2010）等，都依循上述四個階段和步驟進行辯證關係取向批判話語分析，只是有些比較細膩，有些比較粗枝大葉的差別而已。可見這四個研究階段乃是費爾克拉夫多年進行批判話語分析的實務經驗，經過慎思熟慮才提出來的研究階段，而且對於每個研究階段又有詳細的研究步驟解說，做為批判話語分析實務操作提綱，以下逐一說明：

一、第一階段：從符號學視角，專注於某一特定社會問題或弊端

批判話語分析首先就是要確認研究問題，不僅關注某一特定社會問題、社會現象或弊端（如某一不公不義現象），而且要從符號學視角，關注它與其它社會單元之間的辯證關係，所以第一階段又可分為以下兩個步驟：

步驟一：選擇與該社會現象、問題或弊端有關的研究題材，以便從符號學視角，針對它與其它社會單元之間進行多領域、跨領域和科際整合的辯證關係分析。

要提醒讀者的是，費爾克拉夫在這個步驟所提的符號學和其它社會單元，一個是指涉語言學單元，另一個則是指涉非語文符號的社會實踐，關注這兩個單元之間的辯證關係，乃是費爾克拉夫辯證關係取向的特色，所

以在決定問題意識之際，就務必清楚把握。

步驟二：針對此一社會現象、問題或弊端，建構研究標的，以便建立多領域、跨領域和科際整合的理論體系和研究策略，做為實務操作基礎。

無可否認，這個步驟絕非易與，即便資深研究者都很難立馬確認跨域應有的涵蓋範疇，何況是初學者？謹建議初學者千萬別好高騖遠，須務實估量人力、時間、經費等各項研究資源，否則到最後論文難以收拾，得不償失，空惆悵。

二、第二階段：確認該社會現象、問題或弊端所遭遇到的障礙

費爾克拉夫指出，該社會現象、問題或弊端所遭遇到的障礙，可能就是社會結構潛藏的權力關係或意識型態，也正是批判話語分析的核心課題，所以又分為以下三個研究步驟：

步驟一：針對該社會現象、問題或弊端所遭遇到的障礙，進行以下三種辯證關係：

(1) 文本與其它事件單元之間的辯證關係。

(2) 話語實踐與其它社會文化實踐之間的辯證關係。

(3) 符號學與其它社會單元之間的辯證關係。

這三種辯證關係，是辯證關係取向批判話語分析的核心，務必切實掌握，本書下文會有更詳細的解說。

步驟二：依照研究標的，選擇文本，並專注文本類別的分析。

步驟三：執行語言學文本分析，務求同時兼顧交互文本、交互話語與語言學／符號學分析。

三、第三階段：思考既有社會秩序是否需要此一社會現象、問題或弊端

費爾克拉夫坦言這個問題或許聽來不易理解，但他提示至少有以下三點殊值考慮：

(1) 此社會現象、問題或弊端，是否是既有社會結構和社會秩序所固有的現象？

(2) 在既有社會秩序內，能否解決該現象、問題或弊端？或者只能在既有社會秩序內改變它？

(3) 如果是既有社會秩序導致該社會現象、問題或弊端，那麼就牽涉到意識型態了。

費爾克拉夫在第三階段所提出來的思考問題，個個都是大哉問，都深深涉及批判話語分析最根本的問題，研究者要深思該社會現象或弊端，到底是不是該社會根本的結構？如果是，那麼這個研究碰到的問題可就大了，就好比想要探討中東國家婦女為何在公眾場所不能穿裙露腿？它所涉及的層面絕非僅僅衣著表象問題而已，而是整個社會固有社會文化結構根本問題，恐非一篇論文就可以周全討論，更遑論解決或改變這種現象。所以要在既有社會秩序之內解決或改變它，就必須針對該社會現象、問題或弊端的根源，切實掌握隱藏在它背後的權力關係或意識型態。

四、第四階段：確認跨越這些障礙的可能途徑

費爾克拉夫認為第四階段要從負面批判分析走向正面批判分析，在聚焦符號學與其它社會單元之間的辯證關係之際，務必確認在當前社會過程之內，足以克服並解決這些障礙的途徑和可行方法。所以第四階段包括：

(1) 針對這些實際被檢驗、被挑戰和被拒絕的障礙，要發展出一套可以進入這個研究的符號學切入點。

(2) 這個符號學切入點，一定是在當前現有的政治、社會組織或政治運動、社會運動之內，或者是在非正式的人們日常例行工作、生活實踐或家庭生活之內。亦即要含括語文符號的話語實踐和非語文符號的社會實踐。

(3) 這個符號學焦點，一定要包含被回應、被質疑、被批判的宰制話語，不論是論辯的宰制話語、建構外在世界的宰制話語或社會認同的宰制話語。

費爾克拉夫在第四個階段強調，務必從語言符號學視角切入社會現

象、問題或弊端，構連語文符號與其它非語文符號社會單元，切實掌握與該問題有關的各種現有的政治、社會體制，畢竟社會體制就是權力關係和意識型態藏身之所，要把非正式的人們日常例行工作、生活實踐或家庭生活等都含括在分析對象，充分掌握權力關係和意識型態的滲透與宰制程度，提供未來解決或改變該社會現象或弊端所需投入資源多寡的重要參考。

最後，費爾克拉夫總結上述批判話語分析的研究方法，歸納出辯證關係取向批判話語分析幾項核心的分析類別：(1) 符號（與其它社會單元有關的符號）；(2) 話語／類型／風格；(3) 文本（與社會事件）；(4) 互文性與互語性分析；(5) 再語境化；(6) 運作化（包括建制和實體化）（Fairclough, 2016: 95）。

整體而言，費爾克拉夫揭示這些研究步驟最主要目的，就是確認研究問題及其與社會結構的關係，務求確認該不公不義現象與社會結構之間的糾結關係，並且掌握克服該社會現象或弊端可能遭遇的困難，如此才能順利進行批判話語分析。正如渥妲克所說，做好診斷，才能正確詮釋和診療。

第三節
新聞文本的批判話語分析實例解析

按照費爾克拉夫創建的辯證關係取向批判話語分析的三層次理論架構，可將新聞批判話語分析分為以下三個層面：

(1) 文本分析：著重於新聞文本的語言學形式特質，包括字詞、文法、句型、子句連貫性等。

(2) 話語實踐分析：針對新聞文本產製和詮釋動態過程，屬於何種話語類型？具有何特質？關切什麼社會層面或議題？展現什麼交互文本或交互話語？背後潛藏什麼話語秩序？

(3) 社會文化實踐分析：探究文本與社會文化結構之間的辯證關係，到底是複製、穩固，抑或轉換、改變既有話語秩序／特定社會結構？會造就什麼效應？

　　媒體的批判話語分析主要針對媒體話語與社會結構之間的連結，而此一連結關係整個社會結構的維繫或改變，所以可依費爾克拉夫的理論架構，按步就班依序進行：(1) 從新聞事件做為起點，將新聞事件或溝通事件視為一種話語實踐；(2) 探究新聞溝通事件（亦即此一話語實踐）透過交互文本和交互話語所展現它們與話語秩序之間的關係，它可能正在進行某種形塑、複製，抑或轉化、挑戰既有話語秩序；(3) 確認特定話語秩序與背後社會結構之間的關係。

　　基本上，任何一個單獨研究都不可能將所有批判話語分析的項目都含括在內，這裡只提供讀者參考，到底有哪些項目適宜做為研究重點：

(1) 媒體話語分析包括口說語言與書寫文本，以及影視、音效和圖檔等各種不同形式符碼。

(2) 媒體文本分析兼顧文本產製和文本消費（詮釋）的動態過程。

(3) 文本的語言學分析包括語彙、語法、語用等，以及鉅觀／主題的與微觀／基模的分析。

(4) 文本的語言學分析從多功能角度，同時檢視再現、關係和認同三者，而非只是再現。

(5) 話語實踐分析應包括交互文本分析和交互話語分析，探究文本與語境的關係。

(6) 話語實踐分析應確認媒體話語背後的話語秩序。

(7) 話語實踐分析應投射（mapping）到體制、社會和文化等語境，包括權力關係和意識型態。

(8) 社會文化實踐分析應明確指陳媒體話語與社會文化結構之間的辯證關係。

　　但是，文本與社會文化之間的構連通常未必明顯，所以深入探究新聞文本產製動態過程，就是話語分析的第一個挑戰。第二個挑戰，就是未必容易理解閱聽人如何解讀、消費、詮釋文本的動態過程。第三個挑戰，就是從語言學視角解析該文本產製的表達形式，切入語言學的概念、認同、關係和文本的語言元功能。第四個挑戰，從文本分析展現什麼交互文本和

交互話語現象？第五個挑戰，這些交互文本和交互話語到底是採取傳統手法抑或創新手法表達？如果是傳統手法，則該文本主要目的是用來維繫什麼既有社會秩序、體制和權力關係等；若是創新手法，則欲求突破當前什麼現狀，具有什麼轉換、改變的意圖？第六個挑戰，話語秩序既然掌控該文本表達手法的傳統或創新特質，那麼掌控此一表達手法的話語秩序為何？它與權力關係和意識型態有何關係？第七個挑戰，話語實踐以各種表達手法，包括傳統、創新、混搭（hybridity）和異質（heterogeneity）等，都涉及文本與社會文化實踐之間的構連與辯證關係，必須透過交互文本和交互話語分析，藉以瞭解該文本的類型、社會位置、權力關係、維持現狀、改變現狀等潛藏意義和權力。最後，就是確認文本與社會結構之間的辯證關係。

壹、新聞文本的產製及其話語再現

一般說來，新聞報導就是在敘說故事，故事基本上具有以下幾項特質：

(1) 新聞故事主要敘說事件，包括人物、時間、地點、狀態改變和情節等，但這些都只是故事的一部分，做為故事的前因、後果或場景。

(2) 新聞故事是閱聽大眾感興趣的事件，主要是與一般人的知識、認知和信念比較起來，它超乎預期、異於尋常、脫離正軌等。

(3) 故事經常被用來取悅閱聽人，例如影響他們的情緒反應、美學、道德等，也常具有更寬廣的社會的、政治的、和文化的功能。

(4) 故事係以文本基模組構而成，像摘要、取向、行動、解決、評價、結尾或結論等，在真正故事裡，有些類別隱晦不明，而且順序也與基模順序有所不同。

(5) 新聞故事通常具有某種視角或觀點，藉以彰顯敘說者到底有沒有參與其中，故事到底是真實或是虛構，以及展現敘說者的意圖等。

(6) 新聞故事的視角或觀點，經常是在彰顯或者影射特定的權力關係或意識型態（Lacey, 2000; 林東泰，2015）。

新聞話語具有多種類型，各自涉及不同風格和其它次類型的組構，但不論什麼類型，新聞基本上具有共同的話語結構，范迪克從文本基模組概念，將新聞文本拆解分為：

(1) 摘要：包括標題和導言。

(2) 主要事件：就是新聞的主體。

(3) 背景：包括情境、歷史（淵源、來龍去脈）、前因等。

(4) 後果：依重要性和時效性而定，如果非常重要，可能擺在主要事件，甚至擺在導言裡。

(5) 評論：包括消息來源的評論和記者的觀點等（van Dijk, 1988, 1991）。

以上五種新聞文本基模組，其中摘要和主要事件是必要的，其餘則是有選擇性的，依新聞價值而定。也有學者將新聞文本分為：(1) 摘要、(2) 定向、(3) 行動、(4) 評價、(5) 解決，和 (6) 結尾六種功能（Labov, 1972; Labov & Waletzky, 1967; Cortazzi, 1993; 林東泰，2015）。

基於文本分析乃是批判話語分析的起手式，對於媒體文本的批判話語分析，自應從新聞文本開始。對於新聞文本，費爾克拉夫使用話語再現（discourse representation）而非傳統報導（reporting），主要因為新聞一定非選擇某種特定話語再現形式不可，而且新聞話語所再現的，既不只是言說，也不僅只是句法而已，也包括話語結構、話語型態及其它相關話語事件，如情境和語調等。

費爾克拉夫認為，話語結構和話語型態不僅指涉再現話語的方法，也指涉再現話語的型態以及再現文本裡的話語功能，包括像 who、what、when、where、how、why 等諸多新聞的基本 5W1H 要件，主要就是話語如何被再現，它具有什麼語言學的概念、認同、關係和文本功能，或者訊息內容是否含括特定語言符號學的風格或語境等。

費爾克拉夫認為，新聞文本的話語再現與其它話語類型，都具有一些語言學特質，從語言學視角審視新聞文本，可以發現新聞有幾種不同的話語再現形式：

(1) 初級話語：費爾克拉夫將記者報導的話語，界定為初級話語。

(2) 次級話語：費爾克拉夫將消息來源的話語，界定為次級話語。

(3) 直接話語：當新聞來源的話語非常重要，具有新聞價值，記者會在報導中直接引述新聞來源的話語，採取括弧、引號方式呈現。也就是說，次級話語直接呈現在媒體。

(4) 間接話語：記者以子句形式，引述新聞來源的話語，所以要改變次級話語的語態，譬如將 will 改成 would。

　　費爾克拉夫認為新聞就是一種話語再現，通常是以問號或引述子句（如他說或他指稱）出現，它再現了消息來源所說具有新聞價值的部分，直接引述當然是受訪者的聲音，而間接引述則要注意有無摻雜記者自己或媒體立場的聲音。

貳、新聞話語的語言學文本分析

　　新聞話語在社會變遷過程扮演關鍵性角色，它們連結了社會體系的時空和空間，既是物質的又是符徵的，它們的物理特質讓它們的符號內容可以跨越時間和空間，因此新聞話語遂成為社會體系及其社會控制的變遷模式的索引（indices of changing modes）（Lemke, 1995; Weiss & Wodak, 2003）。

　　對於新聞話語的語言學文本分析，可以從范迪克的新聞基模切入。范迪克的新聞話語分析架構，主要針對新聞結構、新聞產製過程和新聞理解過程，探究文本、產製過程和理解過程三者之間的關係，以及在這三者背後更為寬廣的社會文化語境，所以他將新聞話語區分為鉅觀的和微觀的兩個層級：(1) 鉅觀的新聞話語，指新聞的主題結構；(2) 微觀的新聞話語，指新聞的基模結構（van Dijk, 1998, 2008b）。

　　以鉅觀主題的新聞話語為例，種族歧視是一種團體宰制形式，白人對非白人所採取的不平等的觀點和行為，不論是鉅觀的社會結構或微觀的社會認知，這兩種層面彼此相互關聯，像談論種族歧視，就是一種話語形式，也是一種知識和信念的社會互動形式，它們都透過話語來執行、合法化它所屬團體的社群知識，複製種族歧視觀點及其背後的意識型態。至於微觀新聞文本基模結構，像新聞的倒寶塔寫作格式就是鮮明例證，它是非常有用的分析架構。

　　范迪克創建社會認知取向批判話語研究，不僅以社會認知做為批判話語研究的基礎，而且以新聞媒體內容做為研究對象，從最根基的新聞基模或基模組（news schemata）出發，探究新聞話語與權力關係、權力濫用、意識型態之間的關係。范迪克不僅針對新聞敘事結構，剖析新聞報導的話語結構，同時也引用人際傳播的敘事結構（Labov, 1967, 1972），做為批判話語研究的起點。不論標題、摘要、導言、情境、背景、脈絡、評論、評價、期待等，都是范迪克探討新聞的種族歧視或偏見的話語分析基本單元，而且拉伯夫所提人際敘事結構的摘要、定向、行動、評價、解決和結尾六種敘事結構，也被范迪克納入研究範疇。

　　其實，范迪克最在意的是話語與社會、社會認知與種族歧視的批判研究，只有在種族歧視意識型態的社會認知基模運作之下，各種話語實踐才會現出原形，在新聞話語文本顯現它既有的種族歧視和偏見，這些蘊涵種族歧視的新聞文本都可透過新聞基模的話語結構，掀開意識型態的神祕面紗，這些話語結構包括：

(1) **兩極化**：就是在我團體和他團體之間的極化作用，將雙方擺在極端對立的位置。

(2) **代名詞**：譬如我團體所衍生出來的我們、我們的，與他團體衍生出來的他們、他們的等。

(3) **認同**：透過意識型態再加上我團體、他團體的區隔，藉以強調自我認同與社會認同。

(4) **正面或負面描述**：對我團體都使用正向字眼描述，對他團體則用盡負面低劣字眼。

(5) **規範與價值**：意識型態與社群規範、社會價值糾結難分，並以交互文本和交互話語策略，讓意識型態和社群規範、社會價值彼此相互呼應。

(6) **行動**：社群成員以實際行動表達信奉的意識型態、規範和價值，不論語文或非語文行動。

(7) **利益**：意識型態攸關權力或利益，為了競逐權力或利益，才會有意識型態鬥爭或者我團體與他團體的紛爭（van Dijk, 2016）。

　　媒體話語分析的主要目的，就是建構明顯的和系統的語言使用的描述單位，也就是媒體話語的分析單位，這又可分為媒體文本和媒體語境的兩種層次，媒體文本層次是指描述層次的話語結構；媒體語境層次則是將這些描述層次的話語結構連結到各種不同語境的屬性。媒體話語不僅只是文本表述，更是社會互動的形式，媒體話語分析涉及媒體文本和媒體語境的統整，在特定社會情境使用特定媒體話語時，它同時也是一種社會行動，所以媒體文本的詮釋都涉及閱聽人心智的解釋和形構過程、知識的擷取和使用以及其他話語的認知策略等。媒體話語的詮釋就是要掌握這些認知解釋過程，務求全面瞭解媒體話語產製和理解的認知過程和社會情境中的社會互動，於是媒體文本與媒體語境的系統結構關係，遂成為范迪克研究種族歧視的重點所在。

　　凡此種種都適合運用在范迪克創建的話語、認知、社會三角關係的社會認知取向批判話語研究，來探究媒體話語。范迪克看到 2014 年歐盟國會選舉，許多政黨的文宣，不僅極右政黨的露骨公開宣揚仇視移民的話語，即使並非極右政黨也或多或少透露出一些歧視移民的蛛絲馬跡，譬如蘇格蘭的英國獨立黨（UKIP），在其文宣質問：「歐洲兩千六百萬人，在找誰的工作？」（26 million people in Europe are looking for works, And whose jobs are they after?）蘇格蘭獨立黨政見強力主張「拿回對我們國家的控制權」（take back control of our country）（van Dijk, 2016）。范迪克指出，在這些文宣針對歐洲兩千六百萬移民，「他們」就是要來英國搶「我們的」工作，所以「我們」要拿回「我們的」國家控制權。很明顯地，這麼「他們」、「我們」一分，就將歐洲移民和英國人區隔開來，就是反對英國參加歐盟，而「拿回」則是退出目前已參加的歐盟，藉由公投拿回「我們」對自己的控制權。這也正是范迪克所強調的，透過認知結構，兩極化我群與他群對立的意識型態。

　　除此之外，范迪克也將話語分析對象分為圖像、聲音、形態、語法、語意等諸多不同形式和層次，譬如以報紙新聞的圖像為例，包括新聞標題大小、粗黑字體、欄位篇幅大小等，都提示新聞價值的重要程度，當然也提示這些新聞話語背後的語境和意識型態的重要性，新聞話語就是利用這些新聞美編圖像來再現歷史、社會、文化語境和意識型態，這些新聞美

編圖像雖然都只是屬於表面結構，卻具有認知的、社會的和意識型態的功能，這些表面結構的圖像再現了深層意識型態所蘊涵的意義，雖然有些抽象複雜，畢竟意義的認知過程，也就是意義的產製和理解過程，到底意義是如何被賦予？如何被詮釋？如何再現記憶？都是話語表面結構的根本問題。

新聞話語的語言學文本分析大概可分以下幾類：(1) 詞彙：處理個別字詞；(2) 句法：處理句子和子句的文法結構；(3) 連貫性：處理句子和子句如何連貫；(4) 文本結構：處理篇章的文本組織特質；(5) 說話力道：是何種說話行為（如承諾、請求、威脅等）。

新聞文本每個句子或子句，都是多功能的，每個句子都結合了韓禮德系統功能語言學的語言三個元功能：概念的、人際的和文本的。譬如費爾克拉夫曾經以「蘇聯減少軍隊」（The Soviet Union Reduces its Armed Forces）（Fairclough, 1995b）為例，說明這則新聞標題，就具有以下幾種不同層次的意義和功能：

(1) 概念功能：它的及物動詞，意指有某人（蘇聯當局）做了某件事（裁軍）。

(2) 人際功能：它具有宣示性，而且以現在式動詞呈現，具權威性，但閱聽人未必相信。

(3) 文本功能：哥巴契夫是這則新聞的主角，以現在式動詞顯示他的威權，若是被動式的話，又另當別論。

范迪克曾提出兩個有關句子或子句選擇的層級：(1) 子句之間的連貫關係；(2) 普遍性的文本結構。這些問題包括：子句如何組合成為複雜的句子？在這些複雜句子裡有什麼連貫關係？在不同文本之間有什麼論辯形式？以及句子呈現的順序先後等（van Dijk, 1988）。

總體而言，就新聞話語的語言學文本分析，宜按部就班循序漸進逐步展開，首先，語言學文本分析就是字詞選擇的判讀，這些字詞選擇至少具有以下幾項要點：(1) 字詞的表面意義；(2) 字詞的隱含或隱諭的意義；(3) 它們再現什麼概念、社會關係和認同。也就是上述系統功能語言學三個元功能：概念的、人際的和文本的功能，費爾克拉夫非常重視，把它視為語

言學文本分析的重要成分，只是將這三個語言學元功能，轉化為概念的、關係的和認同的功能，稍有不同的詮釋。

其次，新聞話語的語言學文本分析在句法結構方面，依其文法或句法所產生的過程型態（process type）差異，包括行動、事件、狀態、心智過程、字詞過程（action, event, state, mental process, verbal process）（Fairclough, 1992; Halliday, 1985），行動又涉及參與型態（participant type）的行動者和當事人，以下幾點也值得注意：

(1) 這句新聞是以主動或被動形式出現？

(2) 這句新聞是以及物或不及物的形式出現？

(3) 這句新聞的句法，顯現了什麼行動或事件狀態改變？

(4) 這句新聞的句法，顯現的過程型態特質為何？

(5) 這句新聞的句法，顯現的參與型態特質為何？

上述這些問題又可以文法或句法結構形式呈現如下：

甲、及物動詞：主詞＋及物動詞＋受詞

乙、不及物動詞：主詞＋不及物動詞

丙、狀態：主詞＋不及物動詞＋補語

費爾克拉夫以韓禮德系統功能語言學觀點做為批判話語分析的基石，認為語言被它服務的社會功能所形塑。所謂話語類型是指某種特定語言的使用，它參與，並且建制某種特定話語實踐的一部分，例如新聞類型、訪談類型、廣告類型等。在任何一個話語秩序裡，都有其特定的話語實踐，而它所屬的文本、話語就在此話語實踐中產製、複製、消費、詮釋（Fairclough, 1998: 145）。譬如在醫院裡的醫病對話，這種醫病話語當然就有某種特定話語秩序，而醫病話語（對話）就依循此一話語秩序進行，所以醫病對話是一種特定的話語實踐；而醫病對話更是依循特定的話語秩序。醫生有其知識與權力，病人就在醫生的知識權力之下，聽從醫囑，這種醫病關係具備三種功能：(1) 身分功能（醫病之間的身分）；(2) 關係功能（醫病關係）；(3) 概念功能（醫學知識如醫囑）。

　　新聞話語的語言學文本分析，在篇章句法的連貫性方面，也有幾項值得重視：

(1) 這些字詞和句法結構的選擇，為整個新聞事件的前因後果或來龍去脈，提供了什麼預為建構類型（preconstructed categories）的組件？

(2) 此一預為建構是以何種方式呈現？直接？間接？鮮明？隱晦？譬諭？隱諭？

(3) 這些話語型態有無系統性模式？有的話，是什麼系統性模式？

(4) 它再現了什麼語境？這些語境對閱聽大眾會造成什麼理解和想像？

(5) 這則新聞對於事件的發生，有無提出課責、問責？層面多廣？層次多高？

(6) 該事件的後續效應為何？層面多廣？層次多高？

　　此外，多元符碼學分析也應多加利用，譬如報紙的版面美編、版面設計，電視節目的影像、聲音、語調、取鏡角度等，都具有符號學意義。當代社會諸多文本已經非以單一符碼形式呈現，而是多元符碼形式彼此交疊相互輝映，尤其是語文符號結合影音、視覺、聽覺和圖像等其它符碼形式，更讓當代文本充滿多元符碼文本特質，此即多元符碼模式取向批判話語分析的特色（Kress & van Leeuwen, 2001, 2006）。

　　前述范迪克的新聞基模結構雖然實用，但是新聞基模結構也有三個限制：(1) 它只偏重新聞話語的再現功能；(2) 新聞基模通常只是拿來做語言學文本分析，但缺乏做交互文本或交互話語分析，難以連結文本與社會結構之間的關係；(3) 它偏重從穩定結構面向來看新聞產製，著重宰制關係的複製和穩固，較少關注新聞話語轉換和改變既存社會結構的面向。所以必須從范迪克的新聞基模結構，再向費爾克拉夫新聞話語的交互文本分析和交互話語分析挺進，才能克服這些限制。

參、新聞話語的交互文本與交互話語分析

　　針對媒體話語再現的分析，費爾克拉夫提出媒體交互文本分析操作策略，至少有以下三個面向：

(1) 話語再現分析：例如消息來源話語如何鑲嵌在媒體新聞文本當中，本節上文已稍有說明。

(2) 話語型態生成分析：下文會說明話語型態生成分析，至於它涉及的敘事理論部分，上文已稍做約略介紹，限於篇幅此處就不再贅言，請參閱有關敘事理論相關書籍。

(3) 話語組構分析：如何將霸權或意識型態話語，組構在媒體內容或新聞文本的探究。

　　首先，在話語再現方面，費爾克拉夫認為媒體採取的話語再現策略，不論是直接或間接引述消息來源，記者都習慣以交互文本形式，將某種特定文本置入新聞。記者或編輯也常將消息來源的話語稍加修改成為媒體喜好的話語或標題，其目的在於以普羅大眾熟悉、感興趣的話語，吸引閱聽大眾的注意，但難免常有誇大之嫌，雖然記者或編輯這種修改整併之後的話語，與消息來源原初意義未必完全相違，卻也常常帶給消息來源不小困擾，甚至成為話柄。至於新聞標題，更是編輯傑作，經常刻意連結其它文本，藉由聳動標題吸引閱聽大眾，新聞標題就是一種最具「話語再現」的表徵，通常也是最具交互文本的形式。尤其具特定立場的媒體無時無刻都想盡辦法在新聞標題上嵌入特定意識型態。

　　從新聞文本和新聞標題，就可觀察到交互文本現象，只是過去傳統內容分析並未注意到這個概念。新聞產製過程複雜，不論是消息來源或記者、編輯，都相當程度再現了特定交互文本。任何文本都與先前的文本有所關聯，若非捍衛它，就是挑戰它，此即所謂交互文本性。從媒體話語的交互文本性及其衍生出來的關係或認同等語言學功能，就可以看到媒體話語與權力之間昭然若揭的關係。

　　其次，在話語型態生成分析（generic analysis）方面，至少可以分為以下幾項：

(1) **類型**：即基模觀點，像新聞話語各種形式，如標題、導言、主要事件、次要事件等基模類型結構。

(2) **順序與鑲嵌**（sequential and embedded）**類型**：新聞既採取部分揭露、部分遮蔽的策略，也採取各種交互文本的技法。

(3) 多義、多音（polyphonic）類型：採取巴赫汀複調、多音的概念。

(4) 敘事：將新聞事件分為：(a) 真實的故事；和 (b) 再現。前者是按照時間序列報導發生的原初事件；後者則將原初故事經由特殊方法組構而成，也就是一般所謂情節的話語再現。

(5) 文本的話語分析：依系統功能語言學又分協同話語和隱諭話語，前者使用話語來意指它表意的經驗；後者則將它擴展至非它意指的經驗上，通常具有社會動機、意圖和觀點。

　　費爾克拉夫以英國《太陽報》和《每日電訊報》為例，對於英美聯軍出兵攻打伊拉克的新聞，就有協同話語和隱諭話語的差異，例如標題：「Spank you and Goodnight」（Fairclough, 1995b），中文可直譯為「摑了海珊一巴掌，並道晚安」或「聯軍摑了海珊一巴掌，並道晚安」，將伊拉克領袖海珊放在受格位置，以代名詞形式出現，並刻意省略其名，強調被英美聯軍摑他一個大巴掌，然後再道聲晚安。好似媒體直接當著讀者面前，在敘說英美聯軍英勇的表現。至於道聲晚安，則意指海珊政權結束，明天之後再沒有海珊這號人物，輕蔑意味極濃。對此，黃靖惠（2011）也有不同的隱諭見解。

　　最後，在有關霸權和意識型態的話語組構分析方面，費爾克拉夫認為，媒體在公共話語秩序和私人話語秩序之間扮演重要角色，將公共話語資源轉換為私領域的理解和消費，所以媒體在「公共話語秩序」和「私人話語秩序」之間扮演中介的「媒體話語秩序」角色（Fairclough, 1995b, 2010）。

　　媒體編輯室每天面對成千上萬的新聞事件，到底要選擇刊播什麼新聞？要以哪一則新聞做頭條？選定頭條新聞之後，要選擇什麼標題和字眼？如何置入交互文本？這些新聞事件和新聞文本的專業例行常規選擇，尤其是新聞的交互文本，就是專業媒體在諸多話語秩序當中，選擇一個適當的媒體話語秩序。許多傑出的編輯在新聞標題的交互文本表現傑出十分吸引閱聽大眾，只是他可能不知道這叫做交互文本。

　　眾人皆知，新聞媒體肩負社會公器角色，它選擇的話語秩序類型，攸關既有社會體制和價值的穩固、存續，抑或轉換、變革。媒體一方面要穩

定既有社會秩序，一方面又要肩負環境監督職責，帶領社會迎向大環境的挑戰，當代的媒體話語秩序一直處於公共資源和閱聽大眾市場之間的矛盾緊張關係，這兩股矛盾衝突的力量相互競逐媒體話語，不斷重塑、重構、重定義、再語境化公共話語秩序與市場私人話語秩序之間的界線和畛域。媒體無不戰戰兢兢慎選適當的話語秩序，既服務閱聽大眾，又能善盡媒體社會責任。

媒體表現及其產製的文本，就話語秩序觀點而言，就是中介、平衡公共話語秩序與挑戰者話語秩序的競逐，也就是中介、平衡兩者之間的爭霸，畢竟公共話語和挑戰者話語實踐兩者，不斷協商、再協商、爭霸、競奪媒體話語權，是一個永不歇止的動態過程，足見媒體話語對於公共話語秩序和挑戰者話語秩序之間的流動和轉移，頗具關鍵性影響力，尤其競選期間候選人的話語爭霸更不容絲毫輕忽。所以新聞話語的交互話語分析，其主要目的就是要透過新聞文本的互文性和互語性，揭露媒體話語秩序所扮演的複製、穩固現有社會結構，或者轉換、改變現有社會結構的重要角色。

面對話語秩序，媒體時時刻刻面對各種選擇關係（choice relation）和連鎖關係（chain relation），都是在當下新聞事件與各種相關的歷史、政治、經濟、社會、文化等語境進行構連的選擇，也就是新聞事件的語境化和再語境化，新聞文本的語境化和再語境化過程所展現的選擇關係和連鎖關係，正好提供交互話語分析的重要素材。

費爾克拉夫認為，有關媒體話語秩序，基本上有兩個議題：(1) 媒體話語實踐有多單一？或者有多變異？(2) 媒體話語實踐有多穩定？或者有多變化可能？（Fairclough, 1995b: 65）從這兩個議題，可看出其間交互話語穩定或變異的程度，因而掌握媒體話語秩序穩定或變異程度的端倪。一個穩定、成熟或保守的國家，它的媒體話語秩序及其媒體話語實踐，相對比較穩定、單一化；相對地，在不安定或創新的社會，它的媒體話語實踐或媒體話語秩序就較具變異性。但是，即使媒體力圖變異革新，也會面對來自政治、經濟、社會、文化各種體制要求穩定單一化的壓力，這就是巴赫汀向心力與離心力的對話觀點（Bakhtin, 1981）。媒體務須以社會公器為己任，在公共話語秩序與創新話語秩序之間選擇恰如其分的媒體話語秩序和話語實踐。

肆、新聞交互文本的預先建構前提與轉換

交互文本經常存在一些預先建構（preconstructed）（Pêcheux, 1982）的前提，這些預先建構的前提構連其它文本產製者認為理所當然的事物，能夠解釋它與先前文本的交互文本關係。有些預先建構前提以鮮明交互文本形式出現，有些則以非交互文本（non-intertextual）形式出現，文本產製者都會毫不思索就接受被給定的或自認理所當然的想像。不論是哪一種類型的預先建構交互文本，國內外新聞記者和編輯都是交互文本高手，問題是：這些預為建構的交互文本到底是記者的專業判斷？還是外來壓力的餵食？尤其是來自政治壓力的預先建構，更能呈現交互文本背後的霸權和意識型態。

值得注意的是，不論「前提」是否建基於先前其它文本，都有可能被操弄到顯得非常真誠，這是宰制者的目的，姑不論產製者自己誠不誠實，或者只是被給定或被操控的意圖，「前提」永遠是操控別人話語非常有用的途徑，因為很難挑戰「前提」，就像在接受媒體訪問時，如果受訪者去挑戰問題的「前提」一般，會讓人覺得很奇怪。但是聰明睿智的受訪者還是可能質疑問題的「前提」，端賴如何提出。

至於否定句型的交互文本，經常使用在以爭論或論辯為目的的話語文本，尤其在新聞標題更是常見，這種否定形式的交互文本在第一句就會提出前提，就像要先有被人指控的罪名，然後才會加以否定。否定以非常特殊的交互文本形式，必須結合其它文本，不僅只是為了否認或排除，而是非如此不可（例如：「我沒有害死張三」，一定是說話者先被指控「害死張三」）。

特定風格與特定交互文本的語式（mode）有所關聯，例如話語再現的頻數、語式與功能，在新聞、科學文章或閒聊情境都大不相同，各種不同語域和語旨的話語再現的語式，構連不同的社會行動，發展出不同的意義與價值。例如閒聊就沒有必要求字字完美，可是科學論文則務求字字引經據典、有憑有據才行。

總結上述論點，新聞話語在交互文本和交互話語方面，也有許多值得關注的焦點：

(1) 新聞文本再現了什麼？它包含什麼？排除了什麼？無意、刻意或隱晦、鮮明的排除？

(2) 新聞文本有無刻意讓什麼（人物或參與者）缺席？這種刻意缺席的目的何在？

(3) 再現、關係、認同的語言元功能的語境化、再語境化過程，各自有什麼交互文本？

(4) 在語境化和再語境化過程，它預為建構了什麼前提？前景？或背景？其目的何在？

(5) 在語境化和再語境化過程，有無提供多音、複調、不同的聲音？或者所謂平衡報導？

(6) 這些語境化和再語境化過程的交互文本，複製、強化了什麼權力關係或意識型態？或轉換、改變了什麼權力關係或意識型態？有無潛藏或彰顯記者和媒體的特定立場？

(7) 在上述這些交互文本，有無特定交互話語模式？

(8) 這些交互文本和交互話語又潛藏什麼話語秩序？

(9) 這個話語秩序是否彰顯或暗指什麼特定權力關係、意識型態？

(10) 這種權力關係或意識型態，如何構連至特定社會體制或抽象社會結構？

伍、新聞文本與社會文化實踐、意識型態的辯證分析

經過上述有關新聞文本的批判話語分析，包括新聞文本的動態產製過程、語言學文本分析、交互文本和交互話語分析及其背後的話語秩序分析之後，接下來就要將這些新聞話語分析結果投射到與其對應的當前（或當時）各種歷史、政治、經濟、社會、文化等語境，以及與其對應的社會各種體制，並進行新聞話語與社會文化之間的辯證關係分析，也就是執行費爾克拉夫所謂新聞話語實踐與社會文化實踐、新聞文本與社會文化結構之間的辯證關係。

　　但是，新聞話語實踐與社會文化實踐之間的構連或新聞文本與社會結構之間的構連，通常都未必明顯，才需要花費這麼多心力致力於上述的新聞文本的交互文本和交互話語分析，更遑論兩者之間的辯證關係分析，所以最後這個辯證分析可謂整個批判話語分析最為艱辛棘手的階段。持平而論，文本與結構之間的辯證關係分析，固然是費爾克拉夫所創辯證關係取向批判話語分析的特色和精華，但是其它諸多不同研究取向的批判話語分析未必採納辯證關係分析做為理論架構或研究架構，所以並非所有批判話語分析研究個案都非得進行辯證關係分析不可，本書特為有志從事辯證關係分析研究者提供一些參考。

　　基本上，當完成新聞文本的互文性、互語性分析及其話語秩序的分析之後，有關文本與結構之間辯證關係的線索，自然而然就躍然浮現在研究者眼前，所以研究者不必太過焦慮擔心辯證關係層次分析的問題，只要順勢隨著互文性、互語性和話語秩序分析的研究發現，有關文本與結構、新聞話語實踐與社會文化實踐之間的辯證關係的各種相關證據，都會依序攤在研究者面前，因為文本與結構、新聞話語實踐與社會文化實踐之間的辯證關係，它們都建立在上述這些研究發現的基礎之上，這些研究歷程，從語言學文本分析到互文性和互語性分析，都已經充分展現新聞文本與其底蘊的話語秩序的關係，並間接展現新聞文本與社會文化結構之間綿密交織的辯證關係，這些研究發現都是接下來辯證關係的重要基石。

　　上述這些研究發現都充分展現新聞文本與社會結構裡的權力關係和意識型態各種綿密糾纏藕斷絲連的線索，端賴研究者如何抽絲剝繭，將這些綿密交織的權力關係和意識型態線頭逐一鬆解，揭露它們隱藏在社會結構裡的各種霸權地位，確認它們就是透過話語秩序在幕後指揮操弄各種交互文本和交互話語技倆。

　　畢竟新聞話語在交互文本分析和交互話語分析過程，總要觸及下列幾個重要課題：

(1) 在交互文本和交互話語裡潛藏什麼話語秩序？

(2) 該話語秩序是否彰顯或暗指什麼特定權力關係、意識型態？

(3) 該權力關係或意識型態，如何構連至特定社會體制或抽象社會結構？

但必須提醒讀者的是，截至目前為止，這一切都只是偏重社會結構透過權力關係和意識型態的再現或中介過程，來形塑新聞文本的單向施為，猶未進入文本與結構之間的辯證關係階段，因為截至目前為止，都尚未分析新聞文本如何建制社會結構的面向，這才是辯證關係分析最為艱難的部分。

就整個研究歷程而言，新聞話語複製、維護、穩固、辯護當前現有（或當時）的各種社會體制及其話語秩序，即屬新聞文本建構社會權力關係和意識型態的一部分，殆無疑義。但是光憑文本複製、維護、穩固、辯護當前（或當時）的各種社會體制及其話語秩序，只是社會結構形塑並且建構新聞文本的層面，當然不能據此即宣稱此即文本與結構、新聞文本與社會結構之間具有辨證關係。固然文本與結構之間的辯證關係可謂一體兩面，如同渥姐克所言，微觀與鉅觀同時並存，亦即文本複製結構之際，其實也是文本建制結構之時（Weiss & Wodak, 2003）。但是不能僅憑文本複製結構單方面向就遽下定論，還要檢視文本建制結構的具體事證，畢竟在社會發展過程固然有不少話語複製、維護、穩固、辯護當前（或當時）的各種社會體制及其話語秩序，相對地，也有話語積極挑戰、轉換、改造、變革當前（或當時）的各種社會體制及其話語秩序的創新異質作為。換句話說，辯證關係不應光憑單向片面資料的詮釋分析，務必關注創新異質話語或文本的雙向爭霸過程，才符合費爾克拉夫辯證關係取向意旨。

雙向交互影響的辯證關係分析，當然遠比單向結構影響文本的分析來得困難許多，但是研究者也無庸太過擔憂，只要回溯並仔細檢視上述交互文本分析和交互話語分析過程，其表達手法到底是傳統的抑或創新的？到底是同質的抑或異質的？其目的在於複製、維護、穩固、辯護當時的社會結構？還是挑戰、轉換、革新當時的社會結構？如果是複製、維護、穩固當時社會結構的傳統手法，就表示新聞文本和新聞話語只是被既有社會結構所形塑，相對地，如果是挑戰、轉換、革新當時社會結構的創新手法，就表示新聞文本和新聞話語是正在進行話語爭霸，也就是正在進行社會結構的建制過程。

此外，還有一個極其重要步驟，就是要針對研究主題，採取較長時程的事前事後跨時檢測，也就是一般量化研究方法所稱時間遞延（time lag）

檢測，確認經過一段時間的話語爭霸和意識型態鬥爭之後，各種相關新聞事件和議題的報導、論辯、折衝和對話，最後究竟是複製、維繫、鞏固既有社會結構抑或轉換、改變了既有社會結構？如果是複製、維繫既有社會結構，就表示在這段期間，新聞媒體話語表現在整個話語爭霸或意識型態鬥爭過程，無非就是穩固並維繫了既有社會結構，當然就是社會結構發揮了形塑新聞話語的功能；相對地，如果最後達成轉換、改變既有社會結構，就是發揮了文本對結構的重構、建制功能。

經過如此既繁複又審慎的檢測過程，才能宣稱新聞話語與社會結構之間具有辯證關係，但是費爾克拉夫卻留下一個他自己都從未答覆的問題：其檢測判準為何？有無具體客觀的檢測標準，藉供辯證關係分析參考？或者像量化研究差異性分析達到顯著程度？遍讀費爾克拉夫所有論著，都從未對此議題做明確交代，所以研究者務須小心以對。唯一可以讓研究者稍感釋懷的是，研究主題經過一段長時間的鬥爭之後，都已沉澱成為歷史或社會事實，無庸研究者多費唇舌爭辯，比較讓研究者頭痛的情境，是研究問題針對當下還正在進行中的話語爭霸或意識型態鬥爭過程，就較難以下定論，所以建議初學者對於還在進行中的話語爭霸或意識型態鬥爭過程的研究課題，要審慎以對，切實掌握當下各種社會體制以及體制與體制之間語文符號與非語文符號的各種實踐運作。

其實對於正在進行中的話語爭霸或意識型態鬥爭，其研究焦點通常並非在於對話語爭霸或意識型態鬥爭的可能結果的預測，而是在於話語爭霸和意識型態鬥爭的動態過程，亦即不輕易對整個社會文化的變遷走向驟下斷語，而是採取客觀公正研究立場，與研究對象和研究素材保持一臂距離，關注各個社會體制內和體制外或體制之間的語文符號和非語文符號的動態爭鬥過程，到底雙方如何進行話語爭霸和意識型態鬥爭，在交互文本和交互話語過程，各有何同質和異質的話語特質？在複製、維護、穩固既有社會結構時所採取的話語，具有何話語策略和特性？在轉換、挑戰、改變既有社會結構時，又採取何種話語爭霸的話語策略與特性？對當前話語秩序又造成什麼效應？

至於上述這些權力關係或意識型態，到底如何構連至特定社會體制或抽象社會結構？此乃符號詮釋學另一個棘手課題，也是執行辯證關係取向

批判話語分析的重大挑戰，研究者務必徹底掌握費爾克拉夫的兩個面向的辯證關係，第一個面向辯證關係，就是新聞文本或新聞話語實踐與當前社會結構裡權力關係和意識型態之間的辯證關係，第二個面向辯證關係，則是語言符號與其它非語文符號社會單元之間的辯證關係，也就是新聞文本或新聞話語與其它具體社會體制或社會單元之間的辯證關係。

如果無法即時理解這兩個面向辯證關係的差別，那麼舉新聞話語實例研究來說明，就容易理解。在第一個面向語文符號學的話語實踐與社會文化實踐的辯證關係，就好比在新聞報導、新聞評論、官方說辭、官員與民代的唇舌交鋒、雙方記者會、專家學者的評論等，雙方都是以新聞、評論或讀者意見等各種語文符號的話語表達形式，所呈現的權力關係和意識型態之間的交鋒及其辯證關係。至於第二個面向辯證關係，則是針對新聞話語與其它非語文符號的其它社會單元之間的辯證關係，試以政治新聞為例，譬如政治新聞所引發的政治部門結構、政策措施、政治課責（accountability），甚至政黨輪替或政府人事更迭等各種政治效應，都屬於費爾克拉夫所謂話語實踐與其它社會單元之間的辯證關係。

無可否認，第二個面向辯證關係遠比第一個面向辯證關係更為艱辛，但這是費爾克拉夫所創建辯證關係取向批判話語分析的精華和特色，研究者務必精準掌握語言符號學話語實踐與非語言符號學社會實踐之間的彼此相互構連的關係，其中的語言符號學話語實踐就是新聞話語或新聞文本，至於非語文符號的社會實踐就是費爾克拉夫所指涉的其它社會單元，亦即其它社會單元的具體社會實踐或社會體制運作，譬如政治新聞與其對應的政治體制運作和政策施為等具體的政治實踐。

但是上述只是屬於概念層次或理論分析層次，至於論文實務操作又該如何進行？如何詮釋或解釋話語實踐與社會文化實踐之間的辯證關係？尤其是第二個面向的話語實踐與其它社會單元之間的辯證關係？無可否認，截至目前為止，國內援引費爾克拉夫辯證關係研究取向的論著根本都未觸及這些課題，都還停留在話語分析的層次，也就是還停留在費爾克拉夫三個層次理論架構的詮釋過程分析的第二層次，甚或第一個層次的語言學文本分析層次，對於該理論架構第三層次的解釋的社會分析，也就是辯證關係層次解釋的社會分析，則付之闕如，更遑論兩個不同面向的辯證關係。

　　必須承認，要進行辯證關係分析絕非簡單的課題，難怪少見國內外學者相關論析，但是它是無可迴避的課題，而且也是費爾克拉夫辯證關係研究取向的核心論點，所以務須正面迎戰，無可閃避，因為本書只是引介批判話語分析各門各派的理論觀點及其具體實務操作策略和技巧，並非針對某一特定主題的論文，所以在此只引用費爾克拉夫多年來對於英國高教的批判觀點做為借鏡，具體說明如何實務操作話語實踐與社會文化實踐之間的辯證關係。

　　之所以選擇高教為例，主要也是因為閱讀本書的讀者必然都是屬於高教人士，不論是教師或研究生，相信對於費爾克拉夫對高教的批判論點都心有戚戚焉。費爾克拉夫批評英國高教已經淪落為新資本主義消費者取向的職業養成所，追逐全球資本主義（global capitalism）下共同的國際競爭指標，喪失高教崇高理想和自主性（Fairclough, 2006, 2010），此一論點拿來檢視臺灣近年來高教處遇，幾乎可謂同病相憐，都是在回應全球化浪潮的壓力下，追逐頂尖的競爭力，所以從教育部到各大學的教學研究政策和資源分配，都訂定各種 KPI 指標，逼迫各大學教師拼命發表論文，並且要發表在國際英文期刊（SCI, SSCI, EI, A&HCI），連國科會認可的中文期刊（如TSSCI）都屬次等期刊，所以發表在中文期刊篇數要兩篇才能抵算西文期刊的一篇，因此迭遭自我殖民之譏。除此之外，還設置高教評鑑中心做為威逼全國大學必須配合教育部政策走向的白手套，對於評鑑未通過的系所，教育部甚至握有減招或停招的生殺大權。

　　高教是整個國家的教育體制，教育部和各大學都是實踐高教理想的次體制或組織，就教育體制而言，教育部是發號施令的掌權者，各大學是執行命令的承上啟下的中介者，教師和學生則是實踐者。從頂大和評鑑兩大教育部政策來看，各公私立大學當然只能照辦，並且轉嫁逼迫教師們在沉重教課和研究負擔之餘，還要付出極大心力和時間為各種紙上作業疲於奔命。在頂大政策之下，於是有五年五百億的資源分配措施，撥給已經名列前茅的國立大學，其目的以爭取全球大學排名為主，後來實施三期便不了了之。在評鑑制度下，固可提升某些私立大學的師資、圖書、設備和空間的水平，但對一般大學系所而言，簡直就是耗費教師寶貴時間和精力，直到最近才停辦，只保留校務評鑑層級。

　　從上述簡要的描述，就可明顯看到在頂大和評鑑體制之下，最近幾年高教體制結構對全國各大學教研的話語實踐的影響作用，至於另方面話語對結構的影響，就必須花費比較多心力解析，為節約篇幅，在此只簡要說明，在教育部實施頂大和評鑑政策之下，各大學教師哀號遍野，紛紛表示抗議，於是不少學者純就頂大和評鑑制度召開許多學術研討會、記者會，並發表批判性學術論文，引起各大學師生廣泛迴響。於是在各大學教師群起反對之下，教育部不得不停止頂大計畫，更不再以追求世界排名做為高教指標，評鑑制度也取消系所評鑑，只保留校級評鑑，這部分就是話語實踐對結構的影響作用。限於篇幅，這裡只是短短幾句勾勒臺灣高教結構與話語之間的辯證關係，藉供參考而已。

　　最後，對於整個批判新聞話語分析的研究策略和研究步驟而言，建議先進行語言學文本分析，再從交互文本或交互話語視角切入，進行微觀文本和中觀（meso perspective）語境之間進行交互文本分析，進而著手文本與話語秩序之間的交互話語分析，最後再從話語秩序往上推向鉅觀的社會結構與微觀新聞文本之間的辯證關係，循序漸進逐步展開。

參考書目

王孝勇（2011）。〈狂歡節概念的民主化意涵：從批判取向論述分析的理論困境談起〉，《新聞學研究》，108: 183-223。

王雅玄（2005）。〈社會領域教科書的批判論述分析：方法論的重建〉，《教育研究集刊》，51(2): 67-97。

王銘玉、于鑫編（2007）。《功能語言學》。中國：上海外語教育出版社。

李美華（2010）。〈客家新聞之批判論述分析：權力關係與意識型態〉，收入莊英章、簡美玲（主編），第二屆台灣客家研究國際研討會專書－《客家的形成與變遷》，頁851-884。新竹：國立交通大學出版社。

林東泰（2015）。《敘事新聞與數位敘事》。臺北：五南。

林東泰（2017）。《政治媒介化：墮落媒體　崩壞政治》。臺北：師大書苑。

胡壯麟等（2008）。《系統功能語言學概論》（二版）。北京：北京大學出版社。

倪炎元（1996）。〈主流與非主流：報紙對一九九〇年國民黨黨內政爭報導與評論的論述分析〉，《新聞學研究》，53: 143-159。

倪炎元（1999a）。〈再現的政治：解讀媒介對他者負面建構的策略〉，《新聞學研究》，58: 85-111。

倪炎元（1999b）。〈批判論述分析與媒介研究之初探：兼論其在華文媒介上的應用〉，《傳播管理學刊》，1(1): 205-233。

倪炎元（2003）。《再現的政治：解讀媒介對「他者」負面建構的論述分析》。臺北：韋伯。

倪炎元（2011）。〈批判論述分析的脈絡建構策略：Teun A. van Dijk 與 Norman Fairclough 的比較〉，《傳播研究與實踐》，1(2): 83-97。

倪炎元（2012）。〈批判論述分析的定位爭議及其應用問題：以 Norman Fairclough 分析途徑為例的探討〉，《新聞學研究》，110: 1-41。

倪炎元（2013）。〈從語言中搜尋意識型態：van Dijk 的分析策略及其在傳播研究上的定位〉，《新聞學研究》，114: 41-77。

倪炎元（2018）。《論述研究與傳播議題分析》。臺北：五南。

翁秀琪（1998）。〈批判語言學、在地權力觀和新聞文本分析：宋楚瑜辭官事件中李宋會的新聞分析〉，《新聞學研究》，57: 91-126。

張錦華（2011）。〈從 van Dijk 操控論述觀點分析中國大陸各省市採購團的新聞置入及報導框架：以台灣四家報紙為例〉，《中華傳播學刊》，20: 65-93。

郭文平（2015）。〈字彙實踐及媒介再現：語料庫分析方法在總體經濟新聞文本分析運用研究〉，《新聞學研究》，125: 95-142。

黃靖惠（2011）。〈對美國《時代》台灣政黨輪替報導的批判論述分析：以 2000 年及 2008 年總統選舉為例〉，《新聞學研究》，106: 49-98。

傅文成、陶聖屏（2018）。〈以大數據觀點探索網路謠言的「網路模因」傳播模式〉，《中華傳播學刊》，33: 99-135。

歐用生（2006）。〈台灣教科書政策的批判論述分析〉，《當代教育研究》，14(2): 1-26。

鄭宇君、施旭峰（2015）。〈探索 2012 年台灣總統大選社交媒體之新聞來源引用〉，《中華傳播學刊》，29: 109-135。

蕭宏祺（2013）。〈自願、無薪而且快樂？「無領」勞動者的夢醒分──導讀《數位勞動》〉，《中華傳播學刊》，25: 253-264。

Allan, S. (2004). *News culture* (2nd ed.). London: Open University Press.

Althusser, L. (1965). *For Marx*. NY: Pantheon.

Althusser, L. (1971). Ideology and ideological state apparatus (Ben Brewster, trans.). In *Lenin and philosophy and other essays* (pp. 127-187). London: New Left Books.

Baker, P. (2006). *Using corpora in discourse analysis*. London: Continuum.

Baker, P., & McEnery, T. (2005). A Corpus-based approach to discourse of refugees and asylum seekers in UN and newspaper texts. *Journal of Language and Politics*, 4(2): 197-226.

Baker, P., & McEnery, T. (Eds.) (2015). *Corpora and discourse studies*. London: Palgrave Mamillan.

Baker, P., Gabrielatos, C., Khosravinik, M., Krzyżanowski, M., McEnery, T., & Wodak, R. (2008). A useful methodological synergy? Combining critical discourse analysis and corpus linguistics to examine discourses of refugees and asylum seekers in the UK press. *Discourse & Society*, 19(3): 273-306.

Bakhtin, M. (1935/1981). *The dialogic imagination: Four essays* (M. M. Bakhtin & M. Holoquist (Ed.), C. Emerson & M. Holoquist, trans.). Austin, TX: Texas University Press.

Bakhtin, M. M. (1986). *Speech genres and other late essays* (C. Emerson & M. Holquist (Ed.), V. W. McGee, trans.). Austin, TX: University of Texas Press.

Bakhtin, M. M., & Medvedev, P. N. (1985). *The formal method in literary scholarship: A critical introduction to sociological poetics*. John Hopkins University Press.

Barthes, R. (1967). *The elements of semiology* (A. Lavers & C. Smith, trans.). NY: Hill & Wang.

Bell, L. (1991). *The language of the news media*. Oxford: Blackwell.

Berger, P., & Luckmann, T. (1967). *The social construction of reality*. NY: Doubleday.

Bernstein, B. (1990). *The structuring of pedagogic discourse: Class, codes & control* (Vol. IV). London: Routledge.

Bernstein, B. (1996). *Pedagogy, symbolic control & identity theory*. London: Taylor and Francis.

Billig, M., Condor, S., Edwards, D., Gane, M., Middleton. D., & Radley, A. (1988). *Ideological dilemmas: A social psychology of everyday thinking*. London: Sage.

Bourdieu, P. (1977). *Outline of a theory of practice*. Cambridge, MA: Cambridge University Press.

Bourdieu, P. (1984). *Distinction: A social critique of the judgementof taste*. Cambridge, MA: Harvard University Press.

Bourdieu, P. (1986). The form of capital. In J. G. Richardson (Ed.), *Handbook of theory and research for the sociology of education* (pp. 241-258). NY: Greenwood.

Bourdieu, P. (1990). *The logic of pratice*. Stanford, CA: Stanford University Press.

Bourdieu, P. (1991). *Language and the symbolic power*. Cambridge: Polity Press.

Bourdieu, P. (1998). *Practical reason: On the theory of action*. Stanford, CA: Stanford University Press.

Bourdieu, P., & Wacquant, L. (1992). *Invitation to reflexive sociology*. Cambridge, MA: Polity Press.

Caldas-Coulthard, C. R., & Coulthard, M. (Eds.) (1996). *Text and practices: Readings in critical discourse analysis*. London: Routledge.

Castells, M. (2010). Communication power: Mass communication, mass self-communication, and power relationship in the network society. In James Curran (Ed.), *Media and society* (pp. 3-17). London: Bloomsbury Academic.

Chilton, P. (2005). Missing links in mainstream critical discourse analysis. In R. Wodak & P. Chilton (Eds.), *A new agenda in (critical) discourse analysis: Theory, methodology and interdisciplinary* (pp. 19-52). Amsterdam: John Benjamins Publishing Companay.

Chilton, P. (2008). Critical discourse analysis. In *The Cambridge encyclopedia of the language sciences*. Cambridge: Cambridge University Press.

Chilton, P., Tian, H., & Wodak, R. (Eds.) (2012). *Discourse and socio-political transformations in contemporary China*. London: John Benjamins Publishing Co.

Chomsky, N. (1965). *Aspects of the theory of syntax*. Cambridge: MIT Press.

Chouliaraki, L., & Fairclough, N. (1999). *Discourse in late modernity: Rethinking critical discourse analysis*. Edinburg, UK: Edinburg University Press.

Entman, R. M. (2007). Framing bias: Media in the distribution of power. *Journal of Communication*, 57: 163-173.

Fairclough, N. (1985). Critical and descriptive goals in discourse analysis. *Journal of Pragmatics*, 9: 739-763.

Fairclough, N. (1988a). Register, power and sociosematic change. In D. Birch & M. O'Tool (Eds.), *The functions of style* (pp. 205-233). London: Printer Publications.

Fairclough, N. (1988b). Discourse representation in media discourse. *Sociolinguistics*, 17: 125-139.

Fairclough, N. (1989). *Language and power*. London: Longman.

Fairclough, N. (1992). *Discourse and social change*. Cambridge, UK: Polity.

Fairclough, N. (1993). Critical discourse analysis and the marketization of public discourse: The universities. *Discourse and Society*, 4: 133-168.

Fairclough, N. (1995a). *Critical discourse analysis: The critical study of language*. London: Longman.

Fairclough, N. (1995b). *Media discourse*. London: Arnold.

Fairclough, N. (1996). Technologisation of discourse. In C. Caldas-Coutlhard & M. Coulthard (Eds.), *Texts and practices: Readings in critical discourse analysis* (pp. 71-83). London: Routledge.

Fairclough, N. (1999). Democracy and the public sphere in critical research on discourse. In R. Wodak & C. Ludwig (Eds.), *Challenges in a changing world: Issues in critical discourse analysis* (pp. 63-58). Vienna: Passagen Verlag.

Fairclough, N. (2000). *New labour, new language?* London: Routledge.

Fairclough, N. (2003). *Analyzing discourse: Textual analysis for social research*. London: Routledge.

Fairclough, N. (2006). *Language and globalization*. London: Routledge.

Fairclough, N. (2009). A dialectical-relational approach to critical discourse analysis. In R. Wodak & M. Meyer (Eds.), *Methods of critical discourse analysis* (pp. 162-186). London: Sage.

Fairclough, N. (2010). *Critical discourse analysis: The critical study of language* (2nd ed.). London: Routledge.

Fairclough, N. (2016). A dialectical-relational approach to critical discourse analysis in social research. In R. Wodak & M. Meyer (Eds.), *Methods of critical discourse analysis* (pp. 162-186). London: Sage.

Fairclough, I., & Fairclough, N. (2012). *Political discourse analysis*. London: Routledge.

Fairclough, N., & Wodak, R. (1997). Critical discourse analysis: An overview. In T. A. van Dijk (Ed.), *Discourse studies: A multidisciplinary introduction* (vol. 2, pp.67-97). London: Sage.

Fairclough, N., & Wodak, R. (2008). *CDA and the knowledge-based economy in Europe*. London: Falmer Press.

Firth, J. R. (1930). *Speech*. London: Benn's Sixpenny Library.

Firth, J. R. (1935). The technique of semantics. *Transactions of the philological society*. Reprinted in Firth, J. R. (1957). Papers in linguistics 1934-1951. London: Oxford University Press.

Firth, J. R. (1968). *Selected papers of J. R. Firth, 1952-1959* (F. R. Palmer, ed.). London: Longmans.

Fiske, J., & Hartley, J. (2003). *Reading television*. London: Methuen.

Forchtner, B., Krzyżanowski, M., & Wodak, R. (2013). Mediatization, right-wing populism and political campaigning: The case of the Austrian Freedom Party. In M. Ekstrom & A. Tolson (Eds.), *Media talk and political elections in Europe and America* (pp. 205-228). London: Palgrave Macmillan.

Forchtner, M., & Wodak, R. (2018). Critical discourse analysis: A critical approach to the study of language and communication. In R. Wodak & B. Forchtner (Eds.), *The Routledge Handbook of language and politics* (pp. 135-150). Abingon: Routledge.

Foucault, M. (1970). The order of discourse. In R. Young (Ed.), *Untying the text: A post-structuralist reader* (pp. 51-78). Boston, Mass: Routledge.

Foucault, M. (1971). *The order of things* (A. Sheridan, trans.). NY: Vintage Books.

Foucault, M. (1972). *The archaeology of knowledge* (A. Sheridan trans.). London: Tavistock.

Foucault, M. (1979). *Discipline and punish: The birth of the prison*. Harmondsworth, UK: Penguin Books.

Foucault, M. (1980). *Power/knowledge: Selected interviews and writings, 1972-1977* (C. Gordon, ed. and trans.). NY: Pantheon Books.

Foucault, M. (1981). *History of sexuality* (Vol. 1). Harmondsworth, UK: Penguin Books.

Foucault, M. (1984). Order of discourse. In M. J. Shapiro (Ed.), *Language and politics* (pp. 108-138). Oxford, UK: Blackwell.

Fowler, R. (1991). *Language in the news: Discourse and ideology in the news*. London: Routledge.

Fowler, R. (1987/1996). On critical linguistics. In C. R. Caldas-Coulthard & M. Coulthard (Eds.), *Texts and practices: Readings in critical discourse analysis* (pp. 3-14). NY: Routledge.

Fowler, R., Hodge, R., Kress, G., & Trew, T. (1979). *Language and control*. London: Routledge and Kegan Paul.

Galtung, J., & Ruge, M. H. (1965). The structure of foreign news. *Journal of Peace Research*, 2(1): 64-90.

Garfinkel, H. (1967). *Studies in ethnomethodology*. Englewood Cliffs, NJ: Prentice-Hall.

Giddens, A. (1979). *Central problems in social theory. Action, structure and contradiction in social analysis*. Berkeley, CA: University of California Press.

Giddens, A. (1984). *The constitution of society: Outline of the theory of structuration*. London: Polity Press.

Giddens, A. (1989). *Sociology*. Cambridge, UK: Polity Press.

Giddens, A. (1991). *Modernity and self-identity*. Cambrideg, UK: Polity.

Gramsci, A. (1971). *Selections from prison notebook*. London: Lawrence and Wishart.

Habermas, J. (1967). *Toward a rational society*. Boston: Beacon Press.

Habermas, J. (1972). *Knowledge and human interests*. London: Heinmann.

Habermas, J. (1996). *Between facts and norms: Contributions to a discourse theory of law and democracy*. Cambridge, MA: MIT Press.

Habermas, J. (1981). *The theory of communicative action* (Vol. 1: Reason and rationalization). Boston: Beacon Press.

Habermas, J. (1989). *The structural transformation of the public sphere*. London: Polity Press.

Hall, S. (1980). Encoding/decoding. In S. Hall, D. Hobson, A. Lowe, & P. Willis (Eds.), *Culture, media, language* (pp. 128-138). London: Unwin Hyman.

Hall, S. (1997). *Representation: Cultural representations and signifying practices*. Thousand Oaks, CA: Sage.

Halliday, M. (1978). *Language as social semiotic: The social interpretation of language and meaning*. London: Arnold.

Halliday, M. A. K. (1985). *An introduction to functional grammar*. London: Arnold.

Halliday, M. A. K. (1994). *An introduction to functional grammar* (2nd ed.). London: Arnold.

Halliday, M. A. K. (2002). Language and social man. In M. Toolan (ed.), *Critical discourse analysis: Critical concepts in linguistics* (pp. 149-179). London: Routledge.

Halliday, M. A. K. (2004). *An introduction to functional grammar* (3rd ed.). London: Arnold.

Hardt-Mautner, G. (1995). *'Only Connect.' Critical discourse analysis and corpus linguistics*. University of Lancaster, Online available <http://ucrel.lancs.ac.uk/papers/techpaper/vol6.pdf>.

Hart, C. (2010). *Critical discourse analysis and cognitive science: New perspectives on immigration discourse*. London: Palgrave Macmillan.

Hart, C., & Cap, P. (Eds.) (2014). *Contemporary critical discourse studies*. London: Bloomsbury.

Harvey, D. (1996). *Language as ideology*. London: Routledge.

Hymes, D. (1972). Models of the interaction of language and social life. In J. J. Gumperz & D. Hymes (Eds.), *Directions in sociolinguistics: The ethnography of communication* (pp. 35-71). NY: Holt, Rinehart and Winston.

Jager, S. (2001). Discourse and knowledge: Theoretical and methodological aspects of a critical discourse and dispositive analysis. In R. Wodak & M. Meyer (Eds.), *Methods of critical discourse analysis* (pp. 32-62). London: Sage.

Jager, S., & Maier, F. (2016). Analysing discourses and dispositives: A Foucauldian approach to theory and methodology. In R. Wodak & M. Meyer (Eds.), *Methods of critical discourse studies* (pp. 109-136). LA: Sage.

Jorgensen, M., & Phillips, L. (2002). *Discourse analysis: As theory and method*. London: Sage.

Kress, G. (1983). Linguistic and ideological transformations in news reporting. In H. Davis & P. Walton (Eds.), *Language, image, media* (pp. 120-138). Oxford, UK: Blackwell.

Kress, G. (1985). Discourse, texts, readers and the pro-nuclear arguments. In P. Chilton (Ed.), *Language and the nuclear arms debate* (pp. 65-87). London: Frances Pinter.

Kress, G. (1989). *Linguistics processes in sociocultural practice*. Oxford, UK: Oxford University Press.

Kress, G. (1996). Representational resources and the production of subjectivity: Questions for the theoretical development of critical discourse analysis in a multicultural society. In C. R. Caldas-Coulthard & M. Coulthard (Eds.), *Texts and practices: Readings in critical discourse analysis* (pp. 15-31). NY: Routledge.

Kress, G. (2010). *Multimodality: A social semiotic approach to contemporary communication*. Abingdon, UK: Routledge.

Kress, G., & Hodge, R. (1979). *Language as ideology*. London: Routledge.

Kress, G., & van Leeuwen, T. (2001). *Multimodal discourse: The modes and media of contemporary communication*. London: Hodder Education.

Kress, G., & van Leeuwen, T. (2006). *Reading images: The grammar of visual design*. London: Routledge.

Kristeva, J. (1986). *The Kristeva reader*. NY: Columbia University Press.

Krzyżanowski, M. (2010). *The discursive construction of European identities*. Frankfurt am Main: Peter Lang.

Krzyżanowski, M. (2014a). Ethnography and critical discourse analysis: Toward a problem-oriented research dialogue. In J. E. Richardson, M. Krzyżanowski, D. Machin, & R. Wodak (Eds.), *Advances in critical discourse studies* (pp. 170-177). London: Routledge.

Krzyżanowski, M. (2014b). Political communication, institutional cultures and linearities of organizational practice: A discourse-ethnographic approach to institutional change in the European Union. In J. E. Richardson, M. Krzyżanowski, D. Machin, & R. Wodak (Eds.), *Advances in critical discourse studies* (pp. 170-177). London: Routledge.

Krzyżanowski, M., Machin, D., & Wodak, R. (2014). Looking into the future. *Journal of Language and Politics*, 13(1): v-vi.

Krzyżanowski, M., & Oberhuber, F. (2007). *(Un)doing Eurpoe: Discourses and practices of negotiating the EU Constitution*. Brussels: PIE-Peter Lang.

Krzyżanowski, M., Triandafyllidou, A., & Wodak, R. (2018). The mediatization and the politicization of the refugee crisis in Europe. *Journal of Immigrant & Refugee Studies*, 16(1-12):1-14.

Krzyżanowski, M., & Wodak, R. (2016). Multiple identities, migration and belonging: Voices of migrants. In C. R. Caldas-Coulthard & R. Iedema (Eds.), *Identity trouble: Critical discourse and contested identities* (pp. 95-119). London: Palgrave Macmillan.

Labov, W. (1972). *Language in the inner city*. Philadelphia, PA: University of Pennsylvania Press.

Laclau, E. (1977). *Politics and ideology in Marxist theory*. London: Verso.

Laclau, E. (1990). *New reflections on the revolution*. London: Verso.

Laclau, E. (1993). Power and representation. In M. Poster (Eds.), *Politics, theory and contemporary culture*. NY: Columbia University Press.

Laclau, E., & Mouffe, C. (1985). *Hegemony and socialist strategy: Toward a radical democratic politics*. London: Verso.

Lemke, J. L. (1995). *Textual politics*. London: Taylor & Francis.

Locke, T. (2004). *Critical discourse analysis*. London: Continuum.

Machin, D., & Mayr, A. (2012). *How to do critical discourse analysis: A multimodal introduction*. London: Sage.

Machin, D., & van Leeuwen, T. (2007). *Global media discourse: A critical introduction*. London: Routledge.

Malinowski, B. (1923). The problem of meaning in primitive languages, supplement to C. K. Ogden & I. A. Richards. In *The meaning of meaning* (p. 312). London: Routledge and Kegan Paul.

Malinowski, B. (1935). *Coral gardens and their magic*. London: Allen & Unwin.

Malrieu, J. P. (1999). *Evaluative semantics: Cognition, language and ideology*. London: Routledge.

Mautner, G. (2016). Check and balance: How corpus linguistics can contribute to CDA. In R. Wodak & M. Meyer (Eds.), *Methods of critical discourse studies* (pp. 154-179). London: Sage.

Moscovici, S. (2000). *Social representations: Explorations of social psychology*. NY: Polity Press.

Patterson, T. (2011). *Out of order*. NY: Penguin Random House.

Pêcheux, M. (1982). *Language, semantics and ideology: Stating the obvious* (H. Nagpal, trans.). London: Macmillan.

Pêcheux, M. (1995). Three stages of discourse analysis. In T. Hak & N. Helsloot (Eds.), *Michel Pêcheux: Automatic analysis* (pp. 63-121). Amsterdam: Podopi.

Philips, N., & Hardy, C. (2002). *Discourse analysis: Investigating process of social construction*. Thousand Oaks, CA: Sage.

Reisigl, M. (2017). The semiotics of political commemoration. In R. Wodak & B. Forchtner (Eds.), *The Routledge Handbook of language and politics* (pp. 368-382). Abingon: Routledge.

Reisigl, M., & Wodak, R. (2001). *Discourse and discrimination: Rhetorics of racismand antisemitism*. London: Routledge.

Reisigl, M., & Wodak, R. (2016). The discourse-historical approach (DHA). In R. Wodak & M. Meyer (Eds.), *Methods of critical discourse studies* (pp. 23-61). London: Sage.

Rheindorf, M., & Wodak, R. (2018). Border, fences, and limits － Protecting Austria from refugees: Metadiscursive negotiation of meaning in the current refugee crisis. *Journal of Immigrant and Refugee Studies*, 16(1-2): 15-38.

Richardson, J. E., & Wodak, R. (2014). Reconceptualising fascist ideologies of the past: Right-wing discourses on employment and nativism in Austria and the United Kingdom. In J. E. Richardson, M. Krzyżanowski, D. Machin, & R. Wodak (Eds.), *Advances in critical discourse studies* (pp. 19-35). London: Routledge.

Richardson, J. E., Krzyżanowski, M., Machin, D., & Wodak, R. (2014). *Advances in critical discouese studies*. London: Routledge.

Ross, A. S., & Rivers, D. J. (2017). Digital cultures of political participation: Internet memes and the discursive delegitimazation of the 2016 US presidential cnadidates. *Discourse, Context & Media*, 16: 1-11.

Sanderson, S. K. (1991). *Microsociology: An introduction to human societies*. NY: Harper Collins.

Saussure, F. (1916/1960). *Course in general linguistics*. NY: Philosophical Library.

Scholz, T. (Ed.) (2012). *Digital labour: The internet as playground and factory*. NY: Routledge.

Scollon, R. (1998). *Mediated discourse as social interaction: A study of news structure*. London: Longman.

Scollon, R., & Scollon, S. W. (2004). *Nexus analysis: Discourse analysis and the emerging internet*. London: Routledge.

Sherman, H. J., & Wood, J. L. (1989). *Sociology: Traditional and critical perspectives*. NY: Harper & Row.

Shifman, L. (2014). *Memes in digital culture*. Cambridge, MA: MIT Press.

Stubbs, M. (1996). *Text and corpus analysis*. Oxford, UK: Blackwell.

Stubbs, M. (2001). *Words and phrases: Corpus studies of lexical semantics*. Oxford, UK: Blackwell.

Thompson, J. B. (1988). *Critical hermeneutics*. Cambridge, UK: Cambridge University Press.

Thompson, J. B. (1990). *Ideology and modern culture: Critical social theory in the era of mass communication*. Cambridge, UK: Cambridge University Press.

Thompson, J. B. (1994). Social theory and the media. In D. Crowley & D. Mitchill (Eds.), *Communication theory today* (pp. 27-49). Cambridge: Polity Press.

Thompson, G. (1996). *Introducing functional grammar*. London: Arnold.

Tuchman, G. (1973). Making news by doing work: Routinizing the unexpected American. *Journal of Sociology*, 79: 660-679.

Tuchman, G. (1978). *Making news: A study in the construction of reality*. NY: Free Press.

van Dijk, T. A. (1971). *Moderne literatuurtheorie* [Modern theory of literature.] Amsterdam: van Gennep.

van Dijk, T. A. (1972). *Some aspects of text grammars*. The Hague: Mouton.

van Dijk, T. A. (1973). A note on linguistic macro-structures. In A. P. ten Cate & P. Jordens (Eds.), *Linguistische perspektiven* (pp. 75-87). Tubingen: Niemeyer.

van Dijk, T. A. (1975a). Formal semantics of metaphorical discourse. *Poetics,* 14/15: 73-198.

van Dijk, T. A. (1975b). *Pragmatics of language and literature*. Amsterdam: North Holland.

van Dijk, T. A. (1977). *Text and context*. London: Longman.

van Dijk, T. A. (1980). *Macrostructures: An interdisciplinary study of global structure in discourse, interaction, and cognition*. Hillsdale, NJ: Lawrence Erlbaum.

van Dijk, T. A. (1981). *Studies in the pragmatics of discourse*. The Hague: Mouton.

van Dijk, T. A. (1984). *Prejudice in discourse: An analysis of ethnic prejudice in cognition and conversation*. Amsterdam: John Benjamins.

van Dijk, T. A. (Ed.) (1985a). *Discourse and communication: New approaches to the analysis of mass media discourse and communication*. Berlin: de Guryter.

van Dijk, T. A. (Ed.) (1985b). *Handbook of discourse analysis* (Vol. 4). NY: Academic Press.

van Dijk, T. A. (1987a). *Communicating racism: Ethnic prejudice in thought and talk*. Newbury Park, CA: Sage.

van Dijk, T. A. (1987b). How "they" hit the the headline: Ethnic minorities in the press. In G. Smitherman-Donaldson & T. A. van Dijk (Eds.), *Discourse and discrimination* (pp. 221-226). Detroit, MI: Wayne State University Press.

van Dijk, T. A. (1988a). *News as discourse*. Hillsdale, NJ: Lawrence Erlbaum.

van Dijk, T. A. (1988b). *News analysis: Case studies of international and national news in the press*. Hillsdale, NJ: Erlbaum.

van Dijk, T. A. (1990). Social cognition and discourse. In H. Giles & R. P. Robinson (Eds.), *Handbook of social psychology and language* (pp. 163-183). Chichester, UK: Wiley.

van Dijk, T. A. (1991). *Racism and the press: Critical studies in racism and migration*. London: Routledge.

van Dijk, T. A. (1992). Discourse and the denial of racism. *Discourse and Society*, 3: 87-118.

van Dijk, T. A. (1993a). *Elite discourse and racism*. Newbury Park, CA: Sage.

van Dijk, T. A. (1993b). Principles of critical discourse analysis. *Discourse and Society*, 4: 249-283.

van Dijk, T. A. (1997a). *Discourse as structure and process: Volume 1*. London: Sage.

van Dijk, T. A. (1997b). *Discourse as social interaction: Volume 2*. London: Sage.

van Dijk, T. A. (Ed.) (1997c). *Discourse studies: A multidisciplinary introduction*. London: Sage.

van Dijk, T. A. (1997e). What is political discourse analysis? In J. Blommaert & C. Bulcaen (Eds.), *Political language* (pp. 11-52). Amsterdam: John Benjamins.

van Dijk, T. A. (1998a). *Ideology: A multidisciplinary approach*. London: Sage.

van Dijk, T. A. (1998b). Opinions and ideologies in the press. In A. Bell & P. Garrett (Eds.), *Approaches to media discourse* (pp. 21-63). Oxford, UK: Blackwell.

van Dijk, T. A. (1999). Toward a theory of context and experience models in discourse processing. In H. van Oostendorp & S. Goldman (Eds.), *The construction of mental models during reading* (pp. 123-148). Hillsdale, NJ: Lawrence Erlbaum.

van Dijk, T. A. (2000). Parliamentary debates. In R. Wodak & T. A. van Dijk (Eds.), *Racism at the top. Parliamentary discourses on Ethnic issues in six European States* (pp. 45-78). Klagenfurt, Austria: Drava Verlag.

van Dijk, T. A. (2001). Multidisciplinary CDA: A plea for diversity? In R. Wodak & M. Meyer (Eds.), *Methods of critical discourse analysis* (pp. 95-120). London: Sage.

van Dijk, T. A. (2002). Political discourse and political cognition. In P. A. Chilton & C. Schaffner (Eds.), *Politics and text and talk: Analytical approaches to political discourse* (pp. 204-236). Amsterdam: John Benjamins.

van Dijk, T. A. (2003). Knowledge in parliamentary debates. *Journal of Language and Politics*, 2(1): 93-129.

van Dijk, T. A. (2004). Text and context of parliamentary debates. In P. Bayley (Ed.), *Cross-cultural perspectives on parliamentary discourse* (pp. 339-372). Amsterdam: John Benjamins.

van Dijk, T. A. (2005). Contextual knowledge management in discourse production: A CDA perspective. In R. Wodak & P. Chilton (Eds), *A new agenda in (critical) discourse analysis* (pp. 71-100). Amsterdam: John Benjamins.

van Dijk, T. A. (2006). Discourse, interaction and cognition. *Special issue of Discourse Studies*, 8(1): 5-7.

van Dijk, T. A. (Ed.) (2007). *Discourse studies* (Vol. 5). Sage Benchmark Studies in Discourse Analysis. London: Sage.

van Dijk, T. A. (2008a). *Discourse and power*. Houndmills, UK: Palgrave-MacMillan.

van Dijk, T. A. (2008b). *Discourse and context: A sociocognitive approach*. Cambridge, UK: Cambridge University Press.

van Dijk, T. A. (2009). *Society and discourse: How social contexts influence textand talk*. Cambridge, UK: Cambridge University Press.

van Dijk, T. A. (Ed.) (2011). *Discourse studies: A multidisciplinary introduction*. London: Sage.

van Dijk, T. A. (2014). *Discourse and knowledge: A sociocognitive approach*. Cambridge, UK: Cambridge University Press.

van Dijk, T. A. (2015). Critical discourse analysis. In D. Tannen, H. E. Hamilton, & D. Schiffrin, D. (Eds.), *The handbook of discourse analysis* (pp. 466-485). NY: John Wiley & Sons.

van Dijk, T. A. (2016). Critical discourse studies: A sociocognitive approach. In R. Wodak & M. Meyer (Eds.), *Methods of critical discourse studies* (pp. 62-85). L. A.: Sage.

van Dijk, T. A., & Kintsch, W. (1983). *Strategies of discourse comprehension*. NY: Academic Press.

van Leeuwen, T. (2005). *Introducing social semiotics*. London: Routledge.

van Leeuwen, T. (2008). *Discourse and practice: New tools for critical analysis*. NY: Oxford University Press.

Voloshinov, V. N. (1929/1973). *Marxism and the philosophy of language* (L. Matejka & I. R. Titunik, trans.). Cambridge, MA: Harvard University Press.

Weiss, G., & Wodak, R. (2003). *Critical discourse analysis: Theory and interdisciplinarity*. NY: Palgrave Macmillan.

Widdowson, H. G. (2004). *Text, context, pretext: Critical issues in critical discourse analysis*. Oxford, UK: Blackwell.

Wittgenstein, L. (1953). *Philosophical investigations*. Oxford: Blackwell.

Wodak, R. (Ed.) (1989). *Language, power and ideology: Studies in political discourse*. Amsterdam: John Benjamins.

Wodak, R. (1996). *Disorders of discourse*. London: Longman.

Wodak, R. (Ed.) (1997). *Gender and discourse*. London: Sage.

Wodak, R. (2001a). What CDA is about -- A summary of its history, important concepts and its developments. In R. Wodak & M. Meyer (Eds.), *Methods of critical discourse analysis* (pp. 1-13). London: Sage.

Wodak, R. (2001b). The discourse-historical approach. In R. Wodak & M. Meyer (Eds.), *Methods of critical discourse analysis* (pp. 63-94). London: Sage.

Wodak, R. (2004). Critical discourse analysis. In C. Seale, G. Gobo, J. F. Gubrium, & D. Siliverman (Eds.), *Qualitative research practice* (pp. 197-213). London: Sage.

Wodak, R. (2007). Pragmatics and critical discourse analysis. *Pragmatics and Cognition*, 15: 203-225.

Wodak, R. (2009). The semiotics of racism: A critical-historical analysis. In J. Renkema (Ed.), *Discourse, of course* (pp. 311-326). Amsterdam: John Benjamins.

Wodak, R. (2011). *The discourse of politics in action: Politics as usual*. Basingstoke, UK:Palgrave.

Wodak, R. (2012). Critical discourse analysis: Overview, challenges, and perspectives. In G. Ajimer & K. Anderson (Eds.), *Pragmatics of society*. Berlin: De Gruyter.

Wodak, R. (Ed.) (2013). *Critical discourse analysis* (Vol. 4). London: Sage.

Wodak, R. (2014). Political discourse analysis--Distinguishing frontstage and backstage contexts: A discourse-historical approach. In J. Flowerdew (Ed.), *Discourse in context* (pp. 522-549). London: Bloomsbury.

Wodak, R. (2015). *The politics of fear: Understanding the meanings of right-wing populist discourse*. London: Sage.

Wodak, R., & Chilton, P. (Eds.) (2005). *A new agenda in (critical) discourse analysis*. Amsterdam: John Benjamins.

Wodak, R., Cilla, R., Reisigl, M., & Liebhart, K. (1999). *The discursive construction of national identity*. Edinburgh, UK: Edinburgh University Press.

Wodak, R., & Forchtner, B. (Eds.)(2017). *The Routledge Handbook of language and politics*. Abingon: Routledge.

Wood, L. A., & Kroger, R. O. (2000). *Doing discourse analysis: Methods for studying action in talk and text*. London: Sage.

Wodak, R., & Krzyżanowski, M. (2008). *Qualitative discourse analysis in the social sciences*. Basingstoke, UK: Palgrave Macmillan.

Wodak, R., & Krzyżanowski, M. (2017). Right-wing populism in Europe & USA. *Journal of Language and Politics*, 16(4): 471-484.

Wodak, R., & Meyer, M. (Eds.) (2001). *Methods of critical discourse analysis*. London: Sage.

Wodak, R., & Meyer, M. (2009). Critical discourse studies: History, agenda, theory and methodology. In R. Wodak & M. Meyer (Eds.) (2009). *Methods of critical discourse anslysis* (pp. 1-33). London: Sage.

Wodak, R., & Meyer, M. (Eds.) (2016a). *Methods of critical discourse studies*. London: Sage.

Wodak, R., & Meyer, M. (2016b). Critical discourse studies: history, agenda, theory and methodology. In R. Wodak & M. Meyer (Eds.). *Methods of critical discourse anslysis* (pp. 1-22). London: Sage.

Wodak, R., Mral, B., & Khosravinik, M. (Eds.) (2013). *Right wing populism in Europe: Politics and discourse*. London: Bloomsbury Academic.

Wodak, R., & van Dijk, T. A. (2000). *Racism at the top*. Klagenfurt, Austria: Drava.

索　引